桃山林业局志

（1986—2005）

桃山林业局志编纂委员会　编

方志出版社
Publishing House of Local Records

图书在版编目（CIP）数据

桃山林业局志：1986—2005 / 桃山林业局志编纂委员会编. -- 北京：方志出版社，2018.6

ISBN 978-7-5144-3114-8

Ⅰ.①桃… Ⅱ.①桃… Ⅲ.①林业史—铁力—1986-2005 Ⅳ.① F326.273.54

中国版本图书馆 CIP 数据核字（2018）第 143382 号

桃山林业局志（1986—2005）

编　　者：桃山林业局志编纂委员会
责任编辑：黄　彦

出 版 人：冀祥德
出 版 者：方志出版社
地址　北京市朝阳区潘家园东里 9 号（国家方志馆 4 层）
邮编　100021
网址　http://www.fzph.org
发　　行：方志出版社图书经销中心
电话　（010）67110500
经　　销：各地新华书店
排　　版：北京中文天地文化艺术有限公司
印　　刷：廊坊市晶艺印务有限公司

开　　本：889 × 1194　　1/16
印　　张：27.25
字　　数：861 千字
版　　次：2018 年 6 月第 1 版　2018 年 6 月第 1 次印刷
印　　数：0001 ~ 1000 册

ISBN 978-7-5144-3114-8　　定价：358.00 元

序　一

贫困问题一直是困扰人类社会发展的重大问题。中国作为世界上最大的发展中国家，为解决贫困问题进行了长期不懈的努力。改革开放以来，特别是党的十八大以来，以习近平同志为核心的党中央把脱贫攻坚作为全面建成小康社会的底线任务和标志性指标，纳入“五位一体”总体布局和“四个全面”战略布局，以前所未有的力度推进精准扶贫、精准脱贫，扶贫开发成就举世瞩目，显著改善了贫困地区和贫困群众生产生活条件，具有重大的现实意义和深远的历史意义。身处中华民族几千年发展历史上将首次整体消除绝对贫困现象的伟大时代，如何更好地发挥地方志的存史、育人、资政的作用，是新时代全国地方志系统必须深入研究和着力解决的重大课题。

党的十八大以来，在党中央国务院的正确领导下，全国地方志系统深入学习贯彻习近平新时代中国特色社会主义思想和党的十九大精神，紧紧围绕党和国家事业发展需要，深入推进地方志改革创新发展，凝心聚力，稳扎稳打，勇于担当，主动作为，全国地方志形势和地方志工作者的精神面貌发生了深刻变化，取得了优异成绩。其中，为贯彻落实《全国地方志事业发展规划纲要（2015—2020年）》，经中国地方志指导小组领导批准，中国地方志指导小组办公室于2015年、2017年先后启动民族地区与贫困地区志书、年鉴出版资助工程（以下简称“志鉴出版资助工程”），对国家级贫困县（区、旗、县级市），中西部地区、少数民族边疆地区面临出版经费困难的志书和综合年鉴给予出版资助。实施志鉴出版资助工程是紧扣时代脉搏、坚持创新发展、传承弘扬中华优秀传统文化的一项创举，不仅有力推动了“两全目标”的实现，而且数十部资助出版的志书、年鉴及时记述了民族地区与贫困地区在全面建成小康社会伟大征程中取得的新成绩和新经验、出现的新情况和新问题、涌现的优秀人物和典型事迹，留住地方文化的“根”和“魂”，为这些地区的经济社会发展、地域文化传播、爱国主义教育、精神文明建设等提供了历史借鉴和智力支持，对全面提升民族地区与贫困地区文化建设水平、确保民族地区与贫困地区和全国其他地区同步全面建成小康社会具有重要意义。

尤为可喜的是，志鉴出版资助工程促成了一批扶贫志书的编纂出版，在文化脱贫攻坚中发挥了独特的作用。例如，《贵州省减贫志》全面系统客观记述了从1978

年至2015年贵州省扶贫、减贫工作的历程及取得的经验，为贵州省实施大扶贫战略提供了有力的资政辅治参考，集中体现了地方志工作因时而动、顺势而为的新作为。前不久，由福建省地方志编委会和人民网共同编纂的《闽宁扶贫协作图志》，是全国首部扶贫协作图志，图文并茂、直观立体、全方位地展现闽宁扶贫协作波澜壮阔的历程，弘扬“闽宁一家亲”“携手奔小康”的深厚情谊和滴水穿石、久久为功的精神，是贯彻落实习近平总书记扶贫工作重要论述精神，服务国家精准扶贫、精准脱贫战略的有力举措。希望各地以此为鉴，编纂出版更多、更好的扶贫志书、年鉴，助力国家精准扶贫、精准脱贫战略的实施，充分展现地方志的独特价值和作用。

当前，我国脱贫攻坚已进入全面决战决胜的关键时期，尚未脱贫的贫困地区集中分布在中西部深山区、极端干旱山区、高寒阴湿地区等，文化建设还比较薄弱，文化产品还不够丰富，文化精品更是少之甚少。同时，这些地区往往是民族文化、历史文化、红色文化、生态文化富集区，具有发展文化旅游、推进文化扶贫的巨大潜在优势，也是繁荣发展地方志事业的巨大文化宝库。要发挥好文化扶贫凝聚人心的优势，善于利用方志文化优势为贫困地区“赋能”，在脱贫攻坚中做出方志人应有的贡献。要发挥好中国名镇志文化工程、中国名村志文化工程的引领作用，大力加强乡镇村志编纂，让百姓记得起乡情、记得住乡愁，凝聚贫困乡镇村庄的强大民心，补齐贫困乡镇村庄的文化短板，以“扶智”的方式“扶志”，践行习近平总书记强调的“扶贫先扶智，扶贫必扶志”的重要理念。

求木之长者，必固其根本；欲流之远者，必浚其泉源。扶贫扶起的是志气骨气，传承的是家国情怀，守护的是绿水青山。扶贫既要富口袋，也要富脑袋。必须坚持文化脱贫和物质脱贫两手抓，筑牢贫困地区文化之基，补足信仰精神之钙，引领脱贫发展之舵。全国地方志系统要围绕中心、服务大局，坚决投入脱贫攻坚这场必须打赢的硬仗，积极参与脱贫攻坚战，发挥优势和特长，深入挖掘文化资源，着力补齐文化短板，努力帮助民族地区与贫困地区的文化建设实现较大的发展提升，在全面建成小康社会、实现中华民族伟大复兴中国梦的征程中贡献方志人的力量。

是为序。

中国社会科学院院长
中国地方志指导小组组长　谢伏瞻

序　二

当前，在以习近平同志为核心的党中央的坚强领导下，全国各族人民正在全面建成小康社会的决胜阶段奋勇向前、阔步迈进。全面建成小康社会，最艰巨最繁重的任务是在革命老区、民族地区、边疆地区、贫困地区。消除贫困、改善民生、实现共同富裕，是中国特色社会主义的本质要求，是中国共产党的重要使命。为了全面实现小康，党中央高度重视扶贫开发工作，全力推进脱贫攻坚工程，实施精准扶贫、精准脱贫。习近平总书记明确提出，全面实现小康，一个民族也不能少，不能落下一个贫困家庭，丢下一个贫困群众。扶贫开发是个系统工程，发展是第一要务，只有发展，因地制宜找准路子，才能最终实现精准扶贫、精准脱贫。“治贫”必先“治愚”，在加强经济和基础设施建设、提高教育水平等方面的同时，扶贫开发还要注重文化扶贫，特别是通过挖掘革命老区、民族地区、边疆地区、贫困地区的文化内涵、历史底蕴、地情资源，让广大干部群众了解地情、了解历史、了解本地区的优势和劣势，在思想上脱贫，尤为关键。

赓续不断地编修地方志是我国独有的优秀文化传统，绵延千年而不断。党中央、国务院高度重视地方志工作，近几年来，习近平总书记、李克强总理、刘延东副总理作出了一系列的重要指示。2015 年 8 月，国务院办公厅印发《全国地方志事业发展规划纲要（2015—2020 年）》（以下简称《规划纲要》），明确要求到 2020 年必须全面完成第二轮修志规划任务，这是全国地方志工作在全面建成小康社会进程中的硬性任务，也是全国地方志系统为全面建成小康社会的献礼。届时，将同步实现省省有省志、市市有市志、县县有县志，这不仅在中国文化发展史上是绝无仅有的，在世界文化发展史上也是罕见的。从目前来看，要实现这一目标任务，还存在不少困难和问题，特别是民族地区与贫困地区，面临着缺乏人才、资金等诸多困难。实现到 2020 年必须全面完成第二轮修志规划任务，一个省、一个市、一个县都不能少。自 2015 年 8 月，经中国地方志指导小组批准，中国地方志指导小组办公室启动民族地区与贫困地区志书出版资助工程（以下简称“资助工程”），对经国务院扶贫开发领导小组办公室认定的国家级贫困县（区、旗、县级市），中西部地区、少数民族边疆地区、经济欠发达地区存在出版经费困难的省市县三级综合志书进行出版资助。截至目前，已经确定资助两批 20 多部志书。2016 年 4 月，该工程成功入选国家新闻出版广电总局实施的“十三五”国家重点图书、音像、电子出版物出版规划项目。当前正处于全面推进扶贫开发工程的攻坚阶段，深入推进资助工程，是全国地方志系统配合推进精准扶贫、精准脱贫的重要工作，必须引起高度重视。

资助工程是地方志系统的政治工程。革命老区、民族地区、边疆地区、贫困地区蕴含着极为丰富的文化内容，编纂出版志书，对于继承和发扬优秀传统文化、民族文化、革命文化，加强民族团结、促进当地经济社会建设意义重大。革命老区、民族地区、边疆地区、贫困地区的志书是充分展示在中国共产党领导下这些地区经济社会建设取得的巨大成就、各族人民生活幸福安定的历史依据。特别是边疆地区的志书，是历代王朝、社会主义新中国对该地区行使主权的文化宣示，是真实记录边疆地区与祖国一脉相承、荣辱与共的重要载体。《规划纲要》明确要求到2020年全面完成第二轮修志规划任务，是党中央、国务院对各级政府和地方志工作机构的政治要求，必须不打折扣坚决完成，革命老区、民族地区、边疆地区、贫困地区也不能例外。资助工程既是全国地方志系统的文化扶贫工程，又是确保到2020年全面完成第二轮修志规划任务的推进工程，具有重要的政治意义。

资助工程是促进民族地区与贫困地区文化建设的基础工程。地方志书是全面系统地记述本行政区域自然、政治、经济、文化和社会的历史与现状的资料性文献，记述内容包罗万象，记述对象丰富多彩，是对一个地方的文化普查和历史资料的全面梳理。一个地方的经济社会建设，离不开文化支持。发展是硬道理，只有真正实现全面、协调、可持续发展，才能最终实现小康。与此同时，发展也必须是有序的而不是盲目的，必须是实事求是的而不是凭空设想的，必须是因地制宜的而不是照搬照抄的。实践证明，脱离当地的自然条件、历史基础、文化传承、人文习俗等搞所谓的建设，要么是盲人摸象、坐井观天，要么是揠苗助长、掩耳盗铃，要么是削足适履、画蛇添足，最终会落得个水土不服、无疾而终。对于民族地区与贫困地区来说，立足本地的资源、市场、人文旅游等优势，因地制宜找准发展路子，是确保科学发展的首要任务。民族地区与贫困地区，尤其是那些自古以来还没有编修过志书的地区，开展志书编纂既是对当地自然、政治、经济、文化、社会、生态等方面的发展历史、发展脉络、发展规律的全面摸底和调查，又是总结历史经验、汲取历史教训、挖掘历史智慧的全面梳理和探求。通过学习、利用地方志书，让各级领导干部、广大人民群众了解当地的历史、了解实实在在的地情，从历史中汲取营养和智慧为现实提供借鉴和服务，是确保民族地区与贫困地区发展不走弯路、不走冤枉路的有效手段。

资助工程是全国地方志事业协调发展的促进工程。第五届中国地方志指导小组成立以来，一直把走基层、探实情作为一项重要任务，截至目前，已经到30个省（自治区、直辖市）开展了调研。通过座谈、实地考察等多种形式，充分了解了当前全国地方志事业发展面临的主要困难和问题。其中，区域发展不平衡，中西部地区特别是边疆少数民族地区地方志工作与东部地区相比还存在不少差距，是制约全国地方志事业实现全面、协调、可持续发展的瓶颈所在。有的地方甚至出现了花费了大量的人力、物力，经过十余年的艰辛努力编纂出志书，因为缺乏出版经费迟迟未能出版的状况。正是基于以上了解到的情况，中国地方志指导小组及其办公室才下定决心启动资助工程。到2020年全面建成小康社会时，地方志事业区域发展不平衡问题必须得到妥善解决，这也是深入贯彻《规划纲要》的应有之义。而作为主业的修志编鉴，到2020年全面完成第二轮修志规划任务、实现综合年鉴编纂全覆盖的“两全目标”，是中西部地区特别是边疆少数民族地区地方志工作发展的重中之重。从现实意义来说，资助工程对于实现全国地方志事业全面、协调、可持续发展具有重要的促进作用。

在党中央、国务院的高度重视下，全国地方志事业发展迎来重大战略机遇。越是发展的关键时期，越要有大局观，越要从全国一盘棋的角度考虑问题。《规划纲要》作为顶层设计，确定的各项目标任务都要落到实处，而作为“两全目标”之一的到2020年全面完成第二轮修志规划任务，实现省、市、县一个都不能少的目标，是关键中的关键。希望借助资助工程的深入推进，进一步引起全国地方志系统对实现“两全目标”的重视，确保按期保质完成，用志书客观而忠实地记述中国共产党人带领全国各族人民全面建成小康社会的光荣与曲折历程，为全面建成小康社会贡献“志”礼。

是为序。

中国社会科学院原院长 王伟光

中国地方志指导小组原组长

民族地区与贫困地区志书出版资助工程领导小组

组　　长：谢伏瞻　中国社会科学院院长、中国地方志指导小组组长

常务副组长：高　翔　中国社会科学院副院长、中国地方志指导小组常务副组长

副 组 长：冀祥德　中国地方志指导小组秘书长、中国地方志指导小组办公室主任

成　　员：高京斋　中国地方志指导小组办公室党组书记

邱新立　中国地方志指导小组办公室副主任

民族地区与贫困地区志书出版资助工程领导小组办公室

主　任：冀祥德　中国地方志指导小组秘书长、中国地方志指导小组办公室主任

副主任：邱新立　中国地方志指导小组办公室副主任

成　员：于伟平　方志出版社总编辑

陈　旭　中国地方志指导小组办公室方志处处长

杨海峰　中国地方志指导小组办公室方志处负责人

王丹林　中国地方志指导小组办公室方志处副处长

徐　宏　方志出版社地方史编辑部副主任

桃山林业局区域图

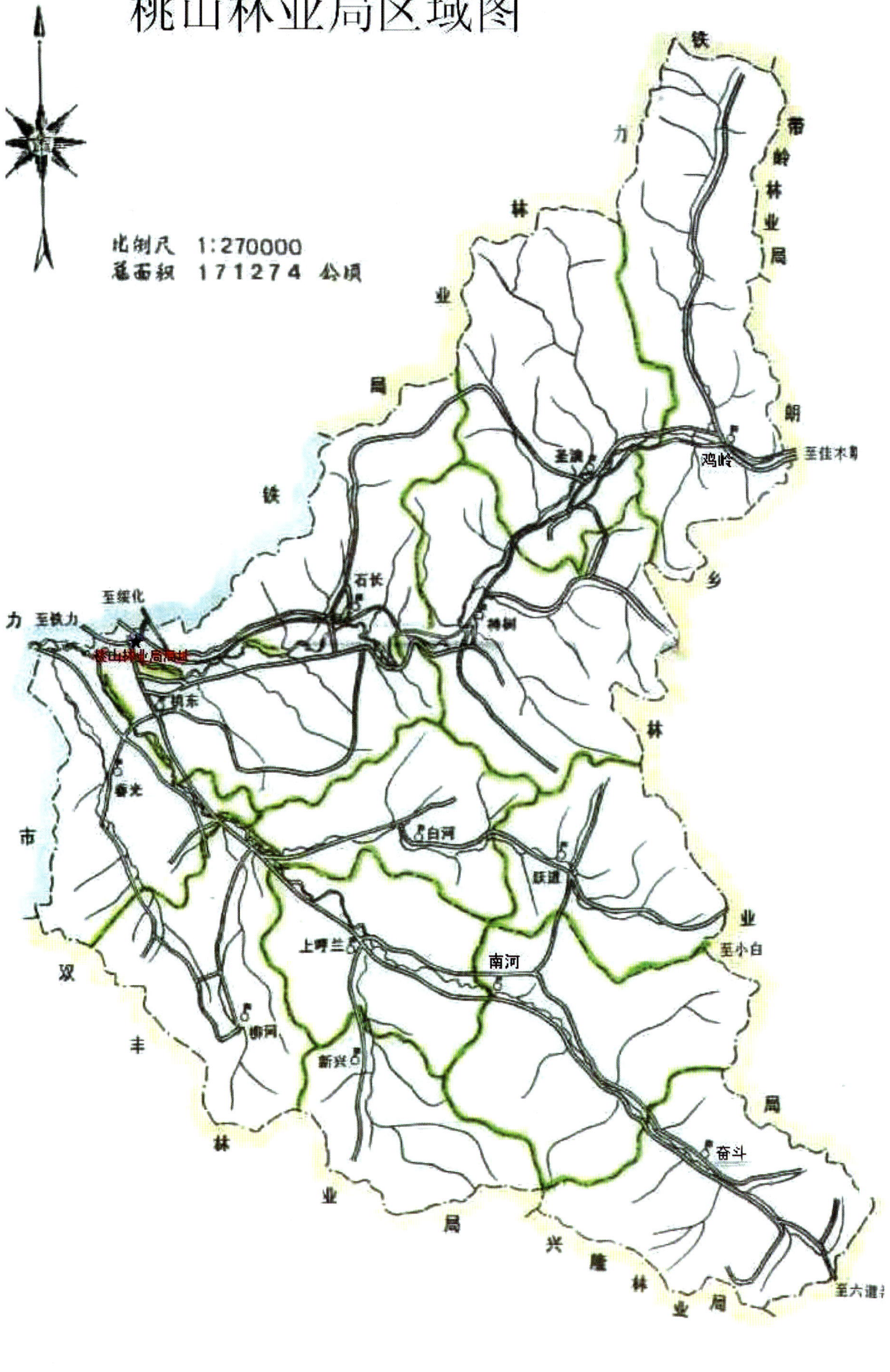

比例尺 1:270000
总面积 171274 公顷
铁
力
林
业
局
带
岭
林
业
局
朗
乡
林
业
局
铁
力
市
双
丰
林
业
局
兴
隆
林
业
局
至绥化
至铁力
桃山林业局局址
石长
神树
鸡岭
至佳木斯
白河
跃进
上呼兰
南河
至小白
新兴
奋斗

N
铁桃公路
十委
九委
十一委
政通社区
振兴社区
十三委
十二委
十四委
十五委
十六委
十七委
旅游公路
桃林加油站
桃山林业局办公楼
中青木业公司
煤炭公司货场
六委
公安局
城建环保处
七委
五委
三委
二委
计生办
防火办
桃林二小学
第一中学
振兴大街
桃山车站
工商银行
桃林医院
八委
桃林一小学
一委
桃山庄宾馆
自来水公司
人和社区
度假村
四委
体育馆
第三中学
体育场
十八委
电力杆厂
理石加工厂
十九委
呼
兰
河
图例
公路
巷道
铁路
居民委界线
房屋
人和社区
政通社区
振兴社区
河流
桥梁
农田

◎锦绣山河

小兴安岭最高峰——平顶山

桃山林业局悬羊峰景区

石塔青松

碧水蓝天

桃源湖美景

桃山国际狩猎场—猎人营地

八仙湖览胜

呼兰河漂流

◎美好记忆

1986 年 7 月 1 日—3 日，桃山林业局体育馆落成，副市长宁士敏（中排左三）及市体委领导在桃山林业局局长滕忠良（中排左一）、副局长孙元兰（中排右一）、体育馆馆长王远贵（后排右一）陪同下，与桃山林业局少年篮球队全体队员亲切合影留念

1987 年 10 月 30 日，副省长靖伯文（左二）到桃山林业局视察体育工作，副局长孙元兰（左一）、体育馆馆长王远贵（右二）陪同

1994 年 7 月 27 日，全省纪检监察系统办刊工作会议在桃山林业局桃山庄宾馆召开，会议期间，中共黑龙江省纪律检查委员会常委、明鉴杂志社总编辑于佩琴（前排左四）在中共伊春市纪委副书记韩兴志（前排左三）、中共桃山林业局党委书记徐广志（前排左五），党委委员、纪委书记牟有贵（前排左二）等陪同下，同与会工作人员合影留念

2000 年 12 月，李国强局长在桃山林业局抗洪桥通车剪彩会上讲话

2002 年 2 月 9 日，党委书记田孔臣（前排右三）、局长李国强（前排左四）及其他党政班子成员与职工群众一起欢度新春佳节

2003 年 12 月 23 日—24 日，桃山林业局第十次党代会选举的第十届党委领导集体：党委书记姜维涛（左数第五），党委副书记、局长田孔臣（左数第六），党委副书记肖亚英（左数第四），党委副书记、纪委书记马立山（左数第七），党委副书记张瑜（左数第三），党委委员、组织部部长褚衍民（左数第一），党委委员、宣传部部长王君华（左数第二），党委委员、常务副局长孙连君（左数第八），党委委员、分区工会主席郭云明（左数第九）

2005 年 2 月 3 日，中共伊春市委书记杨喜军（左一）、市委秘书长李洪斌（左二）在桃山林业局党委书记姜维涛（左三），副书记、局长田孔臣（后排右一）陪同下到桃山林业局检查指导工作

2005 年 4 月，党委委员、组织部部长褚衍民（左二）和党委委员、宣传部部长王君华（右一）及有关部门负责人组织党员先进性教育考核工作

2005 年 9 月 16 日，党委书记刘利敏（左二），党委委员、宣传部部长王君华（左一）与残疾人作者春曼（右一）、心曼（右三）亲切交谈

2007 年 6 月 14 日—18 日哈洽会上，中共伊春市委常委、宣传部部长华景伟（左二），副市长王志山（右二）到桃山局展厅指导工作，党委书记刘利敏（左一），党委副书记、局长张作霖（右一）陪同

2007年7月13日，中共伊春市委书记杨喜军（右五）到桃山视察工作，党委书记刘利敏（右四）、党委副书记局长张作霖（右二），党委委员、工会主席郭云明（右一）陪同

2010年9月，中共伊春市委书记王爱文（后排右六）在桃山林业局党委副书记、局长马保东（后排左六）等陪同下，视察小兴安岭最高峰——桃山局奋斗林场平顶山

2011年10月2日，中共伊春市委副书记、市长高环（左四）在桃山林业局局长马保东（左二）、桃山资源管理分局局长田晓华（右一）陪同下，视察桃山林业局森防工作

2012年4月19日，党委书记安东（右三）在党委委员、宣传部部长刘强（右四），局文联主席褚衍民（右二）等陪同下，视察文物及考古工作

2012 年 11 月 24 日，伊春市市长高环（左二）深入桃山林业局幼儿园检查指导工作，党委书记安东（左三）、局长马保东（左四）陪同检查

2013 年 9 月 25 日，党委书记安东（左三）、局长马保东（左二）、纪委书记郑洪元（右一）深入文化艺术馆和青少年活动中心检查指导工作

◎绿色产业

五味子

木耳

桃山林业局玉制品

桃山林业局玉制品——骏马奔腾

桃山林业局神树牌山野菜

◎城建新姿

桃山火车站站前广场

桃山装饰薄木公司

2002 年桃山林业局办公室

2003 年桃山林业局办公大楼

2012 年 10 月落成的桃山林业局办公大楼

桃山林业地区公安局办公大楼

繁华的桃山街道

青少年宫

和谐小区

金居花园小区

呼兰河大堤

呼兰河渠首

◎政法武装　森防消防

政法干警开展练兵活动

桃山林业局检察院、法院干警在烈士墓前重温入党誓词

森林防火车队

消防队员开展练兵活动

◎文化体育

桃山体育馆

文化广场演出

桃山林业局文化艺术馆、桃山林业局青少年活动中心

桃山林业局图书馆

桃山林业局新书陆续问世

桃山林业局开展读书研讨活动

桃山林业局职工医院

桃山林业局福利院

桃山林业局中心小学多媒体教室

中心小学教学实验室

桃山林业局第一小学

桃山林业局中心小学

◎教育卫生

桃山林业局第三中学

桃山林业局第一中学、桃山林业局高级职业中学综合教学楼

体育运动会开幕式

广场健身舞蹈

桃山林业局博物馆

珍稀文物——石人

伊春市《桃山林业局志》（1986—2005）第一届编纂委员会

主　　任： 田孔臣

副 主 任： 刘学进

委　　员：（按姓氏笔画为序）

于万臣　王君华　王世和　田晓华

孙连君　刘雅文　庄德彬　李铁忠

郝明林　郭云明　高世清　詹万君

伊春市《桃山林业局志》（1986—2005）第一届编纂人员

主　　编： 李铁忠

副 主 编： 付崇敬

工作人员：（按姓氏笔画为序）

王克礼　王景义　毛长德　庄德彬　刘雅文

刘德春　闫喜军　李光伟　张　凯　黄保明

伊春市《桃山林业局志》（1986—2005）第二届编纂委员会

主　　任：张作霖

副 主 任：闫立海

委　　员：（按姓氏笔画为序）

于万臣　王世和　田晓华　付崇敬

刘雅文　庄德彬　吴　波　李铁忠

李光伟　郝明林　郭云明　高世清

高汉振　黄保明　盛永国　詹万君

伊春市《桃山林业局志》（1986—2005）第二届编纂人员

主　　编：辛洪文

副 主 编：付崇敬

工作人员：（以姓氏笔画为序）

王雪东　王永臣　宁喜清　刘德春　刘振凡

刘大海　刘维德　张晓英　张淑琴　张　平

陈庆芳　胡忠凯　贾延绵　黄保明

伊春市《桃山林业局志》（1986—2005）第三届编纂委员会

主　　任：马保东

副 主 任：林宏伟

委　　员：（按姓氏笔画为序）

王国臣　田晓华　付崇敬　刘　强　刘雅文
刘德春　纪谦勇　吴　波　辛洪文　郑洪元
张　波　张　松　周　波　周广山　高世清
姜　浩　郝明林　耿　力　褚衍民

伊春市《桃山林业局志》（1986—2005）第三届编纂人员

主　　编：付崇敬

副 主 编：孟令超

工作人员：（按姓氏笔画为序）

王广文　王玉芝　孙明明　刘德春　刘春喜
刘维德　张　伟　张晓英　苍双龙　岳振华
都书春　夏远军　黄保明　黄　岩　魏　巍

伊春市《桃山林业局志》（1986—2005）
供稿人
（按姓氏笔画为序）

于志华	于学范	于忠堂	于海洲	马　丹	马功存	马贵清
王　仁	王玉兰	王克礼	王雪东	王景义	王文金	王立坤
王兆权	王初东	王景宏	王宪春	王晓旭	王维力	王志辉
王艳萍	车东梅	毛长德	邓　启	刘文成	刘继峰	刘维德
刘德春	刘春喜	刘建超	刘雅文	刘文有	刘春仁	刘秉仁
刘忠华	付崇敬	李振川	李志涛	李连芳	李景兴	齐兴志
孙绪海	包爱民	辛洪文	朱兴军	牟万福	许海军	苏义文
杜志鹏	杜成福	宋宝生	宋中朝	杨雪哲	杨树勋	孟智慧
陈世秋	陈国树	张　松	张　显	张　凯	张莉莉	张世钢
张玉宝	张同君	张洪国	张春贺	张建华	张绪强	苗新生
周　波	周　敏	周　福	周广山	周志琪	郭岐峰	唐　丽
唐德仁	姜　浩	贾延绵	高发巨	高汉振	高殿奎	夏远军
郭云明	程　伟	蔡成立	徐博文	娄胜德	郝明林	赵旭伟
黄保明	胡国彬	姜　峰	赵文胜	周贵凯	范树森	耿　力
郭云龙	肖忠林	栾亚民	贾柏年	康明杰	程谟金	崔景学
焦万武	蒋永梅	傅会玲	翟文敏	潘爱军	潘建安	代恒艳

提供照片人员（按姓氏笔画为序）

马国军　于少辉　王永臣　刘泽萍　单　磊　张　伟　陈旭东　胡忠凯

伊春市《桃山林业局志》（1986—2005）
审查验收单位及验收人员

审查验收单位：

伊春市地方志编纂委员会办公室

审查验收人员：

曹永杰　伊春市地方志办公室　主任

周　尧　伊春市地方志办公室　基层指导科科长

田绍奎　伊春市地方志办公室　编辑

序　言

继往开来修佳志，资政利民谱新篇。承蒙上级史志部门的关怀指导，经过局志编纂人员多年的辛勤劳动，《桃山林业局志（1986—2005）》正式问世了，为桃山林业局的政治、经济、文化生活增添了奇异的光彩。

1986—2005 年，桃山林业局广大党员和干部群众在党的路线、方针、政策指引下，坚持改革开放，团结战斗，奋发图强，经过 20 年的艰苦努力，在建设林兴业旺、环境优雅、企富民安、稳定和谐的社会主义新林区的征程中迈出了坚实的步伐。

这部局志记载了 1986—2005 年桃山林业局生产建设和社会演变的历史过程，作为桃山林业局 20 年历史发展的缩影，它必将起到鼓舞全局人民增强拼搏进取信心、促进各项事业兴旺发达的历史作用。

在编修局志过程中，编纂人员坚持以马克思列宁主义、毛泽东思想、邓小平理论和“三个代表”重要思想为指导，运用辩证唯物主义和历史唯物主义的观点，力求做到尊重事实，秉笔直书，内容安排突出林业特点和地方特色，文字力求简洁朴实，通俗易懂。但由于历史资料残缺，加之水平有限，疏漏之处在所难免，恳请读者批评指正。

志书在编写过程中，得到了方志出版社、黑龙江省森工总局史志办、伊春市志办等上级有关部门的指导和亲切关怀，得到铁力、双丰、翠峦等兄弟区、局有关部门的支持以及桃山林业局各级组织和许多老同志的通力协作，在此，一并致以最诚挚的谢意！

回首 20 载春秋，桃山林区建设日新月异，成就辉煌；展望美好未来，桃山林业局职工一定能够在建设繁荣富强的社会主义新林区的进程中，谱写出林业经济振兴的新篇章。

马保东

2012 年 9 月

凡　例

一、以马克思列宁主义、毛泽东思想、邓小平理论和“三个代表”重要思想、科学发展观、习近平新时代中国特色社会主义思想为指导，坚持辩证唯物主义和历史唯物主义的立场、观点和方法，实事求是、全面真实地反映桃山林区自然和社会的历史与现状，为推进全局生态、经济和社会和谐发展，起到“存资料，助决策，作教材，供科研”的作用。

二、本书采用述、记、志、传、图、表、录等体例，图地形、析疆域、分山川、条物产、述专业、记艺文、载人事，以求全面、清晰、准确地记述桃山林区全貌。

三、志书上限始于1986年，下限止于2005年。为保持事物完整性，上限根据需要，有的地方适当上溯。重点记述桃山林业局经济建设和改革开放20年来的历史进程。时限以外的内容均作标记。

四、志书由总述、要事纪略、人物、专志、特载和附录等若干部分组成。专志按社会分工和事物属性分门别类编纂。全志以事横分门类，分为篇章节目4级，竖写史实，节下直接记述内容。

五、续志采用规范的现代语体文，记述体编纂。语言使用，遵照2000年10月第9届全国人大常委会第18次会议通过的《中华人民共和国通用语言文字法》，使用规范简化汉字，严格执行《黑龙江省地方志编纂行文通则》规定。

六、志书记述范围以桃山林业局（1986—2005）期间区划为准。记载桃山林业局和所属各基层企事业单位，局机关党、政、工、科、部、委、办，股份制企业、股份合作制企业、“三资”企业、个体民营企业。

七、纪年，通用公元纪年。称谓：局、场（厂）、所、公司、处、院、队、校等名称，人名及职务以原称谓为准。人物，直称姓名不加饰语。企事业单位 、机关团体名称，于志中首次现者使用全称，多次出现者使用规范化简称。其他简称于其后使用圆括号注释。

八 、志书资料源于桃山林业局机关各科、室、部、委、办、各基层单位主管修志的领导及工作人员、包括桃山镇地方志办工作人员等提供的文字材料、档案、文献、报刊、调查口碑、影像资料、调研资料等，经筛选、排比、查验无误后载入，资料翔实可靠。经济篇中涉及产值等，均按1990年不变价格计算。

九、数字使用，遵循2011年颁布的《出版物上数字用法的规定》。标点符号用法遵循2011年颁布的标点符号用法规定，计量单位遵循1993年国家技术监督局发布的国家标准《量和单位》（3100-3102-93）的规定。

十、人物志，坚持生不立传的原则。通篇设传略、简介和名录。传略以对桃山林业局历史与生态经济社会发展和改革有突出贡献和重大影响的已故人物为主，对在世模范人物、名人、新闻人物予以简介；其他人物以名录（表）形式入志。先进单位（集体）分别入志。

目 录

第二篇 建 置

第三篇 营林生产

第四篇 木材生产

第五篇 森林保护

第六篇 森林农业

第七篇　生态旅游

第八篇　商业贸易

第九篇　基础设施建设

第十篇 经济发展规划与经济转型

第十一篇 改 革

第十二篇 企业管理

第十三篇 党政群团

第十四篇 政法 军事

第十五篇 人口与计划生育

第十六篇 教育 科技 文化 体育 卫生

索 引

概 述

桃山林业局位于黑龙江省伊春市西南部，铁力市行政区内。地理坐标：北纬 46° 34′～47° 15′，东经 128° 05′～128° 43′。施业区东邻带岭林业实验局、朗乡林业局；西靠铁力市、双丰林业局；北和铁力林业局搭界；南与通河林业局相毗邻。1983 年以前，桃山林业局东西宽 48.5 公里，南北长 78.5 公里，总面积为 178440 公顷。1984 年稳权定界后，划出 7166 公顷，东西宽 43.5 公里，南北长 78.5 公里，施业区总面积为 171274 公顷。

桃山林业局地处小兴安岭西坡南部低山丘陵地带，呼兰河上游流域。地势自西向东步步升高，呈起伏波状，平均坡度为 13° 2′，平均海拔 450 米。最高处为新兴、奋斗两个林场交界之平顶山，海拔 1429 米。最低处为本局局址所在地，海拔 210 米。境内山地占总面积的 80%。主要山脉有桃山、图南山、凌云山、五龙山、金牛山、马鞍山、摩牛山、平顶山、磨盘山等。本区系松花江支流呼兰河发源地之一，主要源头在鸡岭经营所。区内主要河流有呼兰河、上小呼兰河、下小呼兰河、小白河、柳河、西掐河、喇叭河、东方河、安全河。河道总长为 510 公里，由东南向西北纵横径流，最后汇集注入松花江。

桃山林区属北温带大陆性季风气候，夏热冬寒，四季气温变化较大。年平均气温 1.1℃，夏季最高气温为 36.3℃，冬季最低气温为 -42℃。年无霜期 113 天。冻结期约 180 天，封冻在 10 月下旬，解冻在 4 月中旬，冻层最深达 2.7 米，年平均降水量 664 毫米，6—9 月降水量占全年的 77%。区内全年多为西南风，平均风速为 2～3 米。年日照为 2498 小时。

桃山林业局是伊春林管局所属的中型森工企业，林木蓄积 610 万立方米，森林覆被率 79%。林相以针阔混交林和阔叶林为主。主要有红松、云杉、落叶松、水曲柳、黄菠萝、胡桃楸、榆木、白桦、椴木、色木、青杨等 20 余种，其中红松、落叶松和云杉在土木建筑和家具制造方面用途极广；还可以作造纸原料，松木板材是室内装修、机械制造、车辆、工业配件、军工等良好材料。红松的松子美味可食，还有较高的医用价值。施业区内的天然野生动物资源丰富。野生动物主要有：马鹿、黑熊、獐子、野猪、猞猁、紫貂、狍子、山羊、狐狸、水獭、野兔、山狸子和环颈雉、榛鸡、蟒蛇、蝮蛇、哈什蚂、野鸭等四十余种。桃山林业局辟有全国第一个对外开放的天然野生动物饲养狩猎场，供国内外狩猎爱好者趣猎。野生植物主要有：苔草、玉竹、水金凤、唐松草、木贼、胡枝子、珍珠梅、接骨木、羊齿、贯仲、虎耳草、人参、党参、刺五加、三棵针、穿地龙等，低等植物有蘑菇、木耳、猴头等，其中经过腌渍的蘑菇、刺嫩芽、蕨菜、猴腿和经过加工的人参等远销国内外。主要水产品有：林蛙、鲫鱼、鲶鱼、细鳞鱼、哲罗、胡罗、狗鱼、白鱼、柳根鱼、山胖头鱼和河蚌等。主要地下资源有黄金、原煤、石墨、石灰石、青石、玉石、花岗岩等。桃山林业局作为对外开放林区，有丰富的旅游资源，施业区内还有桃山古洞、滑雪场、红松原始森林、相思山、鹰嘴岩、悬羊峰、八仙湖、桃源湖、神树山庄等景点景区供游客观赏浏览。

桃山林业局2005年年末有在册职工9118人，其中在岗3548人，下岗5570人。同时还有离退休职工3347人，混岗集体工人1226人，顶岗青年13568人。林业总人口48926人。桃山林业局以营林、木材生产为主，木材加工、综合利用、基本建设、多种经营、农业多业并举。辖鸡岭、圣浪、神树、石长、奋斗、南河、上呼兰、跃进、白河、新兴、柳河、春光、桃东13个经营林场，还有局机关、贮木场、城建环保、远洋木业公司、林产公司、自来水公司、热力公司、茂源燃料公司、丰达运输公司、公路管理处、公安局、检察院、法院、司法局、第一小学、第二小学、第四小学、第五小学、圣浪学校、第一中学、第三中学、桃山私立高中、林业职工医院、福利公司留守处、物资公司留守处、商贸公司留守处、机修厂留守处、宾馆留守处、森防指挥中心、资源林政科、森林调查队等31个基层单位。

1960年1月，经黑龙江省人民委员会黑林王字〔1291〕号文件批准建立桃山林业局，并将圣浪中心林场划归桃山林业局管辖，隶属哈尔滨林业管理局。1967年，哈尔滨林业管理局撤销，桃山林业局划归绥化林业管理局。1978年4月，国务院将铁力县划归伊春地区，地处铁力县境内的桃山林业局随之划归伊春林业管理局。1979年12月14日，经国务院批准，伊春地区改为伊春市，桃山林业局隶属伊春林业管理局至今。

1986年以来，桃山林业局在坚持改革、扩大开放、搞活经济方面进行了多年探索，取得了一些进展，但是由于林木资源锐减，替代产业发展在短时间内难以形成规模，加之1996年遭遇特大洪涝灾害，企业经济一直在低谷中徘徊。2000年至2005年“十五”期间，是全局改革力度较大、成果较突出、职工群众得到实惠较多、社会进步较快的时期。2005年，全局实现了十五年来首次全面完成各项费用指标的新突破，全局产业增加值完成11116万元，同比增长8.4%，其中：工业增加值完成1879万元，同比增长12%；优势特色产业增加值完成5411.3万元，同比增长25.1%。全年计划亏损850.2万元，实际亏损613.4万元，实现减亏236.8万元。2005年企业支付金融部门利息180万元，一举卸掉了积压数年的1.3亿元银行贷款本息包袱，提高了企业信誉等级。

为了切实搞好企业生产经营，桃山林业局一直坚持把培育森林资源作为重点，带动各项产业的发展，初步形成了以林为主、多业并举的良性发展局面。中共十一届三中全会以来，对森林经营开始实行改革，1979年对生产作业方式和分配办法进行改革；1980年年初在白河经营所进行承包造林试点；1983年首创上呼兰经营所国有林分户承包经营责任制和创办奋斗林场木材生产家庭林场，探索了单户联户承包经验；1984年推行山区资源全面综合立体开发战略；1985年在南河林场实行采育双包责任制；1986年全国八大林区经济体制改革桃山现场会，专门交流了桃山林业局综合配套改革的做法；2000年全面推行了森林管护经营责任制；2003年开始，探索商品林流转，进行林权制度改革，开始了林木所有权与林地所有权两权分离的实践。桃山林业局从1984年到2002年已营造私有林1701公顷；2003年至2004年3月商品林流转2513公顷，流转户数138户；截至2005年年末，已完成林地承包林木流转调查设计2.8公顷，承包面积9461公顷，306户。营造非公有林2000公顷，并为1702公顷自费林林主办理了所有权手续，为培育森林资源打好基础。

为了加快森林资源培育步伐，桃山林业局十分注重抓好营林生产，在企业经济条件较差的情况下，每年都拿出一定资金用于发展造林事业。2004年造林计划面积346公顷，实际完成347公顷，完成计划的100.3%；2005年造林计划面积346公顷，实际完成348公顷，完成计划的100.6%，经过多年的不懈努力，森林资源得到了培育和发展，逐步实现青山常在、永续利用。

在抓好森林资源培育的同时，桃山林业局大力发展多种经营生产，取得了长足的进步。2003年完成多种经营产值16632万元，收入1352万元；2004年实现产值17836万元，收入1820万元。在多种经营产值中，种植业和养殖业所占比重为71.9%；工业占6.9%；运输业占12.2%；商饮业占9%。至2005年多种经营产值达2亿元，从事多种经营产业的人数达7600人。种植业：2005年，全局多种经营用地14900公顷，水稻种植680公顷，旱田播种面积12180公顷，经济作物1460公顷，其他作物播种面积580公顷，全年粮豆薯总产量35000吨。种植业年实现产值9300万元，从业人员5800人。养殖业：养牛5850头，养猪15500头，养鹿1603只，养鸡50万只，从业人员1303人，收入887万元。采集业：年采集山野菜500吨，山野果200吨，山野药100吨，五味子人工栽培面积150公顷，林下改培45000亩，平贝绿色面积250万平方米，人参留存面积50万平方米，年实现产值503万元。加工业：年实现产值1003万元。采集、加工业总计年实现产值1506万元。服务业：旅游、餐饮服务业年创产值864万元，运输服务业年创产值897万元，服务业年创产值1761万元。

2004年全局林业生产总值计划7300万元，实际完成7411万元，完成计划的101.5%，同比增长12.2%；其中第一产业增加值完成3339万元，第二产业增加值完成3301万元，第三产业增加值完成771万元。五大特色产业增加值计划4810万元，实际完成100.1%，比上年增加20.2%。

2005年全局林业生产总值计划11000万元，实际完成11116万元，同比增长8.4%；其中第一产业增加值完成8701万元，第二产业增加值完成1972万元，第三产业增加值完成353万元。五大特色产业增加值计划5411万元，实际完成5411万元，完成计划的100%，比2004年同期增加20%。

为了提高人民生活质量和生活水平，党委、林业局大力抓好城镇基础设施建设，修建了旅游公路12公里、城内主要路段17.418公里，累计铺彩砖23512.28平方米，安装路灯195盏，镇内交通实现了“三纵三横”，并且建设了绿地和广场，筹资和吸引外资修建了住宅楼房，改建了供热设施，兴建了自来水公司，逐年扩大供热供水面积。“十五”期间，企业投入扶贫资金346.17万元，为离退休职工上调工资八次，人均增资240元；为在岗职工上调工资两次，人均增资135元；五年间用现金和以资抵欠等方式偿还历史拖欠2880.6万元。捐资助学贫困大学生228人，企业助资45.7万元，保证了生活困难的学子安心就读，投资66万元维修部分学校校舍。投资105万元为职工医院购置先进医疗设备，解决了群众就医难问题。

特别是中共十六大以来，在改善人民群众生活条件方面党委、林业局办好二十一件实事：第一，确保不拖欠在岗职工工资，离退休职工养老金按时足额发放。第二，扩大再就业，积极组织转岗人员分流到国内外劳动力市场谋发展，2004年和2005年对俄劳务输出已分别达到200人，省内季节性木材休伐分别达到1500人。第三，建立多种经营信息网络，投资1万元，完善多种经营综合信息服务“场场通”工程，为职工群众发展多种经营服务。第四，积极开展再就业岗位培训工作，举办畜牧业、木材生产“三手”等相关岗位技术培训班，提高下岗再就业人员的再就业能力，2004年举办培训班5期，培训人数500人以上；2005年举办培训班3期，培训426人。第五，解决职工群众吃水难问题。投资13.6万元，延伸自来水管线300延长米，支叉线800延长米，2003年至2005年新增自来水用户130户，改造自来水用户60户，改造二号、四号家属楼自来水管线，购买消毒设备，更换锰砂，改善供水质量。第六，加快供热小区外网改造工作，采取招商引资、竞价租赁、股份制经营等多种形式，扩大集中供热面积，仅2004年就扩大供热面积20000平方米。第七，加快小城镇建设步伐，提高城镇整体功能。2004年完成工程街改造700米，迎宾路延伸150米，拓宽健康路、镇内铺彩砖5500平方米，铺路缘石2700米，完成健康路路灯改造工程，改造镇内巷道8条，购买自卸垃圾处理车、胶轮装载机各一台。第八，解决防洪抗涝问题。疏通主渠道1000米，实现镇内排水畅通。对十八委防洪堤坝加高加固400米，提高防洪能力，2004至2005年总投资6.8万元。第九，改善群众就医条件。与哈尔滨医科大学建立协作机制，投资20万元，改造医院内科病房340平方米，购买移动式X光诊断仪。加快医疗队伍培训，建立完善疾病控制网络和急救队伍建设，提高对突发性卫生事件的反应处理能力。第十，实施第三轮“一帮一”扶贫解困工程。完善扶贫解困措施，采取政策、资金、项目等多种帮扶形式，继续扶持全局227户贫、特困户种植平贝、育树苗，确保全部脱贫。2005年年底已实现目标。第十一，做好救济工作。对困难职工在越冬和“两节”期间提供救助，确保他们平安越冬，愉快度过“两节”。第十二，继续开展捐资助学活动。对正常渠道考入大学的特困学生，采取企业帮扶、社会捐助等方式，确保每个大学生都能如期入学，对特困中、小学生实行免费入学。第十三，规范教育收费。认真落实《伊春市义务教育阶段一次性收费实施意见》，认真实行校务公开和教育收费公示制度，严肃查处乱收费行为。第十四，稳定教师队伍。对中小学骨干教师增加工资补贴，控制优秀教师外流，保证教育教学质量。第十五，改善办学条件。积极筹措资金，对中小学校的危房危厕进行全面维修改造，更新各中小学校的桌椅，1140套。第十六，在振兴大街建设山特产品贸易一条街，为从事农业、多种经营的职工出售产品提供方便条件。第十七，在振兴大街建设一处画廊，宣传党的路线、方针、政策、致富信息和企业发展情况。第十八，建立紧急救助体系。2005年年底已建立120、122、110、119等应急联动体系，实施紧急救助工作。第十九，继续加大社会治安综合治理工作力度，维护社会稳定，促进经济发展。第二十，加大信访工作力度，坚持依法治访，完善信访体系，信访案件结案率90%以上。第二十一，办好局长专线电话，建立健全信访电话工作机构，制定公开承诺和便民措施，对群众反映的问题件件有落实，事事有回音，群众满意率90%以上。

经过多年的艰苦努力，全局人民生活水平逐步提高，教育、卫生事业得到长足发展，全局各级组织加大扶贫解困工作力度，对生活困难的职工群众给予政策扶持和最低生活保障，极大地调动了全局人民齐心协力搞好经济建设事业、加快开发步伐、早日实现小康生活目标的积极性，为在较短时间内把桃山林业局建设成为政治稳定、经济发达、精神文明、科技振兴的社会主义新林区积蓄了发展后劲，提供了有力的智力支持。

大事记

1986 年

1 月 2—5 日　林业部宣传处副处长张丛密、中央人民广播电台科教部主任黄传惕一行到桃山林业局采访林业改革和旅游事业发展情况。

1 月 3 日　党委召开全委（扩大）会议，学习《人民日报》元旦社论和万里在中央农村工作会议上的讲话，传达省、市委工作会议精神，安排全局 1986 年工作要点。

1 月 6 日　北京、广东和黑龙江摄影协会记者一行 19 人，到桃山拍摄林区风光。

1 月 8—9 日　中共中央办公厅、国务院办公厅信访局领导在黑龙江省顾问委员会副主任张向凌、省政府副秘书长孙凤刚陪同下，到桃山检查信访工作。

1 月 18 日　《人民日报》（海外报）7 版刊登 5 篇文章和 7 幅照片，介绍桃山林区旅游和狩猎。

1 月 28 日　林业局召开 7 届 2 次职工代表大会，出席代表 166 人，局长滕忠良作行政工作报告，党委书记卢守安作重要讲话。

1 月 29—30 日　党委召开工作会议，总结 1985 年工作，安排部署 1986 年工作。

2 月 2 日　省报 3 版刊省委整党办文章《认真开展批评和自我批评——桃山林业局对照检查不走过场》。

2 月 14 日　省报 1 版头条刊郑岩文章《桃山林业局抓改革配套》，介绍桃山林区的改革经验。

2 月 17 日　党委召开基层整党动员大会，列入这批整党的基层单位有 22 个。

3 月 1 日　在全国计划生育先进集体、先进个人表彰大会上，桃山林业局被评为先进单位，南河林场计划生育员刘杰被评为先进个人。

3 月 3 日　省顾问委员会主任陈雷为桃山林区旅游和狩猎题词："大力发展林区经济和旅游事业，努力办好具有国际水平、中国特色的桃山狩猎场。"

3 月 17 日　黑龙江电视台 21 时 40 分播放电视片《桃山狩猎场》。

4 月 9 日　省报刊登《光荣榜——全省劳动模范、先进企业、先进集体名单》，桃山局中学教师曹勉修为劳动模范，上呼兰经营所为先进集体。

5 月 17 日　林业局在职工俱乐部召开打击严重经济犯罪分子大会。

6 月 1—3 日　林业局举行第 11 届田径运动会。

6 月 3—4 日　在省政府召开的信访工作会议上，桃山林业局被授予 1985 年度信访工作先进单位标兵称号。

6月7—9日　省政协主席王钊、副主席杨子荣、王维之到桃山林业局检查工作。

6月28日　党委在青少年宫举行纪念建党65周年大会，会上表彰了先进党组织和优秀党员。

7月1—3日　林业局举行桃山体育馆落成篮球邀请赛，北京市、东北三省和沈阳部队共7支男女篮球劲旅应邀参赛。

8月5—7日　省森工系统首届中小学生“绿色希望”音乐会在职工俱乐部举行。伊春、松花江、牡丹江、合江、大兴安岭和桃山局共6个代表团参加演出。

9月6—17日　在林业部召开的企业整顿先进单位表彰大会上，桃山林业局被授予全国林业企业整顿先进单位称号。

9月25日　党委、林业局召开企业升级试点工作会议。试点单位有圣浪场、南河场、上呼兰所、机修厂、发电厂和贮木加工厂。

10月9—10日　国家教委师范司徐丕凯处长在省、市教委领导陪同下，到桃山检查教育工作。

10月29日　伊春林管局决定：卢守安任桃山林业局局长；免去滕忠良桃山林业局局长职务。

11月9—10日　中共桃山林业局第八次代表大会在桃山庄宾馆召开。刘寿柏代表第七届委员会作题为《勇于开拓创新、锐意拼搏进取、把我局两个文明建设和全面改革继续推向前进》的工作报告。在八届一次全委会上，选举刘寿柏为党委书记、滕忠良、唐永才为党委副书记。在新的纪检委一次全会上，选举牟有贵为纪检委书记、刘学进为副书记。

11月14日　党委、林业局召开局机关机构整顿、定编、定员大会。

11月15日　桃山林业局第三中学举行落成典礼。

11月25日　林业局七届三次职代会在桃山庄宾馆召开，出席代表166人。局长卢守安发表施政演说；党委书记刘寿柏作题为《肩负起主人翁的时代责任，为胜利实现局长任期责任目标而共同奋斗》的发言。大会通过了《桃山林业局职工代表大会条例细则》《桃山林业局局长工作条例实施细则》和《局长任期目标责任制》。大会决定建立由13人组成的桃山林业局管理委员会。

12月8日　全局体制改革定编定员工作结束。原有管理人员1964人，精简510人。

12月18日　党委在桃山庄宾馆召开观念更新理论讨论会，会上交流论文25篇。

12月20—22日　在省社会治安综合治理表彰大会上，桃山林业局荣获社会治安综合治理标兵单位称号。

1987年

1月10日　林业局和分区工会召开1986年度“两个文明建设”双先进表彰大会。表彰26个先进单位、24个先进科室、212个先进股、段和576名先进个人。

1月29日　桃山林业局卫星地面接收站建成，开始转播中央电视台节目。

2月26—28日　市委书记张惠芳到桃山林业局视察工作。

3月10日　党委、林业局在神树林场召开神树林场营造10万亩人工林庆功大会。

3月30日　劳动人事部副部长焦善民、省委组织部部长王海彦和市委书记张惠芳到桃山林业局检查指导工作。

5月16日　桃山林业局设立司法局。

5月19日　桃山林业局以“1986年省级设备管理先进单位”获省政府表彰。

5月29—30日　林业部顾问张世军到桃山林业局视察工作。

8 月 8—9 日　全国政协有关领导和省政协主席王钊陪同以香港树仁书院校监、香港革新会副主席胡鸿烈为团长的港澳地区全国政协委员参观考察团，一行 17 人到桃山林业局参观考察。

9 月 9 日　党委、林业局在桃山庄宾馆召开庆祝教师节座谈会。对尊师重教先进集体、先进个人和优秀教师给予表彰。

10 月 20 日　党委、林业局召开反对官僚主义、制裁违法乱纪工作会议。会上宣布了对 7 名存在违法乱纪错误人员的处理决定。

10 月 27—28 日　省顾问委员会主任王路明一行 7 人到桃山局检查指导工作。

10 月 28—30 日　副省长靖伯文在省森工总局副局长徐衍东陪同下到桃山林业局视察教育工作。

11 月 12 日　党委在青少年宫召开学习贯彻党的十三大精神工作会议，400 余人参加会议。

12 月 26 日　中央电视台播放专题报道《桃山行》。

1988 年

1 月 10 日　市委书记张惠芳到桃山林业局，听取企业政治体制改革和机构体制改革工作汇报。

1 月 13 日　党委召开党员代表会议，通过《党委序列工作机构改革方案》，修改《中共桃山林业局委员会工作条例实施细则》。

1 月 15 日　林业局七届四次职工代表大会在宾馆召开，局长卢守安作行政工作报告；会议讨论通过《局长工作条例实施细则》《职代会工作条例实施细则》《干部制度改革办法》和《聘任（用）干部实施办法》；以差额选举方式选出了林业局副局长、“三总师”。

1 月 27 日　联合国儿童福利基金会驻华代表曼佐尔夫妇到桃山考察观光。

3 月 12 日　桃山林业局被林业部授予 1987 年度“林业设备管理优秀单位”称号。

3 月 14 日　桃山林业分区工会被省总工会授予“模范职工之家”称号。

3 月 29—31 日　《中国教育报》摄影美术部主任刘全聚、《人民教育》杂志记者孙青春到桃山采访。

4 月 29 日　局长卢守安被全国总工会授予“优秀企业管理者”称号，荣获“五一劳动奖章”。

6 月 6 日　省总工会主席倪志荣到桃山检查指导工作。

6 月 10 日　共青团桃山林业局第九次代表大会召开。

7 月 2 日　《中国教育报》四版“放眼未来育人才”专栏刊刘全聚介绍桃山林业局教育工作的摄影报道 5 幅。

7 月 20—24 日　市委工作会议在桃山林业局召开，党委书记刘寿柏代表桃山局党委在会上作《行使保证监督职能、为改革开放发展生产力创造良好客观环境》的改革经验介绍，副局长郭世俊代表林业局作《深化配套改革、搞活林场经济》的经验介绍。与会同志还到桃东、石长、神树、圣浪 4 个林场和第三中学进行现场参观。

8 月 6 日　省企业升级检查验收组到桃山检查评审确认桃山林业局 1987 年企业升级工作达到省级先进企业标准。

9 月 4—6 日　应省旅游局邀请，在哈尔滨参加全国第九次旅游产品订货会的新华社、人民日报社、中央人民广播电台、经济日报社等新闻单位的 20 多名编辑、记者到桃山观光。

9 月 5—6 日　省委书记孙维本，省委常委、秘书长马国良，由市委书记张惠芳、市长聂秉林陪同，视察桃山改革试验区。

9月22—25日　以全国人大常委黄志刚为领队、人大教科文卫办副主任吴福生为组长的全国人大、国家教委赴黑龙江普及《中华人民共和国义务教育法》检查组一行5人，在省、市有关领导陪同下到桃山检查指导教育工作。

9月27—30日　美国143狩猎团到桃山国际猎场狩猎4天。

10月11日　林业局召开知识分子拔尖人才表彰大会，授予卢守安、孙耀夫、高芷华、曹勉修、李海棠、王志谦、于志华、曲胜娟、孟淑贤、李培德10人为桃山局拔尖人才。

10月20日　一小学少先大队被全国少工委授予“红旗大队”荣誉称号。

11月1日　市委、市政府授予桃山林业局卢守安、张福林、曹勉修、高芷华、刘杰、王军6人为“小兴安岭优秀儿女”荣誉称号。

11月8日　党委、林业局召开工作会议，传达贯彻中共十三届四中全会精神和省、市委全会精神，研究落实全局治理经济环境、全面深化改革的措施。

11月16日　省长侯杰、省政府副秘书长赵羽到桃山视察。

12月24日　省委、省政府授予局长卢守安“黑龙江省有突出贡献中青年专家”称号。

12月31日　省报载：省政府授予桃山林业局森工总局系统中小学改善办学条件“先进林业局”、第三中学改善办学条件“先进学校”、宣教中心主任孙元兰改善办学条件“先进个人”称号。

1989年

1月9日　省报载：在1月8日召开的全省经济体制改革会议上，桃山林业局被确定为省级“特企”试点企业。同日，省加强企业管理领导小组和省经济体制改革委员会确认桃山局为1987年度“省级先进企业”。

1月31日　桃山局与新加坡南方木业私人有限公司就合资兴建桃山装饰薄木有限公司达成协议，双方代表卢守安、陈德熏在合同书上签字。

同日　林业局在宾馆召开1988年度先进集体、模范个人表彰奖励大会，授予“双文明”先进单位19个、先进科室11个、模范个人496人。

2月14日　桃山林业地区公安局在圣浪林场破获一起重大入室抢劫敲诈勒索案，犯罪分子张某某、程某某、李某某被提请批准逮捕归案。

2月15日　省森工总局正式批准桃山局为“全面质量管理一级合格企业”。

2月27日　省报载：省委、省政府授予桃山林业地区公安局森警中队队长刘春海为1988年度全省政法战线“先进个人标兵”荣誉称号；授予公安局局长王国清，干警李守廉、王国录为全省政法战线“先进个人”荣誉称号。

3月2日　中共黑龙江省纪律检查委员会授予中共桃山林业局纪检委“先进纪检单位”荣誉称号。

3月3日　林业局召开八届二次职代会，局长卢守安作行政工作报告。会议审议通过局1989年度经济工作计划，民主评议了处级领导干部。

3月20—21日　副省长戴漠安，省森防指挥部副总指挥、省森工总局副局长王长福等到桃山视察春季护林防火工作。

4月28日　桃山林区公开打击刑事犯罪大会在局职工俱乐部举行。会上，桃山林区基层法院对22名犯罪分子进行宣判和处罚。

5月3日　局团委在青少年宫召开纪念五四运动70周年大会。会上表彰奖励10个先进团总支、22名优秀团干部和312名优秀团员。

5月8日 省报报道：省政府授予局职工医院为“省卫生文明建设先进集体”称号。

6月1日 党委、林业局在青少年宫召开纪念“六一”国际儿童节大会。表彰奖励了21名优秀少先队辅导员、28名优秀保教员。

6月10日 省中小学体育改革会议在局三中召开。

6月24日 局召开打击犯罪活动大会。会上，公、检、法机关对50名犯罪分子依法惩处。

6月30日 党委召开纪念“七一”评先选优表彰大会。会上传达了市七次党代会精神，表彰奖励了19个直属先进总支、支部，25个先进下属支部和91名优秀党员。

7月1日 省报载：圣浪林场党总支被省委命名为“先进党组织”。

7月11日 市委、市政府召开知识分子拔尖人才表彰奖励大会。会上，局长卢守安、营林工程师李海棠被授予“知识分子拔尖人才”称号。

8月14日 市报载：桃山林业局分别被林业部、省政府、省森工总局授予“设备管理优秀单位”称号。

8月19日 局少年女子篮球队代表黑龙江省参加全国少年女子篮球赛，荣获比赛第4名。

8月31日 国务院国家企业指导委员会批复：桃山林业局晋升为国家二级企业。

9月1日 党委、林业局在宾馆召开工作会议，传达贯彻党的十三届四中全会精神，党委书记刘寿柏作《用四中全会精神统一思想、大力加强思想政治工作和党的建设》的政治工作报告，局长卢守安作《深入贯彻四中全会精神、全面完成今年各项生产和工作任务》的行政工作报告。

9月8日 全局教育工作会议在局职工俱乐部召开，表彰奖励65名为人师表先进个人、19名优秀教育工作者和33名尊师重教先进个人。

9月10日 在省委、省政府召开的庆祝教师节表彰奖励大会上，局二小学教师曲胜娟获“全国优秀教师”荣誉称号；教育中心主任孙元兰获“省教育系统劳动模范”荣誉称号。

9月27—28日 市长聂秉林到桃山检查指导工作。

9月30日 林业局庆祝新中国成立40周年文艺演出在职工俱乐部举行。

10月9—10日 党委在桃山庄宾馆举办江泽民国庆讲话学习班。

10月14日 《桃山林业局志》首志付梓。

10月14—15日 东北三省一盟冬季冰雪旅游联合考察团一行45人到桃山考察。

10月24日 《人民日报》7版刊登傅刚、马泰文章《无限风光在桃山》。

10月30日 桃山庄宾馆在全省森工系统“双文明”建设竞赛中荣获宾馆组第1名。

11月1日 桃山局与新加坡南方木业有限公司合资筹建的桃山装饰薄木有限公司投产。

11月10日 党委、林业局在宾馆召开全体机关干部大会，下发〔1989〕26号文件，进一步调整和完善机构建设：撤销宣传处、卫生中心和劳动人事处，设立广播事业科、卫生科、防疫站、计划生育办公室、人事科、劳动工资科、机电科、信访办公室、档案科、工商物价科、试验区办公室、资源管理科、林政科（与防火办合署办公）、基本建设科，将原隶属于森林经营管理处的森林调查队改为局属基层单位。

12月1日 省第三次试验区工作会议讨论并通过桃山局综合改革试验的各项子方案和试验项目书，确定桃山局综合改革试验于1990年启动运行。

12月5日 桃山林业局晋升为“国家节约能源二级企业”。

12月16日 省报刊“1989年全省中小学改善办学条件先进集体、先进个人光荣榜”：桃山林业局被省府授予“办学全面先进单位”，第三中学被授予“教育部门办学先进集体”，第一中学和职业中学被授予“办学先进集体”；局长卢守安获“教育部门办学先进个人”、三中校长杨树文获“办学先进个人”荣誉称号。

1990 年

1 月 10 日　桃山林业局首届中小学冰雪体育运动比赛在体育馆举行，14 个学校代表队共 120 余名运动员参赛。

1 月 12 日　省报载荣获国家、省质量奖产品名单，神树林场生产的神树牌精楦荣获 1989 年度省级优质产品。

2 月 18 日　市委常委会议决定：徐广治任桃山林业局党委书记；刘寿柏任桃山林业局局长；卢守安任桃山林业局调研员，免去桃山林业局局长职务。

2 月 25 日　省森工总局局长孙丕文到桃山检查工作。

同日　林业局成立清欠办公室。

3 月 7 日　林业局工会在青少年宫召开第一次女职工代表大会。会议选举产生第一届女职工委员会。会上，表彰奖励 1989 年度 41 个“三八红旗集体”、150 名“三八红旗个人”、10 个先进基层女职工委员会、10 名优秀女工干部、100 户“五好家庭”和 20 名女科技致富能手。

3 月 7—8 日　林业局工作会议在宾馆召开，传达省森工工作会议和市政府工作会议精神，通过《局治危兴林方案》。

3 月 18 日　林业局召开 1989 年度“双文明”建设先进表彰大会，表彰奖励 14 个先进单位和 14 个先进科室，535 名劳动模范、先进工作者。

3 月 22 日　市报载 1986—1989 年度造林绿化达标升级公告：经省绿化办、省建委、省森工总局绿化委员会联合检查验收，桃山林业局被命名为“甲级绿化企业”，贮木加工厂为“最佳绿化单位”，局机关、上呼兰经营林场等 6 单位为“甲级绿化庭院”。

3 月 24 日　林业局工会表彰奖励 16 个 1989 年度先进基层工会、103 名先进工会工作者和 185 名先进工会工作积极分子。

4 月 10 日　局下发〔1990〕7 号文件，关于机构设置的通知：设立林产工业科、技术监督科，为局行政科室；设立史志办，为局行政科室，隶属党委、林业局领导；设立木材科，为局行政科室，与经销公司合署办公；设立电话管理所，为局直属科级单位；司法局由行政科室变为局直属科级单位；科技中心改为科技科，与科协合署办公；广播事业科改称广播电视科，为局行政科室，业务指导由党委宣传部负责，原广播事业科记者站划归党委宣传部领导。

5 月 4 日　林业局团委在桃山庄宾馆召开纪念“五四”青年节表彰先优大会，表彰奖励 16 个先进基层团组织、5 个优秀少先队、24 名优秀团干部和 127 名优秀团员。

5 月 11 日　国家森防指办主任徐洪到桃山林业局检查防火工作。

同日　林业局设立矿产开发科，为行政科室。

5 月 19 日　省森工总局局长孙丕文到桃山检查“三春”工作。

5 月 22 日　林业局召开第四次人口普查工作会议。

5 月 24—25 日　市长聂秉林到桃山检查指导工作。

5 月 30 日　全局小学德育工作现场会在第一小学召开。

5 月 31 日　局少儿工作委员会在青少年宫召开庆祝“六一”表彰奖励大会。

6 月 6 日　党委、林业局召开工作会议，传达省、市委关于综合治理、组织建设、纪检工作等会议精神。党委书记徐广治、局长刘寿柏分别就加强全局党建和经济工作作部署讲话。

6 月 20 日　《桃山林业局志》首志出版，全书 60 万字，记载自 1960 年建局到 1985 年年末全局的历史与现状。

同日 林业局设立石油液化气供应充气站。

6月21日 桃山林业局获国家档案局颁发的国家二级企业管理合格证书。

6月30日 党委在桃山庄宾馆召开纪念“七一”表彰大会，表彰奖励12个先进党总支、支部，21个先进下属党支部，83名优秀党员和6名模范党务工作者。

7月5日 林业局召开首次科技兴局座谈会，来自全局各条战线的30余位科技工作者为党委、林业局提出11项治危兴林建议。

7月6日 由于连降大雨，奋斗经营林场水电站堤坝被水冲开，造成一名林场职工溺水身亡。

7月12日 党委扩大会议决定：设立党委统战部；黄金公司与矿产科合署办公，隶属林业局领导。

7月1—13日 桃山地区连降暴雨，桃东、春光、白河、上呼兰、新兴和奋斗6个经营林场的1350亩大田被淹，并冲坏房屋26栋，水毁路面1.3万米，冲毁桥涵闸坝7座，直接经济损失161万元。

7月17—18日 全国城市生态经济规划与资源合理利用研讨会在桃山庄宾馆召开。来自全国中小城市的市、厅、局长及有关专家学者200余人参加会议。

7月24日 共青团桃山局第10次代表大会在宾馆召开。出席代表200名，代表全局2756名团员，选举产生新的一届团委。

8月10日 全局第四次人口普查工作结束。

8月14日 纪念建局30周年大会在局职工俱乐部举行，千余人参加。

8月14—15日 中共桃山林业局第9次代表大会在桃山庄宾馆隆重举行。来自全局各条战线的正式代表139名、列席代表46名参加大会。徐广治代表8届委员会作题为《深入贯彻六中全会精神，切实加强党的建设，为治危兴林、振兴桃山而奋斗》的工作报告。会议按照党章和民主集中制的原则，以无记名和差额方式，选举产生由8人组成的中共桃山林业局第9届委员会和由7人组成的新的纪律检查委员会，9届1次全委会议选举徐广治为党委书记，新的纪检委一次全会选举牟有贵为书记。

8月26日 党委（扩大）会议决定：职工学校由党干校划出，并入职业中学，隶属林业局领导。

9月6日 党委、林业局在桃山庄宾馆召开全局教育工作会议，传达省委、省政府《关于加强教育工作若干问题的决定》和省、市教育工作会议精神，表彰奖励88名“优秀教师”、34名“模范教育工作者”、21名“尊师重教先进个人”、8所“先进学校”、6个“尊师重教先进科室”、9个“尊师重教先进单位”。

9月10—11日 全局第二届中小学生田径运动会在桃山体育馆举行。

9月29日 奋斗水力发电站举行发电剪彩仪式。党委书记徐广治、局长刘寿柏剪彩。这座水电站发电功率为250千瓦，年可发电250天，年发电量为153万千瓦时。

10月10—13日 党委在神树党校举办“社会主义理论学习班”。

10月12日 经党委研究决定：成立中共桃山林业局委员会老干部办公室。

10月19日 优秀共产党员孙占元事迹报告会在青少年宫举行。局党政领导和山下地区党员、非党积极分子600余人参加报告会。

10月21日 市委书记王东华到桃山检查工作。

10月26—27日 省改革试验区领导小组办公室在桃山林业局召开办公协调现场会。

10月30日 桃山林业局治危兴林学术交流会在宾馆召开。各基层单位党政负责人和学术论文作者共109人参加了会议。会议交流学术论文60篇，获奖论文一等奖18篇、二等奖18篇、三等奖14篇。党委书记徐广治、局长刘寿柏出席了交流会。

11月12日 局电热综合治理总结奖励大会在发电厂召开。

同日 桃山林业局调整工资、劳动就业工作会议在宾馆召开。会上，传达了国务院〔1989〕83

号文件精神，部署了调整职工工资工作。

11 月 14 日 林业局征兵工作会议在宾馆召开。

11 月 15 日 党委召开纠正行业不正之风工作会议。

11 月 15—17 日 伊春市首届小学教师教学基本功大奖赛（桃山赛区）在桃山林业局举行。

11 月 27—28 日 林业局九届一次职工代表大会暨十一次会员代表大会在桃山庄宾馆召开。来自全局各条战线的职工代表 278 人参加大会。局长刘寿柏作了行政工作报告，党委书记徐广治讲话。会议讨论通过了《桃山林业局职工代表大会条例》《桃山林业局治危兴林方案》《桃山林业局科技兴局方案》。大会选举了局第十一届工会委员会。

12 月 7 日 党委在青少年宫召开“促进全局经济稳定发展大讨论动员会”。各基层单位党政负责人及局机关干部 400 余人参加大会。党委书记徐广治、局长刘寿柏分别讲话。

12 月 14 日 全局年内完成木材生产任务 21 万立方米。

12 月 15 日 省报载：省教委授予桃山林业局“学校管理先进单位”；授予第一小学、第三中学为“中小学改善办学条件先进集体”；授予局长刘寿柏“中小学改善办学条件先进个人”荣誉称号。

12 月 20—21 日 在省森工总局召开的“四文明”兴林杯大赛表彰奖励大会上，贮木加工厂和桃山庄宾馆荣获银杯奖。

12 月 28 日 局在职工俱乐部召开“严厉打击刑事犯罪宣判大会”。2000 余人到会，会上，桃山林业基层法院对 11 名犯罪分子进行了宣判；桃山林业基层检察院对两名刑事犯罪分子批准逮捕。

12 月 31 日 截至本日，全局共收回外欠资金 1100 万元。

1991 年

1 月 8 日 林业局在营林处召开搞好专项打击、加强森林资源林政管理工作会议，会上宣布了《桃山林业局打击破坏森林资源违法犯罪专项斗争行动方案》。

1 月 13 日 中国人民解放军坦克 6 师副师长王喜斌一行 3 人到局进行工作交流。

1 月 22 日 《中国林业报》报道，林业部通报指出：桃山林业局因 3 项指标不达标，且企业主要领导经济问题较大，为“待处理的国家二级企业”。

2 月 3—5 日 市长聂秉林率伊春市全国人大代表工作视察小组一行 13 人到桃山林业局视察。

2 月 6 日 1990 年度全局双文明建设先进集体、模范个人表彰奖励大会在宾馆召开。会上，表彰奖励了 13 个双文明先进单位、20 个先进科室、139 个先进集体、233 个先进班组、531 名模范个人。

2 月 24 日 在伊春市召开的 10 年无重大森林火灾总结表彰大会上，桃山林业局和奋斗林场分别被市委、市政府授予先进单位荣誉称号。

3 月 7 日 分区工会召开纪念“三八”妇女节“巾帼之春”演讲会，10 名女代表以“治危兴林、勤俭持家、计划生育”为主题进行了演讲。会上，向 45 个“三八红旗集体”、140 户“五好家庭”、40 户“廉洁勤俭之家”、10 个先进女职工委员会、145 名“三八红旗手”、20 名科技致富能手、15 名优秀女职工干部颁发了奖励证书和奖品。

3 月 12 日 林业局 10 年无森林火灾表彰奖励大会在宾馆召开。会上通过局《森防工作方案》和《城防工作方案》。表彰了奋斗林场等 5 个先进单位、林产公司等 9 个防火先进单位和 72 名先进个人。

3 月 14 日—18 日 在全省社会治安综合治理工作会议上，桃山林业局被省委、省政府授予社会治安综合治理先进单位称号、贮木加工厂厂长李思池被授予综合治理先进个人称号。

3 月 15 日 林业局在桃山庄宾馆召开计划生育工作会议，总结了 1990 年全局计划生育工作，表彰奖励了44个兑现合同单位，宣布了对因没有兑现合同受罚的4个单位的处理决定。同时安排部署了1991年全局计划生育工作。

3月18—19日 党委、林业局工作会议在桃山庄宾馆召开。会上传达了省森工工作会议、市委七届六次全会等七个会议精神，党委书记徐广治、局长刘寿柏分别作了报告。

3月29日 全局多种经营工作会议在桃山庄宾馆召开。会上，局长刘寿柏就1990年全局多种经营生产作了总结，通过了《桃山林业局开展集体经济创百万元产值竞赛活动方案》。7个单位交流了勤劳致富经验。党委书记徐广治出席会议并讲话。

4月15日 林业局召开营林生产、资源监督管理工作会议。传达了林业部召开的东北、内蒙古国有林区颁发林权证工作会议精神，安排部署了1991年工作任务。

4月24日 林业局在桃山庄宾馆召开贯彻落实国务院关于调整粮油统销价格决定精神会议。

4月29日 林业局召开技术监督工作会议，宣布了《桃山林业局技术监督工作若干问题的暂行规定》。

5月3日 局团委在体育馆召开纪念“五四”青年节表彰奖励大会。

5月6日 党委召开武装工作会议。

5月17日 党委（扩大）会议决定：成立中共桃山林业局委员会政法委员会，中共桃山林业局委员会社会治安综合治理委员会。

5月29日 15—16时半，桃山局南部普降冰雹近1小时，受灾面积近7万公顷，直接经济损失191万元。

6月1日 林业局举行庆祝“六一”儿童节大会。

6月5日 林业局九届二次职工代表大会在桃山庄宾馆召开。219名职工代表参加会议。会议通过了《桃山林业局公费医疗经费管理改革实施方案》。

6月6日 林业局在宾馆召开社会治安综合治理工作会议，传达了中共中央7号文件和省、市有关会议精神，兑现了《1990年社会治安综合治理责任状》，表彰奖励了综合治理及普法先进集体和先进个人。各基层单位与林业局分别签订了《1991年社会治安综合治理责任状》。

6月20—23日 黑龙江省风景园林协会首次年会在桃山庄宾馆召开。

6月29日 省委授予桃山林业局物资供应科共产党员孙占元“优秀共产党员”荣誉称号。

同日 党委在体育馆召开庆祝建党70周年大会。局党政领导、各界代表和群众1700余人参加大会。党委书记徐广治在会上讲话。会议向省、市优秀共产党员转发了奖品和奖励证书，表彰奖励了13个直属先进党总支、支部，20个基层所属先进党支部，100名优秀共产党员，17名模范党务工作者，6个党风建设先进集体，11名党风建设先进个人。在举行新党员入党宣誓后，6个单位表演了歌颂党和祖国的大合唱。

7月6日 桃南5公里祭祀堂建成并启用。林业局投资7.3万元，占地面积240平方米。

7月15日—18日 全省农村改革试验区工作会议在桃山召开。

7月22日 桃山林业局被林业部定为木片生产基地。

7月22—31日 在党委、林业局发出支援灾区号召后，全局人民向安徽、江苏等遭受特大洪涝灾害的18个省、市捐款10万余元。

8月2日 伊春市少年篮球赛在桃山举行，全市16个队参加比赛。桃山局女子代表队获女子组第1名。

8月8—9日 全局经济工作会议在桃山庄宾馆召开。会议传达了伊春市考察组赴6省、市考察情况的报告和南岔林业局的先进经验；传达了聂秉林市长在全市经济工作会议上的讲话和市委书记王东华的总结；通过了《桃山林业局开展促销清欠、盘活资金大会战方案》。局长刘寿柏、党委书记徐广治分别讲了话。

8月10日 党委召开政工例会，传达了市委政工会议精神，纪委书记牟有贵就桃山林业局党风廉政建设作了总结和安排。党委书记徐广治出席会议并讲话。

8月12—14日 以日本友人治部恭之为团长的小呼兰拓友会第二次友好慰问团15人到桃山访问。

8月15日 全局木材检验队伍整顿动员大会在桃山庄宾馆召开，各基层单位党政领导和木材检验员350余人参加会议。

8月26—27日 市委书记王东华到桃山检查工作。

8月28日 党委在营林处会议室召开创建标准化党支部活动经验交流会。贮木加工厂等4个单位作了经验介绍。

8月29—30日 台湾省旅游团17人到桃山旅游观光。

9月5日 林业局召开科技工作会议，传达了市科技工作会议精神和全省科技兴林工作会议提纲，做了推进科技兴局工作报告，并表彰奖励了先进集体及个人。

9月26日 省报刊《黑龙江省工会扶贫工作光荣榜》，桃山林业局分区工会被省总工会授予“扶贫工作先进集体”，局长刘寿柏、分区工会生活部部长孙永久被授予“扶贫工作先进个人”荣誉称号。

10月1日 桃山林业局与黑龙江龙村中药开发有限公司签订至1995年年末的五味子育、采、收联营合同。

10月4日 省纪委发出通报，公开处理8起案件，其中原局长卢守安因在任期间收受贿赂4.25万元，伊春市纪委决定开除其党籍，交由司法机关追究刑事责任。

10月14日 林业部林通字〔1991〕74号文件指出：“桃山牌地板块”被评为部优产品。

10月28—30日 林业部政策体改法规司司长陈根长到桃山研究指导林业综合改革试验区工作。

10月29—30日 黑龙江省涉外猎场座谈会在桃山庄宾馆召开。

11月20日 党委决定：设立经济技术开发办公室、局教育督导室（与教育中心合署办公）、局北药开发办公室（与综合改革试验区办公室合署办公）。

11月25日 党委全委（扩大）会议在桃山庄宾馆召开。全局各基层单位的党政领导和局机关副科级以上干部200余人参加会议。会上传达了中央工作会议、全省森工系统党政领导干部会议和伊春市委（扩大）会议精神。党委书记徐广治作了《赴辽、鲁、京、津地区考察报告》，局长刘寿柏讲了话。会议还通过了《桃山林业局综合改革“八五”纲要》等5个方案。

12月2日 全局木材检验员整顿工作总结表彰会议在桃山庄宾馆召开。表彰奖励了24名优秀木材检验（经销）员。

12月13日 党委、林业局在桃山庄宾馆举行欢送新兵入伍大会。

12月16日 桃山林业局与北京五交化建联合公司在京举行“桃山牌”木制地板块新闻发布会。中央电视台、《人民日报》等23家新闻单位记者、编辑和有关单位领导参加发布会。

12月18日 党委会议决定：成立纠正行业不正之风办公室，与监察科合署办公；撤销党委反腐败办公室。

12月22日 全局完成1991年伊春下达的17万立方米木材生产任务。

12月27日 党委、林业局在职工俱乐部举行严厉打击刑事犯罪分子大会。检察院对12名犯罪分子宣布逮捕，法院对11名刑事犯罪分子进行公开宣判。

12月31日 全年清欠办公室完成清欠资金1115.9万元。

1992年

1月4—5日 港澳台观光旅游团411人乘“中国东方快车”专列到桃山旅游观光。

1月6—7日 国家旅游局局长刘毅在省旅游局长的陪同下到桃山检查工作。

1月23日 林业局1991年度“双文明”建设先进集体、模范个人表彰大会在桃山庄宾馆召开。会上表彰了23个先进单位、24个先进科室、155个先进集体、255名先进班组、525名先进个人。

1月25日 省报载：桃山林业局被省政府授予1991年度办学先进单位，第一小学、第三中学被授予办学先进集体荣誉称号。

1月29日 省委书记孙维本、副书记马国良、省森工总局党委书记余弘达、总局局长孙丕文及伊春市委书记王东华到桃山给一线工人拜年。

2月6—7日 第二批“中国东方快车”冰雪旅游线观光团共398人到桃山旅游观光。

2月26日 分区工会工作会议在营林处召开，会上表彰奖励了23个先进工会、161个优秀工会集体、34个“先进职工之家”、151名“优秀工会工作者”、183名“优秀工会工作积极分子”和50名“先进职工小家家长”。

3月7日 党委、林业局在青少年宫举行纪念“三八”国际劳动妇女节表彰大会，会上表彰奖励了10个先进女职工委员会、16名优秀女职工干部、10名行业女状元、20名科技致富女能手、170名“三八红旗手”、45个“三八红旗集体”、150户“五好家庭”。

3月12日 据《黑龙江林业报》报道：由全国绿化委员会、国家教委、广播电影电视部、共青团中央联合发起的中小学生绿化知识普及宣传教育活动在黑龙江森工系统历时一年，圆满结束。第三中学被评为先进单位。

3月16—17日 党委召开工作会议。会上传达了市委七届七次全委（扩大）会议和省森工工作会议精神，对1992年全局政治、经济工作进行了安排部署，并转发了省森工总局召开的1991年“四文明”兴林杯大赛表彰奖励大会对桃山局及基层单位和个人的奖励，桃山林业局荣获“金杯局”光荣称号。

4月2日 党委、林业局在桃山庄宾馆召开“依法维护企业利益、为经济建设保驾护航”研讨会。会上发表论文22篇，评出优秀论文10篇。

4月4日 林业局1991年计划生育工作总结表彰大会在桃山庄宾馆召开。会上传达贯彻了《中共中央、国务院关于进一步加强计划生育工作、严格控制我国人口增长的决定》精神。表彰奖励了20个先进单位、22名先进个人。全局47个基层单位分别与林业局签订了1992年计划生育工作目标管理责任状。

4月12日 新扩建的年产4000吨的供应科福利白灰厂正式投产。该厂预计年产值60万元，年创利润8万元。

4月20日 分区工会主席杨德学、教练、体育馆副主任王远贵率局女子篮球队赴七台河市参加“全国运销杯”篮球邀请赛，荣获金杯奖。

4月21日 省森工系统治危兴林事迹报告团一行6人在桃山庄宾馆举行报告会。

4月30日 分区工会在体育馆举办由贮木加工厂、奋斗林场、工程公司3个代表队参加的篮球表演赛。晚间，在俱乐部举办了庆“五一”“劳动之声”文艺晚会。

5月14—15日 桃山林业局出席市的23名劳动模范和4名先进集体代表参加伊春市1991年度劳动模范表彰大会。特级劳模孙占元在大会上作了先进事迹讲演。

6月4日 林业局在桃山庄宾馆举办了桃山国内森林旅游新闻发布会。

6月6日 《桃山林业局志（1960—1985）》在省森工系统志书评选中获“优秀志书一等奖”。

6月8日 党委、林业局召开“桃山牌”地板块荣获国家金奖授奖大会。北京市五交化建联合公司韩国总经理受中国新产品新技术博览会组委会委托，专程到桃山向林产公司颁发中国新产品新技术博览会金奖证书。

6月13日 林业局政法工作会议在桃山庄宾馆召开。会上，传达了省、市政法工作会议精神，兑现了1991年综合治理责任状，签订了1992年综合治理责任状。

6月24—26日 参加首届小兴安岭森林节暨家具展销会的百余名客商到桃山观光旅游、洽谈贸易。桃山林业局在伊春市森林节展销会期间与国内外26家客商签订了2600多万元的贸易合同。

7月1日 党委、林业局在桃山庄宾馆举行“庆祝建党71周年表彰奖励大会”。有28个基层总支、支部首批进入标准化党支部行列。大会表彰奖励了17个先进党总支、支部，28名模范党务工作者，6个党风廉政建设先进集体，13名党风廉政建设先进个人。

7月7—9日 伊春市普通高校招生考试在第一小学设14个考场，桃山局300名考生参加了考试。

7月25日 伊春市经济工作会议在桃山庄宾馆召开。市委书记王东华、市长张成义等出席会议。

7月26日 桃山施业区内连降大暴雨，呼兰河上游的鸡岭、圣浪等地降雨达138毫米，致使桃山遭受自1986年以来最严重的水灾，给全局造成直接经济损失336万元。

7月30日 全国农林工会“庭院经济研讨会”在桃山庄宾馆召开。

8月4日 市委书记王东华到桃山视察水灾情况。

8月13日 桃山林业局被省中药联确定为省级人参生产基地。

8月24日 在伊春市更新造林森林抚育双超千万亩表彰奖励大会上，桃山林业局获得“双超百万亩林业局”荣誉称号，神树、石长、白河林场获得“双超十万亩林场”称号，奋斗林场获得“更新造林超十万亩林场”称号。

9月11—13日 桃山林业局第13届秋季运动会在体育馆广场举行。全局47个单位、1200名运动员参加运动会。

10月30日 省教委副主任董浩到桃山检查教育工作。

11月27日 党委在神树党校举办的历时3个月的中青年干部理论培训班结束，学员撰写论文和调查报告62篇，其中18篇被评为优秀论文和报告。

11月29日 伊春市少年业余体校篮球赛在桃山体育馆举行，桃山局女队获第二名。

12月8—10日 伊春市师训、干训工作会议在桃山庄宾馆召开。省教委副主任苏林等出席会议，全市受表彰的中小学校长85人参加会议。

12月9日 深夜至凌晨，林业局所属白河林场居民区发生一起特大杀人案件。张姓退休男性老人，在家中被人刺杀身亡。公安局立即成立侦破“12·9”案件指挥部专案组，公安局长亲任指挥，刑警队全力以赴，其他各警种全力协同，参加侦破。经走访排查，近百名警力连续十多日废寝忘食紧张战斗，终将案件侦破，并将远逃外地的真凶抓捕归案。

1993年

1月7日 桃山林业资源开发座谈会在桃山庄宾馆召开。首都11家新闻单位的记者参加座谈会。首都一些知名书法家为座谈会题词。

1月11日 党委下发《关于表彰侦破“92·12·9”特大杀人案件先进集体和有功人员决定》，对公安局局长刘忠义等有功人员和刑警队集体给予嘉奖。

3月15日 党委工作会议在桃山庄宾馆召开。会上传达了省森工工作会议、市委七届九次全委（扩大）会议精神。党委书记徐广治作了题为《解放思想，加快发展，推动全局工作登上新台阶》的工作报告。会上还为获省森工总局、《中国林业报》开展的“四文明兴林杯”大赛金杯标兵单位国旅桃山支社、金杯单位上呼兰林场和林产公司进行颁奖。

3月27日 党委全委（扩大）会议决定：撤销局外贸公司，成立经济贸易公司，为局直属科级单位；党校、教师进修校、职工培训中心合署办公；成立成人培训中心，为直属科级单位；纪检委与监察科合署办公，隶属党委、林业局双重领导。

3月29日 全局房改工作会议在桃山庄宾馆召开，总结了前阶段房改工作进展情况，对首批出售公有旧住房的实施办法和政策做出安排。

7月1日 党委召开纪念“七一”表彰大会，表彰奖励了16个先进党总支、支部，26个下属先进党支部，114名优秀共产党员，30名模范党务工作者，6个党风廉政建设先进单位及党风廉政建设先进个人。会上，党委书记徐广治作了题为《牢记时代的重任，建树改革的丰碑》的讲话。

7月29日 局召开上半年经济活动分析会。局长刘寿柏在会上讲了话，党委书记徐广治作了会议总结。

9月12日 局召开招商引资洽谈会。党委书记徐广治在会上做了讲话。

1994年

2月3日 林业局召开1992—1993年度“双文明”建设先进集体、模范个人表彰大会，表彰奖励了14个先进单位、20个先进科室、146个先进段队、208个先进班组和496名模范个人。

2月3—4日 党委、林业局召开工作会议，传达市委、市政府工作会议精神，局长刘寿柏作了行政工作报告、党委书记徐广治作了党委工作报告。

3月5日 林业局召开庆祝“三八”妇女节大会，表彰奖励了10个“三八”红旗集体和127名“三八红旗手”。

3月10日 中共伊春市委决定：刘寿柏任桃山林业局党委书记、徐广治任桃山林业局局长。

4月1日 市委决定：撤销刘寿柏桃山林业局党委书记职务。

4月8日 市政府召开1992—1993年度劳动模范（先进工作者）表彰大会。桃山林业局孙占元被授予市特级劳动模范，林产公司地板厂、跃进天然保健品厂被授予市级先进集体、14人被授予市级劳模（先进工作者）称号。

4月21日 伊组发干字〔1994〕26号文件发布市委决定：免去刘寿柏桃山林业局党委委员职务。

4月22日 市委决定：孔祥军任桃山林业局党委书记。

5月4日 林业局团委举行纪念“五四”青年节表彰大会。

同日 党委决定：撤销局史志办，其人员及职能划归局行政办公室；局基建科、工商物价科和经济开发办公室统归局计统科；矿产开发科、黄金办隶属多种经营局。

5月9日 省人大常委会副主任刘汉武在市人大常委会主任印廷文陪同下到桃山视察工作。

6月20日 黑龙江省幼儿教育工作会议在桃山庄宾馆召开。

7月1日 党委召开庆“七一”表彰大会，表彰奖励了13个先进党组织、6个廉政建设先进单位、97名优秀党员、28名优秀党务工作者、11名廉政建设先进个人。

7月7—9日 全国普通高校招生考试在桃山局设8个考场，桃山195名考生参试。

7月23—25日 桃山施业区内连降大暴雨，桃山多数地方发生洪灾，经济损失1400万元。

7月22日 党委、林业局在成人培训中心举办现代企业制度管理干部培训班，学期15天。

9月1日 党委组织山下中小学和部分基层单位开展《中华人民共和国教师法》宣传活动。

9月8日 在伊春市举办的1994年小兴安岭森林节上，桃山林业局有十大系列共130余种产品参加展销。

9月9日　党委、林业局召开庆祝第10个教师节暨表彰奖励大会。

9月14日　原省长陈雷到桃山观光考察。

9月19日　林业局召开机关机构改革动员大会。机关科室由36个精简为31个，机关干部由327人减至230人。

9月23日　党委、林业局举办专题报告会，八面通林业局体改委主任到会介绍了八面通局靠深化改革、强化管理，使企业走出困境的经验。

9月25日　在北京全国林业首届名特新优产品博览会上，桃山林业局有15种产品参展。

10月17日　市报载：桃山林业局生产的“桃山牌”地板块被指定作为北京人民大会堂1046平方米会客厅的地面装饰材料。

11月12日　经伊春市医院评审委员会专家评审团评审认定：桃山林业局职工医院晋升为“国家二级乙等医院”。

12月14日　共青团桃山林业局第11次代表大会召开。

12月22日　党委决定：成立生活福利科。

12月28日　党委召开工作会议，传达市委8届2次全委（扩大）会议精神，局长徐广治部署了全局二次创业、开辟经济发展第二战场、努力实现翻两番、奔小康战略目标的工作任务。

12月31日　根据国家和省、市部署，桃山林业局清产核资工作从6月份开始至12月末结束。清查结果：全局资产总额11928万元；企业负债总额10274万元；国家资本金4327万元。

1995年

1月1日　全局实行目标管理，局长与战线领导及基层单位一把手签订目标管理责任状。

1月16日　省森工总局召开表彰1994年度精神文明建设“双先”大会，林业局职工医院被授予“文明单位”称号，张如生被授予“先进个人标兵”称号。

3月9日　经局10届1次职代会讨论通过，林业局下发〔1995〕7号文件《印发关于公费医疗管理改革方案的通知》。

6月16日　分区工会召开第3届女职工代表大会。

6月29日　党委召开纪念“七一”表彰大会，表彰了11个先进党总支、支部，20个先进下属党支部，105名优秀共产党员，25名模范党务工作者，7个党风廉政建设先进集体，14名党风廉政建设先进个人。

6月　市委决定：杨志勇任桃山林业局党委副书记、局长。

7月24日　杨志勇颁发1号局长令:《关于加强林政管理、整顿木材经销秩序的规定》。

8月1日　林业局下发《国有林有偿转让分户经营试点方案》。

8月3日　杨志勇颁发2号局长令:《关于整顿机关作风、严明组织纪律的规定》。

8月24日　杨志勇颁发3号局长令:《关于加强财务管理、严肃财经纪律的规定》。

8月　林业局决定：第二中学合并到第一中学。

1996年

1月11日　党委（扩大）会议决定：机关招待所归宾馆；撤销物资供应科，成立物资经销公司、燃料公司。

3月12日 按照市委、市政府对桃山林业局实行委托经营的要求，根据实际情况，经受委托人林业局局长杨志勇提名，党委9届116次全会讨论同意，局长聘任周长河、陈贵、梁亚军、白金、张凤才、孙连军、刘学进、黎岩修为林业局副局长，李思池为总经济师，王克俭为总审计师。

4月2日 在市政府召开的1994—1995年劳动模范、先进生产者表彰大会上，孙占元被授予特级劳动模范，杨长贵等13人被授予劳动模范称号。

5月21日 党委（扩大）会议决定：成立桃山林业局林产工业总公司。原林产公司改为桃山局地板厂。

同日 林业局设立水政科，与资源科合署办公。

6月24日 林业局决定撤销劳动安全科，成立劳动工资科、安全监察科。

7月29—30日 桃山林区发生特大洪涝灾害。因28日至29日，桃山局施业区内连降暴雨和大暴雨，东部林场降了特大暴雨，平均降水达201毫米，造成山洪暴发。29日午夜，洪水冲入桃山镇家属区。这次特大洪灾造成直接经济损失21556万元，其中企业损失13556万元，个人财产损失达8000万元。洪灾中被淹居民7909户，其中房屋倒塌459户，房屋被水冲坏1067户，受灾人数2.8万人。洪水冲毁运材公路68公里，部分损坏道路210公里，冲毁桥涵495座（其中50米长的大桥5座），冲毁通信线路76公里，冲走山场中楞存材及贮木场木材2.7万立方米。全局被淹农田2100公顷，其中绝产1200公顷。洪水中有7人遇难，3人失踪。

9月16日 市长滕昭祥等到桃山视察水灾后重建情况。

10月11日 林业局决定：将枝桠管理站（生活管理科）改为局生活福利公司。

12月2日 省农村改革试验区办公室批复《桃山林业局实行疏林地管护承包荒山荒地分户经营改革试点方案的请示报告》（黑农试办〔1996〕8号文件）。

12月3日 以林业部副部长祝光耀为团长、林业部防火办主任王汉忠为副团长的林业部水灾慰问团一行5人，在省森工总局局长王长福、省森防指总指挥陈桂荣、省森警总队队长孙继山和伊春林管局副局长张玉明陪同下，到桃山走访慰问。

1997年

3月1日 党委（扩大）会议决定：成立桃山林业地区酒类专卖局，隶属林业局领导；撤销成人培训中心，其职工教育、教师培训职能划归教委，教委成立培训科；党校划归组织部，继续履行其职能，多定编3人；成立桃山林业局第五小学，副科级建制，隶属局领导。

3月3日 林业局制定改革管理“双十条”措施。

同日 党委（扩大）会议决定：撤销自备电厂，成立热力公司，专营热力生产、发送和管理；各基层单位公有货运车原则上全部有偿转让给企业职工，以车自立，创收自养；16公里以上的公路由各林场负责养护，16公里以下的公路由公路管理处负责养护；将全局现有的8000公顷疏林地，按照每人5～15公顷的标准，分给职工，以地顶资；地板厂转变经营机制，实行放开委托经营。

6月27日 党委召开纪念建党76周年暨表彰奖励先优模范大会，表彰奖励了9个先进党组织、20个先进党支部、100名优秀共产党员、21名模范党务工作者、5个党风廉政建设先进集体、6名党风廉政建设先进个人。

6月29日 省森工总局授予柳河林场工人徐荣太、经销公司副经理孙占元、神树林场工人肖兴岭“总局劳动模范”称号。

7月11日 党委（扩大）会议决定：撤销工程处，其原工作职能、人员、固定资产、债权债务划归城建环保处。

8月6日 党委（扩大）会议决定：撤销林副产品经销公司，其原工作职能、人员、固定资产、债权债务划归贮木场；成立木材经销稽查队，科级建制，隶属局领导。

10月1日 全局山下地区接通国网电。

11月17—18日 林业局在桃山庄宾馆召开学习清河经验、强化企业管理工作座谈会。

12月7日 林业部林场批字〔1997〕104号文件批准：桃山林业局建国家级森林公园，经营面积10万公顷。

12月31日 山上各林场及其居民区全部接通国网电。至此，桃山林业局结束靠自备电厂发供电的历史。

1998年

2月7日 市委决定：周长河任桃山局党委副书记、林业局局长；免去杨志勇党委副书记、林业局局长职务；吕惠岩任党委委员、纪委书记；杨长贵任党委委员、分区工会主席。

2月11日 党委（扩大）会议决定：撤销第三小学，其职能、人员划归第一小学。

2月26日 党委（扩大）会议决定：政法委、综合治理办、司法局合署办公；物资经销公司、石油燃料公司合并为物资经销公司。

3月12日 全局开展“局情再教育宣传日”活动。

5月4日 在团市委、市人事局表彰1996—1997年度全市“新长征突击手”大会上，局团委金建勋、机修厂傅雷生被授予市“新长征突击手”称号。

6月12日 在市政府表彰1996—1997年度劳动模范大会上，授予贮木场、圣浪林场为先进集体；神树林场边广宴、新兴林场高东生、物资经销公司孙占元、机修厂刘庆龙、石长林场周卉利、圣浪林场姜铁军、贮木场王永录、白河林场王凌文、医院孙丽珠为市劳动模范称号。

7月6—8日 连降大到暴雨，南片降水量达109毫米，东片达40毫米，致南部9个林场和山下地区发生水灾，农田过水面积903公顷，绝产225公顷；冲毁公路42.5公里、桥涵66座；职工家庭过水534户；冲毁奋斗拦河发电大坝15米；冲倒、中断通信线路92公里，造成林业局和职工群众直接经济损失863万元。

8月27日 伊春林管局副局长张玉明到桃山检查工作。

9月9日 党委、林业局召开庆祝教师节表彰奖励大会。受到表彰奖励的有：叶国胜等10名“十佳教师”、白雪艳等33名“优秀教师”、高芷华等7名教育教学先进工作者和圣浪林场等6个尊师重教先进单位。

11月2日 党委、林业局召开全局职工转岗自立、勤劳致富经验交流会。

11月 市政府代表省政府对桃山林业局“两基”（基本普及九年义务教育、基本扫除青壮年文盲）工作进行验收，准予通过。

12月10日 林业局文件下发1号局长令《开展资源林政管理专项打击令》。

1999年

1月12日 党委、林业局召开“扶贫解困活动月”动员大会，发布《局扶贫解困献爱心活动月方案》。

1月21日 市委决定：张宝森任桃山林业局党委书记。

1月27日 党委书记张宝森、局长周长河率有关部门和林场负责干部40余人参加全市三级干部会议。

2月5日 党委、林业局召开工作会议，传达省森工工作会议和全市三级干部会议精神，并对全局贯彻落实工作作出部署。

2月9日 市委书记王利民到桃山对职工作春节前慰问。

3月9日 近百名退休职工因拖欠工资问题，在国铁桃山站拦截火车上访，造成火车在桃山站停开2个小时，此事引起市、省和铁道部的高度重视。

3月11—12日 林业局11届1次职代会及13次会员代表会议在宾馆召开。局长周长河作了行政工作报告，党委书记张宝森在闭幕会上讲话。

3月 全局党员、干部参加以“讲学习、讲政治、讲正气”为主要内容的“三讲”教育活动。

4月6日 党委、林业局召开工作会议，部署全局计划生育、森林防火、营林、安全、信访、纪检、组织和宣传工作。

4月6日 党委组织有209名党员代表参加的桃山林业局党员代表会议，选举伊春林管局副局长张伟光、桃山林业局党委书记张宝森、局长周长河、党委副书记李成林、纪委书记吕惠岩、党委组织部部长肖亚英（女）、圣浪林场党总支书记刘文成、职工医院院长李景兴、第三中学教师方莲为桃山林业局出席伊春市第九次党代会代表。

4月30日 林业局在桃山主街道上举办“局情再教育宣传日一条街”活动。

5月4日 团市委等16个单位联合召开命名表彰1998年度全市各行业“青年文明号”大会，授予桃山林业地区公安局经侦大队“全市青年文明号”称号；授予局团委程伟、贮木场马贵友“全市新长征突击手”称号；授予局团委金建勋“优秀团干部”称号。

5月12日 林业局召开各界代表座谈会，愤怒声讨以美国为首的北约集团轰炸中国驻南斯拉夫大使馆罪行。

6月1日 林业局党、政、工、青和教育领导同志分两组深入直属小学和幼儿园，向儿童和幼师祝贺节日，并向所到学校赠送高级热水器和体育用品。

6月30日 党委召开纪念建党78周年暨表彰奖励大会，表彰奖励了10个先进基层党组织、10个先进下属党支部、50名优秀党员和16名模范党务工作者。

7月16日 市委书记王利民到桃山慰问贫困职工。

7月28日 党委召开山上单位文明环境建设现场会，与会者参观了新兴、上呼兰两林场的文明环境建设成果。

9月9日 党委、林业局在体育馆举行庆祝教师节大会。大会表彰奖励了师德标兵、优秀教师、优秀教育工作者和尊师重教先进单位。会上，直属中小学师生演出了文艺节目。

9月30日 党委、林业局举行庆祝新中国成立50周年大会。党委书记张宝森讲了话，会上，演出了文艺节目。

9月 林业局投资20万元，在局址和林场主街分别安装路灯。

12月6—8日 以市府秘书长韩冰为团长、市文明办主任黄钧明为副团长的伊春市文明单位创建检查验收团到桃山开展检查验收工作。给予第一小学、职工医院、石长林场和柳河林场“标兵单位”称号，另有7个单位通过“先进单位”验收。

2000年

1月5日　党委（扩大）会议讨论通过《领导干部任用公示制方案》。

1月7日　党委、林业局和分区工会召开扶贫解困献爱心活动总结表彰大会。

1月28日　党委、林业局工作会议传达省森工工作会议精神，局长周长河作了题为《负重奋进、自立自强、以二次创业的新成绩迎接新世纪》的工作报告，党委书记张宝森作了讲话。

2月2日　党委、林业局召开各界代表春节茶话会，局党政主要领导与各界代表互祝共勉。

2月25日　党委发出《关于在全局深入开展学习和大力弘扬马永顺精神的通知》。

3月10日　林业局召开11届2次职代会，局长周长河作行政工作报告，党委书记张宝森作题为《切实发挥职代会职能作用、为实现我局富民强企目标而努力奋斗》的讲话。

4月10日　伊春市“马永顺事迹报告团”在桃山体育馆举行报告会，局党政领导与1300名职工群众参加收听。

4月18日　市委决定：李国强任桃山林业局局长，即日到任。

4月26日　林业局下发《桃山林业地区房地产开发经营管理办法》。

5月12日　林业局召开计划生育工作会议，兑现了1999年计划生育工作责任状，签订了2000年度计划生育工作责任状。

5月13日　市长董绍林到桃山林业局，先后到桃东林场、上呼兰林场和薄木公司检查工作。

7月　林业局出台《职工基本医疗保险制度实施方案》。

8月10日　党委、林业局召开学习推广双丰经验、加快企业改革与发展工作会议，传达了市第9次党代会精神和市政府《关于学习双丰经验的决定》。局长李国强作了题为《认真学习双丰经验、扎实办好桃山事情、努力构筑企业特色经济发展的新格局》的工作报告，党委书记张宝森作了总结讲话。

8月23日　市委决定：田孔臣任桃山林业局党委书记；张宝森任市交通局正处级调研员，免去桃山局党委书记职务。

8月　在全市高中布局调整中，桃山林业局三中高中部分被撤销。

同月　桃山林业局林业用地开始实行管护经营责任制，共区划经营责任区82667公顷。

9月1日　林业局局务会议讨论通过并下发《桃山林业局木材加工站区管理办法》。

10月9日　林业局下发《桃山林业局林政管理办法》。

10月15日　桃山大桥竣工。这座大桥位于桃山—南岔公路2公里处，系呼兰河泄洪桥，桥长60米，宽9米，为钢筋混凝土结构。

10月25日　山下地区修路会战开始，共进行6天，翠峦局20台运沙石车到桃山林业局支援。

11月16日　桃山大桥通车剪彩仪式举行。

11月28日　党委9届205次会议讨论决定：（1）撤销多种经营局、木材经销稽查队、林产工业总公司、广播电视科。（2）合并、设立机构。①人武部、司法局、综治办合并到政法委；②卫生科、防疫站合并到计划生育办；③企管处、机电科、技术监督科、产权办、试验区办合并，设立企业管理科；④人事科、劳资科、安全监察科合并，设立人事劳动科；⑤木材科、林产工业总公司合并，设立经济贸易科；⑥营林处、生产科合并，设立营林生产科；⑦设立多种经营科、土地管理科。

同日　党委、林业局召开机关机构改革工作会议。会上，宣布改革方案，公布干部任免名单，党委书记田孔臣、局长李国强分别讲话。这次改革，将机关原来34个科室、部门精简为21个。新成立经贸科、土地管理科和多种经营科，至此，科室部门由34个减至24个，机关工作人员由178人减至132人。

12月6日 市长董绍林到局视察，先后到神树、石长林场和地热勘探现场检查指导工作。

12月17日、23日 桃山林业局在局机关广场两次举办企业文化周文艺宣传活动。

12月29日 林业局举行“迎接新世纪环城赛”，比赛分中学生男、社会男和女共3组。

12月31日 林业局年内开发4幢经济实用住宅楼，共计14370平方米，分别是医院对面两栋；原幼儿园校址一栋；迎宾路与工程路交叉口一栋。同时，改造镇内道路498米，分别为迎宾路、医院西至丁字路。

2001年

1月18日 党委、林业局召开工作会议，局长李国强作题为《按照既定思路、朝着既定目标、全面开创各项工作新局面》的讲话，党委书记田孔臣作题为《起好步、开好头、全力推进经济快速发展》的总结讲话。

2月5日 市委书记吴杰凯到桃山检查工作。

3月16日 林业局召开第11届3次职代会，局长李国强作行政工作报告，党委书记田孔臣作题为《集全局之智、举全局之力、为企业经济振兴而努力奋斗》的讲话。

3月26日 党委9届209次会议讨论决定：撤销桃山林业地区国家安全局；木制品公司合并到贮木场；撤销物资经销公司，成立物资经销公司留守处；成立茂源物资燃料公司。

6月24日 下午3时至4时30分，石长林场遭到暴雨夹冰雹袭击，300多公顷农田受灾，320平方米校舍房盖被掀，致使石长林场小学短暂停课。

6月29日 党委、林业局在体育馆召开千人大会，隆重庆祝建党80周年。大会表彰了12个直属基层党组织、10个下属党支部、100名优秀党员、8名优秀党务工作者。

7月12日 党委召开“三个代表”重要思想学习教育活动动员大会。党委书记田孔臣在会上作题为《以江总书记讲话为指导、深入开展“三个代表”学教活动》的讲话。

8月5日 林业局以97.7万元的价格将机修厂固定资产转让给桃山林业局职工李友林。

11月1日 党委召开“三个代表”重要思想学教活动总结大会。

同日 林业局下发《集中供热管理暂行办法》，共6章28条。

12月29日 党委制定《关于贯彻落实〈中共中央关于加强和改进党的作风建设的决定〉的若干规定》。

同日 党委印发《科级干部选拔任用工作程序》和《干部监察工作实施办法》。

2002年

1月9日 全国政协常委郝建秀在市委书记吴杰凯、市长李延芝陪同下到桃山考察。

1月25日 省政协主席马国良、副省长申立国由市委书记吴杰凯、市长李延芝陪同到桃山林业局慰问困难户。

1月30日 党委、林业局召开工作会议，局长李国强作题为《攻坚克难、开拓创新、全力开创我局经济快速发展新局面》的报告；党委书记田孔臣作题为《立足当前、着眼长远、确保全局经济持续快速健康发展》的讲话。

2月9日 党委、林业局举办春节团拜会，党委书记田孔臣致新春贺词。

3月12日 林业局第11届4次职代会在桃山庄宾馆召开。局长李国强作行政工作报告，党委书记田孔臣作题为《发扬民主、依靠群众、全心全意为职工群众谋利益》的讲话。

3月28日 党委书记田孔臣赴铁力市出席由1市4局3厂（场）组成的区域经济会议。

4月13日 党委举办“全国优秀教师胡志华先进事迹报告会”，全局中小学教师200余人参加。

4月22日 省九次党代会代表、职工医院优秀共产党员田晶（女）赴哈出席省党代会，党委书记田孔臣等送行。

4月26日 党委举办《公民道德建设实施纲要》知识竞赛，全局基层单位40个代表队参赛。

4月28—29日 党委、林业局举办WTO知识培训班，全局副科级以上干部受训。

4月30日 林业局团委在宾馆召开纪念建团80周年、五四运动83周年暨表彰奖励大会，并举办“永远跟党走”大型文艺演出。

4月 党委（扩大）会议决定：成立机修厂留守处、商贸公司留守处、生活福利公司留守处，撤销林业电话管理所。

5月18日 党委书记田孔臣到东北、华北地区3省2市，专程走访慰问桃山骄子200余人，行程至6月3日结束。

5月29日 市长李延芝到桃山视察产业结构调整和森林资源管护工作。

6月6日 桃山林业局发展民有林现场会暨确权发证仪式在石长林场举行。

6月21日 汤旺河林业局百人参观团到桃山林业局参观森林资源管护工作。

7月12日 伊春市南片森林管护经营现场会在桃山林业局举行。

7月22—27日 省“天保”检查组一行14人到桃山林业局检查天然林资源保护工程实施情况。

8月10日 党委召开“桃山十面旗先进事迹报告会”。

同日 11时，桃山至桃源湖旅游公路开工仪式在5公里道口举行。

8月15日 中央电视台“心连心艺术团”到伊春演出，桃山林业局组织近百人到现场观看。

8月28日 葵花药业集团与桃山林业局合资成立桃山葵花药业药材基地股份有限公司，揭牌仪式在桃山宾馆举行。

9月2日 市委决定：姜维涛任桃山局党委书记；田孔臣任桃山局党委副书记、局长，免去党委书记职务。

9月9日 党委、林业局表彰奖励39名优秀教师、7个尊师重教先进单位。

9月10日 党委、林业局组织捐资助学活动，共捐资30333元。

9月19日 伊春市“兴安百面旗”演讲团在桃山庄宾馆作现场报告。

9月28日 “迎接十六大、歌颂新桃山”大型广场文艺演出在第一小学举行。

10月8日 党委决定：成立清产核资领导小组，组建清产核资办公室，负责全局资产清查清欠工作。

10月15日 林业局召开局机关办公楼置换竞标会。

10月30日 党委、林业局组织近千人到桃东林场参加五味子园建设义务劳动。

11月26日 党委印发《关于加强国有资产流失查处工作若干规定的通知》。

12月4日 党委书记姜维涛主持召开党委全委会议，对跃进林场办理“低保”和柳河林场盗伐林木等事件进行通报。

12月25日 局务会议修改《桃山林业局多种经营用地管理办法》，于2003年1月1日起执行。

12月30日 党委印发《关于桃山林业局木材督查有关规定的通知》，严令加强木材生产、流通、销售领域管理。

2003 年

1 月 21 日 市委书记吴杰凯到桃山林业局慰问贫困职工。

1 月 24 日 党委、林业局召开工作会议，局长田孔臣作《以发展林业为根本、靠多业并举增活力、迈出富民强企全面实现小康社会新步伐》的工作报告，首次提出实行林木资源流转问题。党委书记姜维涛作《以党的十六大精神为统领，努力开创各项工作新局面》的讲话。

2 月 28 日 林业局在桃东施业区征收多种经营用地 5.7 公顷建立植物园。

3 月 12 日 圣浪林场学校晋升局直属学校并挂牌。

3 月 28 日 林业局 11 届 5 次职代会在桃山庄宾馆召开，局长田孔臣作行政工作报告，审议通过关于 2002 年度集体合同执行情况的报告和关于 2002 年局务公开制度实施情况的报告。

4 月 14 日 在桃山庄宾馆召开全局扶贫工作会议，传达市扶贫解困工作会议精神，下发《桃山局第三轮扶贫解困工程实施方案》，签订扶贫解困工程三项协议。

4 月 18 日 林业局新办公楼破土动工。

4 月 26 日 林业局遵照市森防指命令，出动 206 人组成的远征扑火队，连夜赴乌伊岭增援扑火。

4 月 30 日 共青团桃山林业局第 12 次代表大会在宾馆召开。

5 月 1 日 按照全市防“非典”工作会议部署，林业局防疫站对全局专业人员进行业务培训。

5 月 10 日 林业局召开防治“非典”工作会议。传达国家、省、市电视电话会议精神，宣布林业局防治“非典”指挥部人员组成及分工，局长田孔臣为总指挥。

5 月 24 日 省森工总局更新造林检查组到桃山，检查春季更新造林工作，检查面积合格率这 95.6%。

6 月 10 日 省政府农村改革试验区办公室批复《桃山林业局发展非公有林试验实施方案》。

6 月 18 日 党委、林业局在桃山庄宾馆召开“两风”建设（党风廉政建设、工作作风建设）动员大会，传达全市“两风”建设工作会议精神，下发《全局“两风”建设工作实施方案》。

6 月 24 日 国家林业局驻省森林资源专员姜春芳一行 4 人到桃山，调研并指导发展非公有林工作。

6 月 25 日 省森工总局下发《关于发展非公有制林业工作实施方案》，确定桃山林业局重点抓好非公有林试验试点工作。

6 月 30 日 党委在宾馆召开庆祝建党 82 周年、兴起学习“三个代表”重要思想新高潮大会，表彰了 8 个先进党组织、8 个先进下属党支部、82 名优秀党员和 8 名优秀党务工作者。

7 月 18 日 省报 8 版刊登两篇署名文章，题目分别是:《活力木流转“起死回生”术》《人强了、树活了》，报道桃山林业局林权制度改革。

8 月 15 日 党委 9 届 247 次全会决定：设立桃山林业局自来水公司，撤销龙泉供水公司。

8 月 21 日 林业局 11 届 6 次职代会在桃山庄宾馆召开。审议并通过《桃山林业局发展非公有林、促进可持续发展规划方案》和《桃山林业局林木资产流转管理办法》。

同日 17 时至午夜，桃山林业局施业区内连降大雨到大暴雨，平均降水量达 60 毫米，最高达 81 毫米。林企公路过水 130 公里，毁坏 22.5 公里，损坏桥 57 座、涵洞 72 座、过水农田 5401 公顷，成灾 5193 公顷，绝产 1269 公顷。居民住房进水 817 户，水毁 230 户，房屋倒塌 42 户。受灾严重的是白河、跃进和石长林场。水灾造成直接经济损失 2497.85 万元。

9 月 1 日 省政府农村改革试验区办公室批复《桃山林业局发展非公有林、促进可持续发展规划方案》和《桃山林业局林木资产流转管理办法》。

9月17日 伊春市“创建小康之家”先进事迹报告团到桃山演讲。

9月26日 林业局团委在宾馆举办庆“十一”、新世纪、新桃山、新形象演讲赛。

10月1日 在呼兰河原水毁桥旧址上新建桃兴大桥，桥长60米，宽12米，为钢筋混凝土结构，当年4月份开工，投资190.6万元。

10月14日 省报7版刊署名文章《桃山林业局为贫困职工建苗圃》。

10月22日 林业局机关新办公楼竣工交付使用。办公楼建筑面积3032平方米，矗立于健康路与旅游大街交会处，为三层砖混结构，楼前广场面积6295平方米。

11月28日 林业局出资修建的悬羊峰景区至神树山庄旅游环线公路建成通车，该路为沙石路面，全长24.3公里。

12月18日 由桃山局址至桃源湖全长12公里的旅游公路竣工通车。

12月23—24日 中共桃山林业局第十次代表大会在桃山庄宾馆隆重举行。145名正式代表出席大会，党委书记姜维涛代表九届党委作了题为《实施可持续发展战略、全面加快小康社会建设步伐》的工作报告。纪委书记马立山作了纪律检查委员会工作报告。大会选举产生由9人组成的中共桃山林业局第十届委员会和由7人组成的新的局纪律检查委员会。党委十届一次全委会议选举姜维涛为书记，田孔臣、肖亚英、马立山、张瑜为副书记；纪委十届一次全委会议选举马立山为书记，卢克、刘维德为副书记。

2004年

1月1日 林业局决定：将体育馆零价租赁给大庆市高新区展望生物技术开发有限公司总经理王晓巍经营，同时将滑雪场和原始林狩猎场2260公顷委托给王晓巍经营，三项经营期均为30年。

1月8日 党委书记姜维涛一行4人，前往俄罗斯慰问劳务输出人员。

1月16日 党委、林业局召开老干部、老工人迎新春座谈会。局长田孔臣到会并讲话。

1月19日 林业局在桃山庄宾馆召开春节团拜会，局长田孔臣致新春祝词。

1月28日 党委（扩大）会议决定：成立非公有林经营服务公司。

2月3日 局长田孔臣在市委九届十二次全委（扩大）会议上作《大胆尝试林权制度改革、努力加快兴林强企富民步伐》典型发言。

2月27日 局长田孔臣在全省森工工作会议上作《实施林权制度改革展示出森工林区治危解困的希望曙光》典型发言。

3月4—6日 林业局第十二届一次职代会暨十四次会员代表大会隆重召开。局长田孔臣作《把握先机、乘势而上、意气风发全面建设林区小康社会》的行政工作报告，提出全局“十化”发展方向和奋斗目标：“城镇布局整齐化、居民住宅楼房化、庭院环境花园化、城内处处园林化、城区主道硬面化、林城风格特色化、种养基地规模化、立局项目产业化、社会成员文明化、努力奔向小康化。”党委书记姜维涛作《重要的问题在于抓好落实》的讲话。

4月8日 市委书记杨喜军到桃山林业局检查工作。

4月15日 党委、林业局在局机关楼前广场举办“发展民有林、致富奔小康”大型宣传活动。

4月28日 桃山庄宾馆整体改制为民有民营，大庆市王晓巍以总价400万元，5年分期付款，买断宾馆所有权，改制成为桃山旅游接待中心，即日对宾馆进行整体交接。

5月23日 晚6时30分，黑龙江电视台在全省新闻联播节目中报道了桃山林业局造林签合同、保证成活率的事迹。

5月27日 国家林业局森林资源管理司司长肖兴威到神树林场考察林权制度改革工作。

6月21日 第二小学校址迁至原第一中学校区。

6月 林业局投资300万元在八公里、春光和柳河建3处奶牛养殖小区。

7月1日 林业局决定成立局奶牛养殖基地管理办公室。

7月25日 受国家林业局局长周生贤指派，以国家林业局木材行业管理办公室处长陈大夫为组长的国家林业局调研组一行6人，到桃山调研发展非公有制林业工作情况。

8月1日 桃山局与省畜牧兽医职业学院合办的畜牧兽医桃山分校在桃山中学开班，学制1年半，首期学员50人。

8月10日 党委、林业局工作会议暨“两风”建设动员大会在桃山庄宾馆召开。会上传达了市委九届十三次全委（扩大）会议精神，局长田孔臣作《深化改革、加快发展、开创全局经济建设和社会发展新局面》的讲话，5个基层单位介绍经验，党委书记姜维涛作“两风”建设动员讲话。

9月17—18日 分区工会举行乒乓球活动中心揭牌仪式与“桃山杯”暨桃山林区第2届乒乓球大赛，共有40个代表队参赛。

9月21日 党委、林业局召开“严厉打击毁林开荒盗伐林木犯罪公判大会”，桃山林区基层法院对15名犯罪嫌疑人公开宣判。

10月18日 分区工会策划的文化长廊建成，党委书记姜维涛、局长田孔臣分别题词，首次展出桃山人书法、绘画、摄影、剪纸、诗歌、散文等优秀作品50余幅。

10月20—22日 中国科学院农业政策研究中心副主任徐晋涛等到桃山，调研林权制度改革工作。

11月9—15日 局长田孔臣等随黑龙江省招商代表团赴香港参加“龙港经贸洽谈会”暨黑龙江—香港活动周。

11月15日 林业局召开资源管理监督会议，传达《关于全面禁止天然林红松采伐》的市政府1号令。

11月24日 党委书记姜维涛、局长田孔臣等局党政领导在桃山网通公司会议室收听全省领导干部会议。会议内容：传达国务院召开的振兴东北地区老工业基地工作座谈会精神；通报黑龙江—香港活动周情况；介绍黑龙江代表团赴广东、辽宁、吉林3省学习考察情况和部署全省工作。

12月2日 林业局从澳大利亚引进的900头奶牛运抵桃山，分别落户4个养殖小区：八公里519头；春光110头；柳河100头；上呼兰170头。

12月5日 在市科普工作会议上，桃山局有4个单位被授予科学种植、养殖示范单位，有9人被授予科技示范户。

2005年

1月25日 党委、林业局召开保持共产党员先进性教育活动动员大会。党委书记姜维涛作《迅速行动起来、努力创新求实、严肃认真地搞好党员先进性教育活动》的动员报告；市委督导组组长王培文代表市委作指导性讲话。

1月28—30日 党委、林业局举办先进性教育活动理论培训班，对参加第一批先进性教育的局机关、公安局、检察院、法院4个单位的党员领导干部200余人进行理论培训。党委书记姜维涛、局长田孔臣作专题讲座。

3月7日 党委、林业局召开庆祝“三八”国际劳动妇女节表彰奖励大会。

3月29日 林业局第12届2次职代会在宾馆召开。局长田孔臣作行政工作报告，与会代表听取《关于2004年计划执行情况和2005计划安排情况的报告》《2004年集体合同执行情况的报告》《2004年局务公开实施情况的报告》，党委书记姜维涛作总结讲话。

4月6—7日 中央电视台7频道《神州纵横》栏目制片主任曹营等2人到桃山，对桃山旅游进行宣传和推介（5月1—2日在该栏目中播出）。

4月19—21日 香港凤凰卫视《商旅冲动》栏目组杨丽编导等2人到桃山采访旅游区，制作了《放下斧头当导游——桃山林业局新产业可持续发展》的节目，局长田孔臣接受了记者采访。

4月22日 市委决定：刘利敏任桃山局党委书记。

4月24日 林业局召开加强森林资源管理大会，传达贯彻全市森林资源管理工作会议精神，宣布《局开展打击破坏森林资源专项行动工作方案》和《局林地管制规定》。党委书记刘利敏、局长田孔臣在会上作工作部署。

4月28日 林业局团委举行纪念五四运动86周年表彰奖励大会。

5月6日 局长田孔臣在大连市参加由伊春市政府组织的“旅游产品推介会”。

5月10日 党委召开先进性教育整改提高阶段工作会议。党委书记刘利敏作《把握重点整改、领导带头提高、确保先进性教育活动成为群众满意工程》的讲话。

5月27日 党委、林业局召开全国劳动模范李景兴先进事迹报告会。党委书记刘利敏、局长田孔臣分别在会上作讲话和总结，号召全局党员干部和职工群众向全国劳动模范李景兴学习，在改革、发展和维护稳定中奉献聪明才智。

5月27—28日 哈尔滨《生活报》记者贺东旭等2人到桃山采访，并在“哈洽会”期间（6月16日）《生活报》第5版以《桃山——全国第一个对外开放的天然野生动物饲养狩猎场和滑雪场》为题，报道桃山旅游事业。

6月5日 林业局利用伊春市林政防火直升机，对桃山旅游区进行空中拍摄。

6月15—19日 党委书记刘利敏、局长田孔臣率团参加第16届哈洽会，参会期间签约2项，金额1400万元。

6月29日 党委、林业局在体育馆召开纪念建党84周年暨表彰奖励大会，表彰奖励10个先进党组织、2个先进下属党支部、100名优秀共产党员和10名优秀党务工作者。会后，举行了“永远跟党走”大型歌咏比赛。

7月7日 党委召开第2批先进性教育工作会议，党委书记刘利敏作动员讲话。

7月21—22日 党委举办第2批先进性教育活动理论培训班。进入第2批先进性教育活动的40个基层单位200余名党员干部参加培训。党委书记刘利敏等作专题讲课。

8月5日 党委十届二十次全委会议决定：资源管理科、林政科合并为资源林政科，属机关行政序列；中共林政科支部更名为中共森防办支部；成立中共桃山林业地区公安局委员会，隶属于林业局党委，撤销公安局党组、总支部。

8月9日 党委、林业局组织为金山屯、美溪等受水灾地区捐赠物资。当天收到捐赠物品3018件。

8月11—12日 全局经济工作会议召开，会间到柳河、白河和奋斗3个林场进行现场参观。局长田孔臣作经济工作报告，党委书记刘利敏作总结讲话。

8月19日 党委十届二十一次全会决定：教委更名为教育科，属机关行政序列，原教委内设科室自然撤销，科内设教研室；成立接待科，属机关行政序列。

8月 党委宣传部在局办公楼前广场新闻橱窗主办“纪念抗日战争胜利60周年”图片书画展，共展出图片31幅，书画39幅。

8月23日 全国人大代表视察组在市委领导陪同下，到桃山调研林权制度改革工作。

10月3日 党委、林业局在体育馆举办“欢迎桃山骄子回乡联谊晚会”，局长田孔臣致欢迎词，当年离家赴他乡创业成功成名的20余名“桃山骄子”参加联谊活动。

10月24日 国家林业局计资司领导到桃山调研林权制度改革。

10月29日 林业局与大庆王晓巍所签《桃山庄宾馆整体改制协议书》终止执行。

11月28日 省人大十届常委会十五次会议通过：刘文有任桃山林区基层法院院长，免去高永山院长职务。

12月6日 林业局决定：成立桃山林区法律援助中心。

12月7日 林业局决定设立良种奶牛繁育基地。

第一篇

自然·环境

第一章　地质·地貌

第一节　地　质

一、地貌

桃山林业局地貌骨架为上古生代海西宁运动华西里隆起褶皱构造带。由花岗岩、玄武岩构成。成土母质主要是花岗岩的风化物。

二、土壤

山土母质一般较粗，主要是残积或坡积母质，含石块或砂质，陡坡是粗粒花岗岩，常形成粗骨石质母质；河岸洼地和沟谷阶地是冲积或淤积的沉积物，含有卵石的沙土层或混有沙质的重壤、黏土、母质。不同的母质对土壤的发育过程、理化性质和肥力状况均有重要影响。

第二节　地势、山脉、河流

一、地势

桃山属小兴安岭西坡南部低山丘陵地带，位于松嫩平原东部边缘，地势自西向东步步升高，地貌呈起伏波状。平均坡度 13.2 度，最高坡 42 度，最缓坡 5 度，全境平均海拔 300 米。全境山地占 80%；宜农面积占 5%；俗称“八山一水半草半分田”。

桃山境内东部和南部，丘陵起伏，为小兴安岭余脉，是黑龙江省重要林区之一。西部属松嫩平原边缘——呼兰河谷平原，地势平坦，草原开阔，土质肥沃，水源充沛。

二、山脉

桃山境内，山地居多，山脉纵横，知名山岭有十多座。

主要有桃山、图南山、凌云山、五龙山、金牛山、一撮毛山、马鞍山、大头山、摩牛山、城墙砬子山、亮白砬子山、平顶山、磨盘山、北砬子山。其中，桃山由轿顶山、大架山、鸡嘴山、石头山以及三座未知名之山（均低矮，故不详记）组成。

三、河流

桃山林业局施业区处松花江支流呼兰河上游发源地带，全境河流均为松花江支流水系。

主要河流有下小呼兰河、呼兰河、白河、西掐河、柳河、喇叭河、东方河、钓鱼河、安全河、小东沟河。除以上 10 条河流外，各河支流有名水沟甚多，其中下小呼兰河中游支流水沟有金牛沟、张有沟、秃顶沟、北斗沟、埋汰沟、马鞍山沟等，上呼兰河中上游支流水沟有林化沟、野猪林沟、大二沟等。

第二章　气候　物候　水文

第一节　气　候

桃山地处北温带，属温带大陆性季风气候，四季气温变化较大。年平均气温为1.1℃。以气候统计法划分四季，春季4—5月，夏季6—8月，秋季9—10月，冬季11月至翌年3月。以气候平均气温划分四季，天气平均气温小于10℃为冬季，天气平均温度大于22℃为夏季，天气平均气温在22℃～10℃为秋季，而天气平均气温在10℃～22℃则为春季。每年从10月下半月（一过寒露）便进入冬季，直至翌年的4月上半月，长达180天左右；从4月初进入春季，到5月末或6月上旬，接近61天；6月初才进入夏季，直至8月末计92天；9月初就进入秋季，到10月末计60天左右。最冷月为1月，平均气温-23.3℃，最低气温为-42.6℃，皆因西伯利亚强寒流侵袭所致。最热月为7月，平均气温21.1℃，最高气温32℃。全年降雨量为664毫米，6—9月降水量占全年77%，最多年份降雨量曾达876毫米。初霜在9月末，终霜至5月中旬，无霜期113天。封冻在10月下旬，解冻至4月中旬，结冰期约180天，冻层最深达2.7米。全年多为西南风，平均风速每秒2至3米，日照2498小时。

春季，4月初至5月末，计61天，冬季季风气候已见明显转化，冷暖空气趋于对峙。日照渐长，气温回升，平均气温13℃，日照391小时。雨量较小，多风而干燥，风级大，最高达8级，风速强，最剧达每小时20公里，风天持续时间较长，有时一次延续3～5天，春季是护林防火的戒严期。

夏季，6月初到8月末，计92天，太阳辐射最强，全季日照804小时。西伯利亚冷空气后撤，太平洋副热带高压北上，暖空气势力甚强。平均气温21℃。降雨量在300～400毫米之间，相当于全年降水量的一半以上。

秋季，9月初至10月末，计60天。西伯利亚寒流频繁活动，冷空气逐渐增强，太阳辐射日渐减弱，气温开始下降，日平均气温在10℃左右，降雨量在50～100毫米之间，占全年降雨量的20%，日照392小时。

冬季，11月初至次年3月末，计151天。平均气温为-21℃，最低气温可达-42℃。受西伯利亚冷气团影响，多西北风，寒冷、干燥，平均风速2.7米/秒。平均降水6.1毫米，年平均降雪日40天，年积雪深度为25厘米，占全年降水量的17.4%。冬季平均气温-11.2℃，全年1月份为最冷月，多年1月份平均气温为-23.4℃。土壤在11月初开始冻结，最大冻土层可达150～170厘米。

一、太阳辐射

年平均太阳辐射总量为5042兆焦/平方厘米。5月份辐射量最多，平均在610～660兆焦/平方厘米之间；12月份辐射量最少，平均在210～230兆焦/平方厘米之间。年光合辐射为2186兆焦/平方厘米，占全年总辐射量的47%。

二、日照

境内日照比较充足，属长日照区。

1986—2005年，年平均日照数为2390小时。日照时数最多的年份是1986年，为2580小时；日照时数最少的年份是1987年，为2090小时。最多与最少年份日照时数相差490小时。

一年中12个月，月平均日照时数较多的月份是3、5、6月份，分别为240、246、245小时；月平均日照时数较少的月份是1、11、12月份，分别为153、154、131小时。1989年的5月出现月份日照时数最高纪录，为303小时；而1989年的12月出现月份日照时数的最低纪录，为101小时。

日照百分率，年平均值为53%。月平均值，以7月、12月为最小，分别是48%、46%；以2月、3月为最大，分别是66%、65%。1998年8月份的日照百分率为30%，达到最低值；1996年2月份的日照百分率为75%，出现最高值。

桃山2005年日出日落时刻表

表1-2-1

节气	日期	日出	日落
立春	2月4日	6：55	16：27
春分	3月20日	5：37	17：36
立夏	5月5日	4：26	18：42
夏至	6月21日	3：46	19：24
立秋	8月7日	4：33	18：50
秋分	9月23日	5：22	17：18
立冬	11月7日	6：25	16：03
冬至	12月22日	7：19	15：42

说明：桃山日出日落时刻系2005年度观测数据，观测点在桃南公路2公里桃山大桥，其中，立夏、夏至、立秋日落观测点在桃兴大桥。观测人：王克礼

三、气温

1986—2005年，年平均气温为2.5℃。年平均气温的最高值出现在1990年，为3.6℃；年平均气温的最低值出现在1987年，为0.9℃。

月平均气温，在0℃以上的月份为4月、5月、6月、7月、8月、9月、10月，共7个月；在0℃以下的月份为11月、12月、1月、2月、3月，共5个月。一年中，以7月份为最热，月平均气温为22.3℃；以1月份为最冷，月平均气温为-21.8℃。1989年8月4日出现极端最高气温，为34.7℃；1990年1月25日出现极端最低气温，为-41.4℃。1986—2005年20年中，日最高气温≥30℃的高温天气，平均每年约有8天。但2000年却出现了28天高温天气，成为20年中最炎热的夏季；而高温天气出现最少的是1993年，仅有1天。日最低气温≤-30℃的严寒天气，平均每年有16天，但2000年却出现了41天严寒天气，成为20年中最寒冷的冬季；而严寒天气出现最少的是1992年，仅有2天，本年成为暖冬。

四、积温

气温≥0℃时的积温可达2790℃～3000℃；气温≥5℃时的积温为2700℃～2900℃；气温≥10℃

时积温为2300℃～2600℃；气温≥15℃时积温仅为1800℃～2100℃。2000年，在气温≥10℃时，积温累计达2958℃；而1995年，同样在气温≥10℃时，积温累计却只有2317℃。积温起止日，在气温≥10℃时，积温初日为5月1—19日；积温终日为9月17日—10月1日。

气温较差，年较差最大为73℃；最小为63℃。月平均日较差大在2月份，为17℃；最小在7月份，为10℃。20年中，最大日较差达25℃，最小日较差为2℃。

五、降水

1986—2005年，年平均降水量为610毫米。降水最多年份是1994年，为880毫米；降水最少年份是1989年，为420毫米。每年降水分配量为春季66毫米，占全年降水的11%；夏季415毫米，占全年降水的68%；秋季95毫米，占全年降水的15%；冬季34毫米，占全年降水的6%。一年365天，248天有降水，其中，降水量≥0.1毫米的有120日、降水量≥1毫米的有73日、降水量≥5毫米的有32日、降水量≥10毫米的有18日、降水量≥25毫米的有4日、降水量≥50毫米的有1日。1986年6月27日，10分钟降雨量为29毫米。1989年7月2日，1小时内降雨量为49毫米。1998年7月10日，1天中降雨量为94毫米。1996年7月29日，东部山区一天内降雨量达206毫米，圣浪林场、神树林场、桃山局址、桃山镇洪水泛滥，造成洪涝灾害。降雪初日在9月26日—10月30日；降雪终日在3月20日—5月9日。积雪深度，最大为47厘米（1988年）；最小为16厘米（1997年）。1986—2005年，最大冻土深度为133厘米。

六、气压

1986—2005年，年平均气压为988.5毫巴。一年中，以7月份气压为最低，以1月份气压为最高。20年中的1月份气压平均值为996.2毫巴；7月份气压平均值为979.8毫巴。极端最高气压为1021毫巴，极端最低气压为958.1毫巴。

七、风

1986—2005年，年平均风速为2.3米/秒。风向多为东南风，频率为14%。春季多为西南大风；冬季刮西北风。每年春季4、5月份刮5级以上大风20天。1992年5月31日，瞬间风速29米/秒。

八、湿度

1986—2005年，年平均相对湿度为70%～71%。月平均相对湿度以4、5月份最小，为57%～58%；以7、8月份最大，为78%～80%。1997年8月相对湿度出现最大值，为85%；1996年3月相对湿度出现最小值，为43%。1996年4月15日，出现日相对湿度的极端最小值，为5%。1986—2005年，年平均水气压为7.8毫巴。最大水气压出现在1988年8月1日，为30.8毫巴；最小水气压出现在1990年1月25日，为0.1毫巴。

九、气候变迁

桃山地域天气突出特点是寒冷、多雨。但是，1986—2005年桃山的寒冷和多雨正在向高温、少雨、多无霜期方面发生变迁。1986—2005年20年中年平均气温（2.5℃）比以前26年（1960—1985年）中的年平均气温（1.2℃）高出1倍多（即高出1.3℃）。在1986—2005年20年中，有1988、1991、1992、1993、1994、1999、2000年7年是正常的年平均气温（2.5℃），而有1989、1990、1995、1996、1997、1998年6年为高温年份（年均气温为3.1℃），高温年份的平均气温，比正常年份的年均气温（2.5℃）要高出1/6多（即0.6℃）。平均气温偏高年份占到40%；偏低的年份仅有两年（1986、1987 年年平均气温为 0.9℃），仅占 13.3%。

1986—2005 年年平均降水量 610 毫米，1960—1985 年年平均降水量 638.2 毫米。显然，降水少了 28.2 毫米。在 1986—2005 年 20 年中，有两年（1987、2000 年）降水属正常年份量（即 610 毫米）、有两年（1994、1998 年）是多雨年份（1994 年降水量为 880 毫米），其余年均为少雨年份，降水偏少年份占到 73%。其中 1989 年全年降水仅 420 毫米，比年平均降水量少了 1/3（近 200 毫米）。

1986—2005 年，年平均无霜期日数为 113～120 天。这也比 1986 年前 26 年年平均无霜期日数（108～115）多了 5 天。1986—2005 年期间仅有两年（1987、1994 年）无霜期较短，其余年均超过正常日数，还有 1 年（2000 年）最长达到 132 天。

第二节　物　候

物候亦称自然历，物候现象与农业生产紧密相关。人们在长期的生产生活实践中，观测、积累了丰富的物候现象，基本掌握了本地物候变化规律，为农业生产提供借鉴。如“立春阳气转，雨水沿河边，惊蛰蛇出洞（或乌鸦叫），春分地皮干，立夏麦苗齐，小满鸟来全，芒种开了铲，夏至不拿棉，小暑不算热，大暑三伏天，立秋忙打靛，处暑动刀镰，白露烟上架，秋分不生田，寒露不算冷，霜降变了天，立冬交十月，小雪地封严，大雪河冰上，冬至不行船，小寒大寒又一年”。根据多年实际观测，桃山的农作节气与农历的廿四节气比照，在春夏来临之际约偏晚一个多节气；而在秋冬来临之际却又提早一个节气。所以，进行农业生产必须紧紧抓住农时季节，抢时抓早，一刻也不能放松，学会观测物候，掌握物变规律，掌握好农时，以利春种秋收。

一、植物物候现象（平均日期）

4 月 12 日，野草地面变绿；4 月 17 日，蒲公英展叶；5 月 1 日，条柳开始开花；5 月 2 日，戚花菜开花；5 月 12 日，杨树开始开花；6 月 7 日，榆树果实成熟；9 月 22 日，白桦开始落叶；10 月 1 日，杨树落叶；10 月 4 日，榆树落叶；10 月 22 日，紫丁香落叶末期。

二、动物物候现象（平均日期）

4 月 8 日，大雁南来；4 月 19 日，始见蝶飞；5 月 10 日，家燕归来；5 月 25 日，青蛙始鸣；6 月 1 日，蜜蜂采花。

桃山林业局二十四节气物候农事表

表 1-2-2

节气名	物候	农事
立春（正月节）	东风解冻，蛰虫始振，鱼陟负水	岁朝蒙黑四边天大雪纷纷是旱年
雨水（正月中）	獭祭鱼，候雁北，草木萌动	但得立春晴一日农夫不用和耕田
惊蛰（二月节）	桃始花，鹰化为鸠，鸧鹒（黄鹂）	惊蛰闻雷米似泥春分有雨病人稀
春分（二月中）	玄鸟（燕子）至，雷乃发生，始电（打闪）	月中但得逢三卯到处棉花豆麦佳
清明（三月节）	桐始花，田鼠化，虹始见	风雨相逢初一头没村瘟疫万民忧
谷雨（三月中）	萍始生，鸣鸠拂羽，戴胜降桑	清明风若从南起预报丰年大有收
立夏（四月节）	喽蝈鸣，蚯蚓出，黄瓜生	立夏东风少病遭时逢初八果生多
小满（四月中）	苦菜秀，靡草死，麦秋至	雷鸣甲子庚辰日定主蝗虫损稻禾

续表 1-2-2

节气名	物候	农事
芒种（五月节）	螳螂生，鵙始鸣，反舌无声	端阳有雨是丰年芒种闻雷美亦然
夏至（五月中）	鹿角解，蜩始鸣，半夏生	夏至风从西北起瓜蔬园内受煎熬
小暑（六月节）	湿风至，鹰始挚，蟋蟀居壁	三伏之中逢酷热五谷田禾多不结
大暑（六月中）	腐草化萤，土润溽暑，大雨时行	此时若不见灾危定主三冬多雨雪
立秋（七月节）	凉风至，白霜降，寒蝉鸣	立秋无雨甚堪忧万物从来一半收
处暑（七月中）	禾乃登，天地始肃，鹰乃祭鸟	处暑若逢天下雨纵然结实也难留
白露（八月节）	鸿雁来，玄鸟归，群鸟养羞	秋分天气白云多到处欢歌好晚禾
秋分（八月中）	雷始收声，蛰虫坯户，水始固	最怕此时雷电闪冬来米价道如何
寒露（九月节）	鸿雁来宾，雀入大水为蛤，菊有花黄	初一飞霜侵损民重阳无雨一天晴
霜降（九月中）	豺乃祭兽，草木黄落，蛰虫成附	月中火色人多病若遇雷声菜价高
立冬（十月节）	雉入大水化蜃，水始冰，地始冻	立冬之日怕逢任来岁高田枉费心
小雪（十月中）	虹藏不见，天气上升，闭塞成冬	此日更逢壬子日灾殃预报损人民
大雪（十一月节）	浔不鸣，虎始交，荔挺出	初一有风多疾病更兼大雪有灾魔
冬至（十一月中）	蚯蚓结，麋角解，水泉动	冬至天晴无雨色明年定唱太平歌
小寒（十二月节）	雁北结，糜始巢，雉雏	初一东风六畜灾倘逢大雪旱年来
大寒（十二月中）	鸡始乳，征鸟嘱疾，水泽股坚	若然此日天气好下岁农夫大发财

第三节 水 文

一、水文地质含水岩层描述

（一）第四系孔隙含水层

1. 全新统孔隙含水层

沿呼兰河河谷连续分布，在呼兰河漫滩底部的砾卵石层系为全新世早期洪水、流水堆积之产物，卵石层与黏土物质混杂排列，河谷两侧颗粒较细，砾卵石含量减少，黏土含量增多，臬河床向两侧，黏土含量由 5% 增加到 15%，厚度自河床向两侧由 6～9 米逐渐变薄到 1～3 米，河谷下游较河谷上游分选性稍好，该层赋水性较佳，砾卵石层上部多有一层中细砂，较纯净，局部颗粒较细，过渡为亚砂土，该层弱富水，漫滩上部 3～4.5 米厚的黏性土层构成相对隔水层，使地下水微具承压性。

2. 上更新统孔隙含水层

分布铁道线以南广大地区，以砾卵石层为主，片状分布，含水层分布比较稳定，该层在桃山地区西北和南部局部地段较厚，约 15 米左右，中部较薄约 6～8 米，该层分选性差，接近呼兰河河谷部位泥质含量较少，两侧则反之，该层与上覆全新统砾卵石直接接触，有密切的水利联系，构成统一的含水岩层组。

3. 中更新统孔隙含水层

含水层岩性以含泥质中粗砂为主，局部为含泥质砂砾石，在桃山地区东北部该层较薄，约 3 米，构成山前倾斜台地孔隙含水层，在靠近呼兰河谷部位厚度较大，为 11～17 米，远离河谷则较薄，南部最薄处为 2.5 米，该层透水性不强，直接与上覆上更新统砾卵石接触，构成统一的含水岩组。

（二）白垩系孔隙含水岩

该套地层上段泥岩、砂岩互层，砂岩层质硬性脆，发育裂隙，构成较软硬夹层，下段在 150 米以下有较为松散的砂岩，沙砾岩层，赋水条件较好。

二、地下水

根据地下水的赋存条件和水力性质，桃山地区地下水可分为松散岩类孔隙水、碎屑岩类白垩系孔隙裂隙承压水两类。

（一）松散岩类孔隙水

1. 呼兰河河谷孔隙潜水——微承压水

分布于呼兰河河谷，地下水赋存在全新统砾卵石层，水位埋深 0.26～1.20 米，上部亚黏土、亚砂土覆盖层厚 0.5～1.5 米，构成孔隙微承压水，局部地段为孔隙潜水，含水层厚度 6～9 米，下部为上更新统砾卵石层，两者构成统一的含水岩组，总厚度为 12～15 米，透水性较强。

2. 高平原孔隙潜水——微承压水

分布呼兰河谷两侧高平原区，地下水赋存于上更新统砾卵石层，中更新统中粗砂层，水位埋深多为 0.8～2.2 米，上更新统亚黏土层厚约 3～5 米，承压水头高度为 2～4 米，局部为孔隙潜水，含水层厚度自东部 12 米往西变厚达 22 米左右，透水性中等。

3. 山前倾斜台地孔隙承压水

分布桃山地区东北部山前倾斜台地，地下水赋存于中更新统含泥质中粗砂、沙砾石层，岩石松散，含水层厚度 11 米左右，上部覆盖约 6 米厚的亚黏土层，构成孔隙承压水。

（二）碎屑岩类白垩系孔隙裂隙承压水

分布整个桃山地区，地下水赋存于白垩系砂岩、泥岩、沙砾岩孔隙裂隙中，150 米以上多为胶结不佳的紫红色泥岩、砂岩互层，砂岩层较硬脆，具有少量裂隙，形成孔隙裂隙水，上部覆盖巨厚的泥岩层，隔水性能较好，形成承压水，静水位埋藏深度为 1～3 米，含水层顶板埋藏深度为 40～80 米，水量贫乏，单位出水量少于 1 升 / 秒 · 米，东北部地层 150 米以下有层状分布的较松散的砂岩、沙砾岩，富水性中等，单位涌水量为 1～3 升 / 秒 · 米，水化学类型属 HCO_3–Na、HCO_3–Na、Ga 型。

三、地表水

桃山林业局境内的地表水主要靠降水形成，其特点是径流大，年度分布不均。从流量上看，水量丰富，由于年内水量不均和无径流调解工程，直接可利用水量只占全年径流量的 2%～4%，年平均降水量为 641.1 毫米，平均蒸发量为 1195.3 毫米，每年 11 月 5 日开始结冻，翌年 4 月 14 日开始解冻，最大冻土深度为 1.67 米。呼兰河河水最大流量为 945 立方米 / 秒，最小流量为 0 立方米 / 秒，年平均流量为 17.1 立方米 / 秒。

地表水、地下水多为无色、无味、无嗅、透明、不含肉眼可见物，pH 值 6.43～8.20，总硬度不超过 23.5 德国度，铜离子含量小于 0.001 毫克 / 升，锌离子含量小于 0.045 毫克 / 升，铅离子含量小于 0.002 毫克 / 升，氟离子含量小于 0.07 毫克 / 升，砷离子含量不超过 2 微克 / 升，镉离子含量小于 2 微克 / 升，细菌总数 1 毫升水中不超过 100 个，大肠菌群 1 升水中少于 3 个。上述特征均符合生活饮用水水质标准，仅有铁、锰离子含量大部分地区超过标准，铁离子含量最高达 31 毫克 / 升，超标 103 倍，锰离子含量最高为 1.25 毫克 / 升，超标 12.5 倍，主要分布在离呼兰河较远的山前倾斜台地区及南部高平原地，铁离子含量最低处为西北部。地表水和地下水除铁、锰过滤后均可饮用。

第三章　土壤·植被

第一节　土　壤

桃山林区主要有 5 个土类，即暗棕色、草甸土、沼泽土、泥炭土、白浆土。其中暗棕壤分布最广，在海拔 250～1429 米范围内的山之上、中、下部的各个坡向均有分布，总面积 145070 公顷，约占全局总面积的 81.3%，其中又以典型暗棕壤所占比重最大，共 130010 公顷，占暗棕壤的 89.62%，占全局的 72.86%。典型暗棕壤中的薄层暗棕壤多分布于山的中、上部，中层暗棕壤多分布在山下腹及山麓，但也有厚层暗棕壤出于山上部，而薄层或中层暗棕壤也有在山下部出现的特殊情况。原始型暗棕壤共 5585 公顷，一般分布在海拔 290～1149 米的陡坡，岗脊易发生水土流失或溪流两旁岩石裸露的地方，占暗棕壤的 3.85%，占全局的 31.3%。草甸化暗棕壤共有 2743 公顷，一般分布在山麓缓坡和老采伐迹地上，分别占暗棕壤和全部地壤的 1.89%、1.54%，海拔高程为 247～373 米。草甸化暗棕壤的农田地共 657 公顷，分布在河流道路两侧，海拔高程为 200～240 米；潜育暗棕壤共 3386 公顷，分别占暗棕壤和全局土类的 2.33% 和 1.90%，主要分布在河岸阶地、山间低地、沟谷边缘，海拔高程为 260～460 米的范围内。潜育暗棕壤的农田地 26 公顷，海拔高程为 340 米，白浆化暗棕壤的数量不多，共有 3346 公顷，占暗棕壤的 2.31%，占全局的 1.87%，分布在海拔高程 290～374 米的缓坡慢岗上。草甸土分布在沟谷边缘、河岸阶地和山间低地处，海拔高程为 227～395 米的范围，总面积 14636 公顷，占全局各土类总和的 8.2%。草甸土的农田地为 150 公顷。

沼泽土和泥炭土主要分布在海拔高程 210～380 米的河流两岸低洼积水地带。其中局部封闭、半封闭形成泥炭土，总面积 4715 公顷，占全局土壤的 2.75%。沼泽土和泥炭土农田面积 390 公顷。

白浆土分布于慢岗、缓坡草地处，海拔高程 262～382 米，总面积 6019 公顷，占全局总面积 3.37%。在局部地区出现了草甸土和白浆土的复区共 139 公顷，海拔高程为 250 米。

上述 5 个土类，随海拔升高，由河流两岸向山顶的斜山分布规律为暗棕壤，草甸土—厚、中层典型暗棕壤—薄层典型暗棕壤或原始型暗棕壤及侵蚀型暗棕壤。

第二节　植　被

一、自然植被

桃山林业局现施业区总面积 171274 公顷，原有森林总蓄积量 1842 万立方米。在本施业区内代表植被即地带性植被为红松阔叶林，主要组成以红松为主，伴生温性阔叶树种多达 10 余种，其中有一些第三纪孑遗种，如水曲柳、黄檗、核桃楸等，再加以林内有发育良好的 5～9 种藤本生植物，如山葡萄、北五味子、狗枣猕猴桃等，呈温带针阔叶混交林具有的亚热带景色，同时还伴生一些“欧亚针叶林区”寒温带针阔混交林，既有南方（亚热带）景色，又有北方（寒温带）植物类。

红松针阔混交林中中下木的种类繁多，如毛榛、忍冬、卫矛、花楸、刺五加等，但有时也遇到兴安杜鹃、胡枝子、暴马丁香等。

在活地被植物中，蕨类、羊胡子苔草、水金凤、落地乌头、狭叶荨麻、小叶章、柳兰、蚊子草、铃兰、驴蹄草及各类苔藓等，给森林更新造成困难。

桃山林业局地带性植被，森林植被属于长白山植物区系，原为红松阔叶林，是小兴安岭的顶级森植物群落，但由于长期过量采伐，森林遭到严重破坏，根据破坏程度及下种机会而衍生各类型的次生林，经常由于伴生的阔叶树种萌发成阔叶混交林，或由蒙古栎、白桦、山杨等阳性先锋树种形成次生林。

主要乔木树种有红松、云彬、冷彬、水田柳、胡桃楸、黄菠、椴树、白桦、榆树、枫桦、黑桦、杨树、色树和柞树等。

主要亚乔木树种有赤杨、白丁香、青楷子、花楷子、山槐、山丁子、山桃等。

林下主要灌木有棒子、忍冬、胡枝子、珍珠梅和刺五加等。

藤本植物有五叶子、猕猴桃和山葡萄等。

草本植物有羊胡草、毛苔草、小叶章、蚊子草、铃兰和舞鹤草等。

自然植被垂直带分布为：

在海拔 1100 米以上，代表植被被岳桦矮曲林，这一垂直带的风力较强，空气潮湿，土壤为亚高山粗骨生草森林土，在这种生态条件下，不利一般树种生长，因此，组成树种极单纯，主要呈灌木状的岳桦。

在海拔 700～1100 米以上，此垂直带组成树种非常单纯，与“欧亚针叶林区”的南颚克暗针叶林一致。以阴性常绿针叶树种——云杉和冷杉为主。在这一带的下部，由于山地处温带针叶混交林带的红松在垂直分布（耐寒）上，能超越所伴生的阔叶树种，而与云杉、冷杉混生，组成独特针叶林——红松、云杉、冷杉林。

在海拔 700 米以下，为温性针阔混交林带。此垂直带所处地形较缓、热量较高、土壤较肥沃、故适于多种经营、综合利用。此外尚有山地草甸、沼泽地等植被。

二、人工植被

自然植被被人类的经营活动破坏之后，通过进行人工恢复措施，也就是人工更新造林，而形成了人工植被。自从 1960 年建局投入生产后，就积极开展了采伐迹地更新，沼泽地、宜林地的更新造林工作。至 1985 年更新造林总面积 74722 公顷，保存面积 33054 公顷，保存率达到 44.2%，造林树种比例红松 21%，落叶松 32%，云杉 14%，水曲柳 9%，杨树 5%，其他 19%。这些人工林从 1974 年开始进行了抚育伐。从 1986 年到 2005 年全局更新造林总面积 74499.7 公顷，成效面积 28969.9 公顷，保存率达到 38.88%；20 年来造林树种主要以云杉、落叶松、红松三大树种为主。

1986 年至 1990 年更新造林 29445 公顷，成效面积 14958.9 公顷，保存率达到 50.8%。

1991 年至 1995 年更新造林 32024.3 公顷，成效面积 8366.5 公顷，保存率达到 26%。

1996 年至 2000 年更新造林 12072.6 公顷，成效面积 4686.7 公顷，保存率达到 38.8%。

2001 年至 2003 年更新造林 751.2 公顷，成效面积 751.2 公顷，保存率达到 100%。

2004 年更新造林 80 公顷，成效面积 80 公顷，保存率达到 100%。

2005 年更新造林 126.6 公顷，成效面积 126.6 公顷，保存率达到 100%。

第四章　资　源

第一节　森林资源

一、面积

1986—2005年，桃山林业局林区总面积为171274公顷，其中：陆地面积为170766公顷、占总面积的99.7%，内陆水域面积为508公顷、占总面积的0.3%。

在总面积中林业用地面积145076公顷，其中：有林地面积135616公顷、无林地面积2826公顷、苗圃121公顷、疏林地1397公顷、灌木林地337公顷、未成林地1342公顷，其他用地29635公顷，非林业用地面积26207公顷。

二、森林蓄积量

2005年，经森林调查队调查，全局活立木总蓄积量8105676立方米，其中幼龄林面积91268公顷，蓄积量4915340立方米；中龄林面积40352公顷，蓄积量为2294856立方米；近熟林面积2612公顷，蓄积量352939立方米；成熟林面积1239公顷、蓄积量265188立方米；过熟林面积145公顷；蓄积量52686立方米；疏林地蓄积量37720立方米；散生林蓄积量186947立方米。

三、森林资源分布

桃山林区原始林型主要是红松阔叶林、云冷杉林，但由于日伪时期掠夺式采伐，解放后照搬苏联大面积皆伐，以及长期以来对森林自然规律认识不足、重采轻造集中过量采伐等原因，致使大面积森林资源遭到破坏，森林类型由原来的红松阔叶混交林，逆行演替为现在的针阔混交林和阔叶混交林，次生杨桦林及人工林，林相残破，树种结构不合理，天然原始红松阔叶林仅南河林场500林班、501林班、502林班，有近1000公顷。红松人工林仅石长、神树、桃东近70公顷，其他林场很难找到红松林。

云冷杉为优势树种的林分全局占比重不大。

桃山林业地区数量最多的林分属于针阔混交林，阔叶混交林及次生杨桦林，针阔混交林内优势树种不明显，郁闭度低，林下天然更新条件差，多系毛绿苔草枫桦，红松林过度采伐形成的过伐林，这类林分在山之上、中下部均有分布，以桦、榆、色为优势树种的阔叶混交林主要分布在石长、上呼兰、白河林场境内，而以杨、桦、椴为主的软阔混交林分，分布于春光、桃东及柳河三个林场，杨桦次生林主要分布在春光林场境内。

四、森林覆被率

截至2005年年末，森林覆被率为79.3%。

第二节 林分结构

一、林相

1986—2005年期间，桃山林业局林相主要以复层天然林为主要成分。

（一）人工林

人工林面积为43720公顷，占有林地面积32.2%，主要树种为落叶松、红松、云杉及水曲柳、杨树，其中落叶松数量最多。

（二）天然林

天然林面积为91896公顷，占有林地面积的67.8%。天然原始林面积较少，主要是天然次生林，幼中幼龄较多。

二、林种

桃山林业局林种划分为防护林、用材林和特种用途林三种。

（一）防护林

是以防护为主要目的的森林，主要有护路护岸林、水源涵养林和水土保持林。总面积46265公顷，占有林地面积34.1%。

（二）用材林

主要是以生产木材为主要目的的森林，总面积为33377公顷，占有林地面积的24.7%。

（三）特种用途林

以保护环境和其他特殊用途为主要目的森林：主要有母树林，风景林等，总面积2970公顷、占有林地面积的2.2%。

三、树种

桃山林业局树木种类很多，据资源部门调查统计达百余种。

针叶树种有红松、落叶松、红皮云杉、鱼鳞云杉、臭冷杉。

阔叶树种有水曲柳、黄菠萝（黄檗）、胡桃揪、榆树、白桦、椴树、色树、白杨、大青杨、赤杨、白丁香等。

四、林龄结构

桃山林业局中、幼龄林比重较大，幼龄林面积占24.9%，近成熟林面积占1.1%。

第三节 野生动物资源

一、动物种类

兽类有梅花鹿、马鹿、黑熊、野猪、狍子、野兔、貉子、花鼠、松鼠、鼬等。

禽类有飞龙、鸳鸯、山雉、野鸭、啄木鸟、布谷鸟、沙半鸡等。

鱼蛙类有林蛙、鲤鱼、鲫鱼、鲇鱼，细鳞鱼、狗鱼、柳根鱼、沙葫芦鱼、山胖头鱼、扁担钩鱼、泥鳅鱼、草根鱼等。

二、保护类动物及分布

国家一级保护兽类有梅花鹿。

国家二级保护兽类有黑熊、马鹿。

第四节　野生植物资源

野生药用植物有人参、党参、沙参、三棵针、黄柏、杜鹃、五味子等。

山野菜有蕨菜、广东菜、猴腿、黄花菜、山葱，山韭菜等。

山野果有山葡萄、山丁子、刺玫果、草梅果、榛子、核桃、山梨等。

第五节　矿产资源

一、黄金

桃山林业局境内所藏黄金分布在境东和西南两地，东地为圣浪林场大安河，系地质部门勘探发现，西南为柳河林场西掐河，初步探明两地黄金储量约 6500 两，品位为 80%，含量 1.17 克 / 立方米。

1990 年，地质部门在圣浪林场大安河发现岩金矿，1991 年 7 月建矿，由黑龙江省黄金公司、铁力市、黑龙江省七〇七地质队、桃山林业局四家联营，成立铁力市大安河金矿。1994 年 11 月投产，年产黄金 1200 两，2001 年 7 月因产金量减少而停产。

二、原煤

本境所藏原煤，分布在石长、神树经营林场施业区内。1958 年，铁力县工业科在石长驮腰子（距石长 2 公里）挖竖井 3 口，其中 2 口因遇石层而停挖。1 口井挖至 32 米深时，见到煤层，测煤层 1.3 米当时因竖井采用辘轳提升，小杆支撑不牢靠，出煤当天发生塌陷，陷土夹住 1 人，经抢救免于伤亡。后遂废弃不用，当时参加挖采者达 10 余人。1968 年，铁力县工业科又在石长东北开挖原煤，挖采者 40 余人，挖 7 米深后见煤层，煤层厚不足 20 厘米，试烧证明，煤质甚好，此次开挖使用工具为手工钻，方法为下套筒。同年，林业局选定距石长林场西北 5 公里处，派 7 人用铁锹挖井，挖 4 米深后未见煤层。

三、石墨

距神树正西 4 公里，有一小山包，方圆 2.5 公里，相对高度 13 米，内部全部为石墨矿，储量达万立方米。20 世纪 40 年代初，日军侵桃于圣浪等地掠夺森林之同时，即分派地质勘探小队，于铁路沿线附近寻觅矿藏，并探得该石墨矿，随后役使劳工开采，至日军投降时停采。前后共开采一年零六个月，采获石墨矿近千吨，大部经铁路运走。以后至建局一直未采。建局后，经林业局与铁力县有关部门合作，依当年日本人采过旧坑洞又采一段时间，至“文化大革命”期间停采至今。

四、石灰石

距白河林场西北3.5公里，有一山，方圆3.5公里，相对高度30米，全山为石灰石矿，储量甚丰，约30万至50万吨。1970年，白河林场组织开采，并建一处年产1000吨白灰窑，自烧的白灰，以解决建筑材料（白灰）自给。至1975年，扩大开采面积，年采石灰石达5000吨。工程公司亦建一处年产2000吨白灰窑，以白河矿石为原料，自烧白灰因工艺粗糙，且经验不足，使白灰质量较外进为次，而成本亦高。至1978年，两处白灰窑均下马，石灰石之开采亦停业。

五、花岗岩

桃山东部和南部山岭的成土母岩，主要为花岗岩与玄武岩。而花岗岩尤占重大比例，其岩质地坚硬，浅黄褐色，承压力极强，为建筑良石，最宜用作房建基础材料。在建局之初，铁力县即在桃山东2.5公里处国铁旁设采石场1处，常年有采石，销省内外。1980年又于石长南2公里处设石材矿1处，专采花岗岩。

六、青石

桃山境石长经营林场区内，专产青石，其色纯青，表面晶莹，质地坚韧，承压力较花岗石尤强。宜作民房2脚石、磨碾石；亦可作碑座石。建局初始采，至2005年年末没有停止，除销往本局自外，大部分销往关内各省、市。

七、玉石

玉是矿石中比较高贵的一种。中国古人认为玉是光和幸福的化身，刚毅和仁慈的象征。君子以玉比德，君子必佩玉，君子无故，玉不去身。一些外国学者也把玉作为中国的“国石”。中国是世界上开采和使用玉最早、最广泛的国家。古书上记载很多，名称也很杂，如水玉、遗玉、佩玉、香玉、软玉等。辽宁阜新市查海遗址出土的透闪石软玉玉块，距今约8000年，是全世界到目前为止所知最早的玉器。

传说远古时代黄帝分封诸侯的时候，就以玉作为他们享有权力的标志，以后许多帝王的“传国玺”也都是玉做的。春秋战国时期，赵国国王得到一块非常珍贵的玉石“和氏璧”，秦王知道后，许诺以十五座城池来交换，虽然最后被识破只是一个阴谋，但也可见当时宝玉的价值。清末慈禧太后一生贪喜玉石。据说，有一名进贡者奉献一枚大金刚石头饰，她没有接受，反而欢心送给她的小而精美的“帝目”绿玉制品。她有一只宝贵的戒指，形状像一只小黄瓜，是用高品质的玉雕刻成的。她手腕上戴玉手镯，几个手指上戴有上等的碧玉指环和三寸长的玉制指甲套，吃饭喝水用精雕细刻的玉盘、玉筷和玉茶碗。她死后殉葬品有大量的玉制珍品。古人为什么把玉看得如此珍贵呢？首先，玉的模样好看，色彩丰富。古书《说文》记载，所谓玉，就是“石之美者”。其次，玉石富含人体所需的多种微量元素，如锌、铁、铜、锰、镁、钴、硒、铬、钛、锂、钙、钾、钠等，经常佩戴和使用玉器，对经络、血脉、皮肤等都有好处，能起到一定的保健作用。玉石的特殊分子结构能和人体细胞产生共振吸收，从而达到改善循环、刺激细胞再生、酶活性提高、生理功能恢复等保健作用。从精神层面上说，玉之润可消除浮躁之心，玉之色可愉悦烦闷之心，玉之纯可净化污浊之心。所以君子爱玉，希望在玉身上寻到天地之灵气。

玉有软玉和硬玉两种。平常说的玉多指软玉，软玉狭义只指和田玉，广义上包括岫岩玉、南阳玉、酒泉玉等十多种软玉。硬玉只指翡翠。桃山玉石从种类来说属于透闪石类，是以透闪石为主要构成的软玉，与新疆“和田玉”同属一个玉种。主要集中在神树和新兴两地，称为“神树玉石矿”和

“新兴玉石矿”。

神树玉石矿是黑龙江省发现的第一处玉石矿点，位于神树林场 130 林班，在神树林场东约九公里处，与大安河隔路相对，储量约 42 万立方米。该玉石矿主要赋存于二叠统交界屯组的白色大理岩内，矿体属于接触交代型，硬度在 3～6 度，属透闪石、透辉石、蛇纹石。

新兴玉石矿地处桃山林业局新兴林场东南 14 公里的 347 林班内，主要矿物成分：透闪石 20%～25%，白云石、方解石矿物 70%～75%，具有较弱的云雾构造、绿泥石化和蛇纹石化等。硬度在 3.5～5.5 度，石料质地较细腻，切面花纹美观大方。

八、地热

1999 年 6 月，桃山林业局桃山采石厂在打井时，相继有两口井涌出 50 摄氏度左右热水，引起专家关注。不久，铁力市金矿委托中国科学院专家在桃山地区探查矿脉，发现流域内呼兰河有一处弧型断裂带。专家推测断裂带与水进涌出热水密切相关，桃山地区可能存在一处中低温对流型地热田。经过中国科学院地质队一年多勘测，查明该处地热田呈带状分布，贮量面积 200 平方公里；地热梯度每深百米增加 3 摄氏度，热水动贮量 0.4 立方米 / 秒，可日采热水 1 万吨左右。

2000 年 10 月，桃山林业局将开发地热资源纳入经济发展规划。2001 年 2 月，已钻探至地下 1000 多米处，到 2001 年 4 月份，由于地热钻探处出水量非常少，且水温也很低，经有关专家和地质部门认定，不存在原勘探预计的地热田能源，开发地热资源工作就此停止。

第五章　自然灾害

第一节　洪　灾

1990年7月1—13日，桃山地区连降暴雨，桃东、春光、白河、上呼兰、新兴和奋斗6个经营林场的1350亩大田被淹，并冲坏房屋26栋，水毁路面1.3万延长米，冲毁桥涵闸坝7座，直接经济损失161万元。其中，7月6日由于连降大雨，奋斗经营林场水电站堤坝被水冲开，造成一名林场职工溺水身亡。

1992年7月26日，桃山施业区内连降大暴雨，呼兰河上游的鸡岭、圣浪等地降雨量达138毫米，致使桃山遭受自1986年以来最严重的水灾，给全局造成直接经济损失336万元。

1994年7月23—25日，桃山林业局境内连降大暴雨，多数地方发生洪灾，经济损失1400万元。

1996年7月29—30日，桃山林业局境内发生特大洪涝灾害。因28日至29日，桃山地区区内连降暴雨和大暴雨，东部林场降了特大暴雨，平均降水达201毫米，造成山洪暴发。29日午夜，洪水冲入桃山镇家属区。洪灾造成直接经济损失21556万元，其中企业损失13556万元，个人财产损失达8000万元。洪灾中被淹居民7909户，其中房屋倒塌459户，房屋被水冲坏1067户，受灾人数2.8万人。洪水冲毁运材公路68公里，部分损坏道路210公里，冲毁桥涵495座（其中50米长的大桥5座），冲毁通信线路76公里，冲走山场中楞存材及贮木场木材2.7万立方米。全局被淹农田3.15万亩，其中绝产1.8万亩。洪水中有7人遇难，3人失踪。

1998年7月6—8日，桃山林业局境内连降大到暴雨，南部降水量达109毫米，致南部9个林场和山下地区发生水灾，农田过水面积903公顷，绝产225公顷；冲毁公路42.5公里、桥涵66座；职工家庭过水534户；冲毁奋斗拦河发电大坝15米；冲倒、中断通信线路92公里，造成直接经济损失863万元。

2003年8月21日17时至午夜，桃山林业局境内连降大雨到大暴雨，平均降水量达60毫米，最高达81毫米。林企公路过水130公里，毁坏22.5公里，损坏桥57座、涵洞72座、过水农田5401公顷，成灾5193公顷，绝产1269公顷。居民住房进水817户，水毁230户，房屋倒塌42户。白河、跃进和石长三个林场受灾严重，水灾造成直接经济损失2497.85万元。

第二节　霜　冻

1987年9月24日至26日，桃山林业局境内连降大雨，降水量42.1毫米。26日零点10分由雨变雪，24小时降雪16.4毫米。气温急剧下降，雨雪结冰，形成“雨封冻”。这是本地区历年来所罕见的突如其来的冰冻，对田里的庄稼造成严重威胁。

第三节 冰 雹

2001年6月24日，下午3时至4时30分，石长林场和柳河林场遭到建局以来特大暴雨夹冰雹袭击，石长林场214～249林班370多公顷农田受灾，致石长林场小学320平方米校舍房盖被掀，暂时停课。柳河林场318～342林班537公顷农田受灾。两个林场农田累计受灾面积达907公顷，其中石长林场有335.7公顷，柳河林场有320.26公顷受灾比较严重，有90%以上心叶和3～5片复叶当时全部被打光，致使农业减产50%左右，其中大豆减产72万公斤，直接经济损失115万元左右。

第四节 森林病虫害防治

一、森林病虫害的种类及森林受灾情况

桃山林业局地处浅山区，森林有的林班与周边种植农作物的庄稼地块相邻，部分侵害农作物的害虫和草塘中的害虫对林木生长也构成一定的威胁。因此，预防农作物害虫也是防治工作的一个方面。1986—2005年，影响森林植物生长的病害主要有：红松锈病、杨树烂皮病、落叶松早期落叶病、樟子松红斑病等。虫害主要有：落叶松毛虫、舞毒蛾、鞘蛾、蚜虫、天幕毛虫、杨干象甲等。鼠害主要有：棕背平、红背平、东方田鼠、大林姬鼠、田鼠、黑线姬鼠等。上述病虫鼠害，经多年预测预报，只有病症病状出现，没发生大面积病害。

1986年后，桃山林业局施业区内曾发生过数次病虫鼠害。据营林病防部门统计，1991—2005年病虫鼠害发生面积16154公顷，普查的主要病害有红松寇锈病、杨树烂皮病、落叶松早期落叶病、樟子松红斑病，主要虫害有松象鼻虫、落叶松球蚜、落叶松鞘蛾。主管部门曾多次组织人员，通过采取喷散杀虫剂等措施进行防治和灭鼠灭虫。

2002年桃山林业局春光林场公路两侧人工杨树遭受杨干象甲危害，受害面积达3公顷，此事由春光林场病防员上报林业局后经实地查验并采集标本上报市站后决定销毁。至此，春光林场公路两侧受害杨树全部伐除后集中销毁。2004年桃东林场、白河林场境内公路防护林发生同样危害，危害面积约2公顷。林业局采取同样方法进行销毁。2002年、2004年的两次治理时间及时，措施得当，杜绝了杨干象甲大面积发生。

二、防治工作的机构与人员

按照国家和省市的要求，桃山林业局在营林处设森林病虫害防治站。1986—1998年病防站由6人增加到9人。其中站长一人，工程技术人员6人，数杂2人。由于机构健全确保了森林病虫害防治工作有利开展。森林保护工作取得了成绩。

三、加强普查监测，做好森林病虫害防治工作

森林病虫害防治工作始终坚持预防为主，科学防治，建立各项预测预报网、防治网、检疫网。由林业局病防站牵头，各林场相应的建立了病虫害防治观测哨，没病防员一人，按时上报监测情况。森林病虫鼠害防治，主要有化学防治、生物防治、物理防治、综合防治、人为措施等方法。

1991年伊春市下发了森林病虫害普查实施方案，要求摸清伊春林区主要经营树种的重要病虫种类。按照方案要求，桃山林业局成立了森林病虫害普查领导小组，下设办公室，调集精干人员26名

（外业组16人、内业组10人），出动车辆120台次，对全局森林进行普查。经过两年多的普查及内业资料整理，普查面积达143293公顷。其中：天然林60035公顷；人工林83258公顷。病虫鼠害发生面积16154公顷。普查的主要病害有红松疱锈病、杨树烂皮、落叶松早期落叶病、樟子松红斑病。主要虫害有松梢象鼻虫、落叶松球蚜、落叶松鞘蛾。制作鼠类标本110件、鸟类30件、昆虫300件、植物标本300件、病害标本200件、天敌标本30件。所有标本于1996年洪水全部受损。

2005年，外来有害生物普查工作在全国展开。桃山林业局按要求相应的成立了有害生物普查领导小组，对普查工作进行了认真安排布置，利用一年半时间完成了普查任务。普查面积达110000公顷。其中：中天然林面积57000公顷，人工林53000公顷。普查有害生物种类有1300多种，共采集制作标本2650件，其中植物标本350件；昆虫标本1800件；病害标本340件；鼠害标本160件。

第五节 森林病虫鼠害

一、森林病虫害种类及森林受灾情况

桃山林业局地处浅山区，森林有的林班与周边种植农作物的庄稼地块相邻，部分侵害农作物的害虫和草塘中的害虫对林木生长也构成一定的威胁。因此，预防农作物害虫也是防治工作的一个方面。1986—2005年，影响森林植物生长的病害主要有：红松疱锈病、杨树烂皮病、落叶松早期落叶病、樟子松红斑病等。虫害主要有：落叶松松毛虫、舞毒蛾、鞘蛾、蚜虫、天幕毛虫、杨干象甲等。鼠害主要有：棕背平、红背平、东方田鼠、大林姬鼠、田鼠、黑线姬鼠等。上述病虫鼠害，经多年预测预报，只有病症病状出现，没发生大面积病害。

2002年桃山林业局春光林场公路两侧人工杨树遭受杨干象甲危害，受害面积达3公顷，此事由春光林场病防员上报林业局后经实地查验并采集标本上报市站后决定销毁。至此，春光林场公路两侧受害杨树全部伐除后集中销毁。2004年桃东林场、白河林场境内公路防护林发生同样危害，危害面积约2公顷。林业局采取同样方法进行销毁。2002年、2004年的两次治理时间及时，措施得当，从而杜绝了杨干象甲大面积发生发展。

1986—2005年病虫鼠害防治一览表

表1-5-1

单位：面积、次

年份	面积	其中虫害	其中鼠害
1986	8	3	5
1987	9	4	5
1988	10	4	6
1989	10	4	6
1990	8	3	5
1991	7.5	4	3.5
1992	7	4	3
1993	8	4	4
1994	8	3	5
1995	8	4	4

续表 1-5-1

年份	面积	其中虫害	其中鼠害
1996	8	4	4
1997	8	4	4
1998	10	5	5
1999	12	5	7
2000	10	5	5
2001	8	5	3
2002	6.5	3	3.5
2003	5	3	2
2004	5	3	2
2005	3	2	1

二、防治工作的机构与人员

按照国家和省市的要求桃山林业局在营林处设森林病虫害防治检疫站。1986—1998 年病防站由 6 人增加到 9 人。其中站长一人，工程技术人员 6 人，勤杂 2 人。由于机构健全确保了森林病虫害防治工作有利开展。森林保护工作取得了成绩。

三、森林病虫害防治情况

森林病虫害防治工作始终坚持预防为主，科学防治，建立健全各项预测预报网、防治网、检疫网。林业局病防站牵头，各林场相应的建立了病虫害防治观测哨，设病防员一人，按时上报监测情况。森林病虫鼠害防治，主要有化学防治、生物防治、物理防治、综合防治、人为措施等方法。

1991 年伊春市下发了森林病虫害普查实施方案。其主要目的是初步摸清伊春林区主要经营树种的重要病虫种类。按照方案要求，林业局成立了森林病虫害普查领导小组，下设办公室，调集精干人员 261 名，外业组 16 人，内业组 10 人，出动车辆 120 台次，对全局森林进行普查。经过两年多的普查及内业资料整理，普查面积达 143293 公顷。其中天然林 60035 公顷；人工林 83258 公顷。病虫鼠害发生面积 16154 公顷。普查的主要病害有红松疱锈病、杨树烂皮病、落叶松早期落叶病、樟子松红斑病，主要虫害有松梢象鼻虫、落叶松球蚜、落叶松鞘蛾。制作鼠类标本 110 件、鸟类 30 件、昆虫 300 件、植物标本 300 件、病害标本 200 件、天敌标本 30 件。所有标本于 1996 年洪水全部受损。

2005 年，外来有害生物普查工作在全国展开。桃山林业局按要求相应的成立了有害生物普查领导小组，对普查工作进行了认真安排布置，利用一年半时间完成了普查任务。普查面积达 110000 公顷。其中：天然林面积 7000 公顷；人工林 53000 公顷。普查有害生物种类有 1300 多种，共采集制作标本 2650 件，其中：植物标本 350 件；昆虫标本 1800 件；病害标本 340 件；鼠害标本 160 件。

第二篇

建　置

第一章　局域及沿革

第一节　局　域

一、地理位置

桃山林业局位于黑龙江省中部、伊春市西南，地理坐标：北纬 46° 34′～47° 15′，东经 128° 05′～128° 43′，为小兴安岭西坡南部，呼兰河流域上游。

二、区界

桃山林业局区界西起春光林场与铁力市年丰乡交界处的凌云山西山脚，东至鸡岭林场与朗乡林业局的界山东坡，南起奋斗林场与通河林业局相邻处的磨盘山北麓，北至鸡岭林场与铁力林业局相接。东西宽 43.5 公里，南北长 78.5 公里，区界呈斜三角形，全界长 210 公里。

三、四邻

桃山林业局北部和西北以鸡岭、圣浪、石长计 40 公里长界与铁力林业局毗连。西南以大头、摩牛和平顶三山与双丰林业局相邻。南部以磨盘山与通河林业局相接，东境以呼源 20 公里短界和鸡岭、神树、跃进、青松、奋斗五场计 75 公里长界分别与带岭区和朗乡林业局相邻。

四、施业区面积

桃山林业局 2005 年年末施业区面积为 171274 公顷，以林地面积居多。陆地面积 170766 公顷、占总面积的 99.7%；内陆水域面积为 508 公顷、占总面积的 0.3%。在总面积中，有林地面积为 135616 公顷，无林地面积 2826 公顷、苗圃 121 公顷、疏林地面积 1397 公顷、灌木林地面积 337 公顷，未成林造林地面积 1342 公顷，其他用地 29635 公顷，非林业用地面积 26207 公顷。

第二节　沿　革

1945 年，抗日战争胜利后森林收归国有。1946 年 3 月，黑龙江省林务局在铁力县成立铁力林业公司，桃山施业区归该公司管辖。1948 年黑龙江省林务局设圣浪、铁力、神树、鸡岭林务所及绥棱驻在所。

1948 年 10 月，黑龙江省林务局搬迁至绥化，铁力改称林务分局。

1950 年 6 月，省林务局设铁力、圣浪、绥棱、黑河 4 个林务分局，桃山仍归铁力局管辖。

1953 年，各林务分局改称森林工业分局。

中华人民共和国成立后，国家为了解决市场民需用木材，由黑龙江省供销合作社，于 1950 年组建铁力民需木材办事处，从各县联社抽调干部，招收劳力在桃山的苇塘沟、凌云山、桃山后背、石长、鸡岭等地采伐木材和打袢子，运到绥化、哈尔滨市等地供给市场需要，直至 1953 年 11 月。

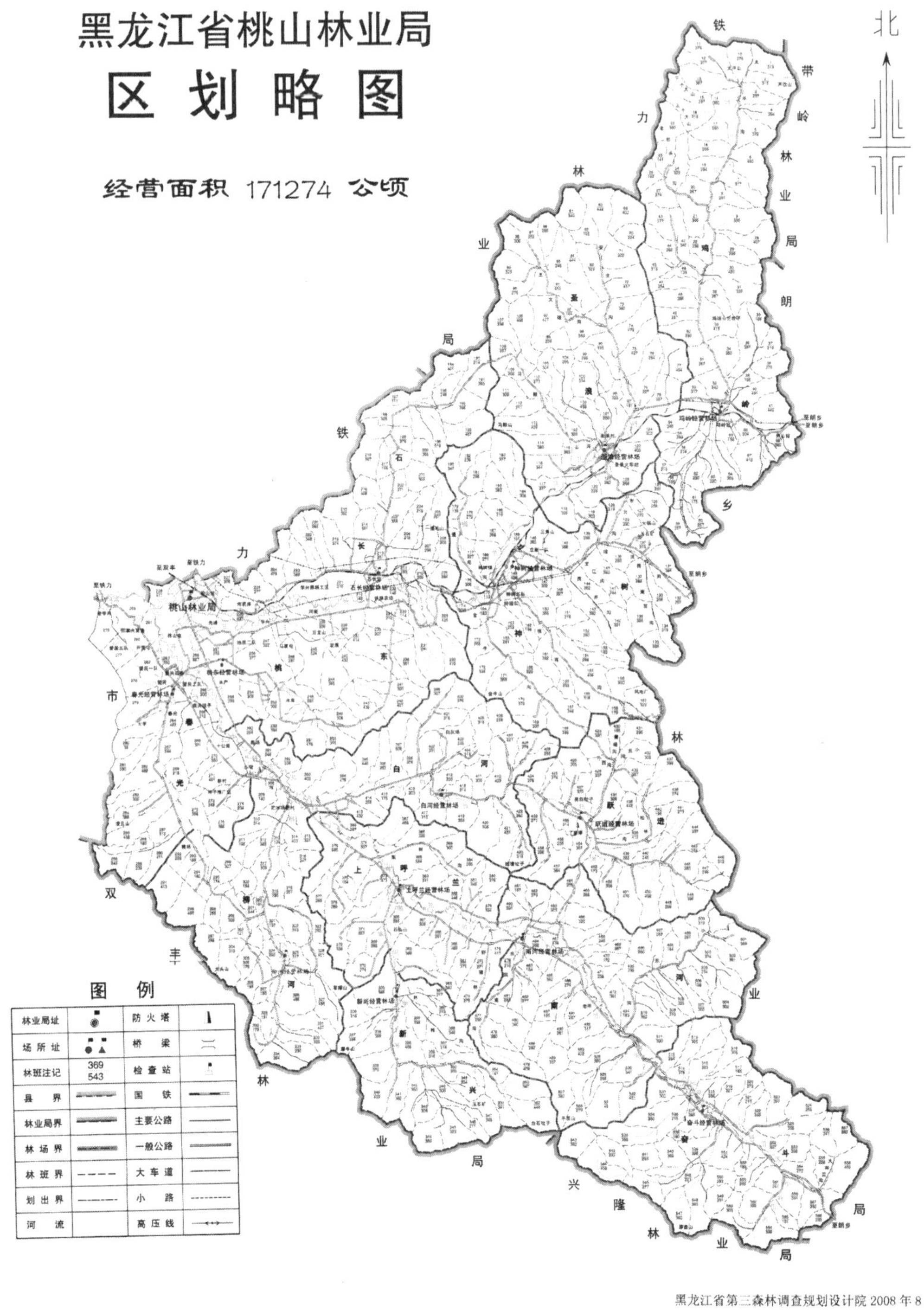

黑龙江省第三森林调查规划设计院 2008 年 8 月绘制

1953 年 12 月后，国家为统一管理森林资源，民需木材办事处由桃山厅接管，成立经营局，在铁力县设林管区，隶属于绥化经营局，下设经营所，分布在各林业局施业区内。对林业局进行监督，执行伐区拨交、验收权力并承担育苗、造林、扶育生产任务。当时在石长、神树、圣浪、鸡岭、上呼兰均设有经营所。

1958 年 4 月撤销铁力林管区，在神树设中心林场，统辖石长、神树、鸡岭、圣浪 4 场。上呼兰经营所移交给铁力局。行政仍隶属于绥化经营局。党组织归铁力林业局党委。

1959 年 12 月 30 日，黑龙江省人民委员会决定：建立桃山林业局，隶属松花江林业管理局。

1960 年 1 月，黑龙江省人民委员会决定：桃山林业局从松花江林业管理局划出，隶属哈尔滨林业管理局。

1967 年，哈尔滨林业管理局撤销，桃山林业局划归绥化林业管理局。

1968 年 5 月 27 日，经绥化地区革命委员会批准成立桃山林业局革命委员会。

1978 年 4 月，国务院将铁力县划归伊春地区，桃山林业局隶属伊春地区林业管理局。

1979 年 10 月 5 日，撤销桃山林业局革命委员会，复称黑龙江省桃山林业局。

1979 年 12 月 14 日至 2005 年 12 月 31 日，国务院指令撤销伊春地区，改为伊春市，桃山林业局隶属伊春林业管理局。

第二章 林 场

1986—2005年，桃山林业局有13个经营林场，即奋斗经营林场、南河经营林场、上呼兰经营林场、新兴经营林场、跃进经营林场、白河经营林场、柳河经营林场、春光经营林场、桃东经营林场、鸡岭经营林场、圣浪经营林场、神树经营林场、石长经营林场。1996—1998年期间，有奋斗林场、南河林场、跃进林场、神树林场、圣浪林场，共计5个林场承担生产木材的主伐任务。其余8个林场因资源状况不佳，实行以营造林生产为主，只担负少量的木材采伐任务。1986—1989年，桃山林业局年度木材生产28万立方米，高产时达到30万立方米。1990年以后，资源状况逐年下降，到1999年全局实行木材生产停伐。由于林场是属于林区社会性质的基层单位，职工群众都是常住人口，林场除担负木材生产任务以外，还承担商粮外贸、医疗卫生、文化体育、兴办林业子弟学校、街道管理、安排职工生活住房、职工福利事业等多项企业办社会职能。木材生产停伐后，职工群众转入开展更新造林、绿化、幼林抚育、低价林改造、防治森林病虫害工作，同时发展森工多种经营生产，在搞好森林资源培育的同时，多业并举，培育新的经济增长点，增加职工群众经济收入。

第一节 桃山林业局奋斗林场

奋斗林场始建于1973年，位于局址东南部，平顶山脚下。地理坐标北纬46° 39′，东经128° 34′，平均海拔598米，距离局址50公里。施业区面积14516公顷，鸡讷公路从施业区穿过，辖区50个林班。常住户276户，人口1439人，多种经营用地230公顷，现有自营经济户256户，自营经济年实现产值10多万元。

施业区森林覆盖率96.9%，林分为人工林、天然针阔混交林。构成林分的主要树种有红松、云杉、冷杉、落叶松、黄菠萝、水曲柳、胡桃楸、枫桦、榆树、色树、椴树等。林下为高果、羊胡子草等组成，现有活立木总蓄积546760立方米。

施业区内野生动物及经济类植物资源丰富、品种多。动物资源有马鹿、黑熊、狍子、野猪、野兔及各种鸟类。经济类植物品种有人参、刺五加、刺嫩芽、五味子、刺玫果、黄瓜香、元蘑、草蘑、榛蘑、黑木耳等。

施业区内水资源丰富，建有小型水力发电站一座，装机容量250千瓦，年发电量80万千瓦时，水电站资产属绥化电业局。

经济发展　2005年生产木材3000立方米，营造公益林1000亩、义务林250亩、个体林900亩。农业年产大豆、玉米等20万公斤。多种经营有种植业、养殖业、加工业等。种植业有人参、平贝、

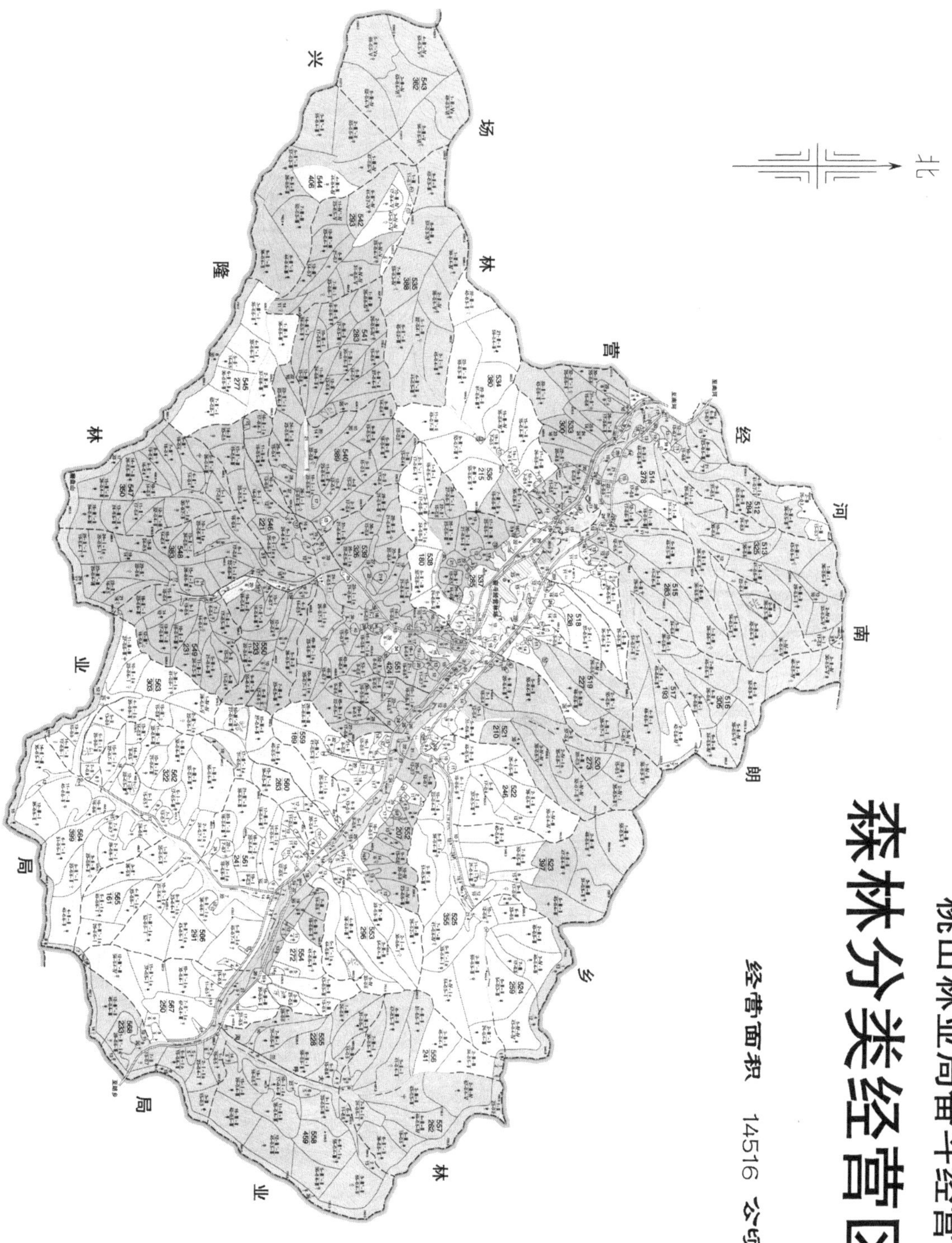

黑龙江省
桃山林业局奋斗经营林场
森林分类经营区划图
经营面积 14516 公顷

奋斗林场办公室

木耳、龙胆草、水飞蓟等。养殖业养牛、养羊、养猪、养鸡、养鹅、养鱼等及从南美洲引进的巴巴里香鸭。加工业有油坊、饲料、食品、山特产品腌渍加工等项目。全场多种经营年创产值近420万元。八仙湖森林生态旅游是林场的优势产业，是林场强力打造和推进的“一场一品”项目。八仙湖风光秀丽景色宜人，山清水碧，湖里有大量的天然冷水鱼，味美鲜嫩，细腻可口。狩猎，垂钓，登山，逛庙等让游人流连忘返。旅游接待条件优越，建有山茄子酒馆，暴马子茶楼，八仙湖风味渔村，家庭旅馆，让游客住出家的感觉、宾馆的体验，吃出山里的情调。八仙湖森林公园年接待游客上万人次，随着鸡讷公路的建成，旅游的深度开发，林场开发平顶山，推出观日出、赏偃松等精品旅游项目，吸引国内外游客。

文化设施　学校占地面积5000平方米，校舍建筑面积500平方米，2005年在校学生97人，教职工12人，年经费支出5.9万元。文化卫生事业，林场设有职工娱乐室，有混凝土灯光照明篮球场，有旅游景点八仙湖森林公园，林场设有卫生所一个。

林场有固定资产228万元，总耕地是230公顷。林场现有职工330人，退休职工101人，管理人员13人，中级职称以上人员8人，党员64人，团员86人。

第二节　桃山林业局南河林场

南河林场始建于1969年，位于局址南32公里处，西接上呼兰林场，东邻奋斗林场，南连新兴林场，北依白河、跃进林场。施业区总面积16643公顷，六大沟系、56个林班。小东沟原始森林坐落在南河施业区内，共三个林班1069公顷。

施业区内森林资源林分类型有人工林、人工天然混交林为主，主要树种以红松、云杉、冷杉、落叶松、白桦、樟子松、水曲柳、枫桦、椴、柞、黄菠萝、胡桃科、榆、杨等为主。林中栖息着黑熊、獐子、狍子、鹿、野猪、飞龙、雉鸡等珍稀野生动物，蕴藏着上百种的野生中药材等植物资源，林场范围内主要为城墙拉子山，主要河流为小呼兰河，主要支流为小东沟和南沟小河。

一、经济发展

1986年以来，累计生产木材62万立方米。营造人工林46公顷，天然林抚育83公顷，幼林抚育15公顷。同时，生产一些大棚小杆、综合利用材、种植高产杨树苗，为绿化提供苗木600余株。林

黑龙江省

桃山林业局南河经营林场

森林分类经营区划图

经营面积　16643 公顷

南河林场办公室

场加工点生产部分小板方，还利用锯末生产木耳菌，为全场和附近林场的职工群众发展食用菌生产提供菌种原料。农业粮豆品种主要以大豆、玉米为主，有条件的职工种植部分水稻，发展五味子、平贝、人参等药材种植，提高种植业的经济效益。

二、职工自营经济

依托林场资源优势以发展养殖业为主业，奶牛养殖户 8 户、存栏 206 头；黄牛养殖户 49 户、存栏 530 头；肉鸡养殖户 1 户、年可出栏肉鸡 10 万只。养猪 1 户、年可出栏 500 头；獭兔养殖户 68 户、存栏 5000 只。在发展养殖业过程中涌现出了桃山十面旗之一的奶牛养殖户于秀春。职工自营经济总规模实现 960 万元，其中养殖业 167 户，产值 168 万元；种植、采集业 427 户，产值 634 万元；加工业 6 户，产值 10 万元；商服业 36 户，营业额 148 万元。

三、文化设施

林场现建有地面卫星接收插转台，可播放十个频道的有线电视节目，播音、扩言设备一套，休闲广场有健身器材两套。南河林场积极发展小东沟原始森林观光游，建设和完善狩猎场旅游景点，年接待游客近万人。

学校占地面积 2641 平方米，校舍建筑面积 565 平方米，学制中小学、学生最多时达到 500 人、教职工达到 50 人左右，1994 年 7 月山上中学撤并到山下。

至 2005 年年末，林场固定资产总值 101 万元。全场住户 531 户，人口 1851 人，林业多种经营用地面积 880 公顷。少数民族为朝鲜族 12 人、满族 8 人。在册职工 246 人、社会救济人员 57 人、退休人员 137 人、工伤长病 13 人。

第三节　桃山林业局上呼兰林场

上呼兰林场始建于 1958 年，位于局址南部 24 公里处，地理坐标为：北纬 46° 48′，东经 128° 23′；施业区总面积 11 159 公顷，共 31 个林班，613 个小班。分类经营面积 8 547 公顷，其中：商品林 7 848 公顷，公益林 699 公顷。毗邻场所：东邻白河林场，南邻南河林场，西邻新兴林场，北邻柳河林场；交通便利，是桃山局著名旅游景点八仙湖（奋斗林场境内）和原始森林（南河林场境

黑龙江省

桃山林业局上呼兰经营林场

森林分类经营区划图

经营面积 11159 公顷

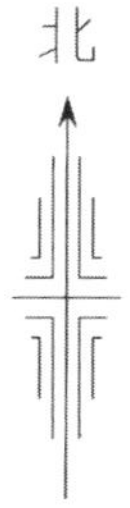

上呼兰林场办公室

内）的必经之路。2005 年，上呼兰林场总人口 1425 人，共计 423 户。男性 726 人，女性 699 人。少数民族有满族、朝鲜族共 5 户、21 人，占全场总人口数的 1.47%。全场在册职工总数为 343 人，其中退休职工 109 人；在岗职工 41 人。林场有中共党员 47 名。2005 年固定资产总值 30.93 万元。

施业区林木总蓄积量为 760957 立方米，其中：天然面积为 3750 公顷，蓄积量 237720 立方米；人工林面积为 4797 公顷，蓄积量 523238 立方米。林木资源种类有红松、云冷杉、落叶松、三大硬阔、白桦等多种针应阔叶树种。野生动物资源有黑熊、野猪、马鹿、梅花鹿、旷兔、林蛙等。

一、营林、木材生产

1986—2005 年，上呼兰经营林场累计生产木材 20 多万立方米。营造林总面积 4797 公顷，其中：公益林 699 公顷；义务林 3784.5 公顷；职工自费造林及退耕还林 188.013 公顷。

二、多种经营

林业多种经营用地面积 1967.18 公顷。20 世纪 80 年代初种植业以供给职工群众生活保障的蔬菜为主（土豆、白菜、玉米、食用大豆）。后来发展到大田播种，平贝种植从 80 年代中期小规模到 2005 年达到 37 万平方米。养殖业由 20 世纪 80 年代初的庭院养殖为主，逐步扩大猪、羊、禽类的规模养殖。肉食鸡、商品猪已达到规模型养殖，2005 年，出栏商品猪 500 头；肉食鸡超 5 万只，林灌下养殖绿鸟鸡获得成功，年出栏商品鸡 1 万只，产值达 30 万元。2005 年，全场职工自营经济产值达到 1504 万元。

三、基础设施

林场施业区内森防、森林经营支岔线公路 13 条、54 公里。1989—1990 年，建立了卫星地面接收播种转台。1996 年实现有线电视入户，入户率达 99%，丰富了职工群众的文化娱乐生活。1991 年，实施液化气工程，同时林业局电网延伸工程（于 1991 年 5 月至 1991 年 11 月建设，工程历时 6 个月的时间）全面竣工，接通了林场生产和职工群众生产生活用电，为林场的经济建设、发展各项产业提供了电力保障。1996 年，正式接通国电，实现常年照明。1998 年山上林场首家购进固定电话自动交换机，开通固定电话，入户率达到 30%。中国移动公司在上呼兰经营林场建手机信号塔，山上林场手机开通。2002 年维修农田道 3000 米，解决通往梨树沟农田生产困难。2004 年林业局对林场梨树沟危桥进行了维修改造。

四、文化教育工作

林场建有卫星地面接收转播台，实现有线接收。有线电视入户率达98%。固定电话，到2005年年末，固定电话入户258户。设有无线广播设备。1986年，林场学校建制为全日制小学，教学用房4栋、1360平方米。同时设置初中一至三年教学班，并设有学前班2个。班级数达16个，在校生最多达500多人。

2003年投资2万余元，为学校改造低压线路，维修铁栅栏180米，垫操场5000平方米，新建微机室，更换电线，维修了教室房盖，并建立了电子图板。2005年，林业局投资6万余元，对上呼兰小学480平方米的校舍进行了彻底维修。

第四节　桃山林业局新兴林场

新兴林场始建于1971年。场址位于局址南部30.5公里处，喇嘛河上游，摩牛山以北。东邻奋斗、南河林场，南靠双丰林业局，西与柳河林场接壤，北与上呼兰林场相连。场址坐标：北纬46° 42′，东经128° 08′，海拔297米，全场辖335～363林班，计27个林班，施业区总面积8 744公顷。2005年年末，新兴经营林场总人口1266人，总户数395户。在册职工207人，其中在岗职工21人，占在册职工总人数10.14%；病伤退休职工人13人。社会救济人员43人，混岗青年140人。

2005年木材总蓄积量约为342799立方米。主要树种有红松、云杉、冷杉、水曲柳、胡桃楸、黄菠萝、柞树、榆树、色树、枫桦、椴树、白桦、杨树、落叶松，有少量青杨、红毛柳等。主要沟系有林化沟、段北沟、王清明沟、老段南沟、蛤摸沟。野生动物主要有马鹿、狍子、野猪、棕熊、黑熊，还有灰鼠、花鼠、野兔、獾子、貉子、水獭、獐子、山狸子、刺猬、蛇类多种。鸟类主要有啄木鸟、麻雀、燕子、猫头鹰、榛鸡（飞龙）、松鸦、鸳鸯、中华秋沙鸭、白腹啄木鸟、山雀等。山野菜类有猴腿、刺嫩芽、苦菜、蕨菜、小根蒜、柳蒿芽、黄瓜香、山芹菜、木耳、蘑菇、猴头、野花椒等；药类主要有五味子、人参、穿地龙、车前子、刺五加等。

1986—2005年，新兴林场在抓好木材生产的同时，努力搞好营造林生产，建设苗圃8公顷，每年培育各种上山苗木200多万株。大力发展多种经营各项产业，培育新的经济增长点。林业多种经营用地1052公顷，种植大豆、玉米等农作物。大力发展北药业和养殖业，到2005年全场平贝面积已达13万平方米；五味子林下培育为50公顷，全光下为1.5公顷；苗木培育为10公顷。养鸡5万只，养猪1000头，养牛400头，养绒山羊1000只，养鹿30只。有玉石矿一处，位于347林班，占地面积8公顷，粉条加工厂一处，年产粉条15万公斤，远销外地市场。年创利润20万元。全场职工自营经济收入累计900万元。

文化教育卫生事业有新的发展。1997年，新兴林场结束了无长电的历史，国电架设到林场。建立了电视转播站，电视从无线到有线，1999年全国直拨电话延伸到新兴林场。2003年中国移动公司在新兴林场建成手机信号塔。2004年宽带网络在新兴林场开通。2003年新兴林场建立有线电视转播台，通往每家每户，能够播放录像，进行图像等宣传；设永久性宣传栏两处，宣传板两块，宣传室一间，图书室一间，藏书上千册。2005年，林场学校占地面积4900平方米，校舍340平方米，在校学生97人，教职工13人。年升学率达98%以上，学校经费5.6万元。新兴林场办公室位于场西占地4500平方米，建筑面积400多平方米，后勤服务房舍420平方米，商服点11处，卫生所1个，医师1人，护士1人，为群众就医提供方便。居民住宅砖瓦化达98%，2005年比1986年提高40%。场区道路实现沙石化。

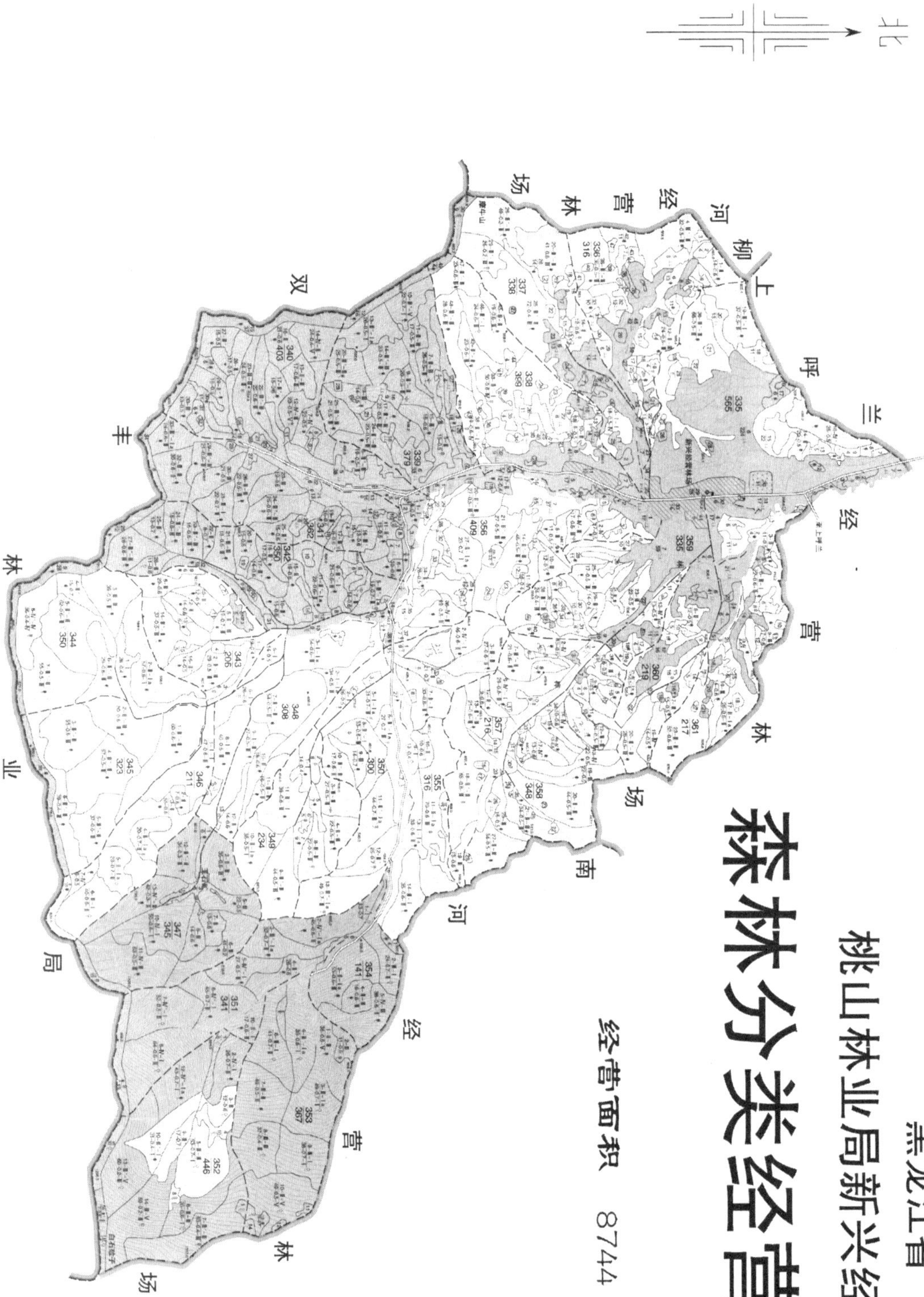

黑龙江省

桃山林业局新兴经营林场

森林分类经营区划图

经营面积 8744 公顷

新兴林场办公室

第五节 桃山林业局跃进林场

跃进林场位于局址东南 36 公里处，北与神树林场相接，南与南河林场为邻，东与朗乡林业局小白林场交界，西与白河林场相连。场址坐标北纬 46° 48′，东经 128° 29′，海拔 357 米。跃进林场始建于 1958 年，是在“大跃进”年代建场，故得名为跃进林场。

跃进林场施业区总面积为 11295 公顷，由 36 个林班组成，林场有林地面积 10452 公顷，蓄积 605052 立方米。有林地蓄积量 589989 立方米，其中幼林面积 6141 公顷，蓄积量 3104278 立方米，中龄林 4186 公顷，蓄积量 253880 立方米，近熟林面积 775 公顷，蓄积量 25681 立方米。主要树种有红松、云杉、冷杉、水曲柳、胡桃楸、黄菠萝、柞树、榆树、色树、枫桦、椴树、白桦、杨树、落叶松，有少量青杨、红毛柳等；主要山脉悬羊峰、双午子山等。主要沟系有松林沟、半截沟、八号沟、青杨沟。主要河流有白河是呼兰河的起源地。野生动物主要有马鹿、狍子、野猪、棕熊、黑熊，还有灰鼠、花鼠棕背鼦、红背鼦、野兔、黄鼬、獾子、貉子、水獭、猞猁、獐子、山狸子、黄喉貂、麝、刺猬、蛇类多种。鸟类主要有啄木鸟、麻雀、燕子、猫头鹰、榛鸡（飞龙）、环颈雉、松鸦、鸳鸯、中华秋沙鸭、细嘴松鸡、白腹啄木鸟、金雕、杜鹃、山雀等。山野菜类有猴腿、蒲公英、桔梗、刺嫩芽、马齿菜、苦菜、蕨菜、荠菜、小根蒜、柳蒿芽、黄瓜香、碱葱、山芹菜、银耳、松蘑、猴头、野花椒等；药类主要有五味子、人参、桔梗、蒲公英、车前子、山茄子、刺五加等。

1986 年，木材生产 11000 立方米，产值 350 万元。营林生产，营造公益林 4000 亩，合格率 98%，义务林 150 亩，合格率 100%。苗圃面积 3.4 公顷，年培育各种树苗 500 万株。多种经营用地面积 20 公顷，产值 60 万元，以大豆为主。人参地面积 2 公顷，年产人参 4000 公斤。职工自营经济养猪 150 户，310 头。养鸡 700 只，养牛 20 头，马 15 头，羊 60 只，兔 150 只。种植杨树 50 万株，云杉 5 万株，落叶松 20 万株，银中杨 2 万株。平贝 5 公顷。商服开设食杂店 3 个。外出务工人员 120 人。采集红松种子 0.75 万公斤，刺嫩芽 5000 公斤，黄瓜香 3000 公斤，猴腿 2000 公斤，山蘑 1000 公斤，银耳 500 公斤，产值 10 万元。

1987 年，完成木材生产任务 8000 立方米，上缴原木 6000 立方米。更新造林 5000 亩，义务林

100 亩，合格率达 98%，专业队伍 180 人。发展苗木生产，苗圃面积 50 亩，苗圃管理实现规范化，成为 1 级苗圃。

1988 年，完成木材生产任务 8000 立方米，更新造林 4500 亩，合格率 99%，生产成品苗木 5000 万株，新播 20 亩，专业队伍 35 人，营林专业队伍 170 人。多种经营生产，种植人参 18000 平方米。

1990 年，生产木材 12000 立方米，更新造林 5050 亩，义务造林 100 亩，合格率 98%。生产成品苗木 100 万株，新播 20 亩。发展多种经营生产，人参种植面积 26059 平方米，新开 5000 亩。生产建

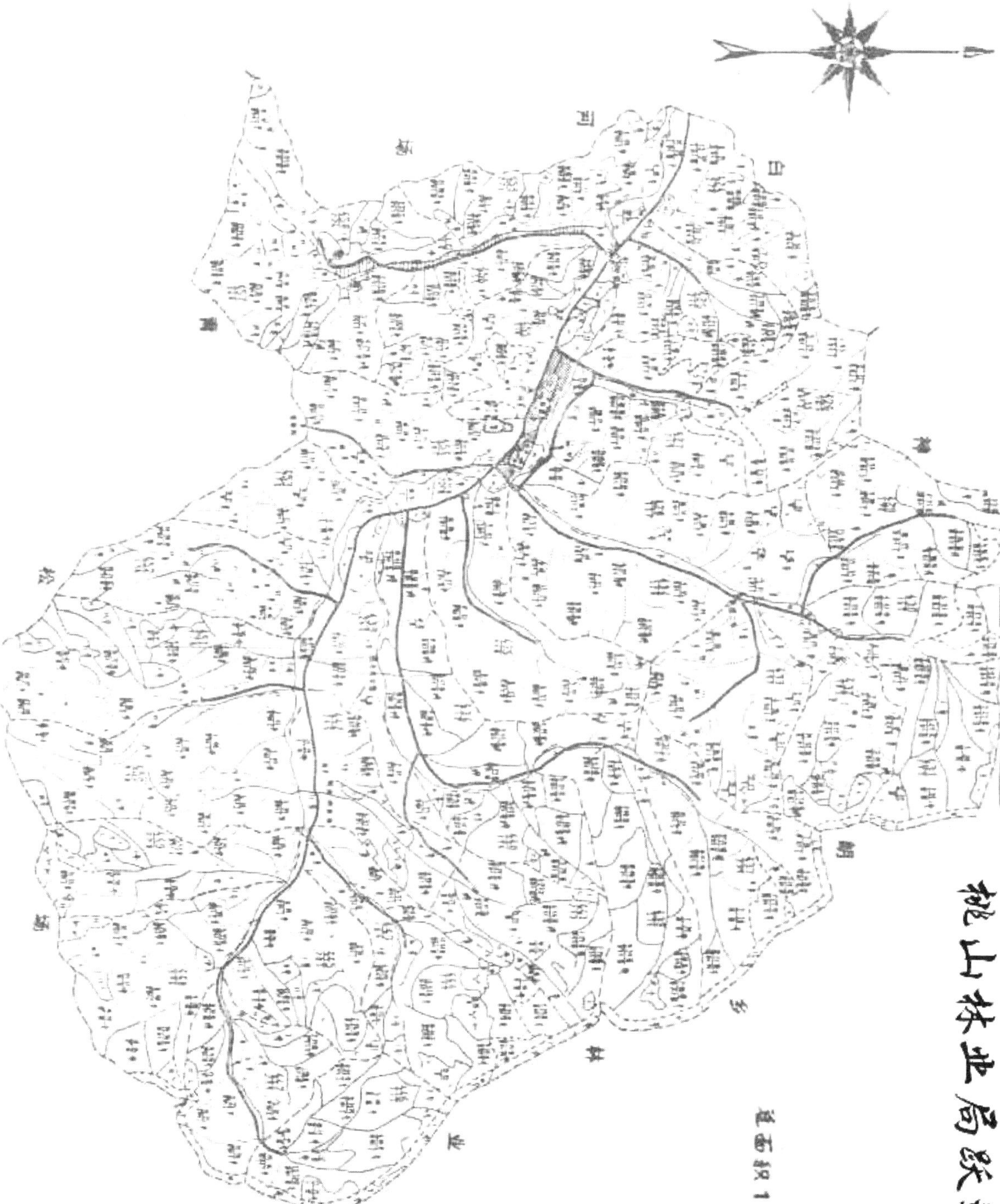

筑用砖600万块，农业耕地1261亩，产蔬菜17.5万公斤。

1992年，完成木材生产任务17000立方米，利用伐区剩余物加工成品1800立方米。更新造林3500亩，合格率100%，专业队伍110人，生产成品苗木9000万株，新播5亩，换床10亩，苗木的成活率90%，被伊春市评为一级苗圃。砖厂生产红砖500万块；保健品厂生产的刺玫果保健茶在哈尔滨、北京、山东的淄博、河南的郑州开辟了销售市场，并荣获1992年丹东国际博览会金奖。

跃进林场办公室

1994年，完成木材生产任务21403立方米，利用伐区剩余物加工成品2000立方米，更新造林3000亩，合格率98%以上，生产成品苗木6000万株，新播5亩，换床10亩，苗圃为市一级苗圃。砖厂生产红砖350万块。

1996年，完成木材生产任务16000立方米，利用伐区剩余物加工小板材、锯渣、木片等1500立方米。营林生产更新造林3000亩，造林合格率达100%，生产成品苗木5000万株，新播10亩。林场投入10万元，改造建设悬羊峰景区。

1998年，完成木材生产任务4000立方米，营林生产更新造林1500亩，造林合格率达98%，生产成品苗木5000万株，新播5亩，换床5亩，苗木生产实行机械化。农业耕地达400公顷，下岗职工从事种植业的人员日益增加。

2000年，完成木材生产任务3597立方米，更新造林1428公顷，合格率达99%，生产成品苗木4000万株，换床5亩。种植各类经济作物490公顷，发展鹿、猪等专业养殖、平贝种植和木耳生产，劳务输出100人，总产值1500万元，人均收入逐年增加。林场投入10万元完善悬羊峰景区。

2003年，完成木材生产任务2267立方米，更新造林401公顷，成活率达96%。种植各种经济作物505公顷，养猪专业户年出栏84头，养鹿42头，林蛙养殖承包户5户，养鸡专业户1户，年出售肉鸡30000只，劳务输出110人，综合产值达2100万元。

2005年，完成木材生产任务3626立方米，全场多种经营收入748万元，人均比上年增长5%。更新造林85.5公顷，合格率达98%，完成任务的100%，农田绿化17000株。赴俄劳务输出100人，人均收入2万元。

第六节 桃山林业局白河林场

白河林场始建于1958年，位于局址东南部26公里处，地处北纬108°，东经123°。施业区总面积10633公顷，共有34个林班。林业多种经营用地1352公顷，以种植大豆、玉米、水稻为主。矿产资源有白灰石、石墨等。

1986—2005年期间，白河林场圆满完成了木材生产、营林生产、森林病虫害防治等各项林业生产任务。森林防火、城镇防火方面成绩突出，1981—2000年，被伊春市政府、伊春林管局评为森林防火先进单位。2005年，白河林场职工自营经济总产值超过千万元。受到了伊春市政府的嘉奖。

2005年，白河林场有耕地1352公顷，建立了平贝基地、人参基地、大豆基地，养殖业已初具规模。1986年前白河林场人均年收入500元，通过大力发展多种经营和职工自营经济，至2005年人均年收入达到4500元，比20年前增长8倍。

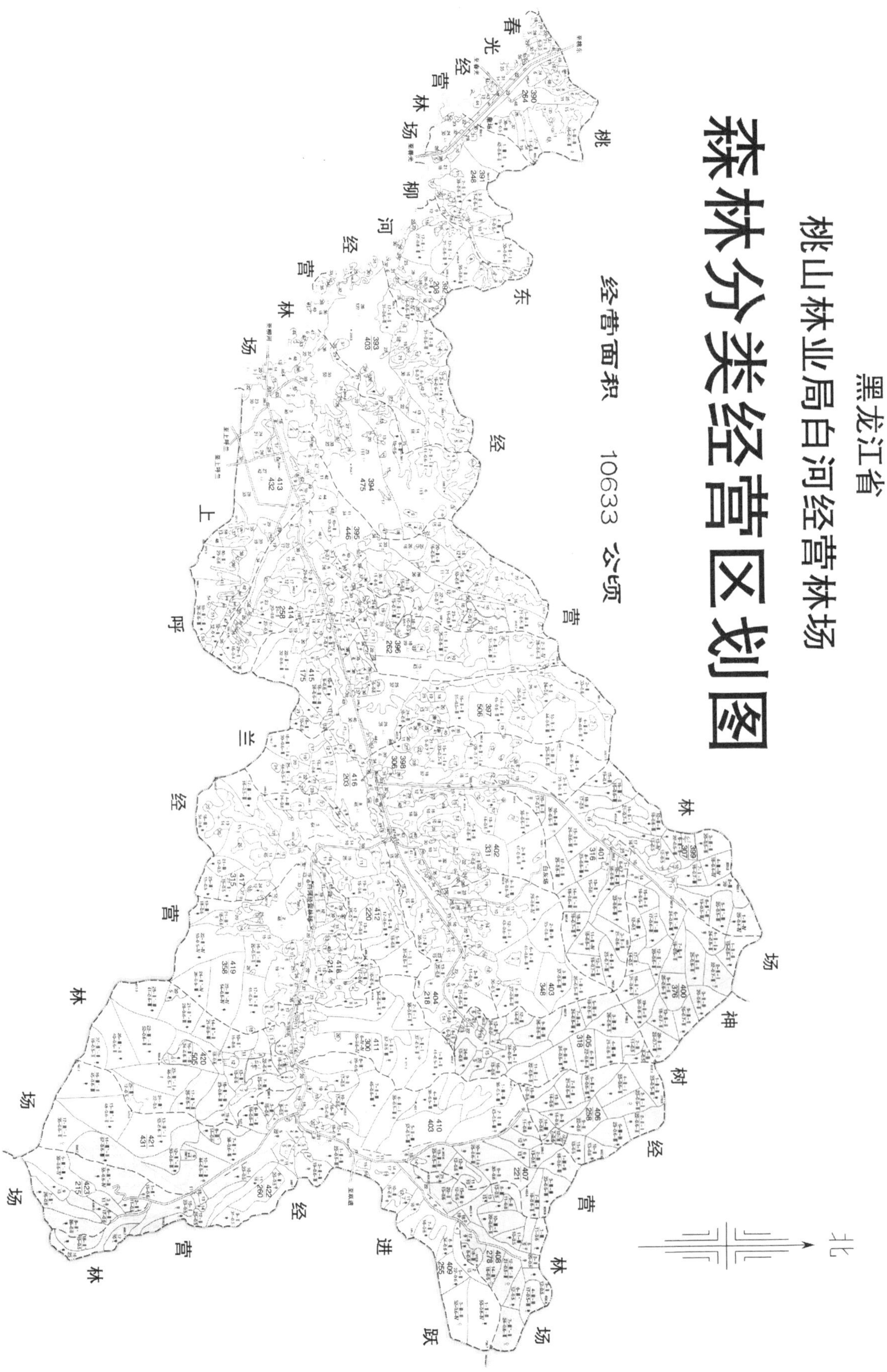
黑龙江省
桃山林业局白河经营林场
森林分类经营区划图
经营面积 10633 公顷
春光经营林场
柳河经营林场
上呼兰经营林场
跃进经营林场
桃东经营林场
神树经营林场
北

白河林场办公室

至 2005 年，全场职工固定资产 2000 万元。全场有摩托车 50 台，四轮拖拉机 380 台，农机具 420 台（套）。

白河林场注重加强信息化建设，从 1986 年以来，不断完善有线电视、直拨电话、手机通信等设施建设。1997 年，国电架设到林场。建立了电视转播站，电视普及率达 95%，电视从无线到有线，1999 年全国直拨电话延伸到白河林场。用户达到全场住户的 85%。2003 年中国移动公司在白河建成手机信号塔，手机用户达 40%。2004 年宽带网络在白河开通，给白河的文化、信息带来了前所未有的方便和快捷，使百姓足不出户就可以知道天下大事，了解飞速发展的科技知识，用以指导生产、生活。

2005 年，白河林场有居民 420 户，总人口 1146 人（包括十八公里原林产公司新村），党员 41 名，共青团员 16 名。中共十一届三中全会后，党和国家十分重视人才培养，白河林场职工群众的政治素质，文化素质得到了极大的提高。到 2005 年，全场有大专毕业 12 人，中专毕业 16 人，技工学校毕业 25 人。白河林场学校注重提高师资水平，整合教育资源，开设微机课，自主创新教学方法，不断提高教学质量，抓好普及九年义务教育。1986—2005 年，白河林场多次组织力量维修改建校舍，增添教学设备及教具，累计投资达 30 多万元。在 1985—1995 年期间，白河林场中、小学教学质量一直在全局名列前茅。1994 年白河林场学校被评为出席伊春市勤工俭学先进学校。同时，白河林场致力于改善职工生活条件，居民住宅砖瓦化达 98%，电视普及率达到 95%，电话普及率达 85%，手机普及率达 40%。林场建立了林场卫生所、退休职工活动室、图书室和阅览室，为活跃职工群众业余文化生活创造了有利条件。

第七节 桃山林业局柳河林场

柳河林场始建于 1958 年，位于局址西南部 25 公里处，场址地理坐标：北纬 46° 43′ 37″，东经 128° 14′ 23″。东邻上呼兰林场施业区，东南邻新兴林场施业区，南、西邻双丰林业局，西北邻春光林场，北邻公路管理处、白河林场施业区。

黑龙江省

桃山林业局柳河经营林场

森林分类经营区划图

经营面积 11689 公顷

柳河林场办公室

柳河经营林场属于浅山区，为低山丘陵，境内山脉起伏，平均海拔 368.4 米，最高山为摩牛山，海拔 600 米。境内河流分布 7 条，总长 54000 米，其中东柳河、西叉河水势最旺，河流向北汇入上呼兰河。沼泽地面积为 29 公顷，地表水资源丰富。柳河林场森林植被，原始地带性森林植被为红松阔叶林，现已演替为以阔叶混交林和针叶林为代表的森林植被，下木以榛子为主，下草以苔草为主。主要土壤为地带性暗棕壤，黑土层深厚，土质肥沃，排水良好。气候属北温带大陆性季风气候，年平均气温 1℃，年有效积温 2000℃～2200℃，年降水量 600～700 毫米，一年四季中无霜期 100～115 天。道路交通：主公路 15 公里，农田道、防火道路网支岔线 68.6 公里。施业区面积 11689 公顷，森林分布在东柳河、西叉河、半截沟、钓鱼沟、十六南山 5 个沟系，44 个林班内。森林覆被率为 23.6%，商品林 1474 公顷，一般公益林 3566 公顷，重点公益林 1932 公顷（其中特种用途林落叶松母树林 38 公顷）。有林地面积 5526 公顷，蓄积 513613 立方米。主要树种有红松、云杉、冷杉、落叶松、水曲柳、胡桃楸、黄波萝、榆树、柞树、色树、枫树、椴树、白桦、杨树等。野生动物有野猪、马鹿、狍子、棕熊、黑熊、獾子、貉子、灰鼠、花鼠、棕背鼯、红背鼯、野兔、黄鼬、刺猬、蛇类等。鸟类中有啄木鸟、麻雀、燕子、猫头鹰、棒鸡（飞龙）、松鸭、环颈雉、细嘴松鸡、杜鹃、山雀、中华秋沙鸭等。蛙类有哈什蟆、青蛙。山野菜有猴腿、蒲公英、桔梗、刺嫩芽、马齿菜、苦菜、蕨菜、荠菜、小根蒜、柳蒿芽、黄瓜香、老山芹、松蘑、榛蘑等。药类植物有五味子、党参、桔梗、蒲公英、车前子、窜地龙、刺五加、平贝等。野果类有五味子、山葡萄、灯笼果、红松籽、山核桃等。2005 年，林业多种经营面积 2392 公顷，苗圃 4.02 公顷，落叶松母树林 38 公顷。

2005 年，全场有机械设备摩托车 245 台，四轮车 301 台，播种机 269 台，小型收割机 12 台，打豆机 168 台，货车 2 台，油锯 20 台。林场设场长 1 人，书记 1 人，副场长 1 人，工会主席 1 人，资源监督站 1 人。下设技术室 2 人，多种经营段 1 人，土地收费段 1 人，营林生产安全段 3 人，计划生育 1 人，后勤守卫 2 人，护林队 15 人，防火器具 7 台，防火运兵车 1 辆。

1986—2005 年，木材生产累计完成 11 万立方米。营林生产累计完成造林任务 2100 公顷，造林成活率、保存率均在 90% 以上，幼林抚育合格率 98%。森林病防累计完成病防任务 7000 公顷，其中病虫害防治面积 5000 公顷，鼠害防治面积 2000 公顷，病防验收合格率 100%。绿化累计完成 5000 棵，四旁绿化 10 万棵，成活保存率 95% 以上，绿化率 90%。森林资源管护工作不断加强，实施森林资源群众管护经营面积 4094 公顷，管护人 191 户，户均 21 公顷，专业管护面积 3210 公顷，管护人 22 人。民有林发展较快，林权制度改革以来，柳河林场共区划商品林流转地块 7 个林班，166 个小班，总面积1311.7公顷，其中售出532公顷，计71个小班，共36户，本场职工青年购买43.8公顷，共5户，6个小班。全场营造民有林共28户，总面积105.6公顷，其中退耕还林53.5公顷。

1986—2005年，不断加强森林防火工作，强化防火宣传和防火能力建设，未发生重大火灾、火情。

注重发展多种经营和职工自营经济。到2005年，多种经营产值达到2000万元，户均产值4.9万元，并获得伊春市委、市政府颁发的全市发展职工自营经济“十佳标兵林场”称号，获奖励农用货车一辆。林场职工发展自营经济有八项产业。农业方面，林场施业区面积2392公顷，其中林场职工青年的土地面积为1600多公顷，户均土地面积为4公顷，年产值为960万元。发展肉鸡养殖，2005年林场有肉鸡养殖户15户，年出栏20万只，创产值近400万元。养猪业，2005年有中小养猪户51户，年育肥猪400多头，创产值50多万元。养奶牛，有奶牛养殖户11户，共饲养奶牛118头，年产值160万元。养肉牛，有肉牛养殖户18户，共饲养肉牛300头，年创产值120万元。养鹿，有5户共饲养42只。其中母鹿19只，公鹿23只，年创产值63万元。北药种植，林场共建全光下五味子园3.9公顷，其中3年生2公顷，2年生1.9公顷。疏林下栽植五味子24.2公顷。林场有平贝种植户79户，总面积为16000平方米，年创产值为10万元。商服业，林场共有食杂店10家，小吃部3家，农机修理部1家，卫生所2家，产值120万元。

林场有小学一所，占地8000平方米，校舍495平方米，教职员工13人，在校学生72人。林场有卫生所2家，医生2人。并建有100平方米的老年文化宫一处，文化宣传依托有线电视转播台。

2005年，全场共有住户408户，人口1280人，林场在册职工191人。大专以上工程师4人；技术人员12人。

第八节　桃山林业局春光林场

春光林场位于局址西南8公里处，地势南高北低，坡向东北，三面平原。春光林场始建于1975年，林场共辖24个林班。场址坐标北纬46° 51′，东经128° 07′。平均海拔273米。东邻桃东林场，西接双丰林业局，南部与柳河林场相连，正北与铁力市年丰乡农业区相交。春光林场施业区总面积为7310公顷。天然林面积1709公顷，人工林面积21公顷，多种经营用地2573公顷。

1986—2005年，春光林场注重加强森林资源培育，20年中更新造达到120公顷，场区和四旁绿化30万株，形成了绿树覆盖的优良环境。春光林场森林资源相对较差，因此，森工多种经营一直成为全场干部职工的发展重点。全场从事多种经营事业的职工占全场总户数90%以上。1986年前后，主要种植玉米、大豆为主，随着市场经济的发展，越来越多的人开始种植经济价值较高的作物，种植平贝、人参、水稻，经济收入逐年提高。

春光林场适于发展养殖业，全场养鸡、养猪、养牛的专业户越来越多，学习养殖技术也成为人们关注的热点。全场干部群众积极探索新的产业发展之路，充分发挥本地的区位优势和资源优势，以农养林，以农富民，改变单一的经济模式，形成了种植业、养殖业、采集业、加工业、运输业、商饮服务业等多业并举的发展新局面。1998年，总投资1000多万元的春光农业小区建成，带动公路升级20公里，新建小区道路10公里，方便了职工发展种植业和养殖业生产。到2005年，春光林场职工自营经济总产值超过1500万元。全场居民住宅砖瓦化达98%，农田道路砂石化。电视普及率达到100%，电话普及率达85%，手机普及率达40%。全场固定资产达2500万元［（全场有摩托车76台，四轮拖拉机356台，农机具384台（套）］。

1986—2005年，春光林场注重整合教育资源，发展教育事业，普及九年义务教育。自主创新教

黑龙江省 桃山林业局春光经营林场 森林分类经营区划图

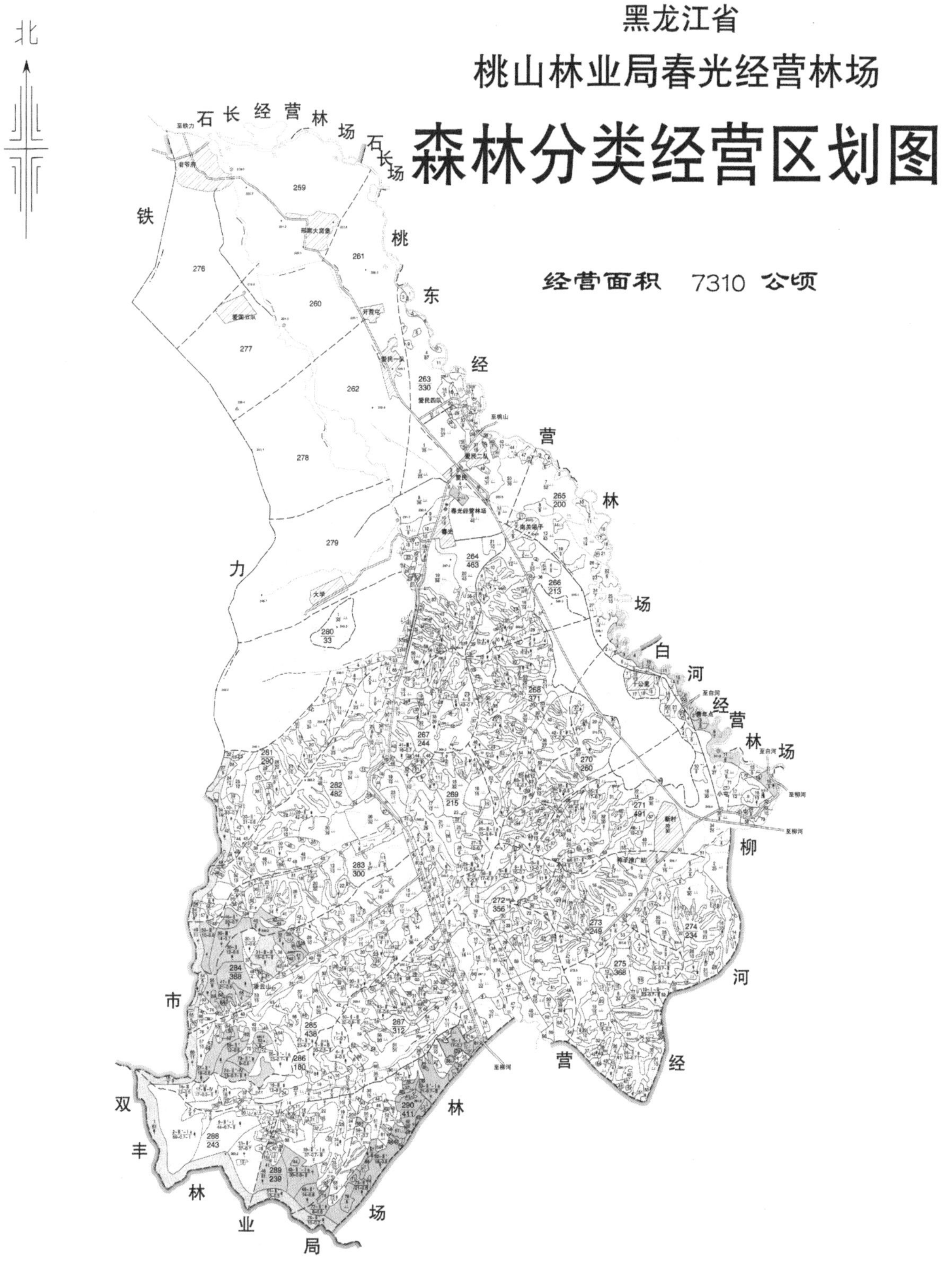

春光林场办公室

学方法，提高师资水平，提高教学质量。20 年来，春光林场累计投入 30 多万元，维修改建校舍。校舍面积 486 平方米，在校生最多时达到 110 人，教职工 12 人，全体教师学历达标。并增添教学设备及教具，增添体育器材，组织丰富多彩的文体活动，活跃师生学习生活。

2005 年，春光林场下设营林、农业、多种经营、森林管护共 4 个段，机关设调度、财务、政工、工会、共青团 4 个组。春光林场居民主要民族为汉族，有人口 1863 人，住户 568 户，职工数 145 人，青年 387 人，退休职工 56 人。其中党员 34 名，共青团员 21 名。春光林场十分重视人才培养，提高全场职工群众的政治素质、文化素质。至 2005 年，全场有大专毕业生 15 人，中专毕业生 21 人，技工学校毕业生 27 人。林场设有卫生所和医护人员，建立了图书室、文化活动室，职工群众病有所医，老有所养，住有所居，安居乐业，社会环境越来越好，平安林场建设取得成效。

第九节　桃山林业局桃东林场

桃东林场建于 1982 年 11 月，位于局址南五公里处，东面与石长林场相连，南面与白河林场接壤，西面与春光林场毗邻，北面与铁力市东升林场交界。场址坐标：北纬 46° 53′，东经 128° 10′。施业区主要山脉是五龙山，主要河流为下小呼兰河，主要沟系有哈蟆沟、苇塘沟、何家沟、草塘沟。桃东林场因处于呼兰河以东，又处于桃山之东，故命名为桃东。桃东林场气候属第四积温带，年积温 2650℃左右，季节明显，春夏秋气候多变。山特产有山野菜类的刺嫩芽、蘑菇、猴腿、黄瓜香等；北药产品有平贝、五味子、刺五加等；蜂产品有蜂蜜、蜂花粉、蜂王浆、蜂胶等。

桃东林场所辖 229～258 林班共 30 个林班，施业区总面积 10603 公顷。其中有林地面积 4780 公顷，有全市面积最大的人工种子林 201.4 公顷，种子林内有落叶松、红松、水曲柳、云杉等，1986—2005 年，人工栽种云杉绿化苗 70 万株，五味子 4 万株，刺嫩芽 5000 株。有多种经营用地 1380 公顷，主要种植水稻、大豆、玉米。林场下设营林生产段、农业队、副业队、多种经营队等，承担着全场木材生产、营造林生产、农业生产、多种经营生产等项任务。

1986—2005 年，桃东林场在完成木材生产、营造林生产任务的基础上，充分运用地源优势，积

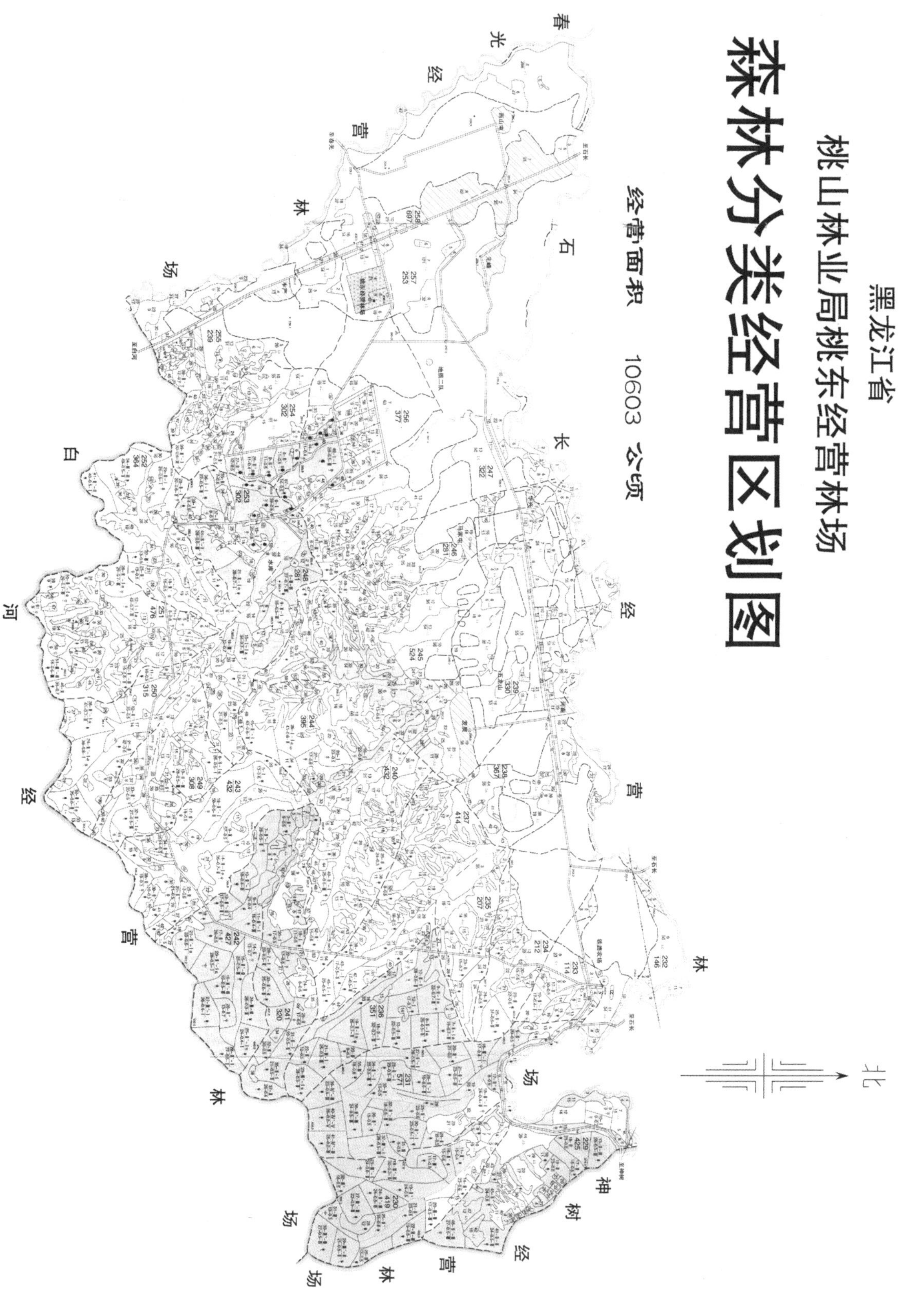
黑龙江省
桃山林业局桃东经营林场
森林分类经营区划图
经营面积 10603 公顷
北
春光经营林场
石长经营林场
自河经营林场
神树经营林场

桃东林场办公室

极发展农副业、多种经营生产。初期的农副业和多种经营生产主要以种植业、养殖业、采集业、运输业为主。种植业在常规种植大豆、玉米的基础上，还利用水资源丰富的有利条件，发展水稻生产，以王崇泗为代表的水稻种植户进行了多年的尝试，试种水稻新品种取得成功。冬季林场建起了温室、大棚，生产的新鲜蔬菜春节前供应桃山市场，为方便和扩大销售，还在振兴街路边建起了桃东商店。桃东林场是桃山林业局苗圃试点生产基地，土质肥沃，喷灌设备先进，年产苗木数量、质量均居全局前列，为林业局提供了大量的春季造林苗木。在此基础上，林场还组织职工群众发展养鸡、养猪、养牛等项事业。运输业主要是依托桃东场距离桃山林业局局址较近的有利条件，组织职工从事四季运输活动，增加职工收入。采集业主要以采集和盐渍刺嫩芽、黄瓜香、蘑菇等山野菜，经过多年的努力，林场脱木替代产业有了新发展。

为发展森林旅游事业，桃东林场积极对上争取，兴修水利工程，建设桃东水库。桃东水库位于桃南 5 公里小柳河上游草塘沟，是伊春第二大水库，也是全市第一座大型山区水库。1984 年 4 月，水库大坝开始施工，1986 年 6 月建成，总投资 29.6 万元。水库坝体长 500 米，水下深度 2 米，水上高度 8.3 米，坝基宽 30 米，封顶宽 4 米，大坝总土方量 5 万立方米，水库总集雨面积为 21 平方公里，水库内深水养鱼 90 万尾，开发浅水养水面 10 公顷，大坝下游开垦水田 50 公顷。水库区域建成后成了新的旅游风景区，开辟了夏泳、划船、垂钓、游猎、登山等多种游乐项目。截至 2005 年，桃东林场的职工自营经济总产值达到 1368 万元。其中种植业 897 万元，养殖业 424 万元，加工业 42 万元，服务业 5 万元。桃东林场现有多种经营用地面积为 1380 公顷，种植大豆 484.8 公顷、玉米 727.2 公顷、水稻 168 公顷。

2005 年，桃东林场总人口 1596 人，其中职工 280 人，青年 315 人，大多数属于汉族，有少数满族、朝鲜族。林场有大学本科学历的 3 人，具有大专学历的 8 人，具有中专学历的 13 人，技工学校毕业的 21 人。

第十节　桃山林业局鸡岭林场

鸡岭林场距桃山林业局局址 54 公里，位于小兴安岭南麓。场址坐标为北纬 47° 1′ 21″，东经 128° 35′ 47″。施业区四周与二场（圣浪、神树）三局（铁力、朗乡、带岭）相接壤。面积为 19928 公顷，由 68 个林班组成，林业多种经营用地面积 225 公顷，主要种植大豆、玉米。气候属第六积温

黑龙江省第三森林调查规划设计院2008年8月绘制

带，年积温2050℃左右，冬夏时间各半，季节明显，春夏秋气候多变。山野菜有刺嫩芽、蘑菇、猴腿、黄瓜香等。北药产品有平贝、五味子、刺五加等。蜂产品：蜂蜜、蜂花粉、蜂王浆、蜂胶等。

1986年，鸡岭林场重视发展职工自营经济，增加收入，以种植人参为主，成立了人参保鲜加工厂，职工集资金建起了养猪场、养鸡场，还成立了手套加工厂，多种经营有新发展。

1990年，随着木材生产大幅度调减产量，全场人员集中精力发展农业和多种经营。经过十多年的努力，到2005年，职工自营经济初具规模，多种经营用地225公顷，建立了大豆基地、育苗基地，120公顷的天然五味子基地、38000平方米的平贝种植基地、黑木耳基地，有养鹿示范户、养牛示范户、养蜂示范户、养鸡示范户等，职工自营经济总产值达到531万元。固定资产总值1200万元（全场有摩托车125台，四轮车50台，农机具30台），1986年鸡岭林场人均年收入450元，2005年人均年收入达到2700元，比20年前增长6倍。

1993年鸡岭林场接通国电，无线电视、有线电视、全国直拨电话相继开通。

1996年中国移动公司在鸡岭林场建成移动通信信号塔。

至2005年，鸡岭林场累计投资达45万元，完善标准化学校建设，普及九年义务教育。

2005年，鸡岭林场人口1031人，257户。其中：职工总数342人；在岗人员37人，退休人员92人，社救人员31人。有固定收入人员占人口总数的15.52%，下岗职工213人，占职工总数的62.28%。鸡岭林场职工具有大学本科学历的5人，具有大专学历的13人，具有中专学历的23人，技工学校毕业的21人。

第十一节　桃山林业局圣浪林场

圣浪经营林场位于局址东部44公里处，场址坐标：北纬470° 10′，东经128° 03′；海拔315米。林场所辖（69～124林班）56个林班，施业区面积17741公顷。林场施业区内主要河流有小呼兰河、大安河，属于松花江水系。气候属于中温带大陆性季风气候。冬季寒冷干燥；夏季降水集中，气候温热，湿润；春秋两季天气多变。无霜期110天左右，年降水量641毫米，年平均积温2200℃，日照时数2400小时。植被属小兴安岭植物区系，主要乔木树种有杨树、椴树、桦树、柞树、白桦、黑桦、枫桦、榆树、水曲柳、落叶松、云杉、红松等，草本植物有苔草、党参、刺五加、五味子、串地龙等，菌类有黑木耳、元蘑、榆黄蘑、榛蘑等10多种。野生动物主要有鹿、狍子、野猪、黑熊、貂、山鸡、大雁、飞龙、野鸭等。主要山脉马鞍山、轿顶山。主要沟系有马鞍山沟、安全沟。

1986—1996年，圣浪林场年均木材产量4.2万立方米。职工生活较为稳定。1996年7月29日，连降大雨，河水猛涨，下午3时，河水冲毁大坝，林场家属区、场区、贮木厂等低洼地段，瞬间被洪水吞噬。林场领导带领党员干部，迅速组织职工群众撤离危险区，组织抗洪抢险。因洪水来势凶猛，造成2人死亡，冲毁整栋民房1栋，仓房数间，冲垮大桥2座，将贮木场内存放木材冲走。党委、林业局组织发动全局职工捐款、捐物，林场及时妥善安置受灾群众。时任省委副书记王建功还亲自到圣浪林场查看灾情。党团员突击队，带领群众抢修水毁桥梁，治理家属区道路，清除污泥和垃圾。

2005年，全场多种经营用地1223.11公顷。95%种植大豆，5%种植蔬菜、人参、平贝、五味子、木耳等。养殖业主要有养鸡、牛、貉子、猪等。2005年全场总户数852户，总人口2655人，全场党员93名，职工总数812人。

黑龙江省

桃山林业局圣浪经营林场

森林分类经营区划图

经营面积 17741 公顷

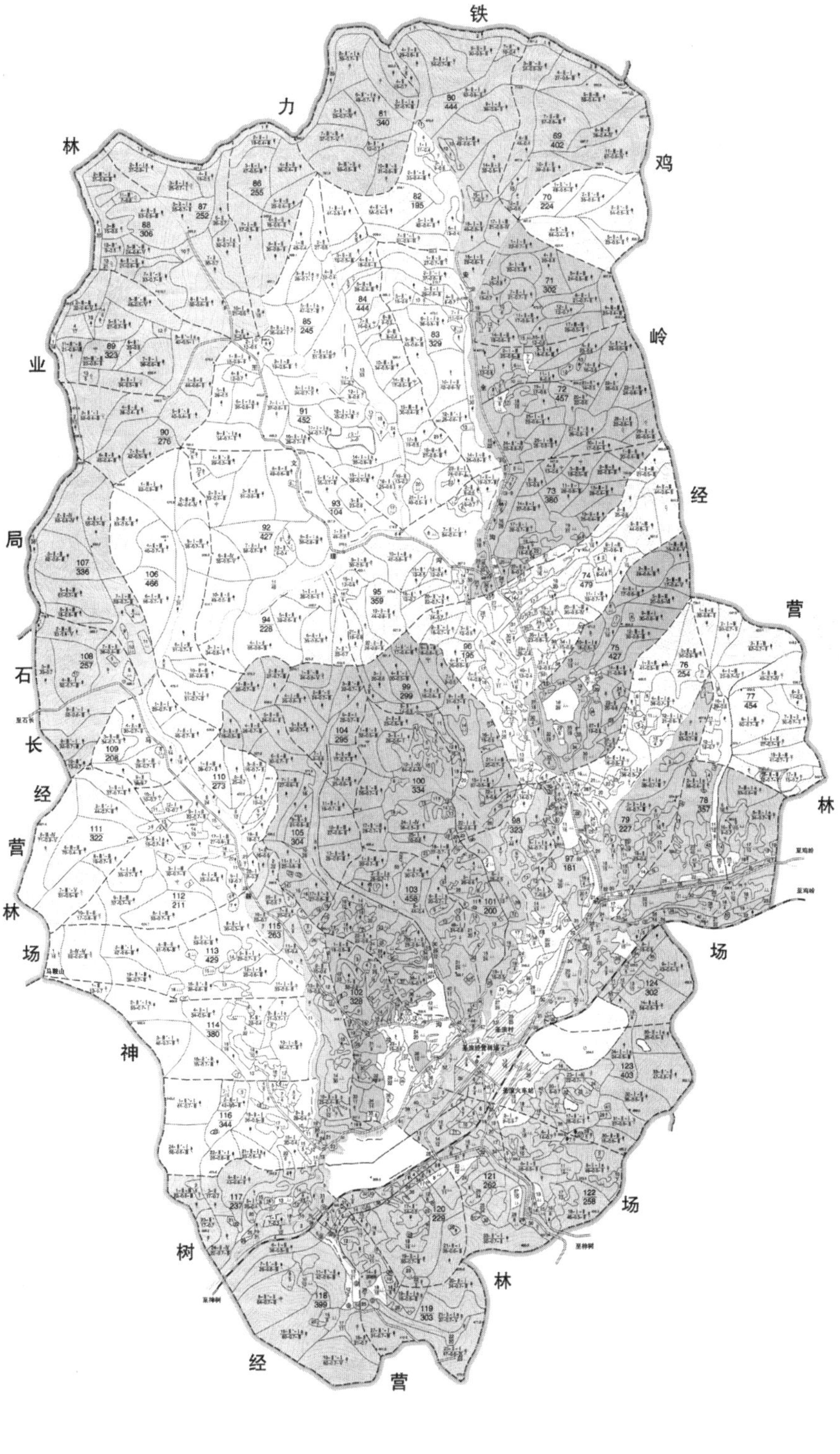

第十二节　桃山林业局神树林场

神树林场位于局址东部28公里处，施业区面积18288公顷、65个林班，有林地面积16359公顷。多种经营用地面积360.95公顷。施业区内有金矿、玉石矿、石墨矿、白灰石矿等矿藏。

1986—2005年，全场干部群众积极发展非林替代产业，取得进展。2005年年末林场营造自费林192.35公顷、45户。大力发展林下经济，民有林338户、9962.12公顷；五味子栽培10户，13.3公顷；林下参2户、1.5公顷；食用菌栽培10户、38万袋。养猪33户、360头。养牛、马、羊13户、90头；养鸡19户、3万只；养兔15户、300只；渔业2户、8万尾。种植粮豆105户、338.5公顷；平贝44户、3.5万平方米；木耳7户、23.5万袋；平香菇23万袋。

2005年，林场总人口2800人、1050户。职工432名，机关管理人员10名、后勤人员6名、管护10名、职工363人和青年998人。

神树林场办公室

黑龙江省第三森林调查规划设计院2008年8月绘制

第十三节　桃山林业局石长林场

石长林场始建于1958年，位于小兴安岭脚下，距局址12.5公里，施业区面积12725公顷，共有29个林班。有林业多种经营用地1081公顷，以种植大豆、玉米、水稻为主。矿产资源有青石。

1986—2005年，石长林场注重发展职工自营经济，利用1081公顷耕地，建起了五味子园、人参基地、大豆基地，出现许多专业养殖户，实现了农林牧副渔多业并举。2003年7月招商引进复合化肥厂落户石长，投资200万元，年产150吨。2005年6月招商引资茂源苯板厂在石长林场投产，投资500万元，年产苯板200吨。到2005年，石长林场职工自营经济总产值达到1300万元。2005年全场固定资产总值达1800万元［全场有摩托车128台，四轮拖拉机297台，拖拉机2台，农机具380台（套）］。居民住宅砖瓦化达98%，道路砂石化。电视普及率达到99%，电话普及率达98%，手机普及率达70%，1986年林场人均年收入600元左右，至2005年人均年收入达到4000元，比20年前增长6倍。

2005年，全场总人口1045人，425户，职工286人，青年260人，教师12人，学生108人。有大专文化20人，中专32人。

石长林场办公室

黑龙江省
桃山林业局石长经营林场
森林分类经营区划图

经营面积 12725 公顷

第三篇

营林生产

第一章　营林管理

营林生产是整个林业发展的基础，桃山林业局坚持以营林为基础的方针，提出了大力造林、以副养林的口号。1986 年以来，桃山林业局稳权定界后施业区总面积是 171274 公顷，13 个林场全面实行更新造林。到 1986 年全局更新造林保存面积达 100 万亩，先后有神树、石长两场分别达到 10 万亩人工林场。1998 年国家投资开展天然林保护工程，林业局加大更新造林面积，实施森林保护，提高育林资金投入，扩大苗圃基本建设和设备设施投入，使桃山林业局三站建设和各项营林生产有了新的生机。各项营林生产又上新台阶。

第一节　机　构

1986 年，桃山林业局的营林机构由原营林处继续保持原有职能，林业局营林处对桃山林业局施业区内的 13 个林场营林生产进行职能化管理，并且进行业务、技术指导。林业局设一名副局长主管营林生产，各林场也相应地设一名副场长分管营林工作。营林处设更新抚育股、种子站、病防站、育苗股、绿化办、调度室，对全局营林各项生产实施管理，各林场也相应地设置了营林技术员、苗圃技术员、营林段长、苗圃技工和验收员。全局从事营林工作人员达 1150 人，其中：工程技术人员 20 人，管理人员 60 人。

1988 年林业局决定成立桃山林业局森林经营处，将营林处、资源科、林政科归于一体，隶属林业局管理。其工作职能是各项营林生产、资源、林政管理。下设更新抚育股、种苗股、病防站、林政股、资源股、绿化办、伐区拨交验收股、财务股、调度室。

1990 年资源、林政从森林经营处分离出去，营林处恢复了原有职能。

1991 年建立桃山林业局桃东物候气象站。负责全局林木、苗木物候及地面气象观测，人员编制隶属桃东林场，业务方面归营林处管理。

2005 年营林处与生产科合并，成立桃山林业局营林生产科。负责全局各项营林生产及检查验收、伐区生产检查验收、木材采运及木材检验、绿化及安全工作。

第二节　营林队伍

桃山林业局营林生产主要分专业队、技术人员、管理人员三部分。造林大忙季节，有时组织家属、青少年学生或其他人员参加造林、绿化，这些人员属于兼职或临时造林人员，林业局和各单位都安排技术人员现场指导，对造林或植树提出明确要求，搞好苗木等造林事项管理，保证造林质量。

1986—1990年，桃山林业局有造林专业队1150人，技术人员15人，管理人员50人。

1991—1995年，桃山林业局有造林专业队1159人，技术人员20人，管理人员50人。

1996—2000年，桃山林业局有造林专业队1030人，技术人员20人，管理人员60人。

2001—2005年，桃山林业局有造林专业队980人，技术人员17人，管理人员40人。

每年造林、绿化季节，林业局主管领导、营林生产科全体人员、各单位主管营林工作的工作人员提前开会，认真落实各项造林、绿化任务，确保造林、绿化的质量，保证造林成活率，提高保存率，为培育后备资源创造条件。

第二章　营林生产

营林生产季节性很强，受自然条件和客观环境的制约，不同季节有不同的作业项目，所以各项生产必须按季节作业。更新造林、育苗生产需要在春季作业，幼林抚育在夏季进行，为下年更新造林创造条件的整地工作在秋季进行，秋冬两季进行成林抚育。更新造林以采伐迹地更新为主，辅以荒山荒地造林。在营林生产过程中，特别是春季更新造林期间，各林场生产调度与营林调度保持联系，每天按时上报生产进度情况，林业局营林调度汇总后，按时上报市营林调度，营林生产的各项计划由林业局根据本局实际情况提出建议指标，市林管局根据全市现状对建议指标进行平衡后下发至林业局，林业局按计划提供各项生产作业设计，经审批后按设计进行施工。

第一节　种　子

一、母树林

1986年，桃山林业局有母树林1407.5公顷，分别在10个林场，树种有红松、云杉、兴安落叶松、长白落叶松、水曲柳等。在南河林场施业区内有天然红松林1000公顷，在桃东林场施业区内有专营型人工母树林213.5公顷。1990年后，母树林面积逐年减少，特别是1994年由于受采伐失控等因素的影响，红松母树林数量大幅度减少，使得母树林的恢复越来越困难。

二、采种

1986年，桃山林业局位于南河林场施业区内的天然红松母树林属老龄过熟的天然原始林相，采种人员均从母树林中采集。2000年以后，南河林场大部分母树由于树龄原因，结的果实量逐年减少，其他人工母树林，除桃东林场专营型母树林外均未达到结实年龄，因此全局林木种子产量较少，大部分年份无种可采。2001—2005年，桃山林业局育苗用种靠伊春市种子站调拨。

桃山林业局母树林统计表

表3-2-1　　单位：公顷

单位	林班	小班	林别	树种	面积
合计	29	122			1407.5
南河	5	76			1009
	500～502	74	天然	红松	1000

续表 3-2-1

单位	林班	小班	林别	树种	面积
	508～509	2	人工	兴安落叶松	9
新兴	2	2			20
	341	1	天然	杨树	8
	342	1	天然	胡桃楸	12
桃东	9	22			213.5
	253～256	3	人工	红松	30
	254	3	人工	红皮云杉	28
	253	4	人工	兴安落叶松	69
	256	6	人工	兴安落叶松	50
	254	2	人工	水曲柳	10
	256	3	人工	水曲柳	13
	229	1	天然	水曲柳	13.5
柳河	1	3			37
	306	3	人工	兴安落叶松	37
石长	2	2			25
	214	1	人工	红松	15
	213	1	人工	红松	10
神树	4	9			32
	145	2	人工	樟子松	5
	145	4	人工	红松	19
	145	2	人工	红皮云杉	5
	145	1	人工	兴安落叶松	3
圣浪	2	2			9
	102～122	2	人工	长白落叶松	9
上呼兰	2	3			39
	378	1	人工	长白落叶松	15
	378	2	人工	兴安落叶松	24
跃进	1	1			4
	455	1	人工	长白落叶松	4
鸡岭	1	2			19
	47	2	人工	长白落叶松	19

第二节 育 苗

一、苗圃

1986年，育苗生产采取计划经营的管理模式，每年的育苗生产按上级下达的任务指标进行。苗木繁育、育苗生产各工序仍按原有老办法和老规程执行。育苗品种是老三松（红松、云杉、落叶松），其他阔叶树种较少。各苗圃苗木产量过盛，各年度春季更新造林苗木过剩。由于奋斗林场地处桃山南部的高寒地区，育苗质量低造成育苗成本提高。林业局决定撤销此苗圃。由此桃山林业局13个林场有12处苗圃。苗圃总面积1768.5亩。其中可育苗面积1279.4亩。最大的苗圃是桃东苗圃，也是全局唯一的省级标准化苗圃，总面积有544.0亩。其中育苗面积398.2亩。有各种机械60余台（套）。苗圃排灌设施全部是固定化管道和U型水泥槽排水沟渠。管理人员7名，其中工程技术人员3名。1995年以后更新造林面积减少，育苗生产产量也随之降低。到2000年全局苗木产量仅为1336.5万株，其中成苗387.5万株。

2005年由于企业改革的需要，桃山林业局12处苗圃全部对外承租经营。建立了公有民营化苗圃。林业局营林生产科专业人员每年都定期提前深入各林场、苗圃，实地检查育苗情况，贯彻科学管理、科学育苗的要求，检查各苗圃运出的苗木是否合格，要求生产苗木的人员将优质壮苗精心挑选，并且造林前搞好假植，防止苗木因缺水而干枯，影响造林成活率。2005年，全局已有专业林校毕业参加工作人员70人，每逢造林忙季，分头深入各造林林班，加强指导和监督，发现问题，及时纠正。

二、育苗生产

1986年，育苗生产执行黑龙江省营林技术规程现行标准。育苗生产程序是翻地作床、消毒灭菌、迁播育苗、播种、覆帘、浇灌、田间管理、除草、病虫害防治、换床、起苗、出圃等。2002年，育苗面积12公顷。

1986—2002年桃山林业局育苗面积产苗量一览表

表3-2-2 单位：公顷、万株

年份	面积	产苗量	其中成苗
1986	63	8913.3	1857.1
1987	68	13444	2833.6
1988	73	11842.7	3259.4
1989	79	10321	3117.1
1990	65	9226.8	2215.3
1991	59	2594.5	2092.5
1992	54	7724.1	2198.1
1993	65	7830.8	1954.9
1994	62	7994.8	1548.5

续表 3-2-2

年份	面积	产苗量	其中成苗
1995	55	5451.2	1363
1996	45	5182.5	1537.7
1997	33	3512	6321.6
1998	11	1121.7	201.9
1999	29	3715.5	601.5
2000	21	2827.4	513.5
2001	7	686	170.9
2002	12	1336.5	387.5

第三节　更新造林

一、人工更新

1986—2005 年，桃山林业局营林工作始终坚持以人工更新为主，人工更新与人工促进更新相结合的营造林方针。更新造林与人工促进更新在全局 13 个林场全面铺开。更新造林工作主要集中在每年春季的四月下旬和五月上旬。最早造林时间为 4 月 17 日，最晚是 4 月 25 日。更新造林生产本着先浅山区，后深山区；先阳坡，后阴坡的顺序，采取解冻一块造一块的方法进行造林。

人工更新是在采伐迹地或火烧迹地上采取用人为方法进行恢复森林的手段。人工更新的原则是坚持实地造树，以建立丰产无病虫害为目的。

更新造林要提前做好准备工作。首先对更新造林地块进行踏查，根据地块的立地条件和各项因素提供调查设计并确定更新造林树种和栽植密度。预算工程量、用苗量和机械费用。更新造林调查设计由林业局森调队统一调查设计并上报审批。

更新造林有严格的作业程序，按照黑龙江省营林技术标准，更新造林作业程序是清林割带、整地、植苗、幼林抚育、病虫害防治。清林工具使用镰刀、大斧；整地使用三刃镐；造林工具使用三刃镐、苗木罐。1989 年以后各林场配备了割灌机。

二、人工促进天然更新

1986 年以来，桃山林业局的人工促进天然更新主要是采用人工方法，促进天然林自然更新，在采伐迹地上，为保证森林的天然更新而采取人工辅助措施的更新方式。对每公顷目的树种低于 2200 株尚未达到天然更新标准的林地，采取人工促进更新。其方法包括植苗：通过人工植苗加大幼树株数使其达到天然更新标准；直播：在林地上采取块状整地的方法（每公顷 833～1110 块），规格为 1 米 ×1 米，深 5 厘米 ×10 厘米，进行播种后覆土；整地：利用人工整地方法待天然母树下种后自然更新。整地必须在天然下种前 10 天完成。整地方法分带状（2～4 米 / 条，宽 0.5～0.8 米，深 5～10 厘米，长度随机）；块状（1 米 ×1 米，深 10～15 厘米）。

1986—2004 年更新造林面积统计表

表 3-2-3　　单位：公顷、%

年度	面积	其中迹地更新	造林面积	保存面积	保存率
1986	369	369	0	324.3	87.9
1987	6401	6271	130	3555.9	55.6
1988	6473	5606	867	2939.6	45.4
1989	5394	4445	949	3007.9	55.8
1990	5420	3599	1821	2212.5	40.8
1991	6352	3929	2423	2473.4	38.9
1992	5712	5218	494	1796.5	31.5
1993	5590	3808	1782	1547.4	27.7
1994	4544	2428	2116	1046.2	23.0
1995	4272	1701	2571	1403.0	32.8
1996	—	—	—	1093.2	—
1997	3000	1719	1281	1009.7	33.7
1998	3000	67	2933	941.3	31.4
1999	2457	928	1529	747.0	30.4
2000	1670	32	1638	895.5	53.6
2001	571	—	571	571.0	100.0
2002	485	17	468	485.0	100.0
2003	970	113	857	970.0	100.0
2004	348	—	348	348.0	100.0

第四节　森林抚育

为了更好地提高林木质量，加速培育森林后备资源，充分发挥森林的生态、社会和经济效益。依据《中华人民共和国森林法》及其实施条例和《森林采伐更新管理办法》对森林进行合理抚育。1998 年国家启动天然林保护工程后，桃山林业局对森林进行分类经营，按林地类型划分为重点公益林、一般公益林和商品林，分别进行抚育管护。根据不同树种及区域特点、林分功能确定抚育种类和方法。公益林抚育目的在于提高林木长势，促进森林生长发育，使其形成多物种、多层次的异龄植物群落，建立稳定复杂的森林生态系统，改善森林环境，提高森林生态系统的防护能力和森林的三大效益。商品林抚育，目的在于调整森林密度和林种结构促进林木生长，提高林分质量和森林蓄积量，缩短林木培育周期，提高森林的经济效益。

一、人工林抚育

1986 年，桃山林业局人工林抚育除按公益林和商品林抚育方式进行抚育以外，还根据林分状况，立地条件合理确定抚育时间及抚育方式，按林班小班进行调查设计，经审批后作业施工。人工林抚育是人为的调节林木生长环境，在单位面上尽可能地保留大量的株数，但相互不影响其生长发育的同时达到速生丰产的目的。在新造幼林郁闭成林后，本着采坏留好，采小留大，采病虫害林留优势林的原则进行抚育。

二、次生林抚育

次生林是指原始天然林经破坏或多次破坏后自然恢复起来的天然林，多为杨、桦、椴林，林分林相复杂。天然次生林的抚育方式采取抚育利用，林分改造，抚育采伐，栽针保阔，封山育林等，有利于改造林内环境，改变林分类型，改变林相，促进森林尽快恢复生长，收到好效果。

1986—2003 年抚育情况统计表

表 3-2-4

单位：公顷、立方米

年份	合计		人工		天然	
	面积	出材	面积	出材	面积	出材
1986	40	240	30	150	10	90
1987	3454	21173	2131	10655	1323	10518
1988	6736	41144	4213	21000	2523	20144
1989	6067	36583	4010	20015	2057	16568
1990	4467	24035	3910	19600	557	4435
1991	4733	25881	3998	20000	735	5881
1992	4673	25916	3871	19455	802	6461
1993	3933	24419	2310	11600	1623	12819
1994	4970	26035	3017	15185	1953	10850
1995	3333	17713	3019	15195	314	2518
1997	3530	19466	2939	14751	591	4715
1998	6733	39643	4725	23625	2008	16018
1999	6731	40958	4313	21560	2418	19398
2000	727	3923	629	3135	98	788
2001	1367	8398	819	4015	548	4383
2002	1100	6333	789	3915	311	2418
2003	640	4378	231	1160	409	3218

第五节 森林调查

为了培育好后备森林资源，桃山林业局于 1979 年组建了森林调查队。

森林调查队隶属于林业局，为科级林业调查设计单位，负责全局营林生产、木材生产的调查设计工作，1986—2005 年，森调队有行政管理人员 15 人，技术人员 60 人，工人 25 人。天然林保护工程实施以来，森调队对全局的森林生态公益林、商品林、防护林、疏林地进行认真调查，特别是采取导航定位进行森林调查以来，信息及观测越来越方便，提高了森调的科技含量。经过黑龙江省森工总局考核，认证颁发了“林业调查规划设计证书”，确认桃山林业局林调队资质为丁级单位。

桃山林业局从 2003 年开始，进行林权制度改革。商品林流转的前期调查工作全部由森调队承担。从 2003 年 7 月 20 日到 2004 年 7 月 20 日，商品林流转达到了设计要求，累计调查 11 个林场、118 个林班，2949 个小班，设计总面积 27456.93 公顷。

森林调查队除完成上述任务外，紧密结合各林场的实际情况，调查应当退耕还林的林班和地块，遵循“退耕还林还草、封山育林、以粮代赈、个体承包”的生态建设方针，经过长期以来的努力，完成退耕还林调查任务 266.7 公顷。每年造林期间，全队总动员，负责造林质量的监督检查工作，保证造林质量。

为了提高森林调查人员的业务水平，每年森调队都派出技术骨干，到省森工总局、伊春林管局参加业务培训学习班，交流学习体会和工作经验，还聘请技术专家到桃山林业局山上各林班，进行面对面的业务指导。在全局营林技术考核中，森调队有 6 名技术人员取得好成绩，受到局通报表扬。

第四篇

木材生产

第一章　木材采伐

桃山林业局自1960—1986年期间，可采林木资源逐渐减少，木材产量逐年消减，同时采、打、造、集、归、装、运等各道工序的大型机械的使用率越来越小，特别是1990年以后逐步取消原条车和40、50专用集材车，改为畜力集材，1995年以后，木材生产逐步停伐。

1986—2005年木材产量统计表

表4-1-1　　单位：立方米

年度	产量	年度	产量
1986	201283	1996	120000
1987	303000	1997	93000
1988	270000	1998	60000
1989	250000	1999	27612
1990	210000	2000	20000
1991	170000	2001	19548
1992	150000	2002	16190
1993	140000	2003	19854
1994	150000	2004	19369
1995	130000	2005	20000

第一节　伐区调查设计

1986年，采伐作业是按照林业局计划，森调部门提供调查设计。确定采伐地点、林班、小班、面积、采伐时间、树种、强度、出材及材料消耗和人工费用等。调查设计由林业局资源科上报市资源管理部门审批后按林班、小班拨交给林场。林场组织生产人员按设计施工，林业局有关部门对作业伐区进行检查验收。

第二节　伐区生产

1986年，林业局各年度的木材采伐是按上级下达的生产计划指标进行调查设计严格执行采伐限额进行生产作业。为了保证采伐生产及伐区作业顺利进行，按时圆满地完成任务。每年冬季生产作业前林业局举办各种培训班。对油锯手、打枝工、木材检验员、安全员等有关生产管理人员，进行岗前培训。林业局为直接生产作业人员参保人身保险。在采伐作业时，生产管理安全员、资源监督站站长跟班作业。采伐作业的流程是伐木、打枝、造材、人工吊卯、集材、归楞、运材、贮木，对生产后的伐区进行清理。

一、采伐

采伐又称伐木，是将立木用人工锯断根部将树放倒，因此又叫放树。油锯采伐两人一台锯，一个锯手一个助手，助手在需放树周围打好安全圈和安全通道后方可放树。采伐的工具除油锯外还有树起子、大斧等。

1986年开始，多数的采伐是分户经营承包，把某个伐区包给某个户进行生产，林业局提供技术指导，质量监督，安全管理等相关管理活动，对采、打、造、集等工序进行全程监督管理。

二、集材

集材是用机械或畜力，将木材集中到山场临时贮木场。1986年以后机械集材停止使用，主要以畜力集材，又称马套子、牛套子。畜力集材的好处是丢件子少，减少幼树损伤，成本低廉。

三、清林

在采伐迹地上利用人工方法对林地剩余物进行清理，为了便于人工更新。

第三节　运材公路养护

1986年，公路管理处担负着桃山林业局南片139公里沙石公路的养护工作。其中：原起点汽运处至桃东林场的5公里沙石公路，已于2003年10月改建为沥青路面。所以现南线沙石公路的起点为桃东林场的五公里处。它们是：五公里—奋斗43.5公里、十六—跃进24公里、上呼兰—新兴7公里、小东沟11.5公里、南河；跃进12公里、跃进—神树12公里、柳河12公里、五公里—春光4公里、春光—柳河13公里。其中：干线20公里、支线71.5公里、岔线47.5公里。中小桥37座，其中：中桥5座、小桥32座。涵洞182道，均为圆管涵洞。在公路养护上，公路管理处的养护方式是集中车辆备料，养路工人分段承包，装车工是计件工资，养路工是固定工资。大修队负责桥涵维修工作。1993年公路养护为养护工人自行备料、自行养护。

1998年，公路养护实行季节性养护。

2005年，又先后购置了小型号的刮道机、挖掘机投入到公路的养护上，使公路养护质量有所提高，林业局也对多处的危桥、危涵进行了维修。

第四节 贮木场

贮木场始建于1960年，是桃山林业局所属主要生产单位，1986—1995年6月，贮木场原单位名称是贮木加工厂，占地面积15.6公顷，全厂共有15个工段、9个股室，全厂职工1756人，集体394人，青年2983人，全年原木生产任务13万～15万立方米。

1995年6月起，原贮木加工厂一分为三，即：贮木场、远洋木业公司、木制品公司三个单位，这三个单位分别独立经营。贮木场场区占地面积为9.3公顷。2005年，林业局新建办公大楼、道路占用3.9公顷，剩余场区面积5.4公顷。人员2329人，其中：大集体265人，青年1407人，工人275人，合同制126人，一次性安置人员256人。

1986—1995年，贮木场有以下生产段、队、车间。

一、原木生产一段、二段，从事选材（径级、材种、材长、等级）、用绞盘机归楞，检尺缴库，经局调拨进行拨付，销售时装火车（车皮），地拨（汽车运输）工作。

二、制材生产段，主要生产任务是对原木进行加工，产品有大方、厚板、薄板、小方、出口材等。

三、小材段和综合生产段，主要生产任务是利用造材剩余物进行深加工，小方、箱子板、包装等板材。

四、胶合板生产段，主要生产任务是用椴木、杨木、桦木等原料加工成三合板、五合板、九合板、十五合板等。

五、地板车间，用白桦、枫桦、曲柳等原料进行加工地板块。

六、雪棒条车间，用小径白桦、枫桦，做原料进行加工雪棒条。

七、牙签厂，用小径白桦、枫桦做原料，进行加工牙签生产。

八、纸箱厂，用纸加工成纸箱，供给地板厂、牙签厂、雪棒条厂使用。

九、机加段，承揽全厂机械零配件的加工，保证全厂各条生产线设备正常运转，制造龙门吊3个。

十、多种经营生产有种植业、养殖业，种植业生产有大豆、水稻、小麦、土豆、玉米、人参、木耳，共有土地面积300余公顷。养殖业有鸡、牛、马、猪。机械设备有拖拉机、播种机、收割机、犁，建新村电站，新村住宅8栋。2003—2005年贮木场下岗职工肉鸡养殖户达30余户，年出栏30万只。2005年，有养猪户12户。奶牛养殖12户，共饲养奶牛200头。

贮木场生产机械设备有传送带500米，龙门吊3个，绞盘机26个、配电室2个，制材加工厂设备、胶合板厂设备、锅炉房4个机组、雪棒条厂房和设备、地板车间厂房和设备、机加厂房和设备、汽车3台、吊车1台、四轮车6台。贮木场1995—2000年原木生产缴库量为4万～5万立方米，2001—2005年原木生产缴库量为2万～3万立方米。

贮木场生产的木材均由林业局统一组织木材竞价、销售，由林业局统一对木材进行拨付，拨付由贮木场检尺员检尺，再由林业局纪委人员监督，通过全方位的严格管理，各年度都为林业局盈利库存木材达500～1500立方米，林业局创利达上百万元，100%完成了林业局下达的盈利指标。

第二章　木材精深加工

1986—2005 年，桃山林业局的木材精深加工生产厂家主要有桃山林业局林产工业公司（后改制为地板厂）、胶合板厂、远洋木业公司、木制品公司、中骞木业公司、装饰薄木有限公司等。林产工业产品主要有桃山牌地板块、胶合板、雪棒条、装饰薄木、各种家具板、牙签、汽枪托、面板、菜板、擀面杖等木制产品。随着企业改革的不断深化，个体经营者越来越多，这些林产工业小厂，先后由林业局指定租赁人或经营者个人竞价承包经营等多种方式，都实现了市场化经营，自负盈亏，经营方式比较灵活。原材料来源由开始依赖林业局，逐步转向以外购为主或全部自行外购，生产的产品也随着市场行情不断变化。这 10 年中，桃山林区的富余劳动力多数人逐步转向多种经营生产，根据季节的变化，从事林产工业生产的人员也不断发生变化，全局林产工业年产值呈稳步增长或上升势头，对拉动桃山林区经济发展、增加就业起到了良好的促进作用。

木材精深加工、木材综合利用产品产量及产值情况。

1986 年，产值完成 38650 万元。主要产品：制材生产 61780 立方米，胶合板生产 970 立方米，装饰薄木生产 40 万平方米，刨花板生产 296 立方米，鞋楦生产 26 万双，高能碳棒生产 167 吨，其他木制品生产 23 万件。

1991 年，产值完成 39250 万元。主要产品：装饰薄木生产 3780 万平方米，胶合板生产 8460 立方米，制材生产 27600 立方米，地板块生产 3660 立方米，家具生产 87660 件，窗帘架生产 8000 套，雪糕柄生产 668 吨，木片生产 6245 立方米，各种小木制品生产 287 万件。

1996 年，产值完成 43268 万元。主要产品：装饰薄木生产 4211 万平方米，地板块生产 24556 立方米，胶合板生产 6567 立方米，家具生产 12860 件，雪糕柄生产 6556 吨，细木工板生产 1235 立方米，窗帘架生产 56680 套，各种小木制品生产 485 万件。

2005 年，产值完成 32150 万元。主要产品：生产装饰薄木 4058 万平方米，生产地板块 102400 立方米，生产雪糕柄 7588 吨，生产胶合板 5766 立方米，生产木制家具 9650 件，生产细木工板 7260 立方米，生产各种小木制品 566 万件。

第一节　林产工业有限责任公司

桃山林业局林产工业有限责任公司是 1979 年组建的，1996 年改制为地板厂。公司下设木材综合加工厂、木器厂、刨花板厂、贮料厂、运输队和农场，在册人数 978 名，其中职工 264 名，青年 714 名。

林产工业公司利用采伐、造材、加工三个剩余物为主要原料，是以木制品加工为主，以农业为辅，实行山上、山下统一管理的联合性质的集体所有制单位。

木材综合加工厂，生产原料是采伐和造材剩余物，并承担一部分扶育伐材的加工任务，年加工量15000立方米。2000年，成立木材加工车间，主要是对公司从局外购买的原料进行加工，加工的地板块生产原料进行干燥处理，最后运至地板块生产车间。年度购买木材30余车，1200立方米。冬季进材，春、夏季由车间组织人员加工。

木器厂：年生产各种木制品48个品种13万件。

一、“桃山牌”地板块

“桃山牌”地板块从1981年开始生产，当年产量313立方米。1988年引进西德先进木工生产设备，采用先进的生产工艺，按ISO质量管理体系生产优质新产品。利用小兴安岭特有的柞木、水曲柳、榆木、桦木等木材做原料，经过干燥处理和刨削、开榫、砂光、分等、装箱等生产工序，精心加工制作而成。该产品具有加工精细，表面光洁度高，含水率适宜等特点。“桃山牌”地板块，适于宾馆、礼堂、会议室、客厅、家庭居室和体育馆的地面和墙壁装饰，可以拼组成多种理想的图案，给人以温馨和谐，清新舒适的感受。桃山牌地板块自投放市场后，在北京、天津、哈尔滨、秦皇岛、大庆等地畅销，还远销日本、联邦德国、韩国等国家和中国台湾、香港地区。该产品1990年获黑龙江省“优质”新产品奖；1991年被林业部评为“部优”产品；1992年4月在北京举行的“中国新产品新技术博览会”上获得金奖，1994年10月17日桃山林业局生产的“桃山牌”地板块被指定作为北京人民大会堂1046平方米会客厅的地面装饰材料。

二、产品销售

1991年地板块产量3660立方米。

1996年地板块产量24456立方米。

2000至2005年，实行租赁经营后，地板块年产量在800至1000立方米。

第二节 装饰薄木有限公司

一、联营生产

黑龙江省桃山林业局装饰薄木有限公司是桃山林业局与新加坡南方木业有限公司联营的合资企业。于1987年9月开始组建，总投资1360万元，并于1989年11月10日正式投产。公司有先进的技术设备和优秀的技术人员。主要生产枫桦、椴木装饰表板，规格有：0.24m/m桦木，0.6m/m椴木。原木年用量为16500立方米，出口年产量为3000立方米，产品远销到日本、新加坡、印尼等国家和中国台湾地区。建厂初期，原料供应及时，生产比较顺利，经济效益比较好。1989年以后，由于原料供应不足，造成了薄木公司经营亏损，亏损额为616万元。

1997年，林业局和南方木业公司的管理人员共同努力，拓宽了原料购进渠道，薄木公司经济效益有了明显转机，创汇额达到390万美元，实现利润720万元。1998年达到设计产量，实现利润1000万元。

桃山林业局装饰薄木公司

二、产品产量

1990年生产装饰薄木40万平方米。

1991—1995 年生产装饰薄木 3780 万平方米。

1996—2000 年生产装饰薄木 4211 万平方米。

2001—2005 年生产装饰薄木 4058 万平方米。

第三节　远洋木业公司

桃山林业局远洋木业公司始建于 2001 年 1 月，由原来的桃山林业局木材加工实业公司改制而成，属股份制私有企业。改制后的企业仍以木材加工为主导产业，生产的产品主要有木制油漆地板、各种规格胶合板以及各种小木制品等。公司设有胶合板、地板、锯材、拼板、油漆五个车间，共有厂房 6000 平方米，设备 200 多台（套），地板、胶合板年生产能力均为 2000 立方米以上，拼板 1000 立方米以上。

2002—2005 年，远洋木业公司经营管理水平、技术力量、经营效益等各方面都有了新提升。生产领域不断拓宽，由原来的胶合板单一生产，扩展到以地板、胶后板为主的四个系列产品。公司投资引进拼板机、无卡旋切机等国内外先进木工机械，投入生产后，不仅提高产品质量，而且降低了原料成本，公司还多次派技术人员到先进企业学习。远洋木业公司本着“文明、精明、知名、成名”的经营方针，讲诚信、求务实，始终把客户利益放在首位，产品销往广州、杭州、上海、天津、哈尔滨等大中城市，还打入了国际市场，远销到日本、新加坡、欧美等国家和地区。2003 年后，公司还到绥芬河等地拓展业务，通过多种渠道扩大生产规模，增加收入。

第四节　木制品公司

桃山林业局木制品公司成立于 1995 年 6 月，主要生产车间有雪棒条厂、纸箱厂、地板块生产厂、碳棒厂、锅炉车间等，有集体工人 265 人，青年 107 人，工人 35 人，合同制 26 人。建厂初期，生产的纸箱主要用于地板块包装、雪棒条（也称为雪糕柄）主要用于生产冷饮的企业作生产原料，加工一定数量的地板块，年加工能力 1000 立方米，于 1996 年划归远洋木业公司。

第五节　胶合板厂

桃山林业局胶合板厂于 1980 年筹建，1984 年投产，胶合板生产是木材深加工和精加工的重要途径，它是由木段或木方旋切或刨切成的单板，用胶合剂黏合制成 3 层或 3 层以上的板状材料。具有幅面宽大、利用率高、材质均匀、稳定性能和力学性能好、使用方便、用途广泛等特点，是市场颇为走俏的多用途板材。

产品销售：

1986 年生产胶合板 970 立方米；

1991 年生产胶合板 8460 立方米；

1996 年生产胶合板 6567 立方米；

2005 年生产胶合板 5766 立方米。

第五篇

森林保护

第一章　森林防火

森林保护是林业生产经营管理中的重要工作，消除森林火灾，杜绝乱砍滥伐，制止森林病虫害发生，促进森林健康发展有着重要的意义。桃山林业局设专业防火队，林政执法，森林病虫害防治、检疫等相应的森林保护机构。林业局及各林场层层落实管护责任制。把森林保护工作提到一定的高度。林业局对此事非常重视，特别是1998年天然林保护工程实施以来，林业局对各林场，林场对个人落实了森林管护责任制。由林业局在“天保”费中支付管护工资，从而促进了森林健康发展。

第一节　防火区域

桃山林业局位于小兴安岭西坡南麓，伊春市西南部，东邻带岭林业实验局、朗乡林业局；西靠铁力市、双丰林业局；北和铁力林业局搭界；南与通河林业局毗邻，属低山丘陵地带，呼兰河上游流域，地势自西向东步步升高，呈起伏波状，平均坡度13° 2′，平均海拔450米，地理坐标：北纬46° 34′～47° 15′；东经128° 05′～128° 43′。东西宽48.5公里，南北长78.5公里，总面积为171274公顷。境内山地占总面积的80%，其中林业用地140907公顷，其中森林面积为135618公顷，占林地面积的96.3%。全局森林防火公路全长624.9公里，防火公路路网密度每公顷4.17米，林缘、路边防火线长度230公里，防火林带长为530公里。属北温带大陆性气候，夏热冬寒，四季变化明显，昼夜温差大。冬季多雪，夏季多雨，春秋两季多风少雨，气候干燥，年平均气温1.1℃，夏季最高气温36.3℃，冬季最低气温-42.6℃，全年多为西南风，平均风速为2～3米/秒，年日照为2493小时。森林覆被率为79.38%，林相以针阔混交林和阔叶林为主。重点火险区域一处，为小东沟国家级原始森林（坐标为北纬46° 44′ 18″，东经128° 35′ 34″）。

第二节　机　构

1986年，森林防火办公室的前身为林政防火科，归属森林防火指挥部领导，隶属林业局，负责桃山局林政管理、森林防火和全局防汛工作。

2001年3月局机关党总支在林政防火科成立单独的第八党支部，时任副主任的王兆权在2003年3月后兼任支部书记（正科级）。2005年8月份，林政工作划拨到资源科管理，林政防火科更名为森林防火办公室，为科级建制。设主任1人、副主任1人（2005年8月份前为2人），大队长1人。森林防火办公室下设指挥室，有调度2人、财务室会计1人、出纳员1人、材料员1人、守卫2人、森林消防大队一支（编制60人）。主要职能是负责全局森林火灾的预防、组织扑救、指挥调动、发布森林火灾预警信息、森林防火宣传教育和情况上报等工作，同时负责全局的防汛救灾、突发事件及自然灾害的应急抢险工作。

第三节　设施与设备

1986年，在加强森林防火设施、设备建设的同时，采取了逐年添置、不断完善的办法。2003年3月更新森防高护栏带篷运兵车两台，对讲机10部、固定基地台10部、移动车载台1部、中继机1部、风力火火机80台、防火油锯2台、灭火水泵2台、灭火水枪13支、二号工具800套、组合工具60套、扑火服300套、训练服60套、扑火头盔60顶、点火器10个、固定防火宣传标语牌23个、设立防火宣传石碑3处、GPS定位仪5部、望远镜7部、指北针两部、便携式发电机1台、帐篷30顶、扑火一袋装60个。

2001年，为表彰桃山林业局20年无森林火灾，伊春市委、市政府，伊春市林业管理局奖励桃山林业局一台森林消防专用猎豹越野指挥车。

2005年，修缮扑火物资库60平方米，修缮、扩建森林消防大队营房130平方米，学习室140平方米，防火车库260平方米，改建食堂180平方米，扑火机具库60平方米，办公室改建维修600平方米。新安置森林防火指挥调度信息电子显示屏一块，微机两台，传真机一台，森林防火指挥系统一套以及指挥台一个，基本满足了全局森林防火工作的需要。

第四节　森林火灾防治

一、重要性和紧迫性

火灾是一种突发性强、破坏性大、处置救助较为困难的自然灾害，1985—2005年，由于受到全球气候异常的影响，桃山林业局出现高温、干旱、大风等不利天气因素增多，致使火险等级持续逐年攀升，森林防火形势非常严峻，森林防火事关桃山林业局森林生态安全、事关职工群众生命财产安全、事关改革发展稳定大局。森林防火办公室以对党委、林业局和桃山人民高度负责的态度，森林防火指挥部始终做到五个坚持：（1）始终坚持“预防为主，积极消灭”的方针；（2）始终坚持党委、林业局负全责，部门齐抓共管，群众广泛参与的工作机制；（3）始终坚持以人为本，科学防火，依法治火的工作原则；（4）始终坚持群专结合，警民团结奋战的工作方式；（5）始终坚持常抓不懈，突出重点，综合治理的工作措施。增强森林防火的紧迫感和责任感，每年在春季和秋季森林防火期到来前分别召开森林防火专项工作会议，把森林防火工作切实抓好，为加强桃山林业局生态建设和全面建设小康社会提供有力保障。

二、组织体系

因森林防火工作涉及面广，火源管理涉及林区社会的各个方面，从1986年到2005年逐步形成了健全稳定、高效精干、信息畅通、反应快捷、保障有力的组织指挥体系，对强化桃山林业局森林火灾的预防和扑救起到重要的作用。

自1986年到2005年逐步建立、健全各项森林防火规章制度和运用科技手段，全面提高了桃山林业局森林防火工作整体水平，制定了领导包片责任制、森防工作实施方案、十户联防工作方案、森林防火宣传教育方案、扑救重大森林火灾实施预案、森林火灾报告制度和紧急避险、疏散预案等，逐步形成并实现了制度化、规范化。并在2000年后逐步运用计算机网络系统、地理信息系统、全球卫星定位等高新科技手段，全面提升了森林防火工作的科技水平。

三、专业队伍

因森林火灾具有高度危险性和时效性，从1986年桃山林业局提出了扑救工作必须树立“以人为本，科学扑救”的思想，坚持“专群结合，以专为主”的原则，加快了森林扑火专业队伍的正规化、科学化、准军事化的建设步伐，加强防、扑火的技能培训，每年春季、秋季防火期各进行一次模拟扑火实兵演练，全面提高了森林防火办公室整体的工作能力和专业扑火队伍的战斗力。

四、依法防火

每年的防火期内，严格依照《森林防火条例》，严格执行火源管理规定，进入森林防火戒严期，适时发布戒严令，全面实行封山成严。瞭望塔人员达到了“全时制”林火监测，做到了不误报不漏报、不错报。

山上13个林场和公路管理处均设立了森林防火检查站，严把各条入山道口，对无正当理由和没有人山证的人员一律不准入山；在防火期的重要时段，派出了巡护人员和流动哨对重点火险区域进行巡查，并组织开展“三清”工作；对设在林内的暂住点一律拆除，对非法入山人员彻底清理，对重点部位做到了死看硬守；对入山的车辆和行人进行严格盘查，一律实行挂牌登记制度，坚决禁止携带火种人山，并对他们做好森林防火常识教育工作。对山上单位的“重点人”“危险人”实行了严密的监管，对于有令不行，有禁不止的野外吸烟弄火者，坚决执行“五个一律”。对桃山林业局重点区域遇五级风以上高火险天气，一律停止野外生产、生活用火。高火险时段和火灾高发区域加大巡查密度，安排专人死看硬守。

针对清明、“五一”、国庆节重点时期入山人员增多的情况，每年进行专门安排、布置，并采取行之有效的预防措施，严格控制了人为火源。

每年春秋两季有计划地开展科学点烧草塘、铁路、公路两两侧防火隔离带，清除林下可燃物，建立村屯、林场周边的防火阻隔带，切实起到了防火、阻火的作用。同时实行二十四小时值班、值宿制度，领导亲自带班，确保了上下信息畅通，对火灾案件的查处做到了有法必依、执法必严、违法必究。

五、领导负责制

自1986—2005年以来，在每年的春、秋两季防火期内，指挥部与山上13个林场和公路管理处签订了防火责任状。

第五节　队伍建设

一、指导思想

为提高森林消防专业队伍的综合防控能力，按照上级提出的“政治合格、纪律严明、作风过硬、训练有素、管理规范、装备精良、快速反应、能征善战”的建队原则，全面加强森林消防队伍建设，圆满完成预防和扑救森林火灾任务。

二、组织机构建设

1986—2001年按编制配备扑火专业人员50人，设大队长1人、1998—1999年设指导员1人（副科级），下设2个扑火中队，归属林政防火科直接领导。

2001年3月按伊春市森林防火指挥部要求编制配备扑火专业人员60人，设大队长1人。2004年秋季按照黑龙江省森林扑火总队要求，更名为伊春市森林扑火支队桃山扑火大队，按要求制定了规范的队牌、队旗，实行了准军事化管理。

2005年8月，根据黑龙江省人民政府森林防火指挥部办公室关于印发《黑龙江省森林消防队伍建设标准（试行）》的通知和黑龙江省森林消防总队的文件，对全省森林消防队伍按照“命名规范”的要求，在2005年9月15日重新更名为伊春市森林消防支队桃山林业局森林消防大队。并制定了全省统一的森林消防队伍标志、队旗、队徽，统一了扑火、训练着装。归属森林防火办公室直接领导。

第二章　林政管理

第一节　机　构

桃山林业局成立后，随着企业经营管理工作的日益强化，特别是在贯彻《中华人民共和国森林法》的有力推动下，林政管理不断加强。1960—1966年，哈尔滨林业管理局在桃山林业局设置了木材专员办公室，设副处级木材专员1名，工作人员2名，督查林业政策的执行情况。1968年哈尔滨林业管理局被撤销，木材专员办公室随之撤销。林政管理工作由林业局相关管理部门负责。

中共十一届三中全会以来，伴随着企业整顿和改革的不断深入，林政管理工作有了新的起色。1977年林业局成立了林政科，配备正、副科长各1人，工作人员9人。下设桃山九中队林政检查站、桃山二校西林政检查站、五公里林政检查站、三公里半林政检查站、神树林政检查站、圣浪林政检查站、十四公里林政检查站等七处林政检查站。配备28名专职检查人员，负责林政管理和森林防火工作。同时还在13个经营林场建立了相应的护林队，配备专职护林员93人，负责林政检查巡护森林等工作。1983年，在林业地区公安局内设森林保护科，负责资源林政案件的调查、处理。

第二节　依法管理

1984年9月20日，《中华人民共和国森林法》颁布实施。党委和林业局建立了普法办公室，在桃山林区开展了以宣传贯彻《中华人民共和国森林法》为重点的普法宣传教育，划分了护林责任区，订立了护林公约，实行依法治林，对盗伐林木滥伐森林者依法追究。1978—1985年共查处违犯《中华人民共和国森林法》案件120余起，严厉打击了乱砍滥伐行为，有效保护了森林资源。

1986年，桃山林业局林政管理队伍不断增加，每逢春季防火戒严期和秋季防火戒严期，入山管理实行严格检查，坚决制止无证和带火入山等行为，并由各单位护林队员分片对野外采集人员、从事林副业生产人员加强监控，严防火情、火险和破坏林木现象的发生。冬季木材运输管理工作，由主管副局长负责，林政科牵头，各林场护林队配合。

1993年，每逢冬季木材生产和春、秋防火戒严期，林业局都组织副处级以上干部带队，各科室部门副科级以上干部参加，到各检查站轮流值班，对过往运材车辆和行人严格检查，发现问题，及时报告，有效地防止了偷拉私运木材、无证入山、野外吸烟弄火等现象的发生，林政资源管理出现了严、细、紧、实的新局面。

2005年8月，按照伊春市委、市政府机构整合的要求，对桃山林业局林政管理进行整合，撤销了林政科和资源科，成立了资源林政科，设科长1人，主管副科长1人，林政股长1人，签证员1人，下设4个检查站、配备20名检查员、设立监装站1个、配备监装2名。桃山林业局林政管理工作始终坚持资源管护相结合、与森林防火工作相结合、与多种经营及林下经济相结合的良性循环轨道，保证了森林资源的安全。

第三章　天然林保护工程

桃山林业局自1998年实施天保工程，切实加强天保工程建设，加大森林管护力度，保护好森林资源，减少森林资源消耗，培育后备资源，坚持“严管林、慎用钱、质为先”的方针，科学合理使用天保资金，分流安置富余职工，保证林区社会稳定。

第一节　企业规模

桃山林业局是以木材生产、营林生产、林产工业、多种经营、旅游开发为主的中型国有森工企业。林业总人口48704人，2005年在册职工11831人，其中在岗职工3548人，离退休职工4063人，其他人员4220人，下属科级基层单位30个。施业区分布于小兴安岭西坡南麓。东邻带岭、朗乡林业局；西靠双丰林业局；北与铁力林业局搭界；南与兴隆林业局相邻。施业区总面积171274公顷，林业用地面积145067公顷，其中：有林地面积135616公顷，森林总蓄积745.8万立方米。其中：天然林面积91896公顷，蓄积412.2万立方米；人工林面积43720公顷，蓄积333.6万立方米。森林覆被率79%。

第二节　工程建设

一、森林培育情况

1998—2000年，公益林建设计划26382.3公顷，实际完成工程量为26382.3公顷。其中：人工造林面积计划2831.3公顷（1998年1000公顷，1999年828公顷，2000年1003.3公顷），实际完成2831.3公顷。

人工促进天然更新计划1828公顷（1998年1000公顷，1999年828公顷），实际完成1828公顷。

封山育林计划9741公顷（1998年4400公顷，1999年3036公顷，2000年2305公顷），实际完成9741公顷。

森林抚育计划11982公顷（1998年6600公顷，1999年5382公顷），实际完成11982公顷。

二、木材产量调减执行情况

1997年木材生产完成93000立方米，1998年木材生产为60000立方米，1999年木材生产为

27612 立方米。2000 年木材生产 20000 立方米，2001 年木材生产 19548 立方米，2002 年木材生产 16190 立方米。

2003 年木材生产完成 19854 立方米，2004 年木材生产完成 19369 立方米。

2005 年木材生产完成 20000 立方米，可以说木材产量进行了大幅度的调减。木材生产按照计划进行认真落实，在伐区作业质量方面，伐区没有发现超强度采伐；伐区清理比较彻底。

木材运输和销售，桃山林业局采取木材运输实行“三证”制，木材销售“三统一”公开竞价。1998 年木材运输和销售 68132 立方米；库存 5026 立方米；1999 年木材运输和销售 29795 立方米，库存 2727 立方米；2000 年木材运输和销售 9831 立方米，库存 12896 立方米；2001 年木材运输和销售 21958 立方米，库存 10424 立方米；2002 年木材运输和销售 11168 立方米，库存 875 立方米，2003 年木材运输和销售 10618 立方米，库存 10095 立方米，2004 年木材运输和销售 22709 立方米，库存 6710 立方米，2005 年木材运输和销售 10957 立方米，库存 15753 立方米。由于木材减产，直接间接地造成大量富余职工，桃山林业局采取多种有力措施，大力发展多种经营等安置富余职工。

三、森林资源管护承包责任制

林业局管护经营责任制 2000 年 6 月份在桃山局全面推开。规划管护面积 143267 公顷，实际管护承包总面积 145032 公顷，其中专业管护 47493 公顷，承包管护人数 2267 人，管护承包落实率为 100%。管护合同签订率为 100%，各林场能按上级要求，图表上墙，账卡齐全，承包档案完整，管护区内设立标志牌 2267 个，全局统一标准、规格、样式。

在管护经营责任制工作上，林业局坚持了“五个结合”的有效做法：一是坚持管护经营责任制与发展多种经营相结合，合理开发利用林下资源，大力发展林下种养业、采集业；二是坚持管护经营责任制与北药开发相结合，利用丰富的野生药用资源合理规划布局、科学经营管理、培育药用资源；三是坚持管护经营责任制与营造私有林相结合，鼓励职工在责任区内和适宜地块营造私有林；四是坚持管护经营责任制与发展森林生态旅游相结合；五是坚持管护经营责任制与林业科技成果相结合，与大专院校、科研单位建立关系结成友好单位，把林业科技成果转化为生产力。

四、富余职工分流安置

1998 年，桃山林业局在实施天保工程中，木材产量逐年调减，出现了大批富余职工，大部分富余职工得到了安置和分流。桃山林业局将不断加大富余人员安置力度，积极开发就业岗位，拓宽就业渠道，将富余人员进行妥善安置。一次性安置人员的安置费已发放，相关档案全部移交伊春市社保局。

为鼓励富余职工自谋出路，林业局制定了四条优惠政策：（1）对利用荒山、荒地搞养殖、种植业的富余职工，三年免征森林资源补偿费；（2）对领办创办经济实体的，林业局优先租给厂房设备；（3）承包土地允许转包；（4）鼓励职工外出谋发展，带领职工外出谋发展的在待遇上给予考虑。

第三节　资金使用

一、公益林建设资金

1998 年，公益林建设资金计划投资 2525.4 万元（1998 年 1287.5 万元，1999 年 858.8 万元，2000 年 379.1 万元），实际到位资金为 2474.4 万元（1998 年 1272.5 万元，1999 年 846.8 万元，2000 年 355.1 万元），欠拨 51 万元。

2000 年，公益林建设共发生 2525.4 万元，其中：人工造林 2831.3 公顷，支付资金 580.3 万元，人工促进天然更新 1828 公顷，支付资金 162.7 万元，封山育林 9471 公顷，支付资金 294.3 万元，森林抚育 11982 公顷，支付资金 1088.4 万元，苗圃建设支付 399.70 万元。

更新造林、人工促进综合株数保存率 86%，面积保存率为 89.6%。封山育林，面积合格率 100%。森林抚育面积合格率 100%。

二、政策性和社会性专项补助资金

1960—1998 年，由于桃山林业局连续 38 年的采伐作业，致使林木资源匮乏。为保护后备森林资源，从 1998 年开始，国家给予林业局政策性和社会性专项补助资金。

1998—2005 年财政专项补助资金共到位 21337.4 万元，其中：森林管护 2815.1 万元，养老统筹 4945.2 万元，公检法司经费 2540.9 万元，教育经费 6043.2 万元，卫生经费 725 万元，一次性安置 2881 万元，增资拨款 237.5 万元，贴息 72.7 万元。1998 年至 2005 年资金到位情况见下表。

1998—2005 年桃山林业局政策性和社会性专项补助资金到位统计表

表 5-3-1 单位：万元

年度	到位资金	其中							
		森林管护	养老统筹	公检法司	教育经费	卫生经费	一次性安置	增资拨款	贴息
1998	690.8	127.8	176.9	93.8	225.9	66.4			
1999	2102.5	236.6	1196.5	211.2	333.9	124.3			
2000	2494.8	413.3	774.8	372.7	858.2	75.8			
2001	2539.1	407.2	774.8	372.6	908.8	75.7			
2002	5141.3	407.2	774.8	372.6	948.8	95.7	2542.2		
2003	2924.3	407.2	774.8	372.6	925.2	105.7	338.8		
2004	2749.2	407.2	774.8	372.6	921.2	105.7		95	72.7
2005	2695.4	408.6	774.8	372.6	921.2	75.7		142.5	

第四节 工程管理

一、健全机构，从组织上加强对天保工程的领导

自 1998 年国家实施天保工程以来，桃山林业局严格按照上级有关规定，成立天保工程领导小组，制定各项规章制度，完善各项管理办法。局党政领导把天保工程作为桃山林业局第一位的工作来抓，形成了一把手亲自抓、抓一把手的工作格局。为进一步加大对森林资源的管护力度，还成立了管护经营领导小组和资金管理领导小组及森林资源管护稽查大队，从多方面加强对天保工程的组织和管理。

二、加大宣传工作力度，提高对“天保”工程的认识

为提高桃山林业局职工群众的思想认识，自 1998 年以来，林业局充分利用用各种有效的宣传方式展开全方位的宣传。树立永久性宣传标语牌 40 块，宣传条幅 51 幅。林业局电视台进行专题播报 42

期，并把启动天保工程动员大会实况制成录像带，通过有线电视播放。同时还创办了《桃山林业简报》及时准确地报道天保工程的启动和实施进程，每年都组织1～2次宣传一条街活动，使天保知识达到家喻户晓，人人皆知，为全面启动“天保”工程创造了良好的氛围。

三、强化管理，制定了系统的工程建设管理办法

林业局对天保工程进行全面设计和总体规划，先后编制完成了《桃山林业局国有生态公益林经营管理办法》等14个管理办法，并以正式文件下发至各林场，保证了天保工程全面启动和有效实施。

四、加强资金管理，保证天保资金规范运行

为了加强天保资金的使用管理，林业局成立了天保工程资金管理领导小组，并配备业务水平高、工作责任心强的5名同志，负责天保资金管理工作。一是加强专业人员业务培训。通过培训班、以会代训等多种形式对全局专业人员进行培训，使其进一步提高了业务素质。二是严格按照规章制度使用天保资金，在银行单独建户，设专人管理，实行专户存储、专款专用、单独核算，保证按工程建设工期拨款。审计部门及时进行跟踪审计，发现资金使用上的不规范行为，及时进行纠正，坚决避免资金使用上的违纪问题发生，把国家的天保资金用在森林资源培育管护上。

五、采取积极措施，加大资源的管护和培育力度

在资源管护上，采取了严格控制资源消耗、严格采伐限额的计划管理和伐区拨交验收制度、加强木材运输和销售管理、加强退耕还林工作、加强森林资源监督和管护力度、加大依法管林和治火的工作力度、引进推广先进技术，增加资源管理的科技含量等措施，积极做好资源管护工作。

在资源培育上，采取营林机制改革、加强检查验收队伍建设、加强业务培训和增加公益林建设的科技含量等做法，加大资源培育力度。

六、大力发展林下经济，为职工致富开辟了门路

发展林下经济、为职工致富寻找门路，促进管护经营的发展。一是抓近期效益育苗木。充分挖掘林地潜力，大力培育绿化苗木，全局从事绿化树苗培育面积102公顷，苗木总量100万株。二是抓职工增收上项目。实行复合化、立体化、规模化、产业化经营，大力发展林下经济。桃山林业局已建立起林下种植业基地8处，并初具规模，其中：五味子基地10000公顷、刺五加基地12000公顷、刺嫩芽基地1500公顷，白丁香基地10000公顷、平贝基地150公顷，人参基地200公顷、家参山种基地30公顷，黑木耳栽培基地60万袋。林下养殖基地9个。三是抓长远致富多栽树。在管护区内大力营造投入少、易经营、收益高的私有林，造下一片林，就等于建起一座“绿色银行”的观点正在被一些有识之士的承包者所认可，并付诸了实践。

七、多业并举，促进了产业产品结构的调整和基地建设

为建立多种经济成分并存的林区经济体系，调整产业产品结构，鼓励和扶持职工发展家庭私营经济。建立春光马铃薯、上呼兰大豆、白河亚麻生产、南河北药生产4个千亩基地。引资筹建山野菜加工厂、盛合源饮品加工厂和富盛冷冻食品厂。2005年，桃山林业局非公有经济的比重由1997年的30.6%调整到95.2%。

第六篇

森林农业

第一章　农业　多种经营管理

桃山林业局地处浅山区，而且开发较早，森林资源匮乏，1986—2005 年，桃山林业局始终坚持把培育森林资源和发展农业、森工多种经营作为重中之重，力争做到以农养林、以副兴林、以林养人。2001—2005 年，全局林业多种经营用地主要有丰产林熟化基地（森林农业）、药材种植、林下种植和采集业、职工个人承包造林地等，依靠这些林地发展种植业和养殖业。根据施业区内有一些草塘、荒山荒地有待开发利用的实际情况，在抓好宜林荒山荒地造林的同时，积极探索开垦荒原、增加农业用地和多种经营用地的新路子。经过艰苦奋斗，农业和森工多种经营有了长足发展，种植业、养殖业、北药业、采集加工业、商服业、运输业逐渐兴起，一方面妥善安置了因木材停产产生的富余劳动力，同时也有力地发挥了全局人民培育新的经济增长点的积极性和创造性，到 2005 年年底，桃山林业局的农业、多种经营用地已由 1986 年的不足 5000 公顷增加到 13885 公顷，从业人员由 1986 年的 6300 人增加到 25000 人。林区多种经营的繁荣发展，为下岗职工带来了较好的经济收益，从事农业和多种经营的人员人均收入也由 1986 年的 2600 元增加到 2005 年的 9600 元，有效地促进了封山育林、以地养林、靠地富民事业的发展，林区政治稳定、人心思变、人心思富的良好局面逐步形成。

第一节　机　构

1986 年，桃山林业局农业、多种经营工作实行局长负责制，党委、林业局将农业和多种经营纳入重要议事日程，定期研究部署，指定一名副局长主抓农业、多种经营工作。林业局设有集体经济管理工作处，由一名副处级领导任集体经济管理处主任，局下设农业科、多种经营科，配备工作人员 13 人。全局有 14 个农业、多种经营厂点，设有农业、多种经营段，负责农业、多种经营事业的开发管理工作，全局投入农业、多种经营的人力达 6000 余人。

1988 年 3 月，桃山林业局将集体经济管理处、农业科、多种经营科等机构整合到一起，成立多种经营局，为副处级单位。多种经营局局长由林业局主管农业、多种经营的副局长兼任，多种经营局下设农业科、多种经营科、矿产开发科、综合办公室，负责全局农业、多种经营生产规划、经营管理与技术指导服务等项工作。多种经营局还设有党总支，负责党务群团、思想政治管理工作。全局所有林场都成立了农业、多种经营生产组织机构，由一名副场长（主任）主管农业、多种经营，并设立了农业、多种经营段，抽调专职工作人员和农业技术人员为职工提供农业生产的产前、产后技术指导与服务。贮木加工厂、汽运处、林产公司等单位也设立了农业、多种经营管理和服务机构。

2005年，随着森工企业改革的日益深入，桃山林业局进一步扩大农业、多种经营生产规模，调整产业产品结构，加大绿色、无污染、质量好的粮豆、蔬菜、山特产品的生产力度，全局经济作物产量产值都大幅度上升，不但满足了本地市场需求，还畅销国内外。农业、多种经营生产的繁荣兴旺，有力地推动了林区经济建设的快速发展，全局农业、多种经营的经济比重占据了半壁江山。

第二节　林业多种经营用地管理

1986年，桃山林业局的土地管理归属林业局，与管理山林一样，实行公有制。林业局和林场对施业区所有林地拥有管理和使用权。后来，由于开垦荒原面积大、投入多，林业局资金缺乏，开始采取林业局出资和职工个人出资相结合的方法，加快开发进度，林业多种经营用地的经营管理逐渐发生变化，经营方式逐步转向职工个人自主经营，林业局收取林业多种经营用地资源补偿费。

1999年12月，桃山林业局建立土地管理科。负责对全局林业多种经营用地统一管理，凡是占用林地搞种养业的，林业局每公顷收取350～450元不等的林地资源补偿费，并且视林场所在的地理位置、无霜期长短、产值情况等多种因素，区别对待。凡是不宜种植农作物的高山坡地、水土流失严重的土块，一律退耕还林，按上级营造和退耕还林的有关规定办理。

2000年2月28日，桃山林业局出台《多种经营用地管理办法》和《关于对企业开发的多种经营用地进行经营权转让的决定》，林业局决定对企业开垦的多种经营用地收取一定数额的资源补偿费后，将经营权转让给职工个人，再按照上级有关规定签订新一轮承包合同。

2000年10月，林业局组建两个调查队，历时一年时间，对林业局多种经营用地进行全面调查，调查工作于2001年10月份结束，通过调查数据统计，去除1986—1999年14年间退耕还林的995公顷林地，全局林业多种经营用地面积为12890.162公顷。

2001—2005年，桃山林业局进一步强化了对林业多种经营用地的监督管理工作，林业局成立农业、多种经营管理局，负责林业多种经营用地的日常管理、规划、收费、档案、调解纠纷等工作。并且设立了桃山林业局农业、多种经营用地稽查大队，加强巡查监督，适当提高了对使用林业多种经营地人员的林地资源补偿费收取标准，管理工作日趋规范化。

2001—2005年林业多种经营用地面积分布统计表

表6-1-1　　　　单位：公顷

单位名称	2001年面积	2002年面积	2003年面积	2004年面积	2005年面积
鸡　岭	17.2	17.2	17.2	120.91	120.91
圣　浪	400.372	400.372	400.372	878.76	1117.14
神　树	202.95	200.55	200.15	227.15	211.92
石　长	725.03	724.43	722.93	829.49	773.99
跃　进	304.065	413.155	413.195	473.31	473.31
白　河	1405.061	1194.481	1188.481	1211.28	1206.58
奋　斗	166.843	266.293	266.293	265.53	254.63
南　河	475.591	472.341	475.791	649.656	649.656

续表 6-1-1

单位名称	2001年面积	2002年面积	2003年面积	2004年面积	2005年面积
上呼兰	1783.97	1709.11	1787.14	1785.14	1768.41
新　兴	850.674	865.784	905.144	960.38	960.38
柳　河	2311.496	2149.256	2287.86	2435.892	2392.492
春　光	1749.27	1863.92	1710.53	1710.53	1772.85
桃　东	1405.68	1403.32	1320.74	1331.75	1251.281
土地科	1091.96	1095.96	952.05	952.05	932.25
合　计	12890.162	12776.172	12647.876	13831.828	13885.8

说明：到 2005 年，统计表中的总数 13885 公顷，应扣除退耕还林 995 公顷，实为 12890 公顷

第三节　种植结构

1986 年，桃山林业局农业种植结构主要以大豆、玉米、水稻为主，由于受气候、积温、技术等因素影响，产量和效益都不是很高。2000 年以后，林业局逐年加大对森林农业、多种经营工作的扶持力度，通过聘请专家指导、举办农业种植技术培训班等方式，提高务农职工科技种田水平，鼓励职工积极调整种植结构，根据市场需求，尝试种植西瓜、倭瓜、红小豆、人参、平贝等附加值高的经济作物，逐步实现了农业生产产量、效益双提升。

1996—2005 年粮豆产量统计表

表 6-1-2　　单位：公顷、公斤

年度	大豆			玉米			水稻		
	面积	单产	总产	面积	单产	总产	面积	单产	总产
1996	42200	100	422	2580	266.7	68.8	2370	266.7	63.2
1997	49400	110	543.4	4500	266	119.7	3300	300	99
1998	101210	115	1163.9	4500	270	121.5	3200	310	99.2
1999	137215.5	100	1372.15	12906	293.3	378.53	3495	333.27	116.48
2000	138140	107	1472	12900	249.6	322	3500	265.7	93
2001	135400	113.3	1534.1	15000	400	600	3030	400	121.2
2002	119596	100	1196	19693	400	788	4500	300	135
2003	116696.5	110	1283.6	21200	300	636	3000	400	120
2004	170515	134	2285	30000	400	1200	9100	400	364
2005	173911	135	2347.8	25680	500	1284	10320	350	361.2

第四节 多种经营

为了加大多种经营生产工作力度，使其逐渐形成规模化、产业化、集团化，推动全局经济工作健康发展。

1991 年，将原集体经济管理处撤销，组建了多种经营局。设书记 1 人（副处级），局长 1 人（林业局副局长），副局长 2 人。1995 年多种经营局内设五科一办。下属 11 家公司、厂、站。在桃山林业局 43 个基层单位中有 22 个生产单位设有多种经营指导站。主管场长（主任）兼指导站站长。截至 1995 年年末，桃山林业局多种经营生产战线管理队伍为 308 人。其中：科级干部 47 人，专业技术人员 40 人，一般干部 158 人。

1995 年，桃山林业局农业、多种经营生产总体思路为：借助优化的经济环境，在开辟第二战场中打好三大战役，在二次创业中抓好四大工程。三大战役：第一战役为以地养人，人自为战，全面打好土地改革攻坚战；第二战役为以户自立，户自为战，打好发展家庭经济的持久战；第三战役为以场（厂）自立，场（厂）自为战，打好立局富民的总体战。四大工程：一是抓好产品开发工程，依托资源再创业；二是抓好典范名优工程，典型引路，推进发展；三是抓好科教兴农工程，推广技术，普及成果；四是抓好跨越发展工程，奋力翻番奔小康。全局上下形成了种、养、采、加、服、矿、商、建、运、劳十业并存的独立生产体系，从而进入了商品经济的新阶段。

2004 年，按照省、市农业多种经营工作会议精神，紧紧围绕党委、林业局提出的工作重点：强化一个牵头，加大四个力度，实现五个突破，办好十件事情，加强一个建设。以富民、强企、兴林三大主题作为全面落实好全局农业、多种经营各项工作为目标，以增加职工收入为目的，全面调整产业、产品结构，努力推进优势项目的产业化进程，并依托资源优势，积极招商引资，大力发展外向型农业，实现了真正意义上的主辅换位，形成了农业多种经营经济发展拉动桃山林业局经济增长的良好态势。

为了调动桃山林业局广大种植业、养殖业职工的积极性，使种植业、养殖业向规模化、产业化、集团化方向发展，林业局成立了兴林担保公司，协调种、养业贷款 1500 万元，同年，通过信用社办理养殖奶牛贷款 1700 万元。多种经营生产的发展与壮大，加快了桃山林业局经济建设的发展步伐。

2005 年，桃山林业局多种经营生产总产值由 1996 年的 6502.7 万元，增长到 17918 万元。占林业局总产值的 84%。人参种植面积 42 公顷，年产商品参 8 万公斤；平贝 0.225 万平方米，年产商品贝 67.5 万公斤；五味子 200 公顷；养猪 15100 头；养鱼水面 114 公顷，养鱼 200 万尾；养牛 6865 头。其中奶牛 1925 头，黄牛 4940 头；养羊 7530 只；养鹿 3320 只；养鸡 79.3 万只。以肉鸡加工为主的畜牧龙头企业——集佳牧业有限责任公司，年加工生产能力 300 万只，年创产值 5400 万元、利税 150 万元，肉鸡养殖已走上了产、加、销一体化发展之路。食用菌生产和采集加工业也逐年递增，年黑木耳生产 1 万公斤，年采集加工山野菜 46 万公斤。除此之外其他种植业、养殖业也正在蓬勃兴起，多种经营生产项目 92 项，桃山林业局从事多种经营生产人员已达到 7600 人。上述主要产品既支援了国家建设，丰富了市场，也满足了全局广大职工群众的生活需求。

一、多种经营管理机构

1991 年，为了加大对桃山林业局多种经营工作的管理和服务力度，将原集体经济管理处撤销，成立了桃山林业局多种经营局。

1995 年，多种经营局设五科一办。分别为：矿产开发科、农业科、工业科、供销科、财务科和综合办公室。机关在册人员 46 人，其中干部 36 人，其他 10 人。下属公司、厂、站为：林副产品管理站、罐头厂、涂料厂、黄牛育肥厂、兽医站、鑫丽源酒店、互利综合商店、永葆综合商店和建材商店，共有职工 408 人。多种经营局共有职工青年 454 人，其中管理干部 70 人。在桃山林业局 43 个基层单位中有多种经营生产项目的 37 个单位，占基层单位的 86%，在 22 个生产单位中全部设立了多种经营指导站，主管场长（主任）兼指导站站长，截至 1995 年年底，全局多种经营生产战线管理干部队伍为 245 人，其中科级干部 47 人，专业技术人员 40 人，一般干部 158 人。

2000 年 11 月，党委林业局工作会议后，撤销了多种经营局，成立了多种经营科。由 1 名林业局副局长主管此项工作，配备了 10 名专业管理干部具体负责桃山林业局的农业、多种经营生产管理、服务与技术指导等项工作至 2005 年。

二、北药种植

桃山地处小兴安岭南麓，山林密布，气候温暖湿润，土壤肥沃，水域广阔，适宜农作物生长和北药种植。

2000 年，随着产业结构的调整和国家天保工程的实施，农业生产已成为林区“二次创业、富民兴企”的支柱产业，也是职工群众赖以生存的根本，全局广大职工群众科学种田的积极性不断提高，对北药种植抱有极大的信心，因此，种植规模也逐年扩大，经济效益显著增加。

1. 人参种植

桃山林业局大规模种植人参是从 1982 年开始的。

1985 年年底，桃山林业局人参种植面积达 75.2 公顷。

2004 年人参种植面积已由 1985 年的 75 公顷发展到 194 公顷，产量达 7.5 万公斤，由于人参种植需要特殊的生长环境与土壤，林地审批难度大，所以近年来人参种植大幅度减少。

2005 年年底，人参种植面积为 42 公顷，年产商品参 0.8 万公斤。

2. 平贝种植

桃山林业局平贝种植是从 20 世纪 70 年代开始的。它是一种价值较高的名贵药材。种植方法也较人参简单些，1995 年年底，桃山局平贝种植面积达 8 公顷，产量 2.65 万公斤，山上大部分职工都有种植，截至 2005 年年底，桃山林业局平贝种植面积已由 1985 年的 8 公顷，发展到 15 公顷，产量达 67.5 万公斤。

3. 五味子种植

2000 年，桃山林业局已将北药开发列为四大优势特色产业进行重点培育，并做了大量有效的工作，取得了显著成效。

2003 年，北药开发实现产值 2328 万元。在整个北药产业中，桃山林业局对五味子的开发倾注了全力，使五味子产业得到了迅猛发展。2003 年至 2005 年，桃山林业局天然五味子林改培面积已达到 3000 公顷，成为黑龙江九大药材基地之一。但是，在发展过程中，以改培天然五味子为主的发展规模的不足之处越来越明显，人工栽培种植五味子的优势大于天然五味子改培越来越成为人们的普遍共识。

桃山林业局地处小兴安岭南麓，优质的野生五味子普及整个林区。根据省第三森林调查设计院调查设计，有林地中，天然林面积 91896 万公顷，有五味子分布的面积达 28993 万公顷，占天然林面积的 31.5%，林业局下属 13 个经营林场中五味子分布面积较为集中的是桃东、柳河、新兴、神树、白河等 5 个林场。仅柳河林场就有 1000 多公顷五味子林。是人工改培生产基地，该基地是黑龙江省九大药材基地之一，也是黑龙江省中医药大学科研和教学基地。

2005 年，为了使五味子生产向规模化、产业化、集团化方向发展，桃山林业局在桃东施业区内，开发人工五味子生产基地200公顷，从目前看，人工五味子苗木长势良好，三年后，进入达产期经济效益将十分可观。

三、水产业

桃山水产业是从20世纪70年代初开始起步的，主要为渔业，以集体经营为主。

1984年全局共建养鱼池6处。

截至2005年年底桃山林业局共有养鱼基地23处，主要养殖鲫鱼、鲤鱼、鲢鱼和野生冷水鱼等。养鱼水面已达到114公顷，年养鱼200万尾，产量340吨。除养鱼之外，桃山局林蛙养殖面积达30000公顷，年产商品林蛙320万只。

四、山特产品

桃山局施业区内，山特产品资源十分丰富，达100余种，包括药用、食用和其他3类。境内居民靠山受益，采集山特产品由来已久。近年来，山特产品价格逐年攀升，职工群众的采集积极性十分高涨。尤其是山野菜，深受国内外客商的青睐。每到采集收获季节，国内外客商接踵而至，纷纷抢购，供不应求。

2005年，山野菜采集、加工由1985年的12.76万公斤，增加到96万公斤。其中：刺嫩芽46万公斤，老蕨菜50万公斤。除此之外，全局食用菌采集、生产业也有了进一步的发展。黑木耳采集、生产加工已由1985年的0.6万公斤增加到1万公斤。

第二章 畜牧业

2004年3月，按照市委、市政府“全面推进畜牧业快发展、大发展”的战略部署，桃山林业局结合本局的实际情况，把畜牧业从农业、多种经营分开成立了畜牧科，编制4人，设科长1人，副科长1人，工作人员2人。畜牧业以产业结构调整为中心，以增加职工群众收入为出发点和落脚点，大力引导、强化服务，把畜牧业作为优势产业重点发展，突出发展特色养殖，积极发展常规养殖，确定以奶牛养殖为重点，以养鹿为突破，发展养鸡业，全力打造三个产业链，带动桃山林业局畜牧业大发展。

第一节 机 构

1986年，桃山林业局依托各林场和山下部分单位的农业生产段、队发展畜牧业，经营管理统一由所在单位的农业段、队负责，经营项目一般以养猪、养鸡为主，规模比较小。

1991—1995年，随着林业多种经营用地面积的扩大和农副产品种类增多，畜牧业迎来了新的发展机遇。林业局成立了多种经营局，多种经营局设立农业科，畜牧业由农业科负责管理。

2001年11月，林业局撤销多种经营局，成立由10名专业干部组成的多种经营科，畜牧业由林业局多种经营科负责管理。

2004年3月，桃山林业局成立畜牧科，编制4人，设科长1人，副科长1人，工作人员2人。同时，配备了专、兼职的技术、业务人员，更好地适应全局畜牧业发展的需要。

2005年7月，畜牧科改称为桃山林业局畜牧局。设局长1人，副局长1人，技术人员3人，办公人员2人。各单位都有专、兼职人员负责畜牧业发展工作。全局畜牧业坚持以产业结构调整为中心，以增加职工群众收入为出发点，大力引导，强化服务，积极搞好常规养殖，重点发展特色养殖，确定以奶牛养殖为重点，发展养鹿、养鸡业，打造产业链，带动全局畜牧业大发展。

第二节 主要经济指标

2005年全局养殖业实现产值3650万元，占全局经济总产值的20%，奶牛存栏2390头、肉牛饲养量7452头、羊饲养量7100只、猪饲养量16100头、鹿饲养量2915只、养禽70.8万只。重点建立了奶牛养殖基地5个，养鹿基地1个，养猪基地2个，肉鸡养殖基地6个。

第三节 养殖基地建设

一、奶牛养殖业

2004年，桃山林业局参加铁力市担保公司在桃山信用社投入抵押金375万元，为桃山林业局58户养牛职工贷款1510万元，购进900头澳大利亚奶牛，投资1500多万元建标准化奶牛养殖基地3处，即三个牛场（八公里牛场，上呼兰牛场，春光牛场），由林业局直属管理，实行统一管理形式，每年还要投入70万元管理经费用于奶牛小区管理，使桃山林业局奶牛业得到质的发展。三个小区奶牛存栏1420头，产奶总量达到3220吨，仅销售鲜奶产值达到644万元。

建立了四大服务体系：（1）鲜奶销售服务体系，保证鲜奶质量，保证鲜奶价格，保护养殖户的利益。（2）建立防疫灭病体系，保证奶牛健康生长，为养殖户保驾护航。（3）建立饲料兽药供应服务体系，通过购进高质量低价格的饲料和药品，让养殖户喂上放心料，用上放心药，提高产奶量，降低生产成本，增加经济效益。（4）建立奶牛繁育服务体系，通过统一精粒和配种，保证奶牛的优良遗传品质，实现奶牛优良种群的健康发展。开展修蹄、浴蹄、防疫、场区大消毒、来人来车消毒、瘤胃探铁、瘤胃取铁、照相建档、去角、打耳号等服务项目。

二、特色养殖

（一）养鹿业

1999年，桃山林业局部分职工凭借多年养鹿经验，开始发展养鹿业，并且桃山有最好的天山马鹿，养马鹿突出的有何荣志家的96-13号鹿，产茸26公斤，排名世界第5名，全国第2名。林彦生家的02-7号马鹿2005年第二锯产茸17.2公斤，在第二锯产茸中排名世界第1名，省特产研究所专家进行鉴定，出资30万元要回收这只马鹿。因此，职工养鹿热情非常高，养鹿经济效益可观。林业局决定把养鹿作为特色养殖突破口，实现养鹿业推级进档。为担保公司注入37万元在信用社作抵押，为梅花鹿养殖大户贷款150万元，与省特产研究所技术合作，建立梅花鹿良种繁育基地。

2005年，公路管理处梅花鹿养殖基地：投资220万元，占地面积1.3万平方米，新建厂房4800平方米，现存栏285头，三年内计划存栏达500头，年创产值70万元。企业还建立鹿产品加工厂，主要产品为鹿茸片、鹿茸酒等进入市场。梅花鹿在50公顷的山林中实行放养，这里也成为桃山国际饲养狩猎场基地。

（二）绿色生猪养殖

绿色生猪养殖是市场前景非常好的一项产业。从1991年起，桃山林业局积极引导和扶持建立绿色生猪养殖示范基地一处，2005年，生猪存栏200头，并与哈尔滨市购货商签订常年供货合同，带动了周边地区大量养殖。

三、防疫工作

2000年，按照伊春防治高致病性禽流感、口蹄疫指挥部的总体部署。林业局制定了操作性强的应急预案，与各基层单位签订了防疫目标管理责任状，成立了防治领导小组，加强领导、统一指挥，每年春秋两季定期开展高致病性禽流感、牲畜口蹄疫强制免疫大会战，加强组织、广泛宣传，增加防疫意识，加大防疫力度，防疫工作层层落实，责任分明、防疫到位，工作无疏漏。

2005年，牲畜免疫率达到100%，保质保量地完成了会战任务。

第七篇

生态旅游

第一章　旅游产业

山水石林峰，处处皆有景。

桃山林业局依托丰富的森林生态旅游资源，于20世纪80年代初，率先在全省森工系统开发生态旅游产业。近20年时间的发展历程，桃山林业局的森林生态旅游产业既经历了辉煌，也曾走向低谷。2000年后，桃山林业局借助旅游资源优势，把发展森林生态旅游业作为企业转型发展的重要产业之一。

第一节　接待机构

一、桃山林业局旅游管理科

随着旅游业的发展，陆续有多家企业和个人开始从事和经营开发旅游业。2000年桃山林业局成立旅游管理科，与桃山庄宾馆合署办公。2002年分开成为独立科室，编制为4人。

二、桃山庄宾馆

桃山庄宾馆始建于1980年，经过20多年的建设，桃山庄宾馆已占地5万余平方米，建筑面积1万平方米，有高、中、低档客房200余间，400余张床位，1993年3月5日因西餐厅灶房发生火灾将餐厅、客房烧毁。同年又重建二楼命名为主楼，1997年至2004年4月28日期间改制，林业局委托给个人经营。2004年4月28日后至2005年10月由大庆王小巍购买，其间经营不善，资金未付清，于2005年10月25日由林业局收回。

三、桃山庄旅行社

桃山庄旅行社是2002年注册成立的，主要是以接待国内游客为主，经过两年的经营于2004年4月28日由大庆王小巍和桃山庄一起收购，2005年后未进行年检，至此被注销。

四、森之旅旅行社

桃山森之旅旅行社是桃山林业局于2004年11月8日注册成立的，和桃山林业局旅游管理科合署办公。

第二节 旅游项目

一、狩猎

1984 年 2 月，国务院〔1984〕办发函字第 13 号批准桃山天然野生动物饲养狩猎场对外开放，猎场初步组建为科级单位，与国旅桃山支社合署办公。

二、观光

桃山林业局开发旅游比较早，80 年代主要以参观原始森林、滑雪、冰上运动、雪地摩托、狩猎等冬季旅游项目为主，1990 年以后，随着全国旅游业的全面开放，冬季旅游客人越来越少，桃山林业局先后开发了桃源湖、八仙湖、悬羊峰、呼兰河漂流、神树山庄农家乐等观光旅游项目。

三、滑雪

桃山滑雪旅游项目开始于 20 世纪 80 年代初，主要以接待初级滑雪旅游者，有雪橇、速滑等项目。

四、漂流

桃山的漂流旅游项目开展得比较早，是全省开展漂流旅游活动的第一家，随着 90 年代初冰雪旅游的萧条，冬季旅游的游客非常少，受当时的长江、黄河滩险漂流的启发，当时的旅游管理部门和经营部门经过研究探讨，准备在呼兰河山野搞漂流活动。在此情况下，于 1995 年夏季，桃山庄宾馆一班人，在黑河市购买了 15 条俄罗斯橡皮船，到呼兰河上进行了试漂后，感觉这项活动非常好，于是同年 7 月邀请了哈尔滨各家旅行社经理，进行了首漂式，引起了强烈的反响，1999 年至 2005 年期间漂流旅游市场异常火爆，经过几年的经营和整顿，桃山漂流旅游项目逐步得到了规范，已成为夏季旅游的一个主要项目。

呼兰河漂流项目

第二章　旅游景点

第一节　天然景观

一、平顶山

巍峨的平顶山高高耸立在千山之中，这个海拔1429米的山峰是小兴安岭最高山峰。它位于桃山东南方向，坐落在新兴、奋斗、南河3个林场与双丰、通河2个林业局交接处，是桃山林业局与双丰、通河林业局毗邻名山，亦是桃山林业局境内第一座大山。平顶山距离桃山林业局址40公里，山势东南西北走向，长10公里，距新兴林场12.5公里，距奋斗林场9公里。

平顶山地处北温带，属温带大陆性季风气候，四季气温变化较大，年平均气温1.1℃，冰雪期180多天。平顶山最低处海拔310米，山体相对高差约1100米，北坡平缓，且沟壑较少。按坡度差异，可将北坡分成三块：山体北坡山脚下部分，平均坡度在10°左右，坡面平坦；山体北部中坡，分水岭的西面，平均坡度20°，局部达到35°，坡降在900米左右，山体北部中坡，分水岭的

小兴安岭最高峰——桃山·平顶山

东面，平均坡度 25° 左右，局部达到 40° ，坡降在 600 米左右，坡向向内聚合一点。因山巅平直，故名平顶山。

山峰最高处常年积雪，三伏天远眺平顶山，仍能见白雪和冰排，万绿丛中一点白，让人赏心悦目。平顶山山势较高，植物受红外线影响，多低矮匍匐生长，山顶树木为偃松和草类。春夏之际，漫山青翠碧绿，山花烂漫，景色宜人；黄金之秋，赤橙红绿青蓝紫，五花山美景醉游人；冬季登上高山之巅，银装素裹的北国风光尽收眼底，滑雪、溜冰、狩猎令游人流连忘返。

二、桃源湖

桃源湖是人工湖，1989 年夏季开始了旅游接待活动兴建了欧式猎人营地，1996 年后改建为旅游度假村，桃源湖距桃山局址 10 公里，水面 52 公顷，湖中有鲤鱼、鲫鱼等多种野生鱼种。游人可乘游船观赏、垂钓，也可品尝湖鱼美餐，湖边建有欧式别墅，是理想的旅游避暑胜地。

桃源湖

三、八仙湖

八仙湖距桃山林业局址 47 公里，呼兰河上游源头，是水上游乐场所。湖面 32 公顷，平均水深 6 米。八仙漂浮水上，形态各不相一。群山紧紧环抱着湖面，周围一片绿色。湖内备有大型机动船、小划船供游人环湖游乐。青山绿林匆匆去、白浪洪波滚滚来，仿佛置身于群山环抱的海洋中，山水一色，群山倒映，让人爽心悦目。

八仙湖

四、悬羊峰

悬羊峰景区位于桃山林业局东南 37 公里处，地理坐标为北纬 46° 40′，东经 128° 04′，海拔为 909 米。是经黑龙江省政府批准的省级风景名胜区，省旅游局批准的 AA 级旅游区，占地面积 707 公顷。整个景区山峦起伏、20 多座山峰浑然集中，景景相连、雄浑大气，可以用“怪石、险峰、苍木”六个字来概况，主要由奇特的山石景观、壮美的森林景观和丰富的气象景观构成。悬羊峰石景景观千奇百态，数目万千，各色形状各异的石头卧于原始森林之间，似人似物，形象逼真，栩栩如生，尽显峰的仙气，人的灵气。它是黑龙江省境内发现的唯一一处景观规模最宏大，地质构造最典型、生态环境保持最完好，既有审美观赏价值又有地质科考价值的生态科考风景区。景区内还有一片原始森林，树木粗壮，生态保持完好，具有很高的美学和科学价值。季相变化丰富多彩，婀娜多姿。春天山花烂漫，峰青峦秀，万木争荣，翠谷鸟鸣；夏天绿树成荫，古树参天，清新幽静，凉爽宜人；秋天红黄娇艳，层林尽染，繁花似锦，果树飘香；隆冬苍松负晶，白雪皑皑，山舞银蛇，原驰蜡象。四季均可开发观光旅游项目。悬羊峰日出林海与山石相结合，蔚为壮观，堪称一大景观。游人可在山地空间曲折多变的林中游山、攀岩、赏林、观景、狩猎、寻觅动物踪迹，感受特有的北方森林文化。既有南国的神韵，又有北方的雄姿，展现出神奇的自然美。

悬羊峰主要景点有：桃山奇峰、石塔青松、一线天、狮面山、莲花石、石廊峰、石林峰、千层壁、莫高窟岩、风动石、石猴观林海、鲸鱼戏海象等。经勘察，景区内还有很多奇特景观有待开发。

悬羊峰秀色

五、红松原始林

红松原始森林位于北纬 46° 42′，东经 128° 34′。海拔 480 米。在铁力县东南 54 公里，距桃山林业局址 52 公里，桃山林业局南河林场施业区小东沟内，占地面积 2260 公顷。1979 年辟为保护区，面积 1084 公顷，红松占 65%，其他间杂风桦和鱼鳞松，平均高 24 米，直径 42 厘米，平均林龄 300 年，郁闭度 0.8，系成熟林，植被有蚊子草、苔草、木贼、蕨类和苔藓，并生有人参、刺五加、五味子等药材和鹿、獐子、黑熊等动物。原始森林群山起伏，幽谷鸟鸣，浓荫

红松原始森林

蔽日，环绕山脚有一条小溪，溪水清澈甘甜。景区内有供游人攀登的999级石阶，沿途设有几处凉亭供游人小憩。山顶有瞭望塔，登塔可俯瞰原始森林全貌。由于多年未进行维修和开发建设，原有的登山步道已部分损毁，原始森林猎人木屋于2002年火烧后现已重建。

第二节　人文景观

一、狩猎场

桃山国际狩猎场位于黑龙江省中部，桃山林业局施业区内，是国家第一个对外开放的天然野生动物饲养狩猎场，自1984年开放，先后有美、英、法、加拿大等20多个国家和中国港澳台地区的游客和狩猎团队到桃山林业局旅游观光和狩猎。省、市有关领导曾多次到桃山国际狩猎场检查指导工作。

桃山国际狩猎场

桃山国际狩猎场面积2.1万公顷，森林茂密，水草丰盛，是天然野生动物繁衍的理想之地。现建有饲养场一处，饲养的野生动物有梅花鹿、马鹿、野猪等，并建有100余公顷的封闭式狩猎场一处，游客在一年四季都可以在此狩猎。林业局在狩猎场游客中心内，设立了原始狩猎工具展示区，并利用山洞建有标本室，科普展览室，激光模拟狩猎室，弓箭射击室等游乐项目。供游人在狩猎之余了解丰富多彩的狩猎文化。

狩猎场内还有天然野生动物狩猎区两处，并建有林区特色的猎人营地，备有狩猎枪支、车辆及导猎人员。

二、滑雪场

桃山滑雪场位于北纬46° 56′，东经128° 13′。在铁力县东南13公里东升林场黄经楼沟，面积74

桃山滑雪场

公顷，建于1981年。共有两条滑雪道：第一条长1200米；第二条长800米。上端起自“桃山古洞”，宽50米，下端与爬犁道会合，宽120米，坡度平均15度，最陡处为20度。建有休息室200平方米和绞盘机牵引的索道车。每年冬季都吸引外国友人和港澳同胞前来旅游欣赏雪景和滑雪游戏。

三、桃山古洞

桃山古洞，位于北纬46° 57′，东经128° 13′。在铁力县东南15公里东升林场，黄经楼沟，桃山腹部，滑雪场上端。因坐落在桃山腹部而得名。洞分大小两个洞口，一为天然形成，一为人工凿筑。据考证，清朝已具现在规模。原洞有道士李元奉、李明治、高明延等潜修于此。大洞供奉有铜制佛像，小洞为道士休息之所，凿有石床、石几、石凳等，备有方石、石板准备镌刻碑铭，石座已雕成型，石碑凿成雏形。古洞东北侧小山南坡500米处，曾建有木质结构的“圣云宫”，亦称“黄经楼”一座，与古洞遥相对应。为凌云山道士何元方奉颂黄经之处。附近居民时有至此，叩问休咎，讨取仙药，盛极一时。日伪时期，为控制抗联活动，切断人民与抗联的联系，驱逐了道士，拆除了黄经楼，封锁了入山道路，佛像也随之遗失。

桃山古洞

桃山古洞与滑雪场同列为对外开放游览之处，1981年8月省林业总局局长王维之陪同省长陈雷、省政府秘书长王光伟到桃山视察新辟滑雪场地，游览桃山古洞时，陈雷亲笔书写“桃山古洞”四个字，并撰写碑文：“夫桃山洞者，其发现于清。此地于兴安之下，呼兰之滨，山木欣荣，泉涓始流，俊鸟啸鸣，花香四溢，乃美妙仙境也。近百年来，有人趋此讨药者甚夥，焚香再拜盛极一时。然人不知所去，观众时呼再兹。当岁次辛酉国家将修建滑雪场地。基础初清，俟大功告成，游人络绎不绝之势当可相见，由是北国将添新景，社会主义事业沛然昌盛，特将古碑重竖，镌咏新辞兴以志焉。”亲笔以陈伟之（陈雷、王光伟、王维之）名，用楷书书写碑铭镌刻石碑背面。同时，副省长王光伟、总局长王维之亦分别即兴随感各舒己怀。王光伟随感：“桃山景物堪流连，陈公竖碑传万年。潜老若知此景好，何必桃园去种田。”王维之即兴赋古风一首：“双桃沐晨雨，彩云起朝光。古林深处隐，兰河源流长。清池群鱼跃，溪畔百花香。上瞻仙人洞，下榻桃山庄。丹士何处去，今日供游觞。”

第三节 旅游产品

随着旅游业的不断发展，桃山林业局一些与旅游产品相关的企业，也逐步发展起来，有多家生产和销售木制旅游纪念品的企业和经销店。退休干部李海堂制作的旅游纪念品植物标本画，就非常受游客的喜爱和欢迎，林区的一些山特产品精加工后（如：神树牌山野菜、精装蘑菇、木耳等）都是馈赠亲友的上好佳品。在旅游项目产品开发上，在原有的桃山原始森林景区、桃山狩猎、冰雪旅游项目的基础上，又相继开发了悬羊峰风景名胜区、呼兰河源头漂流等旅游活动产品。又打造了不同主题的旅游精品线，推出原始森林“林海人家”避暑游；神树山庄“农家乐”二日游；呼兰河源头漂流“惊险刺激游”“浪漫情侣游”；“悬羊峰览胜观日出”；“原始森林、平顶山探险”等旅游产品。

第四节 旅游收入

1980年，到桃山旅游的游客主要是参加冰雪旅游项目活动，游客来自中国香港、澳门、台湾地区和新加坡等东南亚地区，狩猎客人主要来自美国、日本、法国、英国、加拿大等国家。随着冰雪旅游的萧条，1990年以后到桃山旅游的游客主要是长江以北的国内客人，南方客人非常少，主要客源来自哈尔滨、大庆、北京等地。由于曾经遭受洪涝灾害和火灾等原因，2003年以前的旅游收入无从考证。

2004年接待游客6.5万人次，旅游收入1300万元。

2005年接待游客7.5万人次，旅游收入2250万元。

第八篇

商业贸易

第一章　国营商业贸易

1986—2002年，桃山林业局的商业贸易工作主要由桃山林业局商业公司和桃山林业局外贸公司承担。2003—2005年，随着市场经济的繁荣发展，个体经商户遍布桃山林区，形成了国有、集体、个体经营的新格局，有效地满足了林区人民日益增长的物质生活需求。

第一节　商业公司简介

桃山林业局商业公司是林业局所属的林办商业，全公司共有职工327人，下设21个商业网点，负责全局5万人口的商品及部分粮食供应工作。商业公司下设总务、业务、财务、烟草专卖4个股；商业公司有直属商店4家（桃林百货一店、桃林百货二店、桃林百货三店、桃林百货四店），山上各林场设13个商业分店，东片4个林场（石长林场、神树林场、圣浪林场、鸡岭林场）还分别自行兴办集体所有制商店；商业公司所辖3处林业饭店（桃林春饭店、四季春饭店、桃山饭庄）。除上述设置外，商业公司还有仓库、冷库、食品加工厂、废品收购站、家属生产队、综合木器厂，房舍2.1万平方米（其中仓库0.84万平方米）。设备有汽车4台，地衡1台，小四轮车2台，50吨冷冻机1台，小型木器加工机械一套，固定资产总值440万元。

商业改革。从1986年开始，为改变商业公司吃林业局大锅饭、职工吃企业大锅饭、经营连年亏损的不利局面，遵循“解放思想、放宽改革、搞活经济、提高效益”的经济工作指导思想和商业部关于“商业小型企业放开经营”的精神，在党委、林业局的领导和上级商业部门的业务指导下，桃山林业局商业公司进行了一系列改革。

1986年，撤销了三级批发站，各基层商业网点实行公开招标承包。撤销三级批发站后，形成了前店后库一条龙对口，将原有的库存百货、文化、针纺织品、五金交化、土特日杂等商品划归百货店经管；将烟酒、糖茶、水产、肉蛋、水果等商品划归食品店经管，实行店作站，批发兼零售；对原有的三级站人员，按所管的商品划归商店自行安排，对库存的商品统由百货店和食品店自行承担，这样，不但减少了商品周转次数，而且疏通了商品流通渠道中的不利环节，既提高了经济效益，又方便了顾客，满足了职工群众日常购买力的需求。

同时，对公司所属基层网点，普遍实行了在商业职工内部公开招标承包的办法，改变了过去的任用制。中标者在商业内部挑选人员，自行组阁，任期一年，经营效果好的可连任；经营效果特别卓著的向上浮动一级工资；经营效果不好的，造成一定经济后果的，提前罢免或自动辞职，并赔偿一定经济损失。

核定资金、单独立户、独立核算。实行改革后，在资金方面，采取限额使用。按照中国工商银行《关于国营工商企业流动资金管理暂行办法》，参照市行流动资金管理责任制，制定了本公司流动资金管理责任制。在以计划经济为主、市场调节为辅的方针指导下，针对商业改革的新情况，对全公司21个核算点重新划分，经征得市行、县支行和桃山办事处同意后，各基层网点在银行单独立户，独立核算。

1986年的资金核定以上年5月末实际占用360万元作为核定依据，按照全部资金占用总额计算贷款的比例和自有流动资金比例，然后核定各基层网点的库存定额流动资金的数额。对超占资金的费用，由各开户单位自行承担。滞纳金列留利处理，由承包工资承担。改变了过去那种使用资金无限量，超占资金的费用由公司处理的状况，充分调动了各基层网点在资金使用上的积极作用，形成了人人当家管资金的良好局面，大大地压缩了库存，加速了资金的周转。

扩大经营自主权，给店经理适当的权力。实行改革后，商业公司从实际情况出发，为店经理松绑，充分调动他们的积极性，发挥了其业务专长，把买卖做活了。各店经理有权奖惩本单位职工，有权分配超利部分的奖金，有权处理单项品种的减量和在50元以内变价，有权采购确系库内没有而又畅销、价值在万元以内的商品。这样做促使各店经理千方百计地开辟货源，积极组织适销对路的商品进货，开辟了与厂家直接进货的渠道，做到紧缺商品不断档，大路货和日用商品不脱销。百货供应方面，当年组织购进彩色电视机34台，黑白电视机212台，自行车937辆，缝纫机294台；食品在保证正常供应的前提下，节日供应也比较丰富，有高档烟酒、调味品、水果等，基本满足了职工群众的需要。为了扩大销售、占领消费市场，综合性商店不断增加新项目。第四百货商店发挥人员主观能动性，大家集思广益想办法，在不增加人员的情况下，改变原来单一商品经营，增设了饭店；食品加工厂派人去哈市学习，增加新花样，增加快餐食品投放市场。

山上9个商业网点的改革工作。商业公司会同局有关科室在东风（南河）林场商店进行全民商业转为集体商业的试点工作，把原来的综合性商店变为集体所有的供销合作社，实行集体承包，经理经营管理，承包后职工的身份不变，职工的政治待遇不变，福利待遇不变，仍享有干部、职工的离退休待遇和不影响子女就业、参军，不影响职工增加工资。经营的保证条件：经理在供销社经营期间，保证完成国家的税金、房产折旧费，公司另外抽5%的管理费。

办社资金的筹集办法是：社内人员优先入股，对入股人员实行入、退自愿，期限为一年，对中途退股的，年终取消分红资格。由于思想教育和政策宣传到位，试点工作进展顺利，这个商店9名同志全部入股，筹集资金29700元，集资最多的是经理，拿出8000多元入股，年末全部抽回所占的国有流动资金50000元。入股经营的原则：保息不保利，年终结算按收益情况分配，多盈多分，少盈少分，不盈不分；分配比例：入股人员的分红金额为总收入的5%，对社内人员实行一次性按20%分红，经理按10%一次性分红，向林场交纳15%，向商业公司交纳5%的管理费。试点工作取得经验后，在山上9个网点普遍推广，将全民商业都变成了供销合作社，除经营正常商品和供应粮食外，还负责收购山上的林产品、农副产品。跃进综合商店自从变为供销社以后，已全部退出了所占用的国有资金，经营效果也较显著，个人收入也有明显增加。

合理安排富余人员，充分调动广大职工的积极性。实行改革后，全公司共精简近40人，除5人停薪留职外，对其他人员公司组织出摊售货，组成流动售货组。同时还开辟第三产业，建立了商品基地，办起了养猪、养鸡、养鱼等生产项目，既解决了副食品的来源，又安置了富余人员，使每名职工都有活干，工资收入也比改革之前有所增加。

改革取得的成效。由于进行了商业管理体制改革，1986年年末收到较明显的经济效果。一是增加了上缴利润。林业局下达20000元，年末实现了22600元，比计划多上缴2600元。二是商品销售实现了752万元，完成年计划的100%。与过去相比，集体、个体商业网点不断增加，方便了人民群众，通过改革人人当家理财，个个精打细算，管理费用大幅度下降，实现利润仍很可观。三是降低了流动资金占用。流动资金上年为3438000元，到1986年年底已降到3000000元，除了核定资金、合理使用资金、发挥资金的使用效率外，合理组织商品采购，进货实行营业员、保管员、调拨员、采购员互相通气，防止盲目进货和重复进货。同时积极慎重处理库存商品，减少库存积压，当年公司共处理积压商品价值186000元。四是通过改革，调动了职工群众的积极性。员工们把商店、饭店当成自己家来经营，各基层商店出货时，做到了量小的人扛、自行车驮，量大的用手推车推，并且人人爱护商品，改变了过去坐等、观靠的不良习惯。如商业公司所属的两个批发兼零售的商店，无论到货什么商品，装卸工都做到轻拿轻放，减少了很大损失。在搞好改革的推动下，1986年1至5月末，商业公司销售完成3087000元，完成年计划的37%，比上年同期多销售140000元，上缴利润实现了22000元，比上年同期多实现38000元，商品库存为2568000元，比计划下降了432000元，比上年同期降低了860000元，资金周转实现了1.5次，比上年同期加速0.34次。

改革之初，国有商业仍占主导地位，企业改革发展的大环境，特别是搞活企业经济，促进了商业贸易的活跃。桃山林业局实施“全面改、广联合、深开发”的经营战略，引进资金、人才、设备、技术，实行联资联营，依托山区资源优势，借助横向经济联合的力量，对山上、林中、水中、地下资源全面综合开发，重点发展短、平、快项目，扩大生产，活跃商贸，形成了以黑加仑、葡萄为主的小浆果生产线，以木耳、山野菜、山野果等为主的山特产品生产线，以养猪、禽、蛙、鱼为主的养殖生产线，以采金、砂石为主的矿产生产线，以罐头、饮料、饲料、砖瓦加工为主的加工生产线，还有运输、修理、旅游、商饮服务线，以粮、豆、薯为主的农业生产线和以人参、平贝、黄芪等药材为主的药材生产线，有力地促进林区商业贸易的持续繁荣发展。商业公司利用本地资源优势，开发生产了“桃山庄白桦汁饮料”、冰棍、冰糕、酱油、面包、月饼、酥果等饮品和食品。商业公司还为多种经营局开发生产的罐头、榨菜、瓜果、涂料以及林产公司开发生产抽纱产品、参泉洗发香波、松江牌肥皂、橡胶制品、手套、棉鞋等产品开设销售柜台；同时组织各林场春菜、夏菜、秋菜、瓜果、秧苗上市，扩大桃山林区市场供应。特别是中共十一届三中全会实行改革开放以来，商业贸易经营出现国营、集体、个体一起上的局面，商业店铺和饮食服务网点逐步增加，发挥各自优势，餐饮方面各饭店纷纷扩大规模，装饰一新，包办酒席，招揽生意，菜肴有熘、炒、烹、炸、煎、拌等，面食有饺子、烧饼、馒头、面条、麻花、花卷、糖包等几十种。由于集体、个体饮食业的迅猛发展，国营饮食业的经济效益明显下降，为此，各家注意改造店容店貌，提高服务质量，并且在国营饮食业内推行了利润奖励制度，增强竞争能力。同时，商业公司和外贸公司注意抓好旅店业、浴池业、理发业、照相业、冷饮业等多种项目的经营管理，抓好烟草专卖、酒类专卖、山特产品和农副产品收购以及废旧物资回收工作。1986年以前的粮食供应，山下居民粮食的主要来源是桃山粮管所下设的各个粮店，山上各林场和公路管理处由商业公司统一配送，随着粮油市场的开放经营，桃山全局人民的粮油供应由统一供应为主，转变为市场调节为主，粮油供应经营日益活跃，居民购买粮油选择余地越来越大，从多方面满足了职工群众生产生活需求。

1990年，由于企业经济危机，资源危困，市场疲软，资金短缺，商贸经营如履薄冰、十分艰难，影响和制约了商业贸易的发展，当时商贸产品只有纸板、肥皂、洗发精、松针油、三角带、汽油炉具、抽纱产品、涂料等尚有销路，可获得一定经济效益。在林业局国有商业经营亏损、市场竞争日趋激烈的历史条件下，随着改革开放日益深入，桃山林业局的国有商业在竞争中逐步萎缩，个体商业贸易日益活跃，原来桃山林业局国有的商业店铺先后采取经营承包、转包、出售等多种形式，逐步向经营能手转让，商业公司只负责管理。

1995年下半年和1996年年初，商业公司与外贸公司合并，成立桃山林业局商贸公司。主要负责管理商业、外贸固定资产、下岗职工生活等善后事宜，至2002年，桃山林业局商贸公司缩编为桃山林业局商贸公司留守处，后并入桃山林业局综合留守处。

2005 年，桃山镇内的个体经商户遍布林区各个角落，经营范围逐步扩大，服务功能日趋完善，从生活用品、食品药品、高档酒店、大众小吃、农用日杂、机械修配到家用电器、建筑材料等，种类繁多，货物齐全，价位适宜，满足了桃山林区人民生活需要，促进了桃山林区社会生活的繁荣稳定和经济建设的发展。

第二节 外贸公司简介

1986 年，桃山林业局外贸公司有职工 12 人，其中干部 8 人，工人 4 人。落实伊春市外贸公司下达的黄金生产指标，桃山林业局外贸公司有组织黄金生产的干部 5 人，工人 10 人，汽车 2 台，采金溜槽 1 条。负责全局林业产品、土特产的收购、贮运、销售和出口等业务。外贸公司隶属于桃山林业局，业务上归伊春市外贸局。桃山林业局外贸公司负责组织生产、收购、运输、发运，伊春市外贸局负责对外集中订货销售，经济效益实行利益分成，伊春市外贸局 60%，桃山林业局 40%。对外贸易产品主要有：蜂蜜、松子、黄柏、白瓜子、木托盘料、五味子、山野菜、刺嫩芽、黄瓜香、榆黄蘑、元蘑、猴腿、刺五加、山核桃、蜂王浆等。1986 年，在上级主管部门指导下，桃山林业局圆满完成外贸出口生产任务。全年伊春市外贸局下达给桃山林业局外贸商品流通额为 440000 元，实际完成 452886 元，费用水平计划为 14%，实际为 13.25%；资金周转计划为 3.6 次，实际达到 3.7 次；企业管理费计划为 7600 元，实际发生 7590 元，上缴利润计划为 1000 元，实际为 1024 元；1986 年度伊春市外贸局下达给桃山林业局外贸公司的黄金生产计划为 500 克，实际完成 630 克，超伊春市外贸局计划 130 克。1987—1995 年，桃山林业局外贸工作一直比较稳定，主要出口产品是山野菜等，还采购和销售了一些山药材。随着国内国际市场经济快速发展，林企商贸经受了日益严峻的挑战，经营严重亏损，生产规模和经济效益严重下滑，林业局决定将商业公司与外贸公司合并为桃山林业局商贸公司。但合并后管理体制仍按林企商贸运作，无法摆脱经营困境。经 2002 年 4 月 19 日党委 9 届 222 次全委会议讨论决定，撤销商贸公司，成立商贸公司留守处，主要负责管理原商贸公司善后事宜。

第二章　集体、个体商业贸易

1986—2005 年，社会主义市场经济发展迅速，桃山林区集体经济特别是个体经济日益壮大，经营种类繁多，占据了桃山整个市场。桃山林区的农贸市场主要集中在振兴街中间路段（职工医院附近），后来逐步发展到以振兴大街桃林综合商场、火车站早市、迎宾路街道的桃山商城、丁字路北（原桃山林业局第一中学附近）集贸市场、两公里（原桃山林业局机修厂附近）集贸市场等处为主的农贸市场集散地。集贸市场的环境保护工作由桃山林业局城建环保处负责，常年设专人维持秩序、疏导交通、监管卫生，有专职保洁人员负责清除垃圾，确保农贸市场管理秩序井然。桃山林业局国有商业经营亏损并且在市场竞争日趋激烈的历史条件下，随着改革开放日益深入，桃山林业局的国有商业在竞争中逐步萎缩，个体商业贸易日益活跃，集体商业和个体商业日益发展，销售商品种类繁多，服务业、餐饮业不断发展壮大。

第一节　集体商业网点

桃山林业地区的集体商业网点主要有：贮木加工厂综合服务楼、供应科伤残青年物资商店、医院青年医药商店、进修校园丁园商店、汽运处青年修理部等。这些集体商业贸易网点经营的商品包括各类食品、服装鞋帽、五金电料、文化用品、农用日杂、化妆品、书报杂志、新式家具、办公桌椅、各类门窗、建筑材料、塑料制品、医疗器械、中药西药等多种商品，同时还承揽修理业务，为群众提供更多方便，但集体商业网点仍挂靠所在单位，在人员安排、经营管理和经济效益等方面存在人浮于事、管理松散、经营亏损等诸多弊端，不能适应市场经济的发展，在竞争中被迫逐渐缩小经营规模或转卖，至 1995 年年底，这些集体商业网点均已全部解体。

第二节　个体商业网点

桃山林业地区的个体经济早期的经营形式主要是流动销售，沿街摆摊，贩运一些礼品、成衣和小饰品，后来逐渐发展，在桃山林业局镇内和山上林场的主要街道两侧，兴办起数百家个体商业贸易网点和店铺从事商业贸易活动，至 2005 年年末，个体经商店铺日益增多，商品市场贸易逐步活跃起来。

住宿类的招待所、旅馆有

洁雅旅店	大众招待所	林海招待所
大姐旅店	宏伟招待所	兴林旅店
云海月招待所	长城招待所	兴旺旅客之家
悦来旅馆	君荣旅店	光明旅店
杜淑荣旅店	迎宾招待所	站前旅馆
马迭尔招待所	客运站招待所	花园旅店

餐饮类的饭店、酒店、小吃、烧烤、面食店有

中骞商务酒店	鸿源美食城	圣园餐厅
云海月大酒店	马迭尔酒店	天赐香小吃屋
贮木场餐厅	鑫和春饭店	北来香饭店
顺丰餐厅	花园餐厅	长发小吃店
其香居烧烤	兴桃小吃	靳师傅刀削面
美味烧烤店	姐妹小吃	旺乡居小吃
神树恒源祥饭店	神树秀荣饭店	四川满堂红火锅
福厚鑫活海鲜火锅	金昌阜火锅	昌和火锅
朝鲜风味砂锅	鑫悦饺子王	一品香饺子馆
香村锅烙	商贸新概念粗粮馆	和兴春饭店
鹏来顺羊汤蒸饺餐馆	天天顺羊汤蒸饺餐馆	老鱼翁笨锅炖
红源砂锅店	鑫鹏炖菜馆	名仕烧烤
双慧小吃	杏花村小吃部	天顺酒店
老杏花村小吃部	迎宾饭店	馨和园餐厅
杨国福麻辣烫	名城砂锅绿色食府	八珍骨里香熟食店
香吧佬扒鸡店	金裕莱餐馆韩国料理	正宗兰州拉面
海燕烤饼店	饴馨园饭店	老曹包子铺
老苗面食店	赵满面食店	兴盛包子铺
牧羊人天天烧烤店	继红串店	海鲜砂锅
高玉红小吃	通天城狗肉馆	鑫福源小吃
隋志杰饭店	老昌春饼店	公牛烧烤店
桃山美食乐食品店	大自然熟食城蛋糕世界	好运来蛋糕城
张保友饭店	味味乐蛋糕店	营利来蛋糕店
麦利来蛋糕店	福本晶美食店	多搪政小吃
张双喜包子粥铺	二姐烧烤肉串店	刘长城饭店

经营食品、水果、烟、酒、糖、茶的超市、食杂店有

富村名烟名酒专卖店	富裕水果食品超市	金玫瑰食品超市
大康综合副食超市	美食乐食品店	丽辉供销超市
天城综合商店	家家福超市	同济商场
金丰超市	天成水果店	如意副食品店
让利食杂店	鑫鑫食杂店	兴旺副食店
林城超市	大成水果店	金龙食杂店
明晟综合商店	神树兴旺商店	上呼兰综合商店
奋斗林场老刘食杂店	老黄海鲜活鱼店	金夫人婚庆用品商店
大众蔬菜店	大成水果店	旺旺食杂店
马三活鱼蔬菜店	盛乾副食水果商店	雨润肉类专卖店
王贵白条鸡、蔬菜水果店	李家熟食店	桃山供销社超市
大自然熟食店	恒源食杂店	孙长庚水果店
贵龙水果副食店	兴隆副食品商店	普润蔬菜水果坊
红威山特产品副食店	火车道北老刘水果食杂店	满意副食综合商店
东东副食水果店	郭三食杂店	桃兴副食山特产品商店
王老五蔬菜店	1～20 元超市	雲达水果副食店
富康食杂店	桃兴山特产品经销店	神树山特产品经销店
玉英粮店	金仓粮店	利伟粮店
天鑫水果店	永华粮油饲料店	桃山站前费家粮店
红顺粮油饲料店	李连华食杂店	王少臣食杂店
徐志彬食杂店	陆文秀食杂店	王全珍食杂店
李德食杂店	武进步食杂店	齐有录食杂店
王翠百货用品综合商店	李兆东超市	隋永利食杂店

经营服装鞋帽、化妆品、文化用品、摄影服务类的商店有

金利莱服装店	靓一点服装店	韩姿娜时尚内衣馆
靓点服装店	雅卓商场	万宝至服装皮鞋城
新潮服装店	日月顺服装店	姐妹服装店
盛源服装店	鸿运服装店	棉桃内衣店
旭日升提包城	床上用品商店	东辉针织鞋帽店
泰和针织商店	喜天达服装店	兴旺针织品店
家乐财服装店	凤华服装店	鑫宏达鞋帽店

续表

晓杰时装精品店	东亮针织鞋帽商店	康琪服装商店
东北亚服装店	雅士利床上用品店	鑫得利床上用品商店
惠美床上用品店	安踏服饰专卖店	美雅服装店
美娜菲化妆品商店	锋影化妆品商店	安利日用品店
完美日用品店	洋洋化妆品店	红太阳化妆品商店
美佳美化妆品商店	蔷薇化妆品商店	花卉化妆品商店
红霞化妆品玩具商店	欣颖化妆品店	圣美化妆品商店
水晶石化妆品店	艾琳化妆品商店	花竹化妆品商店
雪山数码复印雕刻喷绘	茹意雕刻喷绘激光刻章	刘杰复印社
汽运淑华修表刻字店	顺达文化用品店	兵利文化用品商店
向阳文化用品商店	新新文化用品商店	永学文化用品商店
美歌音像社	晗星书屋	育才书店
刘志刚文化用品店	老庞纸业店	兰新文教用品商店
时尚新娘婚纱摄影	丘比特婚纱影楼	天长地久婚纱摄影名店
少华照相馆	蓝天婚纱影楼	东芝快印
桃山靓迪 KTV 歌厅	顺祥网吧、家和音像社	起明喷绘店

经营五金化工、电器、农用日杂类的商店有

海尔电器专卖店	桃山康佳家电商场	万达家电商场
飞利浦专卖店	佳能电器商店	海尔手机专卖店
宏波手机大卖场	凌志手机卖场	全球通手机大卖场
富强电锯油锯配件商店	金库渔网渔具商店	宏发配件商店
兴旺日杂店	大众旧物寄卖店	万杰日杂店
金狮自行车配件商店	宝德琳首饰加工店	宝昌明盛日用百货店
永利日杂商店	倍丰种子化肥农药供销部	桃山庄桃东农家店
王克军农资综合商店	宋贵旺农资商店	那国栋农资商店
绿源摩托车商店	郭勇农资综合商店	圣浪供销部农资商店
徐宽菜籽店	永久塑钢商店	颜家弹棉房
邹本荣农机配件店	宝忠家具商店	长发五金水暖钢材商店
万隆五金电料批发店	四通建材商店	永富水暖建材商店
璐霞电工灯具商店	全成五金电料商店	盛美电料灯具商店
艳娟农杂五金商店	精通水暖太阳能用品商店	茂源五金建材
开发装潢建材商店	永富水暖建材商店	裕民水暖太阳能厨具店

续表

国升装潢商店	庆桃汽车配件商店	桃山生资农药化肥商店
鑫鑫润滑油商店	永丰种子化肥农药供销部	元通装潢商店
祥发农机配件	鑫达润滑油商店	李彦新型建材商店
永久塑钢商店	金春塑钢门窗经销店	元吉五金电料商店
光明玻璃店	永春塑钢门窗经销店	惠农洁具电料综合商店
茂源加油站	林缘加油站	上呼兰卜大川加油点
桃山鑫宝龙煤炭有限公司	桃山天城煤炭有限公司	宏达煤炭公司
利民种子化肥农药商店	德胜农药化肥商店	田老五化肥农药商店

医药商店有

桃山保济堂大药店	桃山医药药材商店	桃山康复药店
民康药店	杏林药店	康寿大药房
康佳药店	普众药店	长寿药店
神树药店	新药特药商店	大华药店
汇通医药天源门店	桃山供销药店	为民药店

个体医疗服务诊所有

桃山镇刘国栋诊所	德仁牙所	李德明牙所
于志忠兽医所门诊部	老宗兽医门诊部	桃山供销兽药店
桃南兽药商店	神树兽药店	利民饲料添加剂专营店

加工修理部有

兴旺家电修理部	光明电器修理部	宏伟修表店
集全电器修理部	业贤修表刻字店	兴达电气焊修理部
沈树全农机修理	许洪全农机修理部	桃东杨师傅农机修理部
闫四轮胎修理部	孙伟机械加工	赵三汽车电器
腾飞摩托车修理	霍家炉修理部	文学综合修理部
常忠国农机修理部	铁力市桃山机械修理厂	张建东轮胎修理部
兴达电气焊修理部	海洋自行车修理部	树友轮胎电焊修理部

洗浴店有

骊祥休闲浴馆	中骞浴池	金鑫浴池
火车站站前浴池	鲁长兴浴池	上呼兰杨清林住宿洗浴

美容美发店有

丝露花雨美发	创意美发沙龙	雨竹发艺
真美美发设计	发之典形象设计	郁美思美发
天乙发廊	名仕美发	天姿发屋
姐妹美发店	迎宾美发馆	东方美发厅

此外，还有每周一次的循环流动商业贸易大集，遍布全局各单位及场点，满足了桃山林区职工群众的生产、生活需求。

第九篇

基础设施建设

第一章　基本建设

第一节　机　构

1979年，桃山林业局根据事业发展需要，成立城镇建设管理处，下设木工组和瓦工组及马车队。1983年，城建处扩大机构，下设财务、材料、房产管理、环保股、生产股、维修队、汽车队、知青队、卫生队。

1985年，由城镇建设管理处改为环境保护公司，下设财务、材料、后勤、生产股、汽车运输队、房舍维修队、环保股、房产股、农场、集体经济管理站（知青队）、卫生队、市政小分队。

1986年，环境保护公司改为城镇建设环境保护管理处，下设财务、材料、环保股、房产管理、市政卫生监察大队、汽车队。1997年8月，基本建设工程处解体，与城镇建设环境保护管理处合并机构。

1999年10月，增加机构设立桃山林业地区房地产管理处。

2004年，设立桃山广厦物业有限责任公司和桃山宏诚房地产开发有限责任公司。10月，设立铁力市城管监察大队桃山中队，隶属铁力市、桃山林业局双层领导，职责综合执法。设立铁力市房地产管理处桃山房产管理所，隶属铁力市、桃山林业局双层领导，职责山上、镇内房产管理。

2005年7月，由于全局“4050”人员下岗后，要求二次上岗，经林业局申报，伊春市劳动保障局批准，组建公益岗位编制，设立公益岗位卫生二队，职责是山下各居民委环境卫生清理。

城镇建设环境保护管理处，是桃山地区小城镇生产、生活、交通环境的主要服务窗口，一套班子多层多项服务职能为一体的组织机构。

第二节　队伍与设备

一、职工队伍

全局在册人数496人，其中：党政工6人，财务2人，政工1人，房产2人，环保1人，材料1人，综合1人，开发业务1人，后勤2人，物业6人，祭祀堂2人，城管中队12人，卫生队31人，车队7人，公益岗位84人，离退休234人，社救人员103人。

二、机械设备

悬挂式自卸垃圾车2台，东风金刚翻斗垃圾车2台，东风吸粪车1台，解放水车1台，30铲车1台，三轮压路机1台，路灯维修升降车1台，草坪剪草机1台，监察用微型车1台。

第三节　城镇建设

桃山林业局坐落在伊春市境内，是国家最早建立的野生动物饲养狩猎场、国家森林天然公园、省级名胜风景区。旅游资源丰富，自然景观优美，有较高的生态、科研、历史文化和艺术观赏价值。城镇建设要随之加快发展步伐，一切从局情出发，从实际构思合理布局，以投资少、效果好为目的，确保生产、生活、交通、商贸、医疗、娱乐相互连接，兴建起一个自然与环境和谐的建筑群体。

1986—2005 年，桃山林业局先后多次对全局城镇建设进行规划。经过研究，道路修建主要是改变原有的不合理布局，局址道路兴建第一道街主街道、第二道街主街道、第三道街主街道，横向三条街道。同时，对原有的单位或个人住房进行搬迁改造，与横向三道街相匹配，形成纵横各三条路，称为“三纵三横”。经过多年的努力，街道整体布局趋于合理。房地产开发也按照道路走向稳步实施，为城镇建设的长远发展打下良好基础。

2000—2005 年桃山林业局房产开发统计表

表 9-1-1　　单位：平方米

街道名称	建筑名称	面积（平方米）	建筑层数	施工日期
振兴大街	高文商服楼	4626	4	2000 年 6 月
振兴大街	陈福集资楼	4240	4	2000 年 5 月
振兴大街	局百货改商服	987.4	2	2001 年 10 月
振兴大街	局食品改商服	1125	2	2001 年 10 月
迎宾路	商场	2600	2	2002 年 6 月
振兴大街	农行商服楼	2482	4	2002 年 7 月
旅游路	客运商服楼	3538	4	2003 年 5 月
振兴大街	中骞一号楼	5984	4	2003 年 6 月
振兴大街	建行商服楼	3870	3	2003 年 5 月
迎宾路	交警队商服	7280	4	2003 年 5 月
站前广场	商城	10640	3	2003 年 7 月
振兴大街	中骞二号楼	6545	5	2004 年 5 月
振兴大街	林业一号楼	10422.43	6	2004 年 5 月
振兴大街	李俊宏商服	3042	3	2004 年 6 月
振兴大街	林业二号楼	5455.46	5	2004 年 7 月
旅游路	中骞商务酒店	4944	5	2004 年 7 月
振兴大街	局办公楼改商服	3461.2	2	2004 年 8 月
站前广场	供销商服	4768	2	2004 年 8 月
健康路	电力商服楼	1624	2	2005 年 6 月
振兴大街	刘宝山商服	1422	3	2005 年 7 月
建筑面积合计		89056.49		

一、亮化工程

1986年，由于当时桃山林业局的街道均是沙石路，家属区道路泥泞难行，特别是晚上，人、车都存在行路难的问题。运材或经商用车行至家属区时，常因路窄出现刮车现象，群众有怨言。面对这种情况，林业局多次召开会议研究决定，在拓宽道路的同时，千方百计地解决群众夜间行路难问题。在学生上晚自习经过的路段安装路灯，对于治安方面常出问题的地方安装路灯，对于雨天泥泞难走的地方安装路灯，方便人、车通行。路灯安装后，百姓反映很好，民心工程见到了成效。后来，随着道路的升级改造，公路修到哪里，路灯安到哪里，逐步向普及方向发展。随着基础设施资金投入的加大，在安装路灯的同时，还为人行道路铺设彩砖，方便中老年人出行，也为美化城镇环境增添了亮丽风景。

1997年，桃山城镇面貌进入大规模的发展阶段，林业局对夜景灯光生活环境每年都在逐步改进完善。在主街振兴大街，借用电力高压杆安装了34盏路灯，才使桃山街道有了光明。

1998年在旅游路汽运处至三公里半路段，借用电力高压杆安装路灯48盏，解决了职工夜间出行困难的问题。

2000年，振兴大街路面改造后，相继把路灯换为铁杆式路灯。

2002年，主要街道改造后将振兴大街路灯改为对称安装38根铁杆38盏灯，38组彩灯，38个灯光广告牌，迎宾路由原有的17杆20盏增加到24杆32盏，并增加九空霓虹灯和一座彩灯大门。

2005年在健康路、工程街安装单杆双盏路灯，油库至薄木公司工厂路安装10杆10盏路灯，先后在先锋路、文化街、便民路等家属区安装了路灯。同时，在外环旅游路火车道口至桃兴大桥路段安装铁杆路灯26杆26盏。为进出桃山的车辆夜间通行创造方便条件。

2005年桃山林业局街道路灯设施一览表

表9-1-2

街道名称	杆数	灯盏数（盏）	彩灯（组）	霓虹灯（空）	广告牌（个）
振兴大街	38	38	38	—	38
迎宾路	24	32	彩灯大门	9	22
健康路	12	24	中华灯二组	—	—
工程街	11	22	中国结33个	—	—
旅游路	54	54	纱灯156个	—	26
工厂路	10	9	—	—	—
文化路	14	7	—	—	—
先锋路	24	12	—	—	—
便民路	12	12	—	—	—
八委	—	3	—	—	—
三委	2	1	—	—	—
二中	—	1	—	—	—
站前广场	6	36	—	—	—
自来水路	4	2	—	—	—
园路	15	30	太阳灯一组	—	—
合计	226	283	227	9	86

二、城镇排水排涝

（一）排水设施在洪灾中损毁严重

1996年7月29日晚23点40分左右，发生特大洪水，把二公里以北、铁道线以南变成一片汪洋。一至四委水位达到屋檐以上，铁道线南低洼地段水位达到1.5米以上，河心岛沿泻浪河道建的十几栋砖瓦房顺水相继倒塌消失，体育馆前的七栋砖瓦住宅随浪而飞。原25米长的泻浪桥一夜之间形成一百多米宽的水廊，呼兰河大桥的桥墩倾斜，来往行人、车辆、往返学生、上下班职工只能两岸相望，只见影不见面，南北交通路断，这场浪峰持续两天半才逐渐退落，百姓财产损失严重，处于瘫痪状态。市场物价，4元钱一公斤的大果子敢卖10元一根，15元一箱的方便面竟卖到55元。原有的排水设施在洪灾中损毁严重。

灾情发生后，林业局和上级部门积极想办法，为受灾居民和职工捐款捐物，共同渡过了难关。通过吸取这次洪水带来严重灾情的教训，林业局在1997年，投入了大量的人力物力，将呼兰河沿河流两岸加高加固5370米的大堤，同年修建了65米长的抗洪桥（现桃山大桥），整修了街道，疏通了排水沟，安置了灾民住房。

（二）镇内排水排涝

局址内已建成部分合并流量式地下排水管线，截至2005年年末各主要街道铺设地下排水主管道3309米，管径为800～2500毫米，管材为钢红砖管，排水管线开挖填埋深度2.0～2.8米。

涵管式地下排水沟管线表

表9-1-3

街道名称	管线长（米）	检查井（个）	备注	施工日期	管线长（米）
振兴大街	297	6	桥西道南	2002年7月	297
	283	5	桥东道北	2002年9月	283
	30	1	桥西道街	2003年1月	30
	1390	22	商城至八委	2000年6月	1390
迎宾路	580	11	桥南至宾馆	2002年8月	580
工程街	466	12	路北一侧	2005年10月	466
健康路	575	8	路东一侧	2004年7月	575
合计	3621	65			3621

2002年6月将三委家属区3599米排水沟改为红砖砌沟槽。2002年7月将二委家属区2333米排水沟改为红砖砌沟槽。2003年7月至8月将八委家属区2760米和十七委文化街排水沟改为红砖砌沟槽。2004年7月将十二至十四委排水沟2141米改为红砖砌沟槽。

第二章　城建环保

第一节　机构设置

1986—1999 年，桃山林业局成立环境保护办公室，领导卫生队人员搞好环境卫生的清理工作，后来，增加了小型拖拉机等设备，担负起环境治理任务。

2000 年，桃山林业局专门成立城镇建设环境保护管理处（简称：城建处），书记王初东，主任栾亚民，生产城管副主任翁树明，房产后勤副主任李桂林，工会主席关立军，房产开发经理张志文，房产股长冯学刚，环保股长陈福堂，财务股长李玉玲，市政卫生监察大队长马贵清，负责卫生管护和清理工作。

2005 年城管中队设立队长孙佰玲，设立综合股长马贵清，汽车队长王金才。同时配备垃圾运输车，卫生清理形成常态化。

第二节　房地产管理

一、房产管理

（一）房屋建筑

全局共有房屋建筑总面积为 583897.5 平方米。其中：公产房面积：70301.86 平方米，私产房面积：455235.64 平方米，楼房 52 栋，建筑面积：58360 平方米。

1988 年至 1990 年在十八委河心岛新建职工住宅楼 7 栋、210 户，建筑面积为 12600 平方米。

（二）开发建设

2004 年 4 月，林业局设立桃山宏城房地产开发公司，同年开发建设经济适用住宅楼两栋，建筑面积 15877.89 平方米，187 户职工的住房条件得到了有效改善。

二、住房制度改革

1986 年下发了《桃山林业局关于坚决禁止私建滥建房屋通知》的通知。

1989 年制定了桃山林业局公有房产管理暂行办法。

1990 年制定了《桃山林业局职工建筑私有房管理办法》的通知。

1991 年 11 月桃山林业局下发《桃山林业局住房制度改革方案》和《桃山林业局住房制度改革方案实施细则》，并设立了桃山林业局住房制度改革办公室。

1991 年下发了《桃山林业局危房改造实行统建商品房管理办法》的通知。

1995 年根据黑龙江省森林工业总局文件：“森工在城市（包括建制镇）规划区以外、自成体系部分的房屋产权产籍管理工作，委托森工系统管理。”至此，建制镇以外房地产管理工作，由桃山林业局负责。

1997 年下发了《桃山局关于房屋产权登记和核发房屋所有权证工作》的通知。

2000 年下发了《桃山林业地区房地产开发经营管理办法》的通知。

2001 年下发了《桃山林业地区房地产市场评估管理暂行办法》的通知。

2004 年关于城镇规划、房地产管理、市政城管监察桃山林业局与铁力市人大和有关部门举行会议，正式办理交接业务等事宜。

至 2005 年年底，全局参加房改户数：5635 户，建筑面积 244432.022 平方米，回收资金 20617239.06 元。

第三节　环境建设

一、城镇道路

桃山林业局从 1999 年开始，组织力量开展城镇道路建设，到 2005 年年底，山下区域路面总长度 20260 米，路面总面积 158216 平方米。其中白色路面长 4928 米，白色路面面积 44764 平方米；黑色路面长 10404 米，黑色路面面积 68688 平方米；沙石路面长 4928 米，沙石路面面积 44764 平方米。

为加快桃山林区城镇建设发展规模，林业局依照桃山地区总体规划的原则，于 2000 年制定了区域主要街道建筑红线标准。

2000 年桃山区域主要街道红线确定标准统计表

表 9-2-1　　单位：米

街道名称	起点——终点	红线宽度	路面度	路面长	路面结构
振兴大街	火车站—建行商服	44	11	580	柏油
	建行商服—丁字路	44	11	691.4	砼
迎宾路	旅游路—宾馆	30	10	758	砼
健康路	振兴大街—旅游路	30	7	528.4	砼
工程街	迎宾路—旅游路	30	6	700	砼
旅游路	专用线—桃山大桥	44	9	2146	砼
旅游路	桃山大桥—检查站	30	7	3364	柏油
旅游路	检查站—桃东水库	30	6	5420	柏油
桃铁路	铁力南道—旅游路	30	6	—	柏油
通河路	站前广场—地税局	10	9	105	砼
文化街	旅游路——中木器厂	10	5	505	砂石
便民路	桃铁路桥头—十三委	10	6	1191	砂石
先锋路	一校东道口—南河堤	10	6	977	砂石
桃山街	酱菜厂—采石厂道口	10	6	950	砼
新政街	镇卫生院—镇政府	10	6	540	柏油
铁道路	铁道口—木器厂	10	6	530	砂石
工厂路	油库—薄木公司	30	6	500	柏油

林业局在新起点上抓机遇，谋求新发展，打开新局面，重振桃山精神、重塑桃山形象、重造桃山品牌、重铸桃山辉煌下功夫，紧紧围绕着稳定与发展，构建平安和谐桃山为主题，以加快林区基本建设基础设施为战略，把镇区街道全部提档升级改造，变成具有林区特色的文明城镇。

2000—2004 年桃山地区城镇街道主干道统计表

表 9-2-2 单位：米、平方米

街道名称	路面结构	路面长度	路面宽度	路面面积	公共面积	施工日期
振兴大街	混凝土	691.4	11	7605	22.018	2000 年 6 月
振兴大街	柏油	580	11	6380	17637	2002 年 8 月
迎宾路	混凝土	587	10	5870	13370	2002 年 6 月
迎宾路	混凝土	171	10	1710	3134	2004 年 8 月
工程街	混凝土	700	6	4200	7700	2004 年 6 月
健康路	混凝土	528	7	3696	7464	2005 年 7 月
旅游路	混凝土	2146	9	19314	11050	2003 年 8 月
旅游路	柏油	3364	7	23548	16848	2003 年 8 月
旅游路	柏油	5.42	6	32.52	—	2004 年 10 月
工厂路	柏油	500	6	3000	—	2004 年 6 月
先锋路	沙石	977	6.5	6351	—	2002 年 6 月
文化街	沙石	505	5	2525	—	2003 年 8 月
便民路	沙石	950	5	4750	—	2004 年 10 月
桃山街	砼	950	6	5700	—	2007 年 6 月
新政街	柏油	540	6	3240	—	2006 年 7 月
通河路	混凝土	105	9	945	—	2003 年 6 月
通河路	沙石	500	6	3000	—	2004 年 10 月
合计	—	13799.82	126.5	101866.52	77225.018	

2000—2005 年，林业局对镇内各主要街道基础设施，进行了全面改造，将振兴大街、健康路两侧人行道、迎宾路农业银行以南铺装彩砖，振兴大街、健康路两侧路边石改换花岗岩条石砌筑，各道口采用加厚大强度彩砖铺设。

家属区街道：2001 年之前，家属区街道居民出行难问题十分突出，尤其是十二至十四委、铁道北九至十委、水湿营一至四委，晴天一身泥，雨天蹚河过，人称烂泥洼贫民区。2002 年起，林业局对家属区各条主干道、巷道开始逐年进行路面升级改造，对二委、三委、五委、六委、八委、十二委、十三委、十四委、十七委、文化街、便民路，用砖砌排水沟槽，方便居民生产生活和交通。城建环保处为居民出行方便，有一个清洁舒心的卫生环境，建立了一支不怕脏不怕累的专业队伍，专项承担街道卫生清理、排水沟疏通、路面养护工作，群众称城镇管理为民生工程。

2005 年，城建环保处对山下 20 个居民委进行了大规模的普查测绘，为林区城镇开发和经济发展提供了准确的基础数据。

2005 年桃山林业局各主街道铺装彩砖情况一览表

表 9-2-3

单位：平方米

街道名称	彩砖位置	面积	街道名称	彩砖位置	面积
振兴大街	人行道	5084	站前广场	广场北侧	1745
	李俊宏楼前	3226	振兴大街	一校楼北	723
	网通门前	36		邮政门前	46.5
	建行商服	1580		农行商服	314
	检察院前	773	迎宾路	老干部院前	870
迎宾路	云海月前	856		二楼前	534
振兴大街	大众商场	989		交警大楼	606
	医院楼北	817		老局商服	1624
	镇商服前	1032		科技旧楼	587
	林业一号楼	2166		林业二号楼	1254
	中骞一号楼	1680		中骞二号楼	1013
旅游路	客运商服	480	迎宾路	炖菜馆前	400
健康路	人行道	1952	健康路	局广场	5015
	局健身场地	414	河心岛	健身场地	100
	镇商服楼东	116	七委	二号楼后	800
	一号楼院内	2800	振兴大街	李洪凯楼前	500
八委	骊祥浴池	120	合计		43279.5
振兴大街	桃山公园	1060			
公园路	医院楼北	817		老局商服	1624

2001—2005 年家属区街道改造情况表

表 9-2-4

居民家属区街道逐年改造情况									
街道名称	委别	路面长（米）	面积（平方米）	水沟（米）	砖沟长（米）	红砖量（块）	涵管（节）	砂石料（平方米）	改造日期
	2	1163	5832	2333	2333	2333	33	410	2002.7
	3	1800	9000	3599	3599	193700	45	630	2002.6
	8	2320	11821	2760	2760	140000	68	830	2003.7
文化街	17	505	2525	1100	1100	51600	22	176	2003.8
先锋路	1、4	977	4885	1900	—	—	62	342	2002.6
铁道街	9、10	530	3110	840	—	—	15	2488	2003.7
二中道	16	447	2200	597	—	—	19	110	2002.7
家属楼	18	420	2520	840	—	—	4	170	2003.6
便民路	12、14	1191	5955	2141	2141	139200	124	840	2003.7
河心岛	18	1125	5600	1355	—	—	67	998	2004.7
	1	633	3165	1010	—	—	5	—	2005.5
	4	2560	12800	2749	—	—	8	—	2005.7
	5	802	4010	1572	1572	58200	12	602	2005.8

二、环境卫生

1983 年林业局组建卫生清扫队，负责镇内主要街道和家属区的卫生清扫工作。清扫总面积 515941 平方米，其中镇内道路 113890 平方米，旅游公路 56068 平方米，家属区街道 345983 平方米。

1997 年 9 月 1 日设立城建市政卫生监察大队。

2004 年 10 月城建市政卫生监察大队更名为城建环保处卫生队。城建环保处是桃山林业地区小城镇的一个主要服务窗口，“理千家事，分万家忧，为生产生活服务，为人民造福”是环卫工人的宗旨，治理环境卫生是环卫工人的义务和职责，“宁愿一人脏，换来万人洁”是环卫工人的时代精神。卫生队坚持环境卫生效益、经济发展效益、社会和谐效益相互统一的原则，统一布局、分段包干、定岗、定编、定责任，道路清扫按标准作业，垃圾定点定时随见随清，达到日产日清。为实现桃山城镇绿化成荫，亮化成型，美化完善的清新环境，环境卫生工作在持续发展中。

桃山林业局城镇街道三纵三横主干道清扫统计表

表 9-2-5

街道名称	结构	长（米）	宽（米）	面积（平方米）	清扫面积（平方米）
振兴大街	混凝土	691.4	11	7605	29623
振兴大街	柏　油	580	11	6380	24017
迎宾路	混凝土	587	10	5870	13370
迎宾路	混凝土	171	18.3	3134	3818
工程街	混凝土	700	6	4200	7700
健康路	混凝土	528	7	3696	7464
旅游路	混凝土	850	9	7650	11050
旅游路	混凝土	1296	9	11664	16848
合计		5403.40	81.3	50199	113890

说明：1. 振兴大街：起点丁字路，终点火车站
2. 工程街：起点交警队道口，终点旅游路
3. 旅游路：起点铁道口，终点油库
4. 迎宾路：起点旅游路，终点宾馆大门
5. 旅游路：起点油库，终点桃山大桥头
6. 健康路：起点医院北道口中，终点局大楼北旅游路

2002—2005 年桃山林业局垃圾积雪清运统计表

表 9-2-6　　单位：吨

年份	垃圾产生量	垃圾清运量	处理率（百分比）	积雪车数	积雪量
2002	29316	24636	81	2304	11520
2003	36930	24620	85	1205	4820
2004	24070	21690	89	1263	5082
2005	27100	24930	92	1533	6132

说明：1. 垃圾场：位于桃东林场 254 林班，面积 2.5 公顷
2. 春季讲三无：路面无垃圾积土，路面无牲畜粪便，路面无积水污染
3. 夏季讲三好：环境卫生治理好，花草树木看护好，卫生设施利用好
4. 秋季讲三勤：树叶落地勤净，秸秆运输勤扫，蔬菜垃圾勤清
5. 冬季讲三净：垃圾污物清运干净，渗井冰雹处理干净，路面积雪铲除干净

三、环境保护

1981 年，林业局设立环保科，1983 年，林业局成立城镇建设管理处时，环保科隶属城镇建设管理处管理。

环境保护是国家的一项基本国策，城镇建设管理处严格执行《中华人民共和国环境保护法》和其他地方法律、法规，重点负责桃山林区污染源防治，城镇环境的综合治理，严格控制废水、废气、废渣、城镇噪声、水资源污染。对镇区所有生产型和经营加工型的工厂，积极开展综合教育和整改工作，定期监察考核废气、废水、废渣达标排放情况，特别注重桃山镇内生活饮用水质量要达到 100%，地表水质量要达到 60%，工业废水处理率达到 80% 以上，工业废气处理率在 90% 以上，工业废弃物综合利用率达到 60% 以上，镇内空气环境质量控制在二级标准以内，环境噪声平均值控制在 55 分贝以下，努力打造桃山生态环境示范区，以优化环境质量，完善基础设施，提高林区品位，塑造林城特色，实现人与自然环境和谐发展。

1992 年 6 月成功举办了全局中小学生环境保护知识竞赛活动，做到了从小抓起，从学生思想素质引导，重视水资源环境的重大意义，同时制定了呼兰河水保护方案，清理了一大批沿河两岸的污染企业，保护了呼兰河水质。

1996 年林业局改扩建了自来水厂，增加了水净化设备，达到了生活饮用水质的标准。

2005 年加强环境保护综合治理工作，定期检查考核，严格执行“三同时”制度，杜绝新污染源的产生。

四、园林绿化

根据桃山林业局城镇绿化规划，园林绿化进入高层次实施阶段，绿化方式以多种树为主，体现林城自然景观，自 2000 年开始进行大面积园林绿化，一个优美的生态环境已经遍布在林城内外。林业局每年投入相应的人力、物力、财力，加快提升城镇绿化覆盖率，城建环保处每年精心组织布置安排，设专人专项管理看护、扶育、浇水、修剪、种植，成活率达到 90% 以上。绿化以多种树为主，高低错落有致，形成一个园林绿化整体效果好、品位高、生态和谐的景区。

桃山林业局主街道绿化一览表

表 9-2-7

单位：株、平方米

街道名称	树种	株数	草坪	街道名称	树种	株数	草坪
振兴大街	核桃楸	189	333	局址广场	桦树	53	—
振兴大街	樟子松	188	150		山槐	49	3948
振兴大街	红松	2	688		柞树	14	—
迎宾路	云杉	140	622		水曲柳	29	—
迎宾路	银翘	180	—		色树	47	—
工程街	垂柳	198	—		黄波罗	39	—
健康路	垂榆	173	—		核桃秋	47	—
健康路	云杉	25	—		红松	100	—
工程街	云杉	9	—		山丁子	19	—
工厂路	银中杨	265	—		沙蜡球	17	—
旅游路	红松	37	—	振兴大街	一校花池	—	356

续表 9-2-7

街道名称	树种	株数	草坪	街道名称	树种	株数	草坪
旅游路	银中杨	518	—	防火办门前	—	—	100
旅游路	云杉	330	—	公安局	—	—	1200
旅游路	连翘	693	—	迎宾路	五角戚	65	—
旅游路	灌木	4783	—	桃山公园	分种树	1100	—
旅游路	垂榆	370	—				
旅游公路	银中杨	1484	—	合计		11163	7397

第三章　林区公路管理

桃山林业局南部林场共有林企公路144公里。由林业局公路管理处负责管理，养护。其中：原起点汽运处至桃东林场的5公里沙石公路，已于2003年10月改建为沥青路面。南线沙石公路的起点为桃东林场的五公里，五公里—奋斗43.5公里、十六—跃进24公里、上呼兰—新兴7公里、小东沟11.5公里、南河—跃进12公里、跃进—神树12公里、柳河12公里、五公里—春光4公里、春光—柳河13公里。其中：干线20公里、支线71.5公里、岔线47.5公里。中小桥37座，其中：中桥5座、小桥32座。涵洞182道，均为圆管涵。

第一节　公路养护

在公路养护上，1986年公路管理处的养护方式是集中车辆备料，养路工人分段承包，装车工是计件工资，养路工是固定工资。大修队负责桥涵维修工作。

1993年公路养护为养护工人自行备料、自行养护的方法，由于资金的情况，公路养护质量有所下降，林业局实行夏季停运的方法来减少对公路的损坏。

1998年，公路养护实行季节性养护，人、机采用雇用方式。

2005年，林业局加大了设备投入力度，在经济困难的条件下购置了小型刮道机、挖掘机，公路养护效率和养护质量有所提高。为保证交通安全，林业局还对多处的危桥、危涵进行了维修、维护。

第二节　路政管理

桃山林业局公路管理处下设路政股，负责路政管理工作。巡回看护管理的方法。对雨天公路上的车辆进行限制性通行，保证公路不被严重损坏。重点对所管辖区公路的路面、桥梁、涵洞，公路用地范围内的边坡、路标、排水以及公路两侧的花草树木进行看管等，并定期对路面进行推测，按时对桥、涵检修，在不影响公路正常通车的情况下，保证公路的质量。

第四章　供电　供热　供水

第一节　供　电

桃山林业局热电厂，始建于1980年。当时，由于桃山林区开发建设和经济社会发展的迫切需要，经请示省森工总局，伊春林业管理局批准，桃山林业局建一座发电能力为3000千瓦的火力发电厂。当年8月开始筹建，购置设备：20吨锅炉一台，汽轮机一台，历经2年紧张施工，于1982年7月正式发电。建筑安装费用投资408.7万元，设备购置投资169.9万元，总投资578.6万元。

1983年11月，为满足经济社会发展和职工群众生活对热力的需求，发电厂实行电热联供。

1997年7月，全省国有电网向小兴安岭林区大幅度、高强度、快速度延伸覆盖，桃山林业局首先是山下地区而后是所有山上林场所，全部接通国网电，桃山林业局结束了自备火力发电，开启了由绥化电力局、铁力供电局直供全局国网电的历史，原热电厂转制为专营热力生产销售的热力公司。

1986—1997年桃山林业局电力输出一览表

表9-4-1　　单位：千瓦时

年度	发电量	厂用电量	生产用电	外援电量
1986	18780	3305	9578	
1987	21177	3739	11605	
1988	21116	2872	7552	200
1989	21092	2726	9894	1613
1990	19610	2758	10771	965
1991	21621	2993	10612	511
1992	25272	3665	11510	586
1993	28802	3750	11410	1008
1994	26249	3043	7932	3647
1995	25587	4879	6475	2462
1996	23778	4787	5313	
1997	8874	2355	1668	

1986—1997年桃山林业局电费、供热费收缴情况

表9-4-2 单位：元

年度	电费	供热费
1986	2596536	607002
1987	2713459	857658
1988	2813757	799062
1989	3592799	979942
1990	3097981	1116509
1991	3448051	1154524
1992	4453618	1017685
1993	4088553	960638
1994	4232789	1045361
1995	7056269	1253768
1996	5023437	1085477
1997	3341049	911717

第二节 供 热

桃山林业局热力公司前身为桃山林业局热电厂，始建于1980年。1997年7月，全省国有电网向小兴安岭林区大幅度、高强度、快速度延伸覆盖，桃山林业局全部接通国网电，桃山林业局结束了自备火力发电的历史。因此原热电厂转制为专营热力生产销售的热力公司。主要设备在原有两台20吨蒸汽锅炉基础上通过换热器实现汽热转换实施供热，供热最大半径1.5公里，管网总长13.1千米，供热总面积8.7万平方米，周期原煤消耗1.1万吨。2003年，为优化热力生产和供应管理水平，提高供热质量，降低物质消耗和生产成本，林业原发电厂址及设备用于供热。

2005年供热建筑面积90529平方米。设供热站五处，其中1号站（中心区）配置2台6吨热水锅炉，配备人员24人，供热面积56529平方米。2号站（河南区）配置2台4吨热水锅炉，配备人员13人，供热面积21000平方米。3号站（一中区）配置1台2吨热水锅炉，配备人员9人，供热面积13000平方米。4号站（宾馆）配置1台热水锅炉，配备人员7人，供热面积8200平方米。5号站（产供销基地区）配置1台热水锅炉，配备人员7人，供热面积3500平方米。供热半径1.5公里。供热范围包括局址中心局属企事业单位21个，林业局居民383户，个体、集体业户54户，供热总面积94029平方米。每年供热期自10月15日起，至翌年4月15日。一个供热周期180天。每年自10月10日起开栓试水至供热期开始正式标准化供热。每周期消耗原煤9690吨，收缴热费197万元，供热总成本495万元。

1998—2005年供热材料、燃料消耗一览表

表 9-4-3

年度	材料消耗（元）	煤耗（吨）	总成本（元）
1998	537065	5430	5832066
1999	655262	11937	3919619
2000	391577	10837	3666366
2001	356880	961603	3499049
2002	521489	10548	3601490
2003	149873	9515	2696147
2004	68060	7589	2787866
2005	126951	10526	4187645

供热费收缴情况为1998年1293782元；1999年1383029元；2000年1409997元；2001年1456283元；2002年1328863元；2003年144817元；2004年1201965元；2005年1848630元。

第三节 供 水

桃山林业局山下单位居民供水均由自来水公司负责。自来水公司位于呼兰河沿岸，林业局局址中心。1986—2005年，林业局不断加大供水方面的投入，自来水质量越来越好，群众都能吃上放心水。

1960年建局初期，桃山林业局山上山下居民均采用土井或室内铁管井食用地表水。

1980年5月，林业局决定成立自来水站（隶属城建处），同年9月，造价18万元的自来水塔落成（水塔高24米，容积50吨），自来水站的各种设备基本齐全。共有电动机、水泵等配套设备15台，维修用电焊机4台，净化器2台，配电盘2组。减压起动箱2个。

1985年1月，林业局决定将自来水站从城建处分出，变为科级单位，设书记兼站长1人，副站长2人，下设水暖安装段和运行段。到1982年，自来水站共铺设自来水管道15344米，总投资为5704000.00元，供应自来水户数为924户，此外，还负责供给宾馆、招待所、第三中学等26个单位的生活用水，水费收缴标准：职工家属用水每人每月0.20元；公用水按实际计量收费。

1986年，自来水站重新归属城建处，王义双任自来水站站长，下设副站长一人，主管运行组、检修组。同年自来水新建办公室258平方米，投资53000.00元。在原桃林一中西侧建泵房一座，内设过滤罐一个，水泵及电机等配套设备一套。投资80000.00元，铺设一中附近自来水管道3000米，使十六、十七委居民125户吃上了自来水。

1989年万恒达接替站长工作，次年从铁力干馏厂购进过滤设备一套，更换了原有的过滤设备，投资134272.97元铺设自来水管道。

1992年，二公里家属楼建成，同时自来水泵房落成，泵房内设过滤罐1个，水泵及电机等配套设备一套，共铺设自来水管道300米，供给七栋家属楼共210户用水。

1994年，于忠堂任站长工作，水质化验设备齐全，至1995年4月任涛接任。

1996年水厂设计供水能力5000立方米/日，现实际供水为3000立方米/日。林业局址中心区各公共企事业单位及1、2、3、4、5、6、7和8、14、15、16、18居民委部分居民区均使用上了自来水。

火车道北两口深水井供给铁路北侧居民大约 3000 人用水。

1996 年 7 月 29 日桃山遭受特大洪灾，供水系统受损严重。当年，林业局投资 1753295.00 元，重新建泵房一座，水厂设计供水能力 5000 立方米 / 日，水厂内设曝气塔 1 座（为鼓风曝气），水箱一个，过滤罐 4 台，水泵及电机设备一套。四委、十八委自来水管道工程同时开工，铺设了 4474 米，共为 361 户供水。同年 11 月，自来水站重新从城建处分出，成立自来水公司。隶属于林业局的科级单位，设经理1人，副经理1人，时任经理徐庆，副经理李亚林，下设财务股、生产股（主管收费段、检修段、运行段）。

1998 年，孙长海接任经理工作，李岐学、张增权任副经理。同年，由于鼓风曝气的风机不能继续使用，利用现有设备，改造了曝气塔，改为跌水曝气。

2000 年年末，自来水公司人员入股改制为股份有限公司，更名为龙泉供水公司，孙长海为总经理，李岐学为书记，李亚林为副经理。2001 年，为解决水源供水问题，新打大口深水井一座。2003 年 9 月，取消股份制经营，自来水公司重新纳入林业局科级单位。

2004 年，孙伟调入自来水公司接替李亚林任副经理职务。同年，对四委、十八委自来水管道进行了分户改造。

2005 年，公司利用自收资金购建固定资产总价值 24293.29 元，2005 年 7 月购买一台潜水泵，价值 4300.00 元。

自来水公司成立以来共铺设自来水主、支管道 16246 米（其中铸铁管道 3542 米，均为 1982 年所建），入户管道约 23130 米，自来水总用水户数 2313 户，桃山林业局自来水普及率约为 30%。

自来水固定资产投资为 3964949.47 元。

2005 年年底，自来水费收缴标准执行《铁力市收费管理办法》，职工家属用水每人每月 3.00 元，有表户按实际用水量 3.00 元 / 吨计量收费；公共用水按实际用水量 4.80 元 / 吨计量收费。

第十篇

经济发展规划与经济转型

第一章　经济发展规划

第一节　“七五”时期

第七个五年计划时期（1986.1—1990.12），是桃山林业局资源出现“两危”时期，也是桃山林业局经济发展战略和经济体制进一步由旧模式向新模式转换的关键时期。党委、林业局按照建设有中国特色的社会主义林业的总要求和搞活经济、治危兴林的基本方针，以奋发进取的精神和扎实稳妥的步骤，抓好全局各项工作，促使全局经济走上充满生机和活力、富有效率和效益的良性循环轨道。实施“七五”计划之初，林业局利用现有资源条件，在搞好木材生产的同时，积极发展林产工业，组建了林产工业公司，开发了“桃山牌”地板块，实行原料采购内外结合，采用联邦德国进口的先进加工设备，严格按照国家标准组织生产，产品远销哈尔滨、长春、沈阳、郑州、武汉，并通过大连港出口日本等地，获取了较好的经济效益。在发展脱木产业方面，一些单位先后进行了大胆探索，热电厂利用循环热水发展养殖热带鱼产业，取得成功；为发展旅游业，桃东林场开发桃源湖、奋斗林场建设八仙湖、跃进林场开发悬羊峰景区等，利用林区旅游资源、人文观光景点，招揽和扩展旅游生意，增加收入。1990 年 8 月 14—15 日，在桃山林业局第九次党代会上，党委、林业局紧密结合实际情况，在认真总结经验的基础上，提出了振兴全局经济的“14108”发展战略，即：坚持一个指导思想（即坚持以经济建设为中心的指导思想）、实施四个方案（大打企业管理翻身仗工作方案、治危兴林工作方案、企业升级工作方案、搞好企业政治体制改革和经济体制改革工作方案），明确加强企业管理、治危兴林、企业升级、搞好政治体制改革和经济体制改革等 10 项奋斗目标，落实进一步强化局长负责制、搞好企业民主管理、加强企业经济核算、加强企业林政资源管理等 8 项保证措施。在局第九次党代会精神的指引下，全局人民努力实施新的经济发展战略，有力地促进了各项事业的发展。

第二节　“八五”时期

在实施第八个五年计划（1991.1—1995.12）进程中，桃山林业局深入贯彻落实党的十三届七中、八中全会精神和中央工作会议精神，进一步深化改革，扩大开放，以增强企业活力、提高经济效益为中心，突出结构调整和经营机制转换两个重点，挖掘企业内部潜力，先后颁布了局长 1 号令:《关于加强林政资源管理、整顿木材经销秩序的规定》；2 号令:《关于整顿机关作风、严明组织纪律的规定》；3 号令:《关于加强财务管理、严明财经纪律的规定》，推动企业科技进步，加快由粗放经营向集约经营、传统管理向现代化管理迈进的步伐，努力增收节支，实现保正常生产、保职工工资、保税费上缴、保社会稳定的四项目标，把治危兴林事业推向前进，遏制企业经济滑坡，争取更大发展。

第三节 “九五”时期

第九个五年计划期间（1996.1—2000.12），党委、林业局带领全局人民高举邓小平理论伟大旗帜，认真贯彻落实党的十五大、十五届三中全会、中央经济工作会议和省、市重要会议精神，坚持以林为本、多元发展，可持续发展的战略方针，以全面实施天然林资源保护工程为主线，采取超常措施，集中精力，坚定不移地打好资源培育管护、深化企业改革、调整经济结构和强化企业管理四个攻坚战，确定了加快全局经济发展的“5155”工程，即大力发展种植业、养殖业、加工制造业、生态旅游业、矿产开发业等5项龙头产业，建立特色种植基地、养殖基地、北药生产基地、山野菜采集加工基地、生态旅游基地等15个生产基地，带动5项产业的发展，加速全局经济结构调整步伐。一是以大鹅养殖为龙头，建立包括养牛、养羊、养鹿、养鸡、养鸭、养猪及天然养殖林蛙等6个养殖基地，带动养殖业发展；二是以袋栽木耳为龙头，建立平菇、香菇、木耳、金针菇培植等4个种植基地，带动食用菌产业的发展；三是以山野菜加工为龙头，建立1个山野菜培植采集加工基地，带动绿色食品产业发展；四是以平贝种植为龙头，建立平贝、五味子、刺五加等3个药材基地，带动药材业发展；五是以地热开发为龙头，建立1个旅游基地，带动旅游业的发展。由于全面实施新的经济发展战略，推动企业经济冲出谷底，实现快速健康发展；坚持“两手抓，两手都要硬”的方针，切实加强党的建设和精神文明建设，维护政治安定和社会稳定，全面开创全局各项工作的新局面。

第四节 “十五”时期

第十个五年计划期间（2001.1—2005.12），党委、林业局带领全局人民高举邓小平理论伟大旗帜，认真贯彻党的十五届五中全会精神，以发展为主题，以结构调整为主线，以伊春市委九次党代会确定的“四大任务”为重点，以改革开放和科技进步为动力，以提高人民生活水平为根本出发点，紧紧围绕“二次创业，富民兴局”的战略目标，努力构建经济发展新格局；积极推进“两个根本性转变”，切实提高经济增长质量和效益；加强两个文明建设，促进国民经济加快发展和社会事业全面进步。特别是中共十六大以来，坚持以邓小平理论、“三个代表”重要思想和科学发展观为指导，紧紧抓住林业资源型城市转型试点这个千载难逢的历史机遇，坚持以改革开放为动力，以科技创新为支撑，以经济结构战略性调整为主线，认真实施“生态立局”“多种经营兴局”的发展战略，积极培育和保护森林资源，大力发展接续和替代产业，全面建设节约型社会，着力解决资源性、体制性、结构性、社会性矛盾，构建比较完备的森林生态体系和比较发达的林业产业体系，集中全局人民的智慧和力量，整体推进林区经济转型，探索走出一条林业资源型城市生态、经济、社会协调发展之路。第十次党代会确定了《实施可持续发展战略、全面加快小康社会建设步伐》的总体战略构想，要求逐步实现以木材生产为主向生态建设为主导的根本性转变，大力发展替代产业，积极培育、巩固和壮大立局产业，走新型工业化道路，全面、协调、快速可持续发展和社会进步，以保护培育森林资源为重点，在发展民有林上搞突破，实现青山常在，永续利用；积极发展替代产业，发展立局项目，培育新型支柱产业，明确提出实施以五味子为龙头的北药开发战略，实施以玉石为重点的建材业开发战略，实施以生态旅游为特色的旅游开发战略；发展畜牧业，搞好特色养殖，培育壮大新的经济增长点；发展非国有经济，创新机制，深化配套改革；竭诚为职工办实事，在解决职工关心的热点难点问题上搞突破，全力维护社会稳定；在城镇建设和局（厂）务公开上搞突破，全面加强企业政治文明和精神文明建设，并且确定了“十化”（即城镇布局整齐化、居民住宅楼房化、庭院环境花园化、城内处处园林化、城区主道硬面化、林城风格特色化、种养基地规模化、立局项目产业化、社会成员文明化、努力奔向小康化）的发展方向和奋斗目标。

“十五”期间，桃山林业局经济保持稳定增长。2005年，全局生产总值1.16亿元，年均递增7.8%。

2001—2005年，森林资源得到有效保护。林木年生长量由37万立方米增加到40万立方米，森林总蓄积量由728万立方米增加到970万立方米，森林覆被率达到79%，人工林累计保存面积达到55779公顷。

“十五”期间，全局经济结构调整取得明显成效。初步形成具有比较优势和竞争优势的产业群体，接续和替代产业占GDP的比重达到50%以上，三次产业比例调整为29∶45∶26；非国有经济比重达到95%以上。

“十五”期间，桃山城乡居民生活水平进一步提高。城镇居民人均可支配收入达到2000元；城镇人均住房建筑面积25平方米。

“十五”期间，桃山林业局的社会事业全面进步。干部群众的思想道德素质、科学文化素质、文明程度全面提高。社会保障体系逐步完善，自营经济快速发展，新增就业8000人，城镇失业率降至4%以下。科技进步贡献率达到35%。教育事业有新发展，教师待遇有所提高，师资水平有新进步，在全面普及九年义务教育的基础上，普及高中阶段教育。为今后实现经济持续稳定发展打下良好的基础。

表 10-1-1

1986—2005 年主要经济指标完成情况表

项目	单位	各年实际完成（现价）																			
		1986	1987	1988	1989	1990	1991	1992	1993	1994	1995	1996	1997	1998	1999	2000	2001	2002	2003	2004	2005
一、产业总产值	万元	32580	7886	14659	10407	8997	8965	12445	15895	20231	19051	19335	23403	27286	23639	26001	21653	23052	24910	26086	19425
1. 农业	万元	29209	2872	6078	1204	974	1489	3347	2450	1301	1146	7318	4706	6717	6580	6791	6116	10017	7772	9539	8480
2. 工业	万元	3371	5014	6879	7704	7153	7079	8224	1286	16720	15369	12017	14848	16297	11825	13451	8121	7100	6988	8144	3699
其中：木材采运产值	万元	2453	3962	3769	4019	3045	3519	3600	15895	7440	4075		2864	1968	1006	652	637	32	805	781	883
木材加工	万元	877	705	2276	523	1043	2887	4111	5227	7193	8565		8502	9792	7452	9343	4332	5368	5530	6303	3432
3. 建筑业	万元			609	611	424	27	106	119	238	100		161			60					434
4. 运输业	万元						15	310	171	102	112		661	859	1820	1960	2151	1564	1674	789	120
5. 商业饮食业	万元			1093	888	446	356	457	295	631	767		1782	3413	2523	2655	7448	3625	1466	1314	408
二、木材产量	立方米	201283	303000	270000	250000	210000	170000	150000	145000	150000	130000	120000	93000	60000	27612	20000	19548	1619	19854	19369	20000
三、更新造林总面积	公顷	369	6401	6473	5394	5420	6352	5712	5590	4544	4272		3000	3000	2457	1670	571	485	970	348	349
（一）造林面积	公顷		130	868	949	1821	422	474	1782	2116	2571		1281	2933	1529	1638	571	468	857	348	349
（二）迹地更新	公顷	369	6271	5606	4445	3599	5929	5218	3808	2428	1701		1719	67	928	32		17	113		
四、幼林抚育实际面积	公顷	19424	22873	23040	21636	21109	23098	21166	20364	21302	22156		15008	119		11240	4695	3100	1517	866	809

第二章　经济转型

2005年5月17日，国务院正式批准伊春为森工类型的资源型城市转型试点城市，为伊春林区乃至全国林区探索资源型城市转型开辟了一条新路，这给桃山林业局加快经济结构调整、加速经济转型带来了千载难逢的发展机遇。

第一节　经济转型基础

桃山林业局是伊春林管局下辖的16个林业局中最困难的企业之一，属于典型的资源型林业局。林业局位于黑龙江省中部，小兴安岭西坡南麓低山丘陵地带，位于松嫩平原东部边缘，地势自西向东步步升高，地貌呈起伏状。本地区属铁力市行政区内，东邻带岭林业局，北和铁力林业局接壤，南与兴隆林业局相毗邻，西连双丰林业局。东西宽48.5公里，南北长78.5公里。

桃山林业局施业区总面积为171274公顷，林业用地面积141580公顷，其中有林地面积135616公顷（天然林总面积91896公顷，人工林面积43720公顷）。总蓄积量为634.8万立方米，其中天然林总蓄积量365.5万立方米，人工林总蓄积量269.3万立方米。在林业用地中，通过森林分类经营区划，重点生态公益林面积22581公顷，蓄积量120万立方米；一般生态公益林面积83608公顷，蓄积量303万立方米；商品林面积37078公顷，蓄积量117万立方米。

桃山林业局是黑龙江省森工系统中型企业之一，始建于1960年，全局总人口5万人，下辖40个基层单位，机关科室26个。桃山局自1960年建局至今开发建设44年间，累计生产商品材879.2万立方米，上缴利税7794万元，提取育林费16358万元。在为国家做出重要贡献的同时，也付出了沉重代价和重大牺牲。

由于长期持续的单一的林业生产，超负荷承担国家木材生产和上缴任务，从1985年起，桃山林业局逐步陷入资源危机、经济危困境地。资源性、体制性、结构性、社会性矛盾日益突出，严重制约了经济社会发展。主要表现在：一是可采森林资源枯竭，森林生态功能减弱。长期超量采伐，致使森林总蓄积量由建局时的1842万立方米，减少到1998年第五次经理复查时的508万立方米。二是历史包袱沉重，经济十分危困。资源危机加剧的同时，造成严重经济危困。截至2002年年底，各项拖欠款总计为25312万元，其中：贷款本金10671万元，利息3314万元，应付工资3915万元，应缴税金106万元，应付木材款2387万元，应付材料款2421万元，拖欠原煤款635万元，欠上级管理费70万元，市场交易服务费187万元，差旅费、医药费、独生子女费585万元，应付生产费1021万元。另拖欠职工档案工资25128万元，合计总负债50440万元。三是经济结构单一，改革发展相对滞后。

传统产业比重大，新兴接续产业规模小，非公有制经济发展层次和水平低，单一林业经济、单一全民所有制的经济格局没有从根本上改变。四是就业再就业压力大，社会保障能力差。随着木材产量的大幅度调减，森工企业富余职工比较多需要转岗安置，每年还有新增劳动力需要就业，离退休人员逐年增多，企业的养老金缴费负担过重，许多社会保险项目需由企业缴纳，而企业目前经济状况又难以承担，资金缺口很大，现在岗职工月均工资仅 261 元，人均 87 元，很多职工生活处于贫困线。

近几年来，党委、林业局带领职工群众，认识局情场情，调整完善工作思路和发展战略，以林权制度改革为牵动，加快经济结构调整步伐，对 8 户国有中小企业实施了产权制度改革，改制面达到 95%。在国有经济退出的同时，非国有经济快速发展壮大，到 2004 年年末，全局经济社会发展呈现新的态势，主要表现：一是桃山局非国有经济增加值达到 6971 万元，占林业产业增加值的比重为 94%，已成为经济建设的主体力量。二是创造性实施了天保工程。把木材产量调减到 2 万立方米的定产水平，落实森林资源管护经营承包面积 140907 公顷，封山育林 58240 公顷，实施退耕还林，大力发展民有林，使生物多样性得到有效保护和恢复。积极推进了“严管林”，确定了“三个决不”的原则，并且对圣浪林场少数人毁林开垦案件进行了严肃查处，严厉打击了毁林开垦、滥砍盗伐等违法行为。全面停止了天然红松林采伐，有效保护和恢复了红松林木资源。三是大力发展了非林替代产业和接续产业。经过几年来的不懈努力，已初步形成了以农业多种经营为主攻方向，森林生态旅游、生态畜牧、绿色食品、北药开发四大优势特色产业侧翼迂回的产业发展格局。四是进一步扩大了对内对外开放。坚持引进来走出去相结合的外向带动战略，全面提高了对内对外开放水平和招商引资的层次。特别是在对俄森林采伐、劳务输出、矿产开发等方面的合作取得了阶段性成果。五是加快了城镇基础设施建设步伐。从 2002 年起，先后对通往桃源湖的旅游路和镇内的健康路进行了改造，延长了迎宾路北段，将工程街西段 700 米新建为白色路面。初步形成了镇内“三纵三横”的公路骨架，为城镇建设特别是房地产开发奠定了良好的基础。与此同时，镇内的住宅、供水、供热和通信等基础设施也大为改善。现在桃山林业局已成为集农业多种经营、旅游服务、营林生产、林产工业、森林培育和管护为一体的具有一定规模的森林工业基地。

第二节　转型途径和任务

一、由企业办社会向企业轻装上阵走向市场并成为市场竞争主体转型

积极推进政企分开。积极做好前期各项准备工作，搞好可能分离单位的调查摸底，对人员和设备等底数要清，建立健全各项统计台账，做到专人保管。配合市政府实施的政企分开的实质性动作，加速推进主附分离，使企办教育、卫生等各项社会公益事业从森工企业顺利地分离出来，划归政府管理，使企业能够轻装上阵。认真研究凝心聚力地打造名牌产品参与市场竞争。企业办社会问题解决后，企业真正成了市场竞争的主体，企业就要以自身的产品实力参与市场竞争。桃山林业局要对已有的名牌产品重新打造包装，真正发挥名牌效应。对优势产业要借助多方力量做强做大。同时注意开发打造新的名牌产品，使企业在日趋激烈的市场竞争中占有一席之地。继续实施好林权制度改革。按照国家林业局的要求，积极推进林业产权制度改革试点，在“林地不能逆转、资金不能流失”的前提下，创新国有林区森林资源管理体制，把森林资源管理权从森工企业局剥离出来；探索林地承包经营机制，实行国有林地承包经营和森林有偿流传，充分调动所有者、经营者和林区职工参与林业建设的积极性，优化森林资源、资金、技术和劳动力等生产要素的配置，从根本上解决现有森林资源经营管理在实际工作中存在的森林资源过度消耗、利用效率低下、育林资金投入不足、企业经济负担沉重、林业职工生活贫困、林区社会不稳定等问题，实现森林资源培育发展和保护利用并举，国家、企

业和个人利益共享，生态、经济和社会效益兼顾。活化企业内部运行机制。按照建立现代企业制度的要求，打破计划经济下形成的管理体制和组织方式，逐步建立规范的法人治理结构，加速推进干部制度、人事劳动制度、分配制度改革，实行全员合同制，变身份管理为岗位管理，形成干部能上能下、职工能进能出、收入能高能低的管理机制。

二、由抓生产保生活为主向生态建设为主转型

完全停止木材采伐，全面实施封山育林，积极培育后备森林资源。按照国家林业司“调、停、补、放、促、管”的六字要求，坚持保育并举，加快森林资源恢复。加快更新方式和林种、树种结构调整，培育种苗生产基地，达到年产种苗500万株，增加人工促进天然更新和速生丰产林、针阔混交林营造比重，采取各种有效培育措施，促进林木生长和林分质量提高。大力发展民有林，鼓励各类社会主体投资发展林业。积极发展经济林，通过改培、移植、补植把相对集中连片的山野果、山药材、山野菜转化为天然经济林。同时，利用荒山荒地、退耕还林地加快培育、栽植人工经济林。坚持基地建设与市场需求相结合、与加工利用相结合，鼓励支持企业根据生产需要，创办定向培育、集约经营的原料林基地，加快推进林板、林纸一体化。加快林场（所）调整撤并步伐。认真规划确定中心林场，撤并林场的居民主要向中心林场和局址集聚。建立无人区。在农林交错地带、重点火险区和生态公益林区面积较大施业区内，建立无人区，实施生态移民，将无人区内的林场和行政、自然屯的居民全部撤出，把不适宜分户管护经营的林地全部封起来，把各种人为活动对森林的破坏减少到最低限度，确保森林资源在自然条件下生长发育；加强自然保护区建设。以保护原始红松林的森林生态系统为主，加大桃山国际狩猎场、跃进悬羊峰等景区建设投入，使各级各类野生动植物自然保护区面积不断扩展。以保护松花江支流源头的生态功能作用为目的，建立呼兰河源头生态功能保护区。增强小兴安岭中北部地区蓄水涵养、调节气候的功能。继续推进“严管林”。坚持依法治林，坚决打击盗伐林木的犯罪行为，认真落实天然红松林木停伐的决定，维护“红松故乡”的美誉。严厉打击涉林违法活动，严查擅占、超占和改变林地用途的行为，限期恢复植被，防止林地逆转。加强对山特林特等资源的管理，保护生态多样性，杜绝一切掠夺性开采。抓好森林防火工作，确保不发生重大的森林火灾。搞好森林病虫鼠害测报和防治工作，加强对外来生物的检疫，防止有害生物入侵。

三、由比较单一的林业经济向多元立体型林区经济转型

按照“山上建基地，山下搞加工”的思路，南部以柳河、上呼兰和白河为中心，构建北药种植基地；以跃进、南河、奋斗为中心，构建生态旅游基地；以春光为中心，建立马铃薯生产基地。东部以石长林场为中心，构建畜牧产品加工基地；以圣浪林场为中心，建立原料林生产基地。中部以桃山林业局八公里为中心，建立奶制品、豆制品等加工基地。通过发挥“南东中”三大集聚区的产业集成优势，加快发展农业多种经营、森林生态旅游、生态畜牧、绿色食品、北药等接续替代产业。

四、由基础设施比较落后的林区小城镇向功能齐全的生态园林城镇转型

加快交通、环保、供水和供热等基础设施建设，推进城镇提档升级，全面提高城市品位和功能。坚持经济转型与城镇发展相结合，拓宽投融资渠道，通过招商引资，加快桃山林业局基础设施建设步伐，不断完善城镇功能，努力实现城市发展多元化。一是结合林场（所）布局调整和无人区建设，实施生态移民。二是加快小城镇建设。坚持高起点规划、高标准建设，重点加强小城镇给排水、供热、绿化、污染治理、道路、通信等方面的建设，促进小城镇全面提档升级。出台优惠政策吸引开发商开发桃山房地产，坚持先主街道，后支干路的原则，连片开发，开发一片成一片。突出镇内的绿化风格，每条道路两侧栽植不同的树种，各条街道都有风格各异的绿化景观。综合利用“青山、碧水、蓝

天、绿地”美化家园，逐步把桃山镇内建设成为交通便利、设施配套、环境整洁、景色美好的“旅游度假小城镇”。三是继续加大各林场（所）环境建设力度。把各林场建设成路成方，树成行，灯明亮，人心格外舒畅的生活工作场所。

五、由发展不平衡的林区社会向和谐社会转型

注重协调发展，保持社会稳定，逐步提高人民生活水平和质量。兼顾好各方面的利益关系，高度重视和维护人民群众最现实、最关心、最直接的利益问题。千方百计增加群众收入，注重理顺收入分配关系，维护和实现社会公平。坚持从实际出发，从我们自己能办、能做的事情入手，主要靠发展、靠创业、靠富民解决分配关系问题。落实各项再就业政策，加强服务体系建设，大力发展劳动密集型产品，鼓励支持下岗失业人员自谋职业、自主创业、灵活就业，确保转型期间每年新增就业岗位。健全社会保障体系，加大社会保障资金投入，提高社会保障水平，努力扩大养老、医疗、失业、工伤和生育保险参保范围，逐步提高企业退休人员养老金标准和城市低保标准。加大收入分配调节力度，逐步提高林业在岗职工工资，缩小不同阶层收入差距，努力促进社会公平。健全临时救济、政策扶持、社会互助和家庭保障配套措施。高度重视弱势群体的社会救助工作，深入开展“一帮一”扶贫解困活动，坚持以治本为主，必要的物质帮助与扶持相结合，使贫困职工尽快走出一条自我解困之路。加快教育、文化、卫生、体育等社会事业发展。突出教育优先发展战略地位，进一步加大教育投入，加强教育基础设施建设，全面提升各所学校的办学水平，保障教育公平，办好人民满意的教育。广泛开展全民健身活动，提高竞技体育水平。加强医疗卫生工作，逐步完善救助机制，提高保障能力，保障人民生命财产安全。继续推进精神文明建设。加强社会公德、职业道德、家庭美德和未成年人思想道德建设，继续开展创建“小康之家”、文明社区、文明行业、文明村镇和双拥模范城等活动，不断提高人们的文明素质和城镇文明程度。发展社会主义民主政治，保证人民依法行使民主权利。加强新形势下的群众工作，积极营造平等友爱、融洽和谐的人际环境。认真做好保持社会稳定的工作。高度重视、妥善解决好经济转型期出现的各种社会矛盾，引导群众以理性、合法的形式表达利益要求。积极预防和妥善处置群体性事件，建立维护稳定的各项机制，采取治本措施，及时化解各种不稳定因素。加强普法宣传教育，提高全民法律素质。推进“平安桃山”建设，大力加强社会治安综合治理工作机制，严厉打击各种刑事犯罪和经济犯罪，切实保障人民群众生命财产安全。牢固树立安全第一的思想，抓好安全生产。

第三节　经济转型的保证措施

一、解放思想，转变观念，将思想和行动统一到经济转型上来

引导广大干部群众深刻领会和准确把握国家关于经济转型工作的指导思想和政策措施，克服等靠要思想，积极主动地参与到经济转型中来。把转型的基点定位在自力更生上，发扬“伊春精神”“马永顺精神”和“孙海军精神”，做到依靠不依赖、勤劳不苦熬，永远保持第一次创业时期的那种自力更生、艰苦奋斗、创造辉煌的劲头，不管困难有多大，任务有多重，都要敢于创新，真抓实干，打开经济转型局面，实现新的创业。切实加强转型期思想工作，有针对性地解决好职工群众在经济转型过程中出现的各种思想问题，营造积极向上的氛围，加快推进林区经济转型。

二、实施“科教兴局”战略，为经济转型提供人才保证和智力支撑

按照转型方向，组织有关部门加强与高等院校、科研单位对接，建立开放、稳定的合作关系，

围绕桃山林业局的资源优势，集中力量，组织专家在北药、绿色食品、畜牧养殖、营林培育和管护等重点领域开展联合攻关，使科研院所成为支撑转型的技术创新基地。建立健全有利于科技创新的运行机制、激励机制和动力机制，增强企业主导产品关键技术的自主开发能力、应用高新技术和先进实用科技成果的能力。抓好引进技术的消化吸收和科技成果的推广应用，提高科技成果的转化率。实施稳住、引进与培养并举的人才发展战略，加快实用型人才特别是技能型人才的培训，建设高技能、职业经营管理人才队伍。

三、实施“大项目拉动战略”，用大项目拉动林业经济快速转型

坚持从大项目抓起，强力推进“大项目建设，重点抓好立局建设项目。一是选择好国家重点支持的项目。以经济转型总体规划为指导、以国家产业政策为导向，重点选择以生态建设、资源保护为主的环境保护项目，实现产业置换为主的接替产业项目，从桃山林业局的实际出发筛选项目，从国家确定的产业政策和投资重点来调整项目库，做到超前谋划，重点突出，远近结合，近细远粗；经济效益优先，兼顾社会效益；滚动发展，适时调整，确保项目在关键时能拿得上、用得上。二是组织好项目的实施。对已确立的重大项目实行分工责任制和督办反馈机制，对重大项目建设目标实行细化分解，落实责任，做到一个项目一个班子，一套人马一个方案，务求取得实效。对桃山国际狩猎场改扩建项目、平顶山滑雪场等一批大项目要积极向上争取，力争早日列入省市向上申报项目之中。同时要关注铁通公路的选线方向，确保此条公路从桃山林业局主公路通过，为桃山林业局旅游业的大发展注入无穷的活力。

四、转变职能，创造优良的发展环境

转变机关工作作风，营造廉洁高效的政务环境。机关干部要从实际工作需要出发，深入基层调查研究，主动服务到基层。按照行政许可法的要求，进一步深化行政管理体制改革，加快形成行为规范、运转协调、公正透明、廉洁高效的行政管理体制。营造公正透明的法治环境。进一步改革管理方式，建立权责明确、行为规范、监督有效、保障有力的行政执法体制，坚持实行行政执法责任制和过错追究制，做到有权必有责，用权受监督，侵权要赔偿。进一步完善监督体制建设，提升行政监督效能，充分发挥各方面对行政执法的监督作用，切实维护各类市场主体的合法权益，为经济转型创造良好的文明法治环境。营造安全健康的社会环境。利用各种渠道，各种机会，各种媒介，广泛宣传桃山的地理位置和资源优势、后发潜力、发展前景、投资环境，全方位展示桃山的良好形象，提高知名度，扩大影响力，增强辐射面，吸引和鼓励境内外企业到桃山投资兴业，增强转型力量。

五、落实相关政策争取国家必要的支持

在实施经济转型过程中，桃山林业局从实际出发，认真落实国家和省市各项扶持政策，研究建立资源开发补偿机制，积极对上汇报，争取必要的扶持和帮助。一是争取国家扩大和延伸天保工程。争取专项资金实行全额补助，相应扩大、提高补助范围和标准。争取对桃山林业局调减木材产量减少的收入给予补偿。争取对桃山林业局在农林交错重点火险区、重点生态公益林区建立无人区和调整林场（所）布局等方面给予补助。将剥离企业办社会职能所需资金纳入财务基数，在分离费用基数、分离范围、接收人员和解决历史遗留问题等方面考虑桃山林业历史欠账挂账较多的实际情况，给予政策倾斜。

六、建立推进机制，加强组织领导

实施经济转型是一个涉及诸多方面的宏大系统工程，必须高度重视、精心组织、明确责任、专题推进，扎扎实实地做好各方面工作。为加强对转型工作的领导，桃山林业局成立经济转型试点领导

小组，党委书记、局长任组长，党委、林业局有关领导任副组长，各有关部门主要负责人为成员，统筹重大问题的决策和推进工作。成立专门的经济转型办公室，办公地点设在局计统科，具体负责情况综合、工作协调、政策研究、舆论宣传、信息反馈，形成专门的工作系统。成立 7 个重点工作专题推进组，包括林权制度改革及天保工程扩大延伸专题推进组、招商引资和对俄经贸合作专题推进组、特色种养业产业化发展专题推进组、大力发展非国有经济和职工家庭经济专题进组、转型试点配套政策争取工作专题推进组、大项目建设专题推进组、城市建设及旅游业产业化发展专题推进组。从各有关部门和单位抽调得力人员，分解任务，落实责任，合力推进。

第十一篇

改　革

第一章　国企改革

1984年8月，省森工总局，伊春市委、市政府在桃山林业局进行森工企业局长负责制试点工作，贯彻落实上级颁发的“三个条例”，即国有企业厂长工作条例、国有企业党组织工作条例、国有企业职工代表大会条例。为了搞好这次试点，8月下旬，桃山林业局派出党委副书记、组织部长带队的7人学习考察组，到全国最早实行厂长负责制的大连市，对大连机车车辆厂等十家大中型企业进行学习考察，为桃山林业局搞好企业改革做好各项准备。

第一节　企业自主经营

1984年10月，在综合外地经验的基础上，桃山林业局制定了实行局长负责制工作暂行条例，明确了局长应具备的五个条件，局长的八项权限，局长的九项责任和义务，局长生产指挥系统的八项职责，局长实行民主管理集体议事，重大事项提交职代会通过的决策。桃山林业局开始走上自主经营的道路。初期阶段，林业局企业改革和管理的综合事项，局设有企业管理科、企业整顿办公室、企业改革办公室。

1986年3月，桃山林业局的国企改革由省发展改革委员会指导帮助，省发展改革委员会在桃山林业局建立改革试验区，在春光林场等地建立了农业、多种经营开发试验厂点和小区。探索国有企业实行厂长负责制后，自主经营、自负盈亏。企业形成了以局长指挥为中心，各党务、行政部门配合协作、全局在局长负责制的总体框架下高速运行的企业管理指挥机制，在完善行政指挥系统的同时，对党务工作方面进行大胆改革，党委成立党务工作部，设组织员、纪检书记、宣传员、党务工作部秘书，撤销了原来的组织部、宣传部、党委办、纪检委，人员减少2/3，在企业党务、行政工作改革方面迈出新步伐，为伊春市首家试点单位，确保局长负责制高速运行，至此，桃山林业局企业改革大幕正式拉开。

1988年1月，桃山林业局将体制改革委员会、质量检查科、经济研究室三个部门合并为企业管理处。1990年1月桃山林业局成立综合改革试验区办公室，1991年9月试验区办合并入企业管理处。2001年1月至2005年12月，机电科、技术监督科同企业管理处合并，成立企业管理科。

第二节 建立现代企业制度

1986—1989年，桃山林业局按照国有企业三个条例，实行党委领导下的局长负责制。

一、局长应具备的条件

1986年，依据《桃山林业局局长负责制暂行条例》规定，实行局长负责制。林业局局长作为企业的法人代表，按照有关规定履行对企业的管理职能。

局长应具备的条件：（1）有从事社会主义事业的革命精神，能坚持企业的社会主义方向。（2）熟悉林业生产业务。懂得有关经济政策和法律、法规。善于经营管理，有组织领导能力。（3）廉洁奉公，联系群众，有民主作风。（4）一般应具有大专以上文化水平或者通过国家厂长考试，成绩及格者。（5）身体健康，能适应工作需要。

二、局长权限

（一）局长有企业经营管理决策权和生产指挥权。

（二）局长同企业管理委员会的多数成员在经营管理的重大问题上意见不一致时，局长有权做出决定。

副局长和副局级经济技术负责人，以及副科级以上行政干部的人选方案或选聘办法，由局长负责提出，并征求局党委的意见，副科级以上干部由局长任命，局级行政副职按干部管理权限上报主管部门备案。局长用人时必须坚持德才兼备，任人唯贤的原则。人选方案局长应在倾听各方面意见后，经过充分酝酿后提出。

（四）局长有权按国家规定对职工进行奖惩。

林业局在全面完成生产计划和经济技术指标后，局长对确有特殊贡献的职工可按照国家规定予以晋级。

局长对违纪职工，有权予以行政处分，直至辞退，辞退职工应征求局工会意见。

局长对副处级干部的奖惩、调资、晋级和对会计、统计、审计、质量检验部门主要负责人的奖惩、调资、晋级应按干部管理权限审批。

（五）局长有权拒绝本局或外部任何组织和个人抽调、借用本局人员，无偿占用本局资金和物资及对本局摊派劳务费用。

（六）局长对职工代表大会在其职权范围内决定的事项如有不同意见，可提请复议。复议后仍有不同意见，局长应当按决定执行，同时报告上级主管机关。

（七）局长有国家规定的生产指挥和经营管理工作方面的其他权限。

（八）局长按照本条例规定行使职权时，受国家法律保护，任何组织和个人不得威胁、压制、阻挠和打击报复。

三、局长决策形式

局长对企业生产经营和行政管理工作的决策形式有两种。一是常规决策，通常是由局长主持召开局务会议，由副局长、“三总师”（总经济师、总会计师、部工程师）参加决策。二是设立企业管理委员会，就企业经经营管理中的重大问题协助局长决策。管理委员会由局长、副局长、总工程师、总会计师、总经济师、副总工程师、党委书记、工会主席、团委书记和职工代表组成。职工代表（包括工会主席）的人数一般应为管理委员会成员的1/3。局长任管理委员会主任。

需经管理委员会讨论的重大问题有：1.企业的经营方针、长远和年度计划、重大技术改造和技术引进计划，职工培训计划、工资调整计划、财务决算和自有资金的分配和使方案。2.企业党政群团脱产人员的编制和管理机构的设置与调整。3.重要规章制度的建立、修改和废除。

局长对生产经营中的重大问题进行决策时，实行程序化、制度化。首先由有关部门提出预选方案，由局长向管理委员会提出讨论方案，经过充分讨论和可行性研究论证后，由局长拍板定案。

管理委员会在讨论局长提出的重大问题时，只提出可供局长决策的意见或建议，不做决定。局长在广泛听取管理委员会全体成员意见的基础上，采取最佳方案，作出最后决策。

局长在决策中充分发扬民主，虚心听取管理委员会成员和各方面的意见和建议，集思广益、博采众议，正确行使决策权，防止形式主义的现象发生。

管理委员会全体成员在各司其职、各负其责的同时，要深入实际、调查研究，了解情况，掌握信息，协助局长搞好重大问题的决策。

在管理委员会讨论的企业重大问题中，需经上级主管部门审批的，由局长负责上报，需经职工代表大会审议的，由局长提出。

1990年1月—2005年12月，桃山林业局仍按局长负责制的领导、管理体制运行。党委工作部门撤销了党务工作部，恢复了党委组织部、党委宣传部、纪律检查委员会、党委办公室、党委统战部的建制，配齐了人员，健全了工作体制和机制。

第三节 综合改革试验区

桃山林业局是黑龙江省第六次党代会确定的林业综合改革试验区，并被国家试验区办公室确定为林业综合改革联系点。综合改革试验工作1990年正式启动，按照省委办公厅黑办发〔1989〕32号文件批准的《综合改革试验方案》，自1990年开始，进行了改革试验项目的全面启动运行，结合实际重点抓了理顺管理体制，转换企业经营机制和调整产业产品结构等方面的改革试验。1989年9月，桃山林业局综合改革试验方案经省委批准后，首先成立了试验区工作领导小组，组建了试验区办公室，负责综合改革试验的协调指导、调查研究、信息传递、项目监测等日常工作。1990年到2005年按照每个阶段综合改革试验方案和试验项目的要求，认真抓好改革试验。从调整产业产品结构入手，抓好综合开发利用林区资源的改革。从提高林地生产力出发，改革森林经营方式。从增强企业活力入手，改革经营机制，重点抓了白河林场的改革试验项目。从调整所有制结构出发，发展集体经济、个体、私营、股份合作制经济。从改革科技教育体制入手，大力推进企业技术进步，大力开发新产品，搞好技术改造。深化企业内部的政治体制改革。从产权制度改革入手，盘活企业资产，搞好企业公有住房的出售、转让、承让、承租，发挥现有资产最大效益。从加快培育林木资源入手，推进疏林地管护承包，将桃山林业局可开发利用的荒山荒地、水湿地、疏林地一次租赁给山上山下职工管护承包，林业局负责监督管理。职工可在林内根据立地条件搞林木培育、多种经营、农业生产，职工靠林地创收自养。推行委托经营改革试点，重点抓了木制品公司、木材加工实业公司、物资经销公司、燃料公司、商贸公司的委托经营试验。从分流企业富余人员入手，以产定人，精简分流人员。继续抓好疏林地管护承包和荒山荒地分户经营的改革试验工作。抓好天然林保护工程项目试验。大办旅游业，积极向上级请示拟建国家级森林公园，野生动物饲养狩猎场，山特产品加工厂。建立森林资源经营管护责任区试点。2003年春，进行林权制度改革，2005年归林业局资源科管理，组建资源管理分局。

第四节 经济体制改革

1986年在桃山林业局召开全国八大林区经济体制改革现场会，专门交流了桃山林业局林业经济体制综合配套改革的做法，国有林分户经营承包的改革实践，林区职工个人承包造林地造林的经验，职工个人投资营造长期自费林创办绿色银行的经验。特别是实施“天保工作”以后，实行森林资源管护经营承包，主要实行了“七定六保”三级管理以及国有林两权分离的改革实战，为林权制度改革奠定基础。

1998年年初，抓好转换企业经营机制的改革工作，对所属的宾馆、商贸公司进行测算和评估的基础上，实行了租赁经营。林业局对这些租赁经营单位，做到定期监督，半年进行一次指标问效，发现问题及时补救，使租赁经营工作在推行过程中，各项指标都完成的比较好，实施目标经营责任制的改革，使资产责任明确，管理有序，保值增值，强化经营管理。

从1998年1月开始，对幼儿校、电话所、职工医院、自来水公司、生活福利公司、城建处、热力公司等单位实行了目标经营责任制。在实施过程中，林业局组织有关业务部门，对这些单位按年初签订的责任状规定的考核指标，半年进行抽查，年终逐项对照，指标完成好的单位进行表彰奖励，指标完成差的单位，根据实际情况，进行大会批评和免职处罚，有效推进了事业单位费用包干责任制的改革工作。

2000年3月开始运作企业改制改革，2001年年初实施国有经济战略重组，按照中共十六大、十届三中全会精神，鼓励支持倡导大力发展非公有制经济，把发展非公有制作为产业调整的一个主攻方向和振兴经济的一个突出增长点，实施改退并举的方针，做到能退的、可退的全部退出、退彻底，应改的需改的坚决由国有改为非国有。

2005年，除13个林场、公检法、学校、供热供水、城建、公路管理外其他单位都以不同形式，进行了改制，分别从国有经济中退出。汽运处改制为丰达汽车运输公司；机修厂整体出售；木材加工实业公司改制为远洋木业公司；地板厂改制为林产工业公司；物资燃料公司改制为茂源物资燃料公司；电话所整体出售；成立商贸公司、福利公司、机修厂、物资公司、桃山庄宾馆5个留守处。

第二章　林权制度改革

20 世纪 80 年代初，桃山林业局率先在全国林业系统实行国有林分户承包和联户承包经营，在林区经济体制和经营机制改革中进行了有益的探索，成为全国林业系统改革的一面旗帜。又率先在全国林业系统开发森林生态旅游业，1984 年经国务院批准，桃山林业局建成了全国第一家面向国际开放、内外结合服务的天然野生动物饲养狩猎场，享誉海内外。

20 世纪 90 年代后期，桃山林业局森林资源危机，经济危困加剧，生态资源严重破坏，企业处于十分困难境地，从局情实际出发，积极探索进行林权制度改革。（1）从保护和改善林区生态资源考虑。根据桃山林区的现状，加强生态建设已经成为紧迫的现实要务，改善生态已刻不容缓。尽管以往为保护和改善生态，在生产方式和组织形式改革上做出种种努力，有成效但不长久。问题在于没有从林权制度改革这个根本问题上去解决。要真正使资源保护和生态改善的第一需求得到保证，就必须在森林、林木的所有权和林地的使用经营权上搞突破。（2）从解决林区职工群众生存考虑。桃山林业局现实面临的问题是欠债较多，苦于应付，职工要生活，企业要生存，靠天保工程的定量输血，仅能维持现状，靠上级关怀、靠别人帮助、靠政策扶持仅能维持一时。要真正使问题得到彻底解决，就必须在森林、林木和林地使用权的流转上搞突破。（3）从桃山林区长远发展考虑。如何实现兴林、富民、强企的目标，核心和重点就是做好林权制度改革工作。林业职工整天劳作其中的林子与个人在产权关系上并不相干，没有激发强烈责任感和事业心的原动力，林业生产力就不会有新的解放。实行林权制度改革，能够实现林定权、树定根、人定心。使希望在林、潜力在山、力量在人、关键在权变得现实、实在、具体。实现林有其主、主有其权、权有其责、责有其利，使林区的长远发展和建设小康社会获得可靠保证。

第一节　改革依据

依据国家根本大法——《中华人民共和国宪法》。第一章第十一条规定：“在法律规定范围内的个体经济、私营经济等非公有制经济，是社会主义市场经济的重要组成部分。国家保护个体经济、私营经济等非公有制经济的合法的权利和利益。国家鼓励、支持和引导非公有制经济的发展，并对非公有制经济依法实行监督和管理。”

依据中央 9 号文件关于“深化林业体制改革，增强林业发展活力”中第 14 条规定：“在明确权属的基础上，国家鼓励森林、林木和林地使用权的合理流转，各种社会主体都可通过承包、租赁、转让、拍卖、协商、划拨等形式参与流转。”林地、林木流转，坚持依规作价。根据国家国有资产管理局、林业部 1996 年 12 月国资办发〔1996〕59 号文件《关于发布〈森林资源资产评估技术规范（试行）〉的通知》精神和中国林业出版社 2002 年 5 月第一版《森林资源资产评估》一书中介绍的评估办法，依据“成本重置法”和“木材价格倒算法”核定出比较准确合理的林权制度改革价格。

桃山林业局在林权制度改革上依据建立现代产权制度的政策原则、东北老工业基地振兴中的林业发展座谈会精神和省森工总局和伊春市关于在伊春林区进行森林、林木、林地使用权流转改革试验的实施办法。

基于理论和政策，为确保在林业新一轮改革中，在林权制度改革这个核心问题上取得新的突破，桃山林业局坚持从实际出发，制定了《发展非公有林试验实施方案》《发展非公有林试验实施细则》《发展非公有林工作规则》《发展非公有林促进可持续发展总体规划方案》《林木流转调查设计管理办法》《林木资产流转管理办法》等一系列方案、细则和办法，保证了林权制度改革有章可循。

第二节　改革基础

一、经验积累

桃山林业局自党的十一届三中全会全党工作重心转移开始即起步改革，1979 年对生产作业方式、经营管理体制和分配办法进行改革。

1980 年年初在白河经营所进行个人承包造林地造林试点。

1983 年首创上呼兰经营所国有林分户经营承包责任制和创办奋斗林场木材生产家庭林场，探索积累了单户联产承包经验。

1984 年推行山区资源全面综合立体开发战略。

1985 年在南河林场实行采育双包制。

1986 年全国八大林区经济体制改革桃山现场会，专门交流了桃山林业局综合配套改革的做法。国有林分户经营承包的改革实践，林区职工个人承包造林地造林的经验，十多年来一直坚持的职工个人投资营造长期自费林和创办绿色银行的经验，特别是实施“天保工程”后实行森林资源管护经营承包的经验，以及国有林两权分离的改革实践，尤其为现在的林权制度改革奠定了良好基础。

二、科学规划和分类经营

纳入规划中的天然林面积为 91896 公顷，活立木蓄积量为 3197351 立方米，分别占森林总面积、总蓄积量的 67.8% 和 65.5%；人工林面积为 43722 公顷，活立木蓄积量为 1680639 立方米，分别占森林总面积、总蓄积的 32.2% 和 34.5%。全局实行森林分类经营总面积 143953 公顷，总蓄积量 508 万立方米。其中：商品林面积 35117 公顷，占 24.39%，活立木蓄积量 123 万立方米，占 24.21%；限伐区面积 56743 公顷，占 39.42%，活立木蓄积量 191 万立方米，占 37.59%；禁伐区面积 52093 公顷，占 36.19%，活立木蓄积量 194 万立方米，占 38.2%。商品林平均公顷活立木蓄积量 24 立方米，限伐区平均公顷活立木蓄积量 38 立方米，禁伐区平均公顷活立木蓄积量 38 立方米，森林分类规划区平均公顷蓄积量 35 立方米。

三、改革试验

桃山林业局作为省第六次党代会确定的全省林业综合改革试验区之一，同时又是省级特企，享有先行改革试验的相关政策支持。多年来，在林业经济体制改革中进行了多途径探索，积累了一定经验，被伊春市和省森工总局确定为在国有林区进行森林资源资产产权制度改革试点企业，成为桃山林权改革的有利因素。

四、算好四笔账

（一）资源危机账和经济危困账

建局以来43年间，国家对桃山林业局累计投入资金960万元，仅相当于建局计划投资3600万元的1/4。致使企业基础设施薄弱，生产生活设施欠账过多。建局时设计年木材产量16万立方米，实际最高年产量39万立方米，平均年木材产量20.4万立方米。长期超量采伐，森林资源锐减，森林总蓄积量已由1960年的1842万立方米，减少到1998年第五次经理复查时的508万立方米，成过熟林蓄积由1298.2万立方米减少到1.2万立方米，有林地平均蓄积由152.8立方米减少到35.9立方米。在资源危机加剧中，由于接续产业未能跟上，造成严重经济危困，企业经营举步维艰。截至2002年年底，各项拖欠款总计为25312万元，其中：贷款本金10671万元，利息3314万元，应付工资3915万元，应缴税金106万元，应付木材货款2387万元，应付材料款2421万元，拖欠原煤款635万元，欠上级管理费70万元，市场交易服务费187万元，差旅费、医药费、独生子女费585万元，应付生产费1021万元。另拖欠职工档案工资25128万元，合计总负债50440万元。通过细算这笔账，更加增强了深化林业产权制度改革的紧迫感。

（二）收入账

按全局发展非公有林规划，以第一阶段2003—2005年商品林流转3.5万公顷计算，根据《森林资源资产评估》办法，用重置成本法求算出幼树每株0.5元，用木材市场价倒算法算出针叶树每立方米蓄积90元，阔叶树每立方米蓄积110元，平均立方米蓄积100元。25年后平均公顷产值按9万元计，林木总产值可达315000万元。据此对国家、企业、个人三者的收益分别计算：

1. 国家的收益。按现在农林特产税5%征收比例计收，25年国家可税收15750万元。

2. 企业的收益。年公顷林地有偿使用费按45元计收，25年企业可收益3937.5万元；年公顷管理费按15元计收，25年可收取1312.5万元；按现在商品林公顷平均蓄积35立方米，平均立方米售价100元计，25年3.5万公顷收益12250万元，25年累计企业收入17500万元。

3. 职工的收益。3.5万公顷商品林25年总产值315000万元，减去国家收益和企业收益后为281750万元，即职工的收入。按照户均流转5公顷、3.5万公顷流转7000户计，户均收入为40.25万元。

（三）资金投入与收益账

对营造乡土树种落叶松、杨树和商品林流转分别计算：

1. 营造落叶松。公顷造林综合成本1728元，其中清林330元，整地294元，植苗163元，幼林抚育610元。当年镐抚90元，当年刀抚127元。隔年镐抚97元，隔年刀抚140元。三年刀抚156元，苗木费331元。第10年进行透光抚育，公顷投入556元。10年间造林、抚育公顷总投入2284元。第15年进行第一次生长抚育，公顷出材15立方米，效益3000元，抚育成本840元，收入2160元。第20年进行第二次生长抚育，公顷出材30立方米，效益6800元，抚育成本1200元，收入5600元。第25年进行主伐时，公顷出材225立方米，效益85500元，采伐成本7875元，收入77625元。两次间伐的纯收入加上主伐的纯收入为95300元，减去造林1728元、抚育成本2284元和林地有偿使用费1500元及税金4765元，公顷收入88023元。每户造林5公顷，25年可收入42.5万元。

2. 营造杨树。公顷成本4888元，第10—15年内抚育两次，效益32970元，生产成本6000元，收入26970元。第20年主伐时出材187立方米，效益53073元，生产成本7495元，收入45578元。两次收入72548元，减去造林成本4888元。林地有偿使用费900元，税金3478元，纯利润63282元。按每户经营5公顷计算，20年后可获纯利316410元。

3. 商品林流转。按平均公顷蓄积35立方米，每立方米100元计算，为3500元，幼树按平均公顷 1000 株，每株 0.5 元计算，为 500 元。中间抚育出材 25 立方米，需生产成本 1000 元计，售价 7500 元，纯利 6500 元。25 年后公顷产值按 8 万元计，减去生产成本 6　000 元，购买林价 4000 元，公顷纯利润可达 7.65 万元。按每户经营 5 公顷计算，可获纯利 38 万元。

第三节　改革历程

一、引入民营机制

2003 年确定对局址生态影响至关重要的东山区域 42.5 公顷公益林区域这个不易成林地块（按国家现行政策规定，重点公益林区不准发展私有林，但营造国有林历史上无数次无一成功），在这次林权改革新的探索中，尝试引入民营机制经营。吸纳民间资本 36 万元，营造归个人所有的公益林。企业按照造林规程，对个体营造者严格确定：营造树种为云杉、落叶松，公顷密度 3300 株，造林合格率 95% 以上，当年成活率 95% 以上。具体操作实施中，经检查达到要求标准。改革实践的现实意义就在于运作于公益林区，显示出新的活力。对于全局森林科学规划后实施分类经营中的全部公益林，以林价定基数，实行责权利结合的承包、租赁经营责任制，一定 30 年不变，经营者负责森林管护、森林防火、森林病虫害防治和林政管理，企业负责全程跟踪管理，提供生产科研服务，加强技术指导，并帮助解决具体问题。

二、发展非公有林

桃山林业局从 1984 年营造自费林至 2003 年营造非公有林，经历了 20 个年头。在这 20 年中共营造非公有林 1702.34 公顷，占陆地面积 170766 公顷的 1%，共 266 户；其中退耕还林 78 户，共造林 322 公顷。在营造的 1702.34 公顷非公有林中，有林地 281 公顷，占有林地面积 135618 公顷的 0.2%；荒山荒地退耕还林 471 公顷，占全局荒山荒地、农用地 23645 公顷的 2%；疏林地造林 950 公顷，占全局疏林地 1734 公顷的 54.8%。具体安排地类为荒山荒地 179 公顷，疏林地 669 公顷，旧采伐迹地 619 公顷、灌木林地 80 公顷、低产低价次生林改造 2600 公顷、人工促进天然更新 3000 公顷、造林失败地 960 公顷，其他林地造林 5121 公顷。为了达到“家家有其山，户户有其林”的目标，让大部分职工长远致富，规定每户区划 5～10 公顷造林地，以营造速生树种为主，使之早期进入采伐期。

三、商品林流转

（一）规划与作用

为了稳妥有序地进行林木资产流转，避免国有资产流失，加强流转管理，调动经营者投资开发的积极性，根据国家国有资产管理局、林业部 1996 年 12 月 16 日国资办发〔1996〕59 号“关于发布《森林资源资产评估技术规范（试行）》的通知”文件精神和中国林业出版社 2002 年 5 月第一版《森林资源资产评估》一书中介绍的评估方法，计算出幼树流转价格和活立木蓄积流转价格。经计算，幼树单株价格为 0.5 元，针叶树种为每立方米蓄积 90 元，阔叶树种为每立方米蓄积 110 元，这个价格既让国有资产不流失，又使职工能接受。

（二）先试验后推开

为稳妥进行商品林流转，桃山林业局选择神树经营林场的 3 块总面积为 24.2 公顷的造林成林地块，作为活立木流转试验地块，先行试验。经调查针叶树蓄积 136.5 立方米，按每立方米 90 元计算，转让费为 12285.00 元；阔叶树蓄积 301.2 立方米，按每立方米 110 元计算，转让费为 33132.00 元；幼树 24485 株，按每株 0.5 元计算，转让费 12242.50 元，合计为 57659.50 元，平均公顷林木转让费为2382.00元。这3块造林地在3月份已被3户职工购买，4月下旬又栽植了落叶松、桦树及杨树，成活率都达到了95%，长势喜人。初战告捷后，又将33.25公顷的造林地活立木流转到4户职工，相继完成57.45公顷的活立木流转试验，组织调查队，进行调查业务培训，投入到商品林流转地块的调查工作之中。为了提高调查精度，（1）提高了公顷样圆布设密度，由3个增加到5个；（2）制定了林木流转调查设计管理办法，制定了奖罚标准；（3）林业局组成了专门的调查设计检查验收组，跟踪检查调查设计质量，确保了调查设计质量的不断提高。神树、桃东两个林场已经调查区划8个林班2133.25公顷，完成流转293.55公顷，流转至25户，流转收入1160670.05元，林地补偿费收入13204.00元。为保证林权制度改革有序进行，桃山林业局实行“四个坚持”“三先三后”和“两份合同”。（1）坚持科学规划，制定可操作方案。在集思广益的基础上，制定了桃山林业局《发展民有林试验实施方案》《发展民有林实施细则》《林木资产流转管理办法》《林木流转调查设计管理办法》《发展民有林工作规则》《林木流转价格计算依据》，形成综合的《发展民有林促进可持续发展规划方案》，成为三林流转的具体操作依据。（2）坚持加强领导，强化组织保证。成立了“发展民有林领导小组”，分别组建了综合规划、调查设计、检查验收、竞价流转、种苗培育与营造服务指导、监察审计六个办事机构，分工协作，各负其责，建立责任追究制度，做到奖罚分明。（3）坚持先行小范围试点，取得经验后逐步推开。2003年春季，首先在神树林场173、150林班的商品林区进行了调查区划。为了保证调查精度，在国家规定三类调查每公顷样地不少于3个基础上增加到每公顷5个。按照幼树每平方米多株计1株，只测目的树种，不计非目的树种的原则，在这两个林班内区划调查了4个小班50公顷，分别流转给4户职工。并于2003年6月初在全局逐步推开，推开过程中，根据新情况又做出了有关补充规定。对林下野生药、菜资源等，达到公顷500株以上，按五味子每株1元、刺嫩芽每株0.5元、刺五加每株0.2元计价，与商品林一并流转。（4）坚持公开、公平、公正的原则，提高流转工作的透明度。在实施过程中确定了“三先三后”的原则，即对商品林流转的地块，先规划，后设计；先调查，后竞价；流转对象先企业内部职工，后企业外部人员。地块调查经检查验收合格后，确定底价，张贴公告，在电视上公开播放，扩大全覆盖宣传。购买商品林的报名人员，统由发展民有林办事机构进行资格审查，审查合格人员参加地块竞价，竞价中标人员填写两份合同书，即《发展民有林林木资产流转合同书》和《发展民有林林地租赁经营合同书》。企业内部职工可以用拖欠工资、费用顶替，顶替不足的现金补齐，也可根据自己的经济实力分期付款。企业外部人员必须一次性交齐流转费用。林地有偿使用费按年公顷45元计收，管理费按年公顷15元计收，实行一年一缴，逾期不缴或缴不齐的，按月加收5%的滞纳金。这些《方案》《办法》和《细则》在实践中不断加以完善，使桃山林业局的林权制度改革得以遵章有序地进行，并逐步走上规范化轨道。

（三）组织领导

为确保此项工作健康进展，成立了以党委书记、局长为组长的发展非公有林领导小组，相关副局长、副书记为副组长，相关科室负责人为成员，成立了办公室，下设综合规划、调查设计、检查验收、竞价流转、种苗培育与营造服务指导、监察审计六个小组，分工协作，各负其责，建立责任追究制度，做到奖罚分明。由此使林权制度改革的具体操作获得顺利进展，桃山林业局在林权制度改革中完成商品林流转9297.74公顷，流转户数299户，流转收入4271万元，绝大部分用于顶替和偿还拖欠工资及费用。在林权制度改革中桃山林业局共完成商品林流转1359公顷，流转收入682.4万元，95%以上用于偿还拖欠工资和费用，全局民有林已发展到2000公顷。

（四）服务体系

组建了非公有林森林经营服务公司，其职能主要是协调林业局与非公有林主之间的关系，并为非公有林主有偿或无偿提供从编制经营方案到清林、提供优质苗木、造林、幼林抚育、生长抚育、采伐、运输等诸多方面的技术支持和全方位服务，免除非公有林主的后顾之忧，被他们称之为“托林所”。

第四节 改革成果

一、保护森林生态资源

林权制度改革体现了林业经济社会人性化的真实本质，使经营者能够全身心地看护自己的林子。过去那种摘了果、拽了藤、毁了树；打了塔、削了尖、砍了树；割了杆、刨了根、断了后的人为毁树、破坏资源的现象得到根本改变。神树林场职工王新良、边广晏等联户购买了34公顷商品林，林内天然五味子资源丰富，林内的五味子霜后采集，保证果实的质量好，成色正，产量高，每年采浆果一项就收入2000余元。

二、林权制度改革，实现了森林集约化经营

下岗职工徐长思在神树林场购买了33公顷商品林，因林因地区划为用材林区、种子林区、经济林区。分别对3个小区采取不同的经营方式，用集约经营手段，优化资源配置，让有限林地发挥最大效益。2003年和2004年春天在经济林区栽植五味子5万株、种植林下人参2亩、种植窜地龙5亩；在商品林区栽植落叶松11.5万株、杨树1万株、云杉0.3万株；在种子林区栽植红松5000株。挖排水沟340延长米，修砂石路50米。共投资5万余元。石长林场职工胡国庭，在自己的民有林里栽了五味子、刺五加，林地上中下全方位搞复合经营，立体开发，实现了上有林，中有果，下有药和菜，明显增加了经营收益。

三、拓展就业空间

神树林场下岗职工乔学兰，买了一块曾多次营造过红松、落叶松、云杉都不成功的地块，合力营造杨树12500株。当年进行了三次抚育，成活率达95%。

四、荒山荒地、疏林地造林和退耕还林已成为时尚热点

神树林场组织职工群众以合作的方式，开展荒山造林。吕淑芹等人响应林场号召，合伙投资25万余元，在荒山荒地和疏林地营造落叶松38.05公顷。孙居武自愿退耕还林7.5公顷，投资3.8万余元，栽植落叶松3.16万株，云杉1.4万株。石长林场郭福臣退耕还林18.8公顷，投资10万余元，栽植落叶松8.2万株、云杉1.2万株。全局从1984年营造自费林，到2005年年底营造民有林2000公顷，而且造林面积保存率100%，株数保存率均在95%以上。

五、充实管护经营责任制内涵

商品林经营流转激发了职工认真管护的责任感和精心经营的积极性，有效拓展了林地综合开发利用的发展空间，放手鼓励职工群众一心踏实大干林业，营造支持职工群众干成大林业的浓郁氛围；放手让全社会的劳动、知识、技术、管理和资本的活力竞相在林区迸发，让一切自愿创造社会财富的源泉涌流，造福于人民。流转之前，森林经营成果未能和职工切身利益直接挂钩，影响了职工对森林的投入和经营。实行商品林经营流转后，调动了群众的积极性，加大了管护人员培育森林资源的力度，增强了职工群众的责任感和自主经营意识，荒山荒地造林、育林有了新进展。林下养殖、种植业也逐步兴旺起来。实现了以林养人、以林富民。承包林地的干部群众发展养殖业和种植业有了施展的天地，实现了资源培育和发展林下经济齐头并进，收到了较好的经营效果。

第十二篇

企业管理

第一章　计划管理

一、“七五”计划完成情况

1986—1990年，桃山林业局实施第七个五年计划，林业生产逐步由以采伐木材为主，转向逐年减少木材采伐量，利用现有资源搞好木材精深加工，大力发展农副业和多种经营生产，走以副养林、兴林富民的新路子。各单位积极发展种植业、养殖业和加工业，玉米、大豆、水稻等农作物种植面积逐年增长，养猪、养牛、养羊、养鸡、养林蛙等规模日益扩大，地板块、雪棒条、纸箱、山野菜加工、鹿茸片、保鲜参、刺玫瑰保健茶等项生产获得较好收益，全局林业经济向着多元化、综合立体开发的方向发展。

1986年，全局木材生产20.13万立方米，锯材生产2.7万立方米，更新造林面积324.3公顷，全局工业总产值3371万元，上缴利润103万元。多种经营用地面积1041公顷，种植水稻140公顷，旱田760公顷，经济作物58公顷，粮豆薯总产量760吨，采摘山野菜32吨，山野果4吨，山药材12吨，五味子人工栽培4.5公顷，平贝栽培6.3公顷，人参留存面积12.8公顷，多种经营生产实现年产值40万元。

1990年，全局木材生产21万立方米，锯材生产2.8万立方米，更新造林面积5420公顷，全局工业总产值7079万元，上缴利润230万元。多种经营用地面积2970公顷，种植水稻280公顷，旱田2439公顷，经济作物65公顷，粮豆薯总产量2100吨，采摘山野菜36吨，山野果21吨，山药材28吨，五味子人工栽培16公顷，平贝栽培8.9公顷，人参留存面积10.69公顷，多种经营生产实现年产值106万元。

二、“八五”计划完成情况

1991—1995年，在实施第八个五年计划进程中，桃山林业局深入贯彻落实党的十三届七中、八中全会精神，进一步深化改革，扩大开放，以增强企业活力、提高经济效益为中心，突出结构调整和经营机制转换两个重点，挖掘企业内部潜力，制定并实施了《关于加强林政资源管理，进一步整顿木材经销秩序的规定》《关于整顿机关作风、严明组织纪律的规定》《关于加强财务管理、严明财经纪律的规定》，推动企业科技进步，加快由粗放经营向集约经营、传统管理向现代化管理迈进的步伐，努力增收节支，实现保正常生产、保职工工资、保税费上缴、保社会稳定的四项目标，把治危兴林事业推向前进，有效地遏制企业经济滑坡，争取新的经济发展机遇。

三、“九五”计划完成情况

1991年，全局木材生产17万立方米，锯材生产2.76万立方米，更新造林面积2423公顷，全局工业总产值5971万元，上缴利润83.2万元。多种经营用地面积2981公顷，种植水稻283公顷，旱田2442公顷，经济作物65公顷，粮豆薯总产量2180吨，采摘山野菜40吨，山野果26.3吨，山药材31吨，五味子人工栽培21公顷，平贝栽培11公顷，人参留存面积15公顷，多种经营生产实现年产值121万元。

1995年，全局木材生产13万立方米，锯材生产2.3万立方米，更新造林面积1093公顷，全局工业总产值4863万元，上缴利润53万元。多种经营用地面积3599公顷，种植水稻158公顷，旱田3072公顷，经济作物27公顷，粮豆薯总产量2700吨，采摘山野菜120吨，山野果131吨，山药材84吨，五味子人工栽培21公顷，平贝栽培11公顷，人参留存面积15公顷，多种经营实现年产值106万元。

1996—2000年，在实施第九个五年计划期间，全局人民在党委和林业局的正确领导下，坚持以邓小平理论为指导，深入贯彻落实中共十五大精神，学习借鉴铁力和双丰经验，加大改革力度，加快结构调整步伐，同时，紧紧抓住国家实施天然林资源保护工程的有利契机，制定新的工作思路，拿出切合局情的管理措施，战胜了木材逐年大幅度调产带来的经济困难，较好地完成了“九五”计划提出的奋斗目标和各项战略任务，有效遏制经济下滑态势，企业经济初显生机和活力。

（一）国民经济平稳增长

2000年，桃山林业局林业产业总产值完成19676万元，比1995年增长29.6%，平均每年增长5%；其中，第一产业完成6791万元，比1995年增长73.1%平均每年增长11.6%，第二产业完成7186万元，比1995年减少12.9%，年均减少2.7%；第三产业完成5699万元，比1995年增加372.6%，年均增加36.4%，国内生产总值实际完成7043万元，比1995年增长22.8%，年平均增长4.2%。

（二）森林资源保护和恢复

“九五”期间，始终坚持以营林为基础，大力发展农业和多种经营的工作指导方针，并且以国家实施天然林资源保护工程为契机，逐年调减木材产量，实行远封近分的管护办法，加大森林管护力度；同时，加快生态公益林和商品林的建设步伐，并在营林生产方式、经营机制和管理办法上实行重大改革，真正实现了生产与效益并重，成果与奖罚同步的目标。“九五”期间，桃山林业局计划生产木材33.3万立方米，实际生产木材32.0612万立方米，比计划减少1.2388万立方米；全局更新造林共完成14124公顷，森林抚育面积22041公顷，封山育林面积达10781公顷，森林覆被率由1995年的71.5%提高到2000年的79.4%，并实现了20年无重大森林火灾。

（三）经济结构调整步伐加快

“九五”期间，针对企业木材产量逐年减少，以木材为原料的林产工业后劲不足的实际，依托土地资源优势，及时地进行了经济结构和产业产品结构战略性调整，促使经济结构日趋合理。2000年，全民工业总产值的比重由1995年的45.7%下降到23.6%，非国有经济所占比重由1995年的54.3%上升到76.4%，非国有经济有了长足发展，通过实施“五项工程，建立十大基地”加快了产业结构的调整。第一、二、三产业的比重由1995年的20∶73∶7调整到2000年的27∶49∶24。“九五”期间，农业和多种经营发展迅速，到2000年年末，农业用地已达161430亩，比1995年增加了110284亩，其中粮豆总产量达18870吨，比1995年增加6039吨，增加了68%，农业产值2000年完成5864万元，比1995年增加了138.5%，年均增长率为19%。

（四）招商引资

“九五”期间，桃山林业局加大了招商引资工作力度，通过项目上网和组团参加哈洽会，小兴安岭森林节暨家具展销会、香港招商引资会等方式，积极宣传企业自身的优势项目和特色产品，签订经济技术合作项目 8 项，引进到位资金 3000 万元，促进了本地经济的发展。

（五）城镇面貌

“九五”期间，新增建筑面积 15700 平方米。新修混凝土路面 5478 平方米，新安路灯 69 盏，投资 110 万元修复钢筋混凝土大桥一座，新增自来水入户 360 户，山上 13 个林场全部接上了电网，接通了程控电话，安装了有线电视，桃山林业局 5 年间共栽植绿化树 4.3 万株，城镇面貌有了较为可喜的改观。

（六）科技教育

“九五”期间，认真实施“科教兴企、科技强农”战略，不断提高科技对经济发展的贡献率。5 年间，桃山林业局共建科技示范基地 16 个，成立各类科技协会 12 个，科技成果转化率由 1995 年的 55%，提高到 2000 年的 75%。5 年间，桃山林业局为改善办学条件共投入资金达 2257.7 万元，桃山林业局山上 12 所小学都晋升为合格小学，山下 2 所小学都晋升为市级标准小学。“九五”期间考入高等院校的人数为 127 人，占参加高考学生的 7%。计划生育工作稳步发展，2000 年，人口自然增长率为 7.74‰。加强了政法队伍建设，扎实有效地开展了“三五”普法教育，提高政法队伍的整体素质，提高了公民的法律意识。医疗卫生实行了一系列改革，职工医院由无等级医院晋升为二级乙等医院。

（七）提高人民生活水平

由于企业两危，机构精简，人员分流，下岗职工比例增加。桃山林业局从改革入手，从开辟新的经济增长点着眼，通过以地顶资和发展多种经营和职工家庭经济及个体私营经济，扩大就业门路，在岗职工工资按月发放，部分下岗职工通过进入再就业中心生活有了基本保障。“九五”期间，桃山林业局保持了社会的基本稳定和人心安定。

四、“十五”计划完成情况

2001—2005 年，在实施第十个五年计划期间，党委、林业局带领全局人民高举邓小平理论伟大旗帜，认真贯彻党的十五届五中全会精神，以发展为主题，以结构调整为主线，以伊春市委九次党代会确定的“四大任务”为重点，以改革开放和科技进步为动力，以提高人民生活水平为根本出发点，紧紧围绕“二次创业，富民兴局”的战略目标，努力构建经济发展新格局；积极推进“两个根本性转变”，切实提高经济增长质量和效益；加强两个文明建设，促进国民经济加快发展和社会事业全面进步。特别是党的十六大以来，坚持以邓小平理论、“三个代表”重要思想和科学发展观为指导，紧紧抓住林业资源型城市转型试点这个千载难逢的历史机遇，坚持以改革开放为动力，以科技创新为支撑，以经济结构战略性调整为主线，认真实施生态立局、多种经营兴局的发展战略，积极培育和保护森林资源，大力发展接续和替代产业，全面建设节约型社会，着力解决资源性、体制性、结构性、社会性矛盾，构建比较完备的森林生态体系和比较发达的林业产业体系，集中全局人民的智慧和力量，整体推进林区经济转型，探索走出一条林业资源型城市生态、经济、社会协调发展之路。第十次党代会确定了《实施可持续发展战略、全面加快小康社会建设步伐》的总体战略构想，要求逐步实现以木材生产为主向生态建设为主的根本性转变，大力发展替代产业，积极培育、巩固和壮大立局产业，走新型工业化道路，全面、协调、快速可持续发展和社会进步，以保护培育森林资源为重点，在发展民有林上搞突破，实现青山常在，永续利用；积极发展替代产业，发展立局项目，培育新型支柱产业，明确提出实施以五味子为龙头的北药开发战略，实施以玉石为重点的建材业开发战略，实施以生态旅游为特色的旅游开发战略；发展畜牧业，搞好特色养殖，培育壮大新的经济增长点；发展非国有经济，创新机制和体制，全面深化配套改革；竭诚为职工办实事，在解决职工关心的热点难点问题上搞突破，全力维护社会稳定；在城镇建设和局（厂）务公开上搞突破，全面加强企业精神文明和政治文明建设，并且确定了“十化”（即城镇布局整齐化、居民住宅楼房化、庭院环境花园化、城内处处园林化、城区主道硬面化、林城风格特色化、种养基地规模化、立局项目产业化、社会成员文明化、努力奔向小康化）的发展方向和奋斗目标。

第十个五年计划期间，桃山林业局的经济保持稳定增长。2005 年，全局生产总值 1.16 亿元，年均递增 7.8%，人均达到 2 374 元。

2001—2005 年，保护森林资源。林木年生长量由 37 万立方米增加到 40 万立方米，森林总蓄积量由 728 万立方米增加到 970 万立方米，森林覆被率达到 79%。人工林累计保存面积达到 55779 公项。

“十五”期间，全局经济结构调整取得明显成效。初步形成具有比较优势和竞争优势的产业群体，接续和替代产业占 GDP 的比重达到 50% 以上，三次产业比例调整为 29∶45∶26；非国有经济比重达到 95%。

“十五”期间，桃山城乡居民生活水平进一步提高。城镇居民人均可支配收入达到 2000 元；城镇人均住房建筑面积 25 平方米。

第十个五年计划期间，桃山林业局的社会事业全面进步。干部群众的思想道德素质、科学文化素质、健康素质和全社会的文明程度全面提高。社会保障体系逐步完善，自营经济快速发展，新增就业 8000 人，城镇失业率降至 4% 以下。科技进步贡献率达到 35%。教育事业有新发展，教师待遇有所提高，师资水平有新进步，在全面普及九年义务教育的基础上，普及高中阶段教育。为实现经济持续稳定发展打下良好的基础。

第一节　计划统计工作

1986—2005 年，在计划科内设有主管统计工作的专业人员，负责对上的月报、季报、年报，对下指导安排各种报表工作，并按时搞好统计分析，为领导决策提供科学依据。各基层单位设有统计员，基层统计员的任务是做好原始记录和原始记录的整理分析工作。搞好统计分析，把每个月的生产完成情况汇总报局计划科，作为检查计划执行情况的依据。为了搞好统计工作，林业局先后制定了《统计工作管理办法》《统计人员岗位责任制》等，促进统计工作水平的提高。

桃山林业局统计工作的范围是企事业单位和林场及所管辖个体工商业户，统计调查对象，向统计部门和行业主管部门报送统计报表。

林业局统计主管部门为计划统计科。按照分工负责的原则，企管科、经贸科、多种经营科、人劳科、营林生产科、财务科、科技科、旅游科、资源科、畜牧科、信访办为分管部门，分别设统计工作主管领导、专（兼）职统计工作人员，负责本部门、本单位的统计管理及报表工作。

计划统计科负责全局国民经济和社会发展情况的统计调查、统计分析、统计资料的整理与开发工作。具体工作任务是：工业统计、森工统计、劳动工资统计、基本建设和固定资产投资统计、综合平衡统计和国家安排的各项大型普查、各项专项调查等。

企管科负责非国有经济统计调查、统计分析、统计资料的整理工作。具体工作任务是：非国有第一产业、非国有第二产业、非国有第三产业的统计工作，并负责向局计划统计科报送各类统计报表。

经贸科负责木材销售、库存、林产工业统计调查、统计分析、统计资料的整理工作，并负责向局计划统计科报送统计报表。

多种经营科负责农业及多种经营统计调查、统计分析、统计资料的整理工作。并负责向区计划统计局报送农业及多种经营统计报表。

人事劳动科负责全局劳动工资统计资料的调查、统计资料的整理和统计资料分析工作，并向计划统计科报送全局劳动工资统计报表。

营林生产科负责木材、营林生产的统计报表工作，并负责向计划统计科报送木材、营林生产统计报表。

计划统计科按市统计局报表制度规定的内容、时间报送统计报表。统计报表上报前必须经主管领导审核批准。

企管科、经贸科、多种经营科、人劳科、营林生产科、财务科等部门，按本部门所承担的统计调查任务，按规定的报表制度要求，经主管领导审核同意向计划统计科报送统计报表。

企事业单位、林场（所）根据规定的报表制度要求向局主管部门和统计部门报送统计报表。

第二节　项目管理

1998 年，成立项目开发办公室，与计划科合署办公，2000 年 10 月取消项目办，职能归到计划科。针对项目管理制定了《林业局项目管理办法》《林业局基本建设项目管理规定》等，加大项目管理力度。

《桃山林业局项目管理办法》

搞好项目管理是促进经济增长的一项重要工作，加大项目管理工作力度是加快企业经济发展、调整产业结构、培育新的经济增长点，开拓生产领域的重要环节，为开展好此项工作，特制定本办法。

一、管理机构和工作任务

桃山林业局项目管理办公室设在计统科（以下简称项目办）负责全局项目管理工作，为全局各种经济类型的企业开发项目服务。

具体任务是：

1. 按上级有关部门项目开发的相关政策，结合桃山林业局实际，研究确定项目的发展方向、具体内容和拟建规模，包括经营性项目和非经营性项目；
2. 组织有关人员对全局待开发项目进行考察、收集资料；
3. 根据项目内容和规模提出项目建议书、可行性研究报告、初步设计编制意见；
4. 负责项目研究和确定、报批等项工作；
5. 负责对重点建设项目落实目标责任制，检查项目开发情况；
6. 负责对项目有贡献人员提出奖励意见；
7. 负责对批准后项目的工程落实，对在建项目进行稽查和日常监督管理工作。

二、工作程序

1. 项目确定。局项目办负责对开发项目原始资料进行搜集和筛选，将选定项目情况提交局长办公会议讨论，研究确定项目前期工作。

2. 项目的考察研究。根据被选项目的需要，由项目办或项目主管单位提出项目考察方案，经局长办公会议研究同意后进行市场考察。市场考察的主要内容有：产品在市场的占有率及发展前景；生产工艺的先进性与可靠性；投资测算及效益分析；项目的可行性与必要性。考察后由项目考察组形成项目考察报告。

3. 确定项目的前期工作步骤。项目考察结束后，由考察负责人提交考察报告，局项目办负责提交项目建议书，项目考察报告和项目建议书可作为可行性研究报告的主要依据。

4. 可行性研究。项目确定后，要积极进行项目可行性研究，形成可行性研究报告，及时上报，对项目进行进一步的充分论证，然后按项目管理程序上报审批。

5. 初步设计与施工图设计。项目审批后，按批准的要求和范围，由项目办负责委托有资质的设计部门进行项目初步设计和施工图设计，做好准备工作，缩短项目建设工期，提高资金使用效率。

三、项目管理

1. 项目管理工作采取主管项目的领导牵头，有关战线领导配合，局项目办承办，相关部门协助，全面推进的方式进行。

2. 立项目管理档案。根据市场变化趋势，确定近期项目和中长期项目，按项目程序做好项目的前期准备工作，并装入项目管理档案。

3. 集中力量抓好项目的研究和论证工作。对符合国家产业政策、市场前景看好的项目，要确定项目的呈报时间，实行目标管理，确保按期完成任务。局项目办定期召开例会，听取项目进展情况。对周期短、见效快的项目加大运作力度，建立督办制度，跟踪问效，加快项目的开发速度，确保项目的实效性、可行性。特别是国家非经营性投资项目力争当年报批，次年纳入年度计划。

4. 建立林业局项目库，及时更新待开发项目资料。各部门、各单位要经常研究项目开发工作，并将项目的具体内容及时上报局项目办，经筛选后纳入局项目库储存。同时建立项目档案，增加可开发项目的储备，为吸引资金提供详细完备的资料。项目库实行微机化管理，由局信息中心定期利用网络对外发布项目信息，扩大招商引资范围。

四、激励机制

1. 确保项目管理工作的健康发展，加快项目的开发步伐，实行奖励机制。调动项目开发人员的工作热情。

2. 向上争取的项目被省和国家有关部门正式批复，项目资金到位后对争取项目有功人员给予奖励。奖励人员主要指：主办领导和协办领导，具体承办人员。由项目办负责提出奖励意见，提交局长办公会议讨论研究确定后实施。

五、其他

1. 管理办法与上级有关规定有抵触时，按上级有关规定执行，本办法由局项目办负责解释。

2. 以上办法自文件下发之日起实施。

《桃山林业局基本建设项目管理规定》

为加快我局基本建设步伐，有效地规范基本建设项目的运作程序，保证基本建设项目的有效开发和资金的合理使用，林业局对基本建设项目的管理特做如下规定：

一、对基本建设项目实行计划管理。林业局每年的基本建设项目（主要包括建筑工程、设备安装工程、市政工程和维修工程），年初由计统科列出项目，经局长办公会议讨论通过后列入年初计划，然后由林业局按计划组织实施。对计划外项目要严格控制，各基层单位发生的计划外基建项目要向局主管部门提报计划，由主管部门会同有关部门共同审核，再经战线主管局长和基建主管局长共同审批同意后提交局长办公会讨论，讨论通过后方可实施。不经林业局同意，各基层单位私自开工的基本建设项目，视为乱建项目，不列入局财务决算，并追究单位行政主要领导责任。

二、对基本建设项目实行招标或议标。对局内工程量较大的基本建设项目实行公开招标或议标，林业局组织有关专家成立评标或议标小组，负责对投标单位资质和技术设备水平进行评审，择优选定基本建设项目施工单位，保证工程质量。同时，建设单位要同施工单位签订施工合同，明确双方的责任和义务，强化双方的履约行为。基本建设项目施工合同要经局法律顾问审核，不经审核，出现问题后果自负。

三、对基本建设项目实行严格的质量监督。林业局的基本建设项目在施工过程中要实行项目三级管理责任制。即由主管局长，主管部门和现场质量检查监督员共同负责，现场质量监督员跟踪检查基建工程的全过程，按照设计图纸检查工程的形象进度，及时指出工程施工过程中出现的问题，并下达整改通知书，保证施工单位严格按设计标准施工。主管部门和主管领导在项目施工过程中，要把握好各施工环节的监督管理，从规范施工，选材用料，质量达标上共同严格把关，确保工程质量。

四、对基本建设项目的工程质量实行责任追究制度。即根据不同工程类型实行保修期制度，建设单位要从支付施工单位的工程款中提取一定比例的保修金，以此保证监督施工单位负责保修期内的工程质量。在保修期内基本建设项目在工程质量方面出现问题，依据所签合同由施工单位负责维修。同时要视工程所受的经济损失程度追究三级管理责任人的责任，对责任人不但要实行经济处罚，还要给予其党纪或政纪处分。

五、对基本建设项目实行统一规划。全局各单位特别是山上各单位对基建项目要增强规划意识，避免无规划地私建乱建。尤其是山上各单位的房屋建筑要实行统一规划，归口管理，山上居民建房（包括商用临时性板房）要向所在单位提出申请，林场同意后再由城建部门规划，到资源部门办理用地许可证后方可动工兴建。否则，不经有关部门批准，随意乱建的要依法拆除。

六、对基本建设项目要严密验收和结算手续。基本建设项目竣工后，由施工单位向林业局主管部门提出竣工验收申请，并提供竣工报告。局主管部门根据施工单位提出的验收申请组织有关部门组成的联合检查验收小组进行质量评定，验收评定结果要在局长办公会上通报。竣工报告和工程决算书必须经现场质量监督员、计统科、财务科、人事劳动科及消防等有关部门联合审核签字盖章，并经主管局长审核签字同意后，财务部门方可支付全部工程款。

第二章　生产管理

1960—2005年，木材生产有一套严格的管理系统，林业局设一名副局长主管生产，设生产科，生产科设生产调度，采运技术员，木材检验队，伐区生产运输管理、安全管理人员等，各林场由一名副主任主抓生产，相应的设置了采运技术员、安全员、资源监督及伐区拨交验收和木材检验人员等。

第一节　伐区管理

1960—2005年，伐区审批后由资源部门对各林场按作业小班进行拨交，拨交后的伐区由生产部门组织生产。包括辅助生产，从准备作业到伐区清理完毕由林业局生产科统一指挥。生产季节，生产科的管理人员深入山场跟班作业解决生产中存在的问题。

第二节　生产调度管理

1960—2005年，林业局生产科调度在指挥全面生产的同时对生产产量、进度进行统计汇总并上报市生产局。各林场调度每天按时将本单位生产情况向局生产科调度室报告。报告内容包括日产量、油锯台数、牛马套子数，生产人员数及生产作业环境条件，道路状况和生产中存在的问题等，林业局生产调度把生产情况统计汇总后按时上报市生产局调度科，可分为5日报、10日报、月报、年报等。

为了充分了解各单位生产情况，在生产季节严格执行调度例会制度。生产科每月定期召开一次调度例会，要求各单位生产调度汇报生产情况。包括好的经验，存在问题，今后打算等。生产科调度对各生产单位前段工作进行总结，对以后工作进行安排部署。

第三章　财务管理

第一节　机　构

1986—2005 年实行局长负责制，财务科定员 13 人，其中：科长 1 人、副科长 2 人、综合会计 1 人、成本会计 1 人、基建会计 1 人、机关经费会计 1 人、出纳员 1 人、记账员 2 人，1998 年设天保经费会计 2 人，2002 年营林财务并入财务科，设营林会计 1 人。

第二节　管理体制与制度

一、管理体制

按照“统一核算、分级管理”的原则，林业局以财务科为资金管理和核算中心，建立了各基层核算单位。林业局对天保经费单位实行报账制管理；对其他事业单位资金实行年度计划管理、按计划拨付备用金，按月结账；对生产单位拨付备用金，月末按产品缴库数量结算生产成本。

以木材深加工为主的木材加工实业公司、木制品公司、林产工业总公司和原林产公司，由于原料紧缺等因素，正常生产经营难以为继，在 2000—2002 年相继改制，设备厂房整体出售，基层单位财务取消，债权债务及财务档案归财务科，设专职会计单独管理。

1997 年工程处撤销，财务档案及债权债务归城建环保处财务单独管理。

1989 年新加坡南方木业在桃山林业局成立桃山装饰薄木有限公司，林业局以 580 万元的厂房做投资，林业局分得的投资利润采用权益法进行核算，2005 年桃山装饰薄木有限公司合同到期，外方撤资，经营期间形成的所有资产归林业局，财务科负责监督管理。

2000 年林业局决定，独立核算经济业务的集体经济管理处（即多种经营局）撤销，集体经济财务所管理的财务档案及形成的债权债务归林业局财务科，财务科设专人单独管理。各基层单位集体经济财务的债权债务及档案资料交局财务管理。

2002 年汽运处改制，成立了丰达运输股份有限公司，财务科考虑生产环节运输成本核算问题，把原汽运处财务档案资料及债权债务仍由原汽运处财务人员管理。林业电话所撤销，固定资产整体出售给网络通信公司，电话所财务取消，财务档案资料及债权债务归财务科，设专人单独管理。

2001 年物资供应公司改制，2002 年生活福利公司、机修厂、商贸公司撤销，成立商贸留守处、物资供应留守处、生活福利留守处、机修厂留守处，财务档案资料及债权债务由原单位财务人员管理。宾馆撤销，成立宾馆留守处，财务档案资料及债权债务由原单位财务人员管理。

2005 年，按照伊春林管局精神，营林处财务取消，营林财务合并到林业局财务科，财务科设营林会计负责全局的营林事业费核算，并按年、季度向伊春林管局财务处育林办编报预、决算。

二、管理制度

1960 年建局以来，根据国家和上级主管部门的要求和具体规定，桃山林业局已经建立了一整套适合本局实际情况的财务管理制度，为了适应市场经济体制下的企业管理模式，从 1986—2005 年桃山林业局又相继出台了一些财务管理制度，主要是大宗物资集体采购制度，大额资金使用集体讨论制度，工程招投标制度，出售产品、处置资产公开竞价制度，招待费使用制度，机关小汽车费用包干制度。

第三节 会计核算

一、核算内容

会计核算工作是桃山林业局企业管理的重要组成部分，以企业正常生产经营活动为前提，以人民币为主要计量单位，通过会计计账、算账、报账、结账的方法，对林业局的生产经营活动的全过程和各项计划执行情况，进行系统的记录和计算，并根据计算的会计资料，按年、季、月编制会计报表，全面地反映和分析林业局生产经营成果。

二、核算形式及方法

（一）1986—1992 年期间，森工企业的财务管理体制和会计核算体系基本稳定，以“资金占用总额 = 资金来源总额”为会计平衡公式编制资金平衡表。

（二）1993—2005 年期间森工企业会计核算形式发生变化。

采用了国际通行的会计报表，主要包括资产负债表、损益表、财务状况变动表；其他会计报表规定为附表；2000 年年报开始，将财务状况变动表变更为现金流量表，森工企业会计报表体系进一步与国际接轨。采用了国际通行的会计平衡公式即资产 = 负债 + 所有者权益。将会计报表项目划分为资产、负债、所有者权益、收入、费用、利润六大会计要素。其中：资产分为流动资产、长期投资、固定资产、无形资产、递延资产和其他资产。

负债分为流动负债和长期负债。所有者权益分为实收资本、资本公积、盈余公积和未分配利润。

对企业营业外收支核算项目进一步调整。将职工劳动保险费从营业外支出转为管理费用核算；原由企业管理费列支的上级管理费纳入营业外支出核算；新增处理固定资产净损益收支项目，固定资产清理不再做增减固定基金核算。

桃山林业局会计核算形式分为集中核算和非集中核算两种，1998—2005 年天保工程实施以来，天保专项资金的核算实行报账制，即天保经费单位直接凭原始单据到财务科办理资金结算手续，2002—2005 年营林事业费的核算也采用了报账制。

在记账程序上，1986—2002 年根据原始凭证填制会计凭证，按会计凭证登记明细账和明细分类账，按收、付款凭证由出纳人员编号，序时逐笔登记库存现金和银行存款日记账，将会计凭证按会计科目进行汇总，根据科目汇总表登记总分类账，将会计凭证编号装订成册，按总分类账和有关明细账余额编制会计报表。从 2003 年开始，林业局财务科启用会计电算化财务软件系统，财务人员在财务软件系统中进行填制凭证、审核会计凭证、月末结转收入、成本费用科目、会计科目汇总、登记明细账和总账。编制会计报表也在财务软件系统中进行操作。

桃山林业局的财务核算实行局（场）两级管理、两级核算，各林场木材生产发生的采、集、装工序成本；汽运处全部运输成本；贮木场卸、选、归各工序成本；最后汇总到财务科，由财务科按产品生产阶段汇总全部产品成本。产成品一律缴库，实行统一销售。各所属单位发生的一切费用，实行计划管理，按月编制会计报表，到财务科结算。从1998年实行天保工程后，教育经费、公检法司经费、卫生经费、森林管护经费等支出到天保财政专项补助资金中核算。木材生产仍然实行局、场、承包户三集核算制，通过签订合同的办法，把各项经济指标落实到林场或承包户。在财务核算方面，按照上级财务部门规定，从2002年年末，把各林场设的“应付承包费”科目并入到“应付工资”科目中进行核算。

第四节　利润与税金

一、利润

按照国家规定，木材及林副产品的销售收入，扣除销售成本、育林费、缴纳营业税后，即为产品销售利润。加上其他业务利润，扣除期间费用、营业外收支净额，即实现的利润。从1986—1989年连续四年盈利2 344.5万元，1990—1993年企业连年亏损，亏损额累计达2 097.7万元，1994年企业盈利53万元，从1995年开始至2005年企业继续亏损，亏损额达7 892.4万元。

二、利润分配

1983年实行利改税，将实现利润总额的55%作为所得税和13.32%作为调解税上缴国家财政，1986年当年上缴所得税102.4万元，从1987年开始取消了利改税。1987—1989年企业上缴利润932.8万元，企业留存利润469.3万元，从1990年开始企业亏损，虽然在1991—1995年上缴了353万元的利润，但属于以前年度欠缴的利润，到2005年年末企业仍然欠缴利润242万元。

三、税金

按照国家规定的税率，原木和锯材销售收入总额乘以规定的税率，即缴纳的营业税，1986—1989年税率为10%，从1990年开始税率调整到5%，1994年更名农业特产税，从2003年7月开始取消农业特产税。1986—2005年间共缴纳税款5024.5万元，其中：原木产品缴纳2776.6万元，锯材产品和其他销售缴纳2247.9万元。

1986—2005年桃山林业局纳税情况一览表

表12-3-1　　单位：万元

年份	纳税额	年份	纳税额
1986	347.7	1996	205.0
1987	548.0	1997	126.9
1988	479.9	1998	118.4
1989	450.9	1999	66.4
1990	350.9	2000	16.0
1991	289.1	2001	35.8
1992	425.0	2002	18.1
1993	21.9	2003	20.1
1994	856.8	2004	13.2
1995	647.6	2005	21.65

第五节　成本管理和核算

一、成本管理

1986—1995年，根据木材采运生产的多阶段、连续性作业的特点，采用木材成本管理模式，即按生产的全过程实行计划管理，按上级主管部门下达给桃山局的成本指标，编制全局各生产阶段的成本计划，在木材采伐过程中，实行局、场、承包户三级核算管理，通过签订合同的方法，把各项成本指标落实到林场或承包户；按运输的工作量、计划成本，管理运输成本；按卸、选、归等工序管理贮木成本。

二、成本核算

1986—1992年期间采用完全成本法，即企业在一定期间为生产和销售一定数量的产品所支出的全部费用，包括构成森工产品的直接材料、直接工资、燃料和动力、固定资产以及基层单位和森工企业为组织生产经营而发生的车间经费和企业管理费。1993—2005年采用制造成本法计算成本，将“车间经费”会计科目调整为“制造费用”科目；为管理和组织全企业生产经营而发生的企业公用经费支出，不再以分摊形式计入产品成本，建立期间费用管理制度，新设“管理费用”科目，将原有“企业管理费”科目项下的费用支出，作为当期费用直接计入企业损益。计算林业局木材产品总成本包括：计算木材直接生产成本、木材生产承担的间接费用。财务科按木材生产的各阶段把实际生产成本汇总，再将间接费用分阶段计入木材产品成本。木材直接生产成本的计算包括伐区成本计算，按采伐、集材、装车具体的生产工序归集生产费用。运输成本计算，木材从林场装车后运输到贮木场的全过程发生的运输成本。贮木成本的计算，按卸车、造材、归楞等工序计算木材产品的缴库成本。木材承担的间接费用计算包括：准备作业费、设备修理费、车间管理费、企业管理费，1993年以前执行旧会计制度时，企业管理费通过分配以后计入木材产品成本，1993年新会计制度执行以后，把与营林分配后的企业管理费计入期间费用中。锯材产品，采用“简单法”计算进锯的原料成本和加工成本，由于木材产量调减，1994年锯材停止。其他产品也采用“简单法”计算总成本和单位成本。客货运输、代客户装车、包装物、均分别建立账户核算成本。客货运输业务，在2002年汽运处改制以后不再核算其收入支出，按签订的合同每年给林业局上缴一定的租金；代客户装车业务、包装物业务的核算在2000年年末结束。

第六节　资金管理

一、固定资金

桃山林业局的固定资产原值从1986年年初的6245.1万元，到2005年增加到9997.9万元，固定资产增加的途径，以1993年新会计制度执行分界，1986—1992年年末，使用专用基金（折旧基金、育林基金、更新改造基金等），企业自筹资金新建和购置增加固定资产。1993—2005年，通过国家投入、自筹资金建造等途径，购入增加固定资产。

1986—2005年，固定资产的使用仍然按“统一管理，分级保管使用”的原则，在林业局所属各基层单位之间实行固定资产卡片管理，办理拨入、调出手续，定期进行财产清查，掌握固定资产的保管和使用情况。对是否符合列为固定资产的规定上，除不属于生产经营的设备的物资，单价由原来的

500元调整到现在的2000元外，其他规定没有调整。

固定资产折旧，林业局按林业会计核算办法规定，采用“平均年限法”又称“直线法”计算综合折旧率，1986—2005年累计折旧额2311万元。

二、专用资金

（一）福利基金

用于职工医疗福利支出，虽然应付福利费的提取比例由按工资总额的11%提高到14%，但超支挂账仍然存在，1986年年初超支16.1万元，到1992年年末福利基金超支达1487万元，1993年新会计制度执行后，将福利基金挂账中770.3万元转入盈余公积科目，其余部分转入流动负债，到2005年年末应付福利费超支挂账596万元。

基本折旧基金是按规定比例上缴国家财政作为财政收入，其余部分留给林业局作为更新改造资金。1986年年初结余15.5万元，到1992年年末结余503.3万元，1993年转入实收资本科目。

大修理基金是按固定资产原值和需要修理的固定资产，预计大修理费用，按年度编制提取大修理计划。1986年年初结余46.9万元，到1992年年末结余281.8万元，1993年转入应付福利费科目。

育林基金是国家从木材采运企业征收的育林费，用于发展营林事业的专用基金，以前曾按木材销售数量，每立方米提取5元、8元、15元，1986—1990年按木材销售收入的21%提取育林费，从1991—2005年提取比率调整到26%，提取的育林费全部上缴林业管理局。

三、流动资金

（一）流动资金来源

1. 由国家拨给企业的自有流动资金。1992年年末国家流动361.2万元、企业流动资金23.5万元，在1993年转入实收资本科目。

2. 由银行借入的流动资金。1992年以前企业在银行贷款本金538万元，到2005年年末贷款本金高达9486.5万元。

3. 企业内部形成的结算资金。

（二）流动资金的管理

1. 国家流动资金的管理，国家资金是企业自有流动资金，是由上级主管单位根据本局生产经营规模核定的企业流动资金定额，由国家拨给流动资金。

2. 定额流动资金的管理，是根据上级主管部门核定的流动资金经常占用的最低需要量，编制定额流动资金使用计划，资金由财政部门或银行供给，将定额流动资金按限额指标进行分解，实行资金归口管理。

3. 非定额流动资金的管理，是基层单位的财务实行内部往来管理办法，由财务科对资金进行控制。建立企业资本金制度，1993年新会计制度执行以后，国家流动资金、定额流动资金和非定额流动资金在资产负债表中不再体现。即将固定基金、流动基金、更新改造资金和挖潜革新改造专项拨款全部转为企业的国家资本金，记入实收资本。

1986—2005 年固定资产情况统计表

表 12-3-2　　　　　　　　　　　　　　　　　　　　　　单位：万元

年份	原值年末数	其中：		净值年末数	固定资产平均总值	
		生产用	非生产用		原值	净值
1986	6670.0	5025.0	1645.0	2833.0	6457.5	2700.6
1987	7733.9	5099.7	2634.2	3710.5	7201.9	3271.7
1988	8425.6	5422.9	3002.7	4141.3	8079.7	3925.9
1989	8972.8	5637.2	3335.6	4285.3	8274.2	4014.6
1990	9482.2	6184.8	3538.0	4643.9	9218.9	4142.6
1991	9722.8	6184.8	3538.0	4671.2	9602.5	4657.5
1992	9621.0	6317.5	3303.5	4469.8	9671.9	4570.5
1993	9786.8	6442.4	3344.4	4456.4	9662.4	4421.6
1994	9790.8	6446.4	3344.4	4175.6	9788.8	4316.0
1995	9703.9	6359.5	3344.4	4373.5	9705.9	4233.1
1996	9430.1	6092.6	3337.5	3821.0	9567.0	4092.7
1997	9916.7	6908.3	3008.6	5093.3	9673.4	4457.1
1998	9263.8	6437.9	2825.9	4619.2	9590.2	4856.2
1999	8688.9	5390.0	3298.9	4442.4	8976.3	4530.8
2000	11173.3	5138.0	6035.3	7249.8	9931.1	5846.1
2001	11182.0	5143.0	6039.0	7149.2	11177.6	7199.5
2002	10516.2	4779.7	5746.5	7005.8	10849.1	7077.5
2003	10702.5	—	—	7167.2	10609.3	7086.5
2004	9410.0	—	—	7181.9	10056.2	7174.5
2005	9997.9	—	—	7686.9	9703.9	7434.4

1998—2005 年天保财政专项补助资金收支统计表

表 12-3-3　　　　　　　　　　　　　　　　　　　　　　单位：万元

年度	拨入资金	其他收入	合计	支出					
				教育经费	公检法司经费	医疗卫生经费	森林管护经费	分流安置经费	养老统筹补助
1998	690.8	—	690.8	225.9	93.8	66.4	102.8	—	176.9
1999	2102.5	45.0	2147.5	333.9	211.2	124.3	240.7	—	1196.5
2000	2494.8	68.2	2563.0	7605	2997	758	4151	—	11360
2001	2539.1	88.0	2627.1	804.9	388.0	111.3	424.7	—	774.8
2002	5141.3	86.0	5227.3	816.5	383.5	154.7	404.7	2542.2	774.8
2003	2924.3	83.1	3007.4	1034.2	419.2	170.8	407.3	338.8	774.8
2004	2749.2	96.4	2845.6	1130.8	408.0	153.6	502.4	—	774.8
2005	2695.4	76.6	2772.0	886.8	432.1	157.6	426.2	—	774.8

1986—2004年桃山林业局营林支出情况表

表12-3-4 单位：万元

年份	支出总额	其中		
		更新造林支出总额	森林抚育支出总额	费用支出
1986	327.2	456.2	40.9	107.3
1987	784.2	430.7	87.1	287.1
1988	838.3	401.6	78.2	320.5
1989	825.6	431.4	67.4	345.8
1990	795.3	380.9	64.9	296.5
1991	1055.9	311.0	45.4	610.1
1992	794.3	199.9	50.4	437.9
1993	731.4	525.7	69.8	481.1
1994	1260.5	454.7	58.7	665.0
1995	1147.6	398.9	63.9	634.2
1996	1383.7	279.6	59.2	920.9
1997	1233.6	120.7	—	894.8
1998	510.3	137.2	6.0	389.6
1999	535.4	64.6	12.6	392.2
2000	597.6	57.7	25.8	520.4
2001	606.9	31.3	27.2	523.4
2002	900.7	15.9	14.7	842.2
2003	323.4	12.3	34.6	292.8
2004	413.9	31.9	17.7	367.0

1986—2005年桃山林业局营林收支情况表

表12-3-5 单位：万元

年份	育林基金提取数	上缴育林基金数	营林费支出总数	年份	育林基金提取数	上缴育林基金数	营林费支出总数
1986	380.0	402.5	327.2	1996	765.9	948.7	1383.7
1987	950.8	928.2	784.2	1997	670.5	813.0	1233.6
1988	624.3	668.4	838.3	1998	559.7	351.5	510.3
1989	621.9	620.0	825.6	1999	267.5	331.7	535.4
1990	677.1	675.0	795.3	2000	83.3	81.0	597.6
1991	1150.9	1291.5	1055.9	2001	186.2	153.0	606.9
1992	1002.0	1013.9	794.3	2002	102.3	115.0	900.7
1993	543.3	571.7	731.4	2003	107.8	100.0	323.4
1994	1326.0	1369.2	1260.5	2004	238.0	240.0	413.9
1995	983.9	1066.5	1147.6	2005	125.8	130.0	446.3

1986—2005 年桃山林业局基层管理费支出情况统计表

表 12-3-6

单位：万元

年度	支出总额	其中：行政管理费	年度	支出总额	其中：行政管理费
1986	120.4	66.7	1996	783.1	123.2
1987	427.3	107.5	1997	645.3	86.21
1988	355.3	117.1	1998	438.9	130.67
1989	367.3	120.5	1999	361.7	102.55
1990	395.7	128.7	2000	311.3	200.36
1991	490.9	209.8	2001	270.1	138.04
1992	517.0	200.5	2002	191.3	92.36
1993	291.5	48.9	2003	250.9	123.4
1994	683.6	122.5	2004	295.3	86.12
1995	578.6	56.8	2005	257.5	75.24

1986—2005 年桃山林业局企业管理费支出情况统计表

表 12-3-7

单位：万元

年度	支出总额	其中：行政管理费	年度	支出总额	其中：行政管理费
1986	502.5	120.7	1996	2479.6	903.7
1987	542.5	195.0	1997	2119.4	772.8
1988	721.5	174.0	1998	1990.4	740.0
1989	821.1	157.3	1999	1037.6	685.6
1990	1151.5	283.9	2000	1512.1	750.1
1991	1307.8	320.3	2001	2064.8	678.9
1992	1265.1	357.5	2002	1382.8	519.1
1993	1436.7	519.9	2003	1300.2	493.9
1994	2214.5	804.4	2004	1349.3	564.2
1995	2293.0	888.4	2005	1378.5	613.4

1986—1995 年桃山林业局锯材生产成本与销售利润统计表

表 12-3-8

年份	生产成本			销售利润	
	产量（立方米）	总成本（万元）	单位成本（万元）	销售数量（立方米）	单位利润（万元）
1986	42254	806.9	19.096	4298.1	84.47
1987	35024	1140.6	32.451	3496.5	63.84
1988	30036	999.7	32.896	3619.5	104.62
1989	30484	1008.6	33.089	2893.8	137.39
1990	28023	975.8	34.823	2780.5	65.52
1991	25016	1168.5	46.712	2608.0	−5.7
1992	8040	346.0	43.035	1169.5	13.77
1993	—	—	—	219.1	18.39
1994	—	—	—	—	—
1995	—	—	—	75.5	−5.96

1986—2005年桃山林业局木材生产伐区成本统计表

表12-3-9

单位：万元

年份	采集		采集装		装车	
	总成本	单位成本	总成本	单位成本	总成本	单位成本
1986	90.6	2.041	—	—	8.9	0.201
1987	212.9	2.131	147.6	0.932	28.6	0.234
1988	401.7	2.371	175.4	1.507	20.5	0.142
1989	425.6	3.456	164.8	3.368	62.0	0.248
1990	711.4	3.904	154.8	5.677	60.0	0.329
1991	520.4	4.766	161.5	3.967	14.2	0.109
1992	382.3	3.893	308.5	6.399	6.2	0.061
1993	430.8	5.512	262.3	5.972	10.7	0.123
1994	549.8	5.214	195.7	6.178	9.4	0.167
1995	1480.3	12.861	93.9	6.301	4.3	0.037
1996	—	—	108.7	6.713	—	—
1997	—	—	1207.4	12.983	—	—
1998	—	—	847.7	14.128	—	—
1999	—	—	533.0	19.303	—	—
2000	—	—	142.2	7.11	—	—
2001	—	—	132.7	6.788	—	—
2002	—	—	9.5	5.868	—	—
2003	116.4	58.63	—	—	16.6	0.837
2004	101.1	52.2	—	—	16.5	0.852
2005	124.9	62.45	—	—	17.1	0.855

1986—2005年桃山林业局木材生产阶段成本统计表

表12-3-10

单位：万元

年份	伐区阶段		汽车运材		采集装运		贮木场	
	总成本	单位成本	总成本	单位成本	总成本	单位成本	总成本	单位成本
1986	136.3	3.070	57.0	1.283	123.2	2.770	14.5	0.325
1987	710.4	2.533	403.3	1.495	377.9	1.347	97.8	0.362
1988	867.6	3.035	463.0	4.103	597.6	3.53	84.5	0.749
1989	781.0	3.124	914.5	3.658	1052.3	4.209	210.8	0.843
1990	1256.3	5.997	667.9	3.188	926.2	4.421	251.8	1.202
1991	950.8	5.592	521.5	3.157	779.5	4.585	138.3	0.837
1992	823.4	5.489	521.8	3.688	716.1	4.773	192.0	1.357
1993	290.3	6.072	183.9	3.847	197.8	4.158	31.2	0.654
1994	1513.3	10.089	551.4	3.676	1314.6	8.975	133.5	0.89
1995	1838.9	14.146	156.6	1.205	1578.5	12.142	17.7	0.137

续表 12-3-10

年份	伐区阶段		汽车运材		采集装运		贮木场	
	总成本	单位成本	总成本	单位成本	总成本	单位成本	总成本	单位成本
1996	1748.9	14.574	462.7	3.856	1529.6	12.77	70.6	0.589
1997	1481.0	15.92	378.1	4.066	1207.4	12.983	206.8	2.224
1998	1135.1	189.18	135.0	2.25	847.7	14.128	95.0	1.584
1999	734.3	26.594	29.1	1.054	533.3	19.303	23.5	0.851
2000	266.3	13.315	78.3	3.915	124.1	6.205	24.2	1.210
2001	237.0	12.120	75.8	3.878	132.7	6.788	2.0	0.103
2002	25.1	15.503	24.1	14.886	9.5	5.868	2.0	1.236
2003	310.3	15.629	80.4	4.050	133.0	6.699	14.1	0.711
2004	304.0	15.695	93.0	4.802	117.6	6.072	7.0	0.362
2005	317.6	15.880	95.2	4.760	142.0	7.100	7.5	0.375

1986—2005 年桃山林业局木材生产成本统计表

表 12-3-11

年份	产量（立方米）	总成本（万元）	单位成本（元）
1986	275900	1646.3	59.67
1987	35024	91.4	26.1
1988	261500	2020.4	77.26
1989	250000	2149.2	85.96
1990	209500	3246.1	154.95
1991	170000	2614.0	153.76
1992	150000	2185.5	145.7
1993	47810	1468.9	307.23
1994	150000	3592.0	239.47
1995	130000	21.934	168.73
1996	120000	2698.3	224.86
1997	93000	20.833	224.01
1998	60000	1391.5	231.92
1999	27612	814.6	295.02
2000	20000	391.3	195.65
2001	19548	336.0	171.89
2002	1619	68.7	424.34
2003	19854	441.7	222.47
2004	19369	442.7	228.56
2005	20000	445.8	222.9

1986—2005年桃山林业局木材产品销售情况统计表

表12-3-12

年份	销售数量（立方米）	销售收入		提取育林费		单位利润（万元）
		总额（万元）	单位售价（元）	总额（万元）	单位育林费（万元）	
1986	270213	2435.3	90.13	380.0	1.406	11.03
1987	282972	4527.4	159.99	950.8	3.36	52.4
1988	205921	3487.2	169.35	624.3	3.032	54.09
1989	258598	4092.5	158.26	621.9	2.404	48.58
1990	173775	2604.2	149.86	677.1	3.896	30.89
1991	194763	4426.6	227.28	1150.9	5.909	26.71
1992	180720	3854.0	213.26	1002.0	5.544	26.45
1993	59624	2138.7	358.7	543.3	9.112	119.73
1994	136564	6510.9	476.77	1326.0	9.709	205.16
1995	151566	4735.0	312.41	983.9	6.491	130.48
1996	134321	3787.2	281.95	765.9	5.702	66.11
1997	101644	3131.2	308.06	670.5	6.597	84.51
1998	71026	2330.7	328.15	559.7	7.854	103.43
1999	29795	1028.8	345.29	267.5	8.978	48.5
2000	9831	320.3	325.81	83.3	8.473	29.19
2001	21954	716.0	326.14	186.2	8.481	53.11
2002	11168	393.3	352.17	102.3	9.16	16.21
2003	10618	414.5	390.37	107.8	10.153	18.27
2004	22709	915.6	403.19	238.0	10.48	61.21
2005	10957	483.9	441.64	125.8	11.481	78.4

1986—2005年桃山林业局企业利润情况统计表

表12-3-13 单位：万元

年度	利润总额	年度	利润总额
1986	216.8	1996	−721.4
1987	1009.3	1997	−628.2
1988	452.7	1998	−591.9
1989	665.7	1999	−1143.0
1990	−906.3	2000	−701.2
1991	−941.9	2001	−1429.8
1992	−248.8	2002	−363.1
1993	−0.7	2003	−562.9
1994	53.0	2004	−470.8
1995	−666.7	2005	−613.4

1986—2005年桃山林业局工业总产值情况统计表

表12-3-14

单位：万元

年份	工业总产值	年份	工业总产值	年份	工业总产值
1986	337.1	1993	128.6	2000	1345.1
1987	501.4	1994	1672.0	2001	812.1
1988	687.9	1995	1536.9	2002	710.0
1989	770.4	1996	1201.7	2003	698.8
1990	715.3	1997	1484.8	2004	814.4
1991	707.9	1998	1629.7	2005	369.9
1992	822.4	1999	1182.5		

1986—2005年桃山林业局销售利润情况统计表

表12-3-15

单位：万元

年度	销售收入	销售利润			其中：			
		销售税金	销售成本	利润总额	木材利润	锯材利润	其他产品	其他销售
1986	4202.5	347.7	2798.3	672.1	298.2	363.1	41.5	−30.7
1987	7709.6	548.0	4291.7	1761.3	1482.8	223.2	20.2	35.1
1988	6512.7	479.9	3874.3	1526.4	1113.9	378.7	9.3	24.5
1989	4092.5	204.6	2631.7	1256.2	824.3	397.6	7.8	26.5
1990	2604.2	130.2	1937.3	536.7	320.6	182.2	9.6	24.3
1991	7152.4	289.1	5689.1	498.9	520.2	−14.9	−55.1	48.7
1992	11073.3	425.0	8321.5	1567.5	478.0	16.1	930.2	143.2
1993	6179.4	21.9	5127.4	1030.1	713.9	40.3	189.6	86.3
1994	11669.0	856.8	7301.6	3506.1	2801.8	—	592.5	111.8
1995	8618.6	647.6	5597.2	2373.8	1977.7	−45	321.2	79.4
1996	6355.8	205.0	4362.0	1788.8	888.0	—	794.9	105.9
1997	5538.3	126.9	3842.5	1568.9	859.0	—	526.2	183.7
1998	4902.0	118.4	3498.5	1285.1	734.6	—	379.2	171.3
1999	1575.6	66.4	1159.8	349.4	144.5	—	137.0	67.9
2000	880.0	16.0	777.9	2.8	28.7	—	40.0	−65.9
2001	1385.1	35.8	1035.2	127.9	116.6	—	233.3	−222.0
2002	707.2	18.1	400.8	288.3	40.0	—	234.9	13.4
2003	978.4	20.1	446.0	512.3	19.4	—	303.9	189.0
2004	1278.6	—	858.7	419.9	139.0	—	281.9	−1.0
2005	1076.1	—	491.8	584.3	85.9	—	483.1	15.3

四、内部审计

桃山林业局审计科成立于1984年12月份，其行政分工主管人为林业局局长，人员编制按照奇数制原则进行配备。审计业务上归省森工总局审计处和伊春林管局审计处指导。

1987年，林业局以桃林发〔1987〕37号文件下发了《桃山林业局内部审计制度》和《桃山林业局场长（经理）离任经济责任审计方案》，同时又结合林业局全面质量管理升级工作，先后制定《桃山林业局内部审计目标管理展开图》《内部审计管理网络图》《审计科负责人工作标准及其考核办法》和《审计员工作标准及其考核办法》等桃山林业局内部审计工作质量标准。至此，审计科结束了主要配合省、市两级财政税务大检查的迎检自查工作模式，桃山林业局的内部审计工作迈上了制度化、程序化和规范化操作的轨道。

1995 年 3 月，伊春林管局在桃山林业局进行副处级总审计师岗位设置试点工作，使内部审计由事后审计向事前审计转变成为现实，也提升了内部审计在企业管理工作中的地位和作用。桃山林业局审计科成立以来，始终坚持超脱严谨的工作态度，求真务实的工作作风和客观公正的工作原则，严格按照《中华人民共和国审计法》规定进行审计实务操作，圆满完成上级审计主管部门下达的审计计划和林业局交办的审计任务，已归档的审计结果也经受住了时间的考验，其审计实务操作受到上级审计主管部门的重视，多次从桃山林业局审计科抽调审计工作人员，参加省、市两级审计部门组织的联合审计。总审计师由王克俭担任，下设审计科，有科长 1 人、副科长 1 人和 4 名审计员。

2000 年，审计工作由副总会计师于秀婷负责，下设 2 名副科级审计员和 1 名工作人员。

2005 年，审计工作由主管审计的副局长负责，下设审计科，有科长 1 人，副科长 1 人，工作人员 3 人，负责全局的审计工作。

1987—2005 桃山林业局审计科完成审计项目统计表

表 12-3-16

年度	财务收支审计（户）	绩效审计（户）	专项审计（户）	场长（经理）离任经济责任审计（户）	审计调查（户）	上级审计主管部门联审（人次）
1987	32	1	6	2	2	3
1988	29	1	13	7	2	5
1989	27	2	6	4	2	2
1990	26	1	2	7	2	1
1991	23	2	5	8	2	2
1992	12	1	3	9	3	1
1993	6	4	1	8	5	1
1994	14	1	1	12	5	1
1995	13	3	1	9	1	1
1996	15	1	2	20	2	1
1997	18	1	1	4	2	3
1998	12	6	1	15	1	1
1999	3	3	1	16	3	2
2000	8	2	4	6	1	1
2001	7	3	6	6	2	1
2002	4	1	1	12	4	1
2003	3	1	2	2	2	2
2004	3	2	1	6	1	1
2005	27	3	3	1	9	2

第四章　劳动管理

第一节　机　构

1984年，桃山林业局成立劳动服务公司，与多种经营公司合署办公。同时撤销林业局知识青年上山下乡安置办公室。劳动服务公司隶属劳动安全科，多种经营公司为副科级建制，负责新办采集企业职工就业前的培训和职业介绍、待业人员的登记、立卡、建档和管理工作。

1986年，生产安全工作从劳动安全科分出，成立劳动科和安全监察科。劳动科负责劳动工资、劳动保险、知青管理、工人和知青调配及档案管理、社会救济等工作。

劳动科与人事科合并成立劳动人事处，设主任1人，副主任2人，工作人员12人，职能合并无增减。

1989年劳动人事处重新分开，成立劳动工资科和人事科，职能同时分开。

1996年，劳动工资科又新增了医疗保险、失业保险和下岗职工再就业安置等工作。

1998年，成立再就业服务中心，隶属劳动工资科，负责下岗职工再就业工作。

2000年，劳动工资科与人事科、安全监察科合并，更名为人事劳动科，负责全局人事管理、职称评定、干部调配、劳动调配、工资管理、定额、工资计划、养老保险、医疗保险、失业保险、工伤保险，负责遗属生活费、救济费和退伍军人优待金发放审核工作，负责再就业工作等，设科长1人，副科长2人，编制10人。

2005年成立社会保险局和就业局，隶属人事劳动科，编制10人。

1986—2005年期间，桃山林业局针对木材生产停伐，富余人员增多的实际情况，成立了再就业管理中心，负责对下岗职工、青年、大集体人员的业务培训、就业指导、心理疏导、帮助联系劳务等项工作，管理中心后来归社保局。

第二节　劳动与人事管理

一、新增人员

1986年桃山林业局新增人数1 004人。其中城镇招收人数732人；招收复员军人65人；招收转业军人3人；招收统一分配大中专、技校毕业生127人；由集体所有制单位转入77人。调入73人。其中外省市调入2人；本省地市系统调入71人。减少741人。其中离退休人员637人；开除1人；死亡21人；调到外省市11人；调到其他全民所有制单位71人。

1988年桃山林业局新增人数215人。其中城镇招收人数25人；招收复员军人71人；招收转业军人 3 人；招收统一分配大中专、技校毕业生 116 人。调入 26 人。其中外省市调入 1 人；本省地市系统调入 25 人。减少 158 人。其中离退休人员 42 人；死亡 33 人；辞退 1 人；调到外省市 52 人；调到本省外地县 30 人。

1992 年桃山林业局新增人数 410 人。其中城镇招收人数 235 人；招收复员军人 71 人；招收统一分配大中专、技校毕业生 104 人。调入 53 人。其中外省市调入 12 人；本省地市系统调入 41 人。减少 506 人。其中离退休人员 245 人；死亡 29 人；调到外省市 162 人；调到本省外地县 70 人。

1993 年桃山林业局新增人数 212 人。其中城镇招收人数 57 人；招收复员军人 39 人；招收统一分配大中专、技校毕业生 116 人。调入 61 人，即本省地市系统调入 61 人。减少 188 人。其中离退休人员 44 人；开除 2 人；死亡 14 人；调到外省市 99 人；调到本省外地县 29 人。

1995 年桃山林业局新增人数 379 人。其中城镇招收人数 74 人；招收统一分配大中专、技校毕业生 305 人。本省地市系统调入 11 人。减少 598 人。其中离退休人员 440 人；调到外省市 96 人；调到本省外地县 62 人。

1997 年桃山林业局新增人数 101 人。其中招收复员军人 16 人；招收统一分配大中专、技校毕业生 85 人。减少 10 人。其中死亡 3 人；调到外县 7 人。

2000 年桃山林业局新增人数 130 人。其中城镇招收人数 12 人；招收复员军人 50 人；招收统一分配大中专、技校毕业生 68 人。调入 1 人，即本省地市系统调入 1 人。减少 12 人。其中死亡 3 人；调到外省市 4 人；调到本省外地县 5 人。

2003 年桃山林业局新增人数 42 人。其中招收复员军人 5 人；招收统一分配大中专、技校毕业生 37 人。减少 289 人。其中离退休人员 138 人；死亡 28 人；转入集体所有制单位 113 人；调到外省市 3 人；调到本省外地县 7 人。

2005 年桃山林业局新增人数 51 人。其中招收复员军人 9 人；招收统一分配大中专、技校毕业生 42 人。减少 331 人。其中离退休人员 289 人；死亡 22 人；调到外省市 2 人；调到本省地外地县 18 人。

二、职工精简

2001 年 5 月，按上级指示，林业局电话所撤并，一次性安置 70 名电话所职工，调入中国网通 4 名。2001 年 12 月至 2002 年 11 月根据黑森劳系〔2001〕416 号文件要求，桃山林业局为 1 701 名职工办理了一次性安置，与企业解除劳动关系。

三、分流与再就业

1998 年国家实行天然林保护工程后，桃山林业局木材产量逐年递减，在岗职工随即转岗分流，根据林业局实际情况，至 2005 年，分流到森林管护 548 人，种植业 846 人，养殖业 155 人，民营企业 72 人，租赁承包 64 人，交通运输 188 人，商饮服务 398 人，临时打工 114 人，劳务输出 1 607 人。

第三节　劳务输出

1986—2005 年，桃山林业局从本企业实际出发，瞄准国际和国内劳务市场需求动向，积极有效地实施走出去战略，通过信息、技术、技能服务，先后组织企业二千多名下岗职工到国外俄罗斯从事森林采伐，在国内到天津、青岛、威海、沈阳、大连、无锡、哈尔滨及森工系统东方红、沾河、鹤北、红星、乌伊岭等林业局和嘉荫县等地，从事森林采伐、装卸、刺绣、家具、装修、家政等项劳务事宜，即让这部分下岗人员重新获得劳动就业，依靠自己的辛勤劳动获取稳定的经济收入。（1）党委及时决定成立林业局劳务输出办公室，配备了能力强、业务精、有责任心、有敬业精神人员负责此项工作。（2）制定鼓励劳务输出的“三不”优惠政策：即凡是一次性带出局外50人以上并安排就业的有功者，科级干部职级不降，工资照发，副科级的提为正科级；一般干部职别不变，工资照发，按干部管理条例，符合条件的可提为副科级；普通工人工龄不间断，工资照发，林业局每年奖励5000元；带出百人以上的奖励1万元。带出国外安排就业的，奖励翻一番。由于优惠政策的实施，劳务输出人员每人每年创收3万余元。

第四节　工资管理

1986年12月，根据国务院工资改革小组、劳动人事部劳人薪〔1986〕99号和省人事监察局、省劳动局黑劳薪字〔1986〕133号文件《关于调整部分工资区类别的通知》精神，为全局10737名企业职工晋升一级工资，月增资额1.80元。

1988年，根据劳人薪〔1988〕4号、黑劳薪字〔1988〕189号、黑森劳字〔1989〕43号、伊劳〔1989〕21号文件规定，为中级技术人员晋升一级工资。

1990年，根据省政府1990年第十九次常务会议精神，桃山林业局为11 502名企业职工晋升半级工资7.2元，全局年度增资额82 814.40元。

1993年根据《关于调整我省企业职工工资标准的通知》的精神，企业为11 588名全民职工调整工资，月增资20元。

1996年根据伊政办〔1996〕19号文件精神，企业为11 539名全民职工调整档案工资，月增资90.50元。

2005年，根据黑森劳字〔2004〕334号文件精神，企业为8 543名全民职工晋升一级工资，月人均增31.25元。月增加额266 968.75元。

1986—2005年桃山林业局工资总额、劳动效率统计表

表12-4-1

年度	工资总额（万元）	平均工资（元）	劳动效率		
			采运工人（立方米/人·年）	锯材工人（立方米/人·年）	全员价值（元/人·年）
1986	998.6	89.50			
1987	1072.0	106.00	1731	164	3670
1988	1116.3	195	1534	162	2401
1989	1099.6	260	1336	179.8	2333
1990	1125.3	296	1880	179.9	6205
1991	2909.0	330	1540	181.3	4838
1992	1164.0	375	1065	129.7	6394
1993	1047.5	375	1428	293	8135
1994	1004.1	376	1589	220	9842
1995	1046.1	376	1570	200	8057
1996	1285.1	382	—	190	8320
1997	995.5	382	2029	160	8827

续表 12-4-1

年度	工资总额（万元）	平均工资（元）	劳动效率		
			采运工人（立方米/人·年）	锯材工人（立方米/人·年）	全员价值（元/人·年）
1998	1022.5	380	2601	160	8781
1999	1507.0	385	960	150	7636
2000	1066.6	385	830	150	7430
2001	1531.2	385	800	143	6000
2002	1503.7	390	750	120	6000
2003	1690.7	390	630	100	5430
2004	1645.4	400	350	100	6432
2005	1675.9	403	320	80	5400

第五节　劳动安全

坚持“安全第一、预防为主、综合治理”的安全管理方针，建立健全安全生产责任制，逐级签订安全生产责任状，明确奖惩，将安全管理纳入法治轨道，依法管理安全。

一、抓好宣传

多年来，林业局一直把每年的六月份确定为“安全生产月”，6 月份的第 2 个星期日为安全生产咨询日，每年的这一天，林业局安全管理部门都与其他有关部门一同制定宣传方案，成立领导小组，宣传报道安全生产的法律法规以及各项规章制度，通过板报、标语、电视等多种宣传形式进行宣传，达到了家喻户晓，人人皆知，增强了人民群众的安全意识。

二、加强教育

每年木材生产前都进行岗前培训，考试合格后，持证上岗，对特种作业人员，认真搞好岗前培训，持证上岗，每年还派出安全管理骨干人员外出学习。

三、定期搞好检查

林业局每季度召开安全委员会，制定检查方案，仔细开展工作检查，冬季木材生产期间，安全管理人员跟班作业，检查木材生产的每一道工序，实现了无工伤、无事故，确保冬运木材生产顺利进行。

四、切实抓好整改

由于近年来林业经济条件等因素的限制，林业生产生活中存在着不可忽视的安全因素，有的危房、危桥等基础设施相继老化，陈旧的生产设备亟待更新。为消除安全隐患，林业局每年都投入资金 10 万元以上，用于整改安全生产隐患和相关的基础设施改造。

第十三篇

党政群团

第一章　中国共产党桃山林业局委员会

第一节　党委机构

1986年1月—1987年3月，党委职能部门有党委办公室、党委组织部、党委宣传部、党委纪律检查委员会、党委政法委、党委统战部。

1987年4月—1989年10月，党委实行政治体制改革，撤销了原有的党委办公室、党委组织部、党委宣传部、党委纪律检查委员会、党委政法委、党委统战部建制，成立新的党委工作机构，履行党委工作部门的职责，新的党委工作机构统称为党务工作部，党务工作部内部设有党委组织员、党委宣传员、党委秘书、纪委书记，统战工作归党委宣传员统一领导，党务工作部设一名政法秘书，履行原政法委的工作职责。

1989年11月，党委经研究决定，撤销党务工作部，恢复党委办、组织部、宣传部、纪检委、政法委、统战部建置。

1990—1995年，党委工作部门有党委办公室、组织部、宣传部、统战部、纪检监察委员会、政法委、老干部办公室。

1996—2002年，党委工作部门有党委办公室、党委政策研究室、组织部、宣传部、政法委、老干部办公室。

2003—2005年，党委工作部门有党委办公室、组织部、宣传部、纪检监察委员会、政法委、党校、老干部办公室。

第二节　党员代表大会

第八次党员代表大会

中国共产党桃山林业局第八次代表大会于1986年11月9—10日，在桃山庄宾馆西楼会议室召开。出席大会的正式代表167名，列席代表25名，代表全局1 601名党员。

会议听取和审议了刘寿柏作的《勇于开拓创新、锐意拼搏进取，把桃山林业局两个文明建设和全面改革继续推向前进》的党委工作报告、牟有贵作的题为《全党动手，齐心协力，巩固发展党风根本好转的成果》的纪律检查委员会工作报告、卢守安作的题为《坚持全面改革，综合开发经营，把桃山林业局林业生产建设推向新阶段》的行政工作报告。寻允华在会上作了题为《关于桃山林业局精神文明建设规划的设想》的发言。大会修改并通过了《中共桃山林业局委员会工作条例实施细则》。与会全体党员代表就坚持改革、开拓进取、加快全局开发建设步伐、进一步做好全局各方面的工作进行了认真的研究讨论。在统一思想的基础上，充分发扬民主，倾听党员代表的意见和呼声。大会选举产生了中共桃山林业局第八届委员会和中共桃山林业局第八届纪律检查委员会。中共桃山林业局第八届委员会由刘寿柏、滕忠良、唐永才、卢守安、牟有贵、孔详军、寻允华 7 人组成。党委八届一次全体委员会议选举刘寿柏任书记，滕忠良、唐永才任副书记。中共桃山林业局第八届纪律检查委员会由牟有贵、刘学进、张如生、冯林、高殿奎、王宪伦、韩振宇 7 人组成。纪委八届一次全体委员会议选举牟有贵任纪委书记、刘学进任纪委副书记。

第九次党员代表大会

中国共产党桃山林业局第九次代表大会于 1990 年 8 月 14—15 日在桃山庄宾馆西楼会议室召开。出席大会的正式代表 139 名，列席代表 46 人，代表全局 1 849 名党员。

会议听取和审议了徐广治作的《深入贯彻中共十三届六中全会精神，切实加强党的建设，为治危兴林、振兴桃山而奋斗》的党委工作报告、牟有贵作的题为《加强党风建设，履行监督职能，保证全局治理整顿和深化改革顺利进行》的纪律检查委员会工作报告。大会选举产生了中共桃山林业局第九届委员会和中共桃山林业局纪律检查委员会。中共桃山林业局第九届委员会由徐广治、刘寿柏、孔祥军、牟有贵、孙善义、张如生、杨德学、滕忠良 8 人组成。中共桃山林业局纪律检查委员会由牟有贵、王铁春、王凤树、朱景林、林启荣、范迪全、韩振宇 7 人组成。党委九届一次全体委员会议选举徐广治任书记，刘寿柏、孔祥军任副书记。纪委九届一次全体委员会议选举牟有贵任纪委书记、王铁春任纪委副书记。

第十次党员代表大会

中国共产党桃山林业局第十次代表大会于 2003 年 12 月 23—24 日在桃山庄宾馆西楼会议室召开。出席大会正式代表 145 名，占全局党员总数（2 184）的 6.6%。这 145 名代表具有广泛的代表性。其中，各级领导干部代表 101 名，占 69.7%，各方面专业技术人员代表 29 名，占 20%；各条战线“先、优、模”代表 15 名，占 10.3%；大专以上文化程度的代表 124 名，占 85.5%；少数民族代表 6 名，占 4.1%；45 岁（含 45 岁）以下代表 83 名，占 57.2%；妇女代表 26 名，占 17.9%，转岗职工代表 3 名，占 2%；退休职工代表 1 名；列席代表 20 名。

会议听取和审议了姜维涛作的《实现可持续发展战略，全面加快小康社会建设步伐》的党委工作报告、马立山作的题为《深入推进党风廉政建设和反腐败工作，为全局经济社会又快又好发展提供坚强政治保证》的纪律检查委员会工作报告。大会选举产生了中共桃山林业局第十届委员会和中共桃山林业局纪律检查委员会。中共桃山林业局第十届委员会由姜维涛、田孔臣、肖亚英、马立山、孙连君、张瑜、王君华、褚衍民、郭云明 9 人组成。中共桃山林业局纪律检查委员会由马立山、卢克、刘维德、肖亚峰、张凯、曹玉双、彭文权 7 人组成。党委十届一次全体委员会议选举姜维涛任书记，田孔臣、肖亚英、马立山、张瑜任副书记。纪委九届一次全体委员会议选举马立山任纪委书记，卢克、刘维德任纪委副书记。

第三节　组织工作

党委领导任职情况

1986—2005 年，中共桃山林业局委员会领导班子成员认真贯彻落实党中央、省委、市委的会议、文件精神，带领全局党员干部和群众发扬抗日英雄的光荣革命传统，团结一心，艰苦奋斗，为国家生产急需的木材，支援全国的社会主义建设，成为全局各项事业的坚强领导核心。

1986—2005年桃山林业局党委书记、副书记、委员

书　记：卢守安　1983年10月—1986年11月
刘寿柏　1986年12月—1990年2月
徐广治　1990年3月—1994年2月
刘寿柏　1994年3月—1994年5月
孔祥军　1994年5月—1999年1月
张宝森　1999年1月—2000年8月
田孔臣　2000年8月—2002年9月
姜维涛　2002年9月—2005年5月
刘利敏　2005年5月—

副书记：滕忠良　1984年3月—1988年3月
唐永才　1984年11月—1990年8月
孔祥军　1990年5月—1994年5月
张如生　1991年3月—1997年6月
徐广治　1994年5月—1995年6月
杨志勇　1995年6月—1998年2月
杨德学　1997年6月—2001年11月
李成林　1997年6月—2003年10月
周长河　1998年2月—2000年4月
李国强　2000年4月—2002年9月
田孔臣　2002年9月—
肖亚英　2001年12月—（女）
马立山　2001年2月—
张　瑜　2003年10月—

委　员：牟有贵　1984年11月—1997年6月
孙善义　1990年8月—1991年3月
杨德学　1989年11月—2001年11月
李成林　1991年5月—2003年10月
唐晓国　1992年3月—1998年2月
肖亚英　1997年12月—（女）
陈　贵　1998年2月—2001年2月
穆贵彬　1998年2月—2001年2月
吕会岩　1998年2月—2001年2月
杨长贵　1998年2月—2003年10月
刘学进　2001年2月—2003年10月
王君华　2001年4月—（女）
褚衍民　2002年5月—
孙连君　2003年10月—
郭云明　2003年10月—

组织工作开展情况

1960 年桃山林业局建局即建立了中共桃山林业局委员会组织部，设正、副部长各一名，干事 3 人。1986 年至 2005 年组织部定编 5 名，其中正、副部长各一名，组织员 3 名，党委组织部是党委的重要职能部门，在林业局党委的领导下具体负责全局的党建工作、干部工作。负责基层党组织建设、党员教育管理以及发展党员工作；负责党校有关工作；负责中层干部的选任、教育、培养、考核以及离退休老干部的管理和关心下一代工作委员会等工作，并配合上级部门做好局级党政领导班子主要责任指标考核工作。

一、基层党组织

1986 年至 1990 年党委直属总支、支部 42 个。

机关总支部委员会
林政科支部委员会
神树经营林场总支部委员会
鸡岭经营林场总支部委员会
春光经营林场支部委员会
白河经营林场支部委员会
上呼兰经营林场总支部委员会
南河经营林场总支部委员会
公路管理处总支部委员会
装饰薄木公司支部委员会
机械修理厂留守处总支部委员会
物资经销公司留守处支部委员会
热力公司总支部委员会
生活福利公司留守处支部委员会
商贸公司留守处支部委员会
幼儿园支部委员会
第二小学校支部委员会
第四小学校支部委员会
第三中学支部委员会
公安局总支部委员会
人民检察院支部委员会
国家安全局支部委员会
多种经营局总支部委员会
石长经营林场总支部委员会
圣浪经营林场总支部委员会
桃东经营林场总支部委员会
柳河经营林场总支部委员会
跃进经营林场总支部委员会
新兴经营林场总支部委员会
奋斗经营林场总支部委员会
贮木场总支部委员会
林产工业有限责任公司总支部委员会
茂源燃料股份有限公司支部委员会
森林调查设计队支部委员会
城镇建设环境保护管理处总支部委员会
丰达汽车运输股份有限公司总支部委员会
电话管理所支部委员会
第一小学校支部委员会
中国国际旅行社桃山支社支部委员会
第一中学支部委员会
职工医院支部委员会
司法局支部委员会
基层法院支部委员会

1990—2002 年党委直属总支、支部 48 个。即在原有 42 个的基础上，增加了 6 个，增加的有第五小学支部委员会、圣浪学校支部委员会、酒类专卖局支部委员会、自来水公司支部委员会、远洋木业有限责任公司支部委员会、茂源燃料公司支部委员会。

2003—2005 年，党委直属总支、支部 44 个。比 2002 年减少 4 个，为安全局支部委员会、电话所支部委员会、幼儿校支部委员会（合并到一校党支部）、圣浪学校党支部（合并到圣浪林场党总支）。

二、党建、党员干部教育工作

1986—2005年，桃山林业局党委十分重视对党员和干部的培养教育工作，党委认真贯彻发展新党员方针和原则，加强对积极分子培养，严格执行组织考核和审批制度，使党组织战斗力进一步增强。对发展对象严格按照考察制度逐项考察，考察时广泛征求党内外群众意见，严格审批制度，确保新党员质量。

1986—2005年桃山林业局发展党员情况一览表

表13-1-1

单位：人

年份	总数	干部	工人	其他
1986	65	35	19	11
1987	42	20	15	7
1988	47	23	22	2
1989	44	14	29	1
1990	56	24	32	—
1991	65	25	40	—
1992	69	19	50	—
1993	82	61	20	1
1994	72	28	42	2
1995	70	29	34	7
1996	77	32	40	5
1997	79	32	40	7
1998	74	35	34	5
1999	72	45	26	1
2000	50	32	16	2
2001	50	35	15	—
2002	31	22	6	3
2003	32	16	15	1
2004	38	25	13	—
2005	40	31	6	3

1986—2005年桃山林业局党员基本情况一览表

表13-1-2　　单位：人

项目 人数 年度	党员总数	性别		民族		文化程度				
		男	女	汉	少数民族	大专以上	中专	高中	初中	其他
1986	1601	1400	181	1571	30	108	89	298	521	579
1987	1667	1482	185	1633	34	158	139	480	400	490
1988	1729	1527	202	1694	35	196	167	558	303	505
1989	1985	1581	204	1750	35	203	238	583	317	444
1990	1849	1636	213	1808	41	217	245	613	333	441
1991	1912	1686	226	1870	42	229	264	637	346	436
1992	1975	1742	235	1931	44	240	286	663	350	434
1993	2039	1798	241	1993	46	258	324	664	360	433
1994	2075	1830	245	2031	44	470	530	371	295	409
1995	2155	1891	264	2110	45	470	535	731	156	263
1996	2225	1960	265	2179	46	520	565	740	210	190
1997	2284	2004	280	2238	46	546	579	750	216	193
1998	2358	2066	292	2310	48	562	592	777	238	189
1999	2161	1868	293	2108	53	509	241	620	523	268
2000	2186	1871	315	2133	35	518	251	634	520	263
2001	2228	1910	318	2173	22	534	278	647	514	255
2002	2222	1876	346	2167	55	545	283	647	503	244
2003	2223	1862	361	2171	52	560	285	654	503	221
2004	2212	1851	361	2160	52	560	274	654	724	
2005	2229	1849	380	2178	51	579	282	660	708	

1986—2005年桃山林业局出席局先进党总支、支部，优秀党员统计表

表13-1-3　　单位：个、人

年份	先进党总支、支部	下属党支部	优秀党员	优秀党务工作者	党风廉政建设集体	党风廉政建设个人
1986	17	18	97	—	—	—
1987	—	—	—	—	—	—
1988	—	—	—	—	—	—
1989	19	25	91	—	—	—
1990	12	21	83	6	—	—
1991	13	20	100	17	6	11
1992	17	—	90	28	6	13

续表 13-1-3

年份	先进党总支、支部	下属党支部	优秀党员	优秀党务工作者	党风廉政建设集体	党风廉政建设个人
1993	16	26	114	30	6	—
1994	13	—	106	28	6	11
1995	11	20	105	25	7	14
1996	—	—	—	—	—	—
1997	9	20	100	21	5	6
1998	20	—	100	—	—	—
1999	10	10	50	16	—	—
2000	—	—	—	—	—	—
2001	12	10	100	8	—	—
2002	—	—	—	—	—	—
2003	8	8	82	8	—	—
2004	—	—	—	—	—	—
2005	10	2	100	10	—	—

1986—2005 年桃山林业局培训党员干部、积极分子情况一览表

表 13-1-4　　单位：人

年份	培训班名称	党员干部	积极分子
1986	法律知识教育辅导员学习班 党校基层理论骨干学习班 党委举办《决议》学习班	26 60 150 总数 236	—
1987	—	—	—
1988	标准化管理骨干培训班	60	—
1989	场长经理培训班	41	
1990	—	—	—
1991	女工干部培训班 党史理论专题讲座班	40 500 总数 540	—
1992	中青年干部理论培训班、工会干部培训班、基层书记理论班、积极分子培训班	62 45 153 总数 260	118
1993	工会干部培训班、积极分子培训班	13	68
1994	现代企业管理培训班、积极分子培训班、理论学习班	15 449 总数 464	156
1995	积极分子培训班、理论学习班	357	68
1996	—	—	—
1997	学习十五大理论学习班	全体	

续表 13-1-4

年份	培训班名称	党员干部	积极分子
1998	积极分子培训班	—	53
1999	—	—	—
2000	—	—	—
2001	—	—	—
2002	WTO 知识培训班	全体	
2003	—	—	—
2004	畜牧兽医培训班、积极分子培训班	50	60
2005	积极分子培训班	—	60

三、人才工作

（一）人才引进

1986—2005 年，桃山林业局高度重视人才工作，为企业发展集聚人才资源。

1. 党管人才，强化对人才工作的指导。专门成立了党委人才工作领导小组，制定了《桃山林业局优秀专门人才评选奖励办法》《桃山林业局关于进一步提高知识分子待遇的若干规定》，明确了工作职责和工作任务，确保人才工作的顺利推进。

2. 人才引进机制。桃山林业局通过政策引进、外出引进和就地引入等人才引进机制，不断拓宽人才引进渠道。一是不断完善已出台的人才奖励政策，对引进的人才在诸方面给予优惠。二是到高校聚集地参加人才招聘会。三是不断挖掘和引进企业中的退休和下岗人才。到 2005 年年底，桃山林业局共引进人才 21 人，其中大中专院校毕业生 9 人。

3. 组织部门和人事部门紧密携手抓好人才工作。倡导党管人才，充分体现了党和政府对人才工作的高度重视。但是要真正抓好党管人才工作，组织部门和人事部门必须紧密配合，因为由于部门不同，必然会疏于联系，一定程度上影响工作。要做好不同层次人才的挑选拔擢工作，这两个部门必须在党委的统一协调下，在严格的制度要求下，在对人才工作高度责任心的促使下，经常性地开展好工作。同时，有条件的基层单位，应考虑组织、人事部门合署办公问题。因为现在干部人事管理归人事科管理，干部档案又归组织部管理，干部情况统计和掌握有时就不够理顺，常常会出现扯皮现象，也直接影响了人才选用和管理。

（二）人才队伍

1986 年，桃山林业局党委组织部结合企业经济危困吸引人才难的实际，千方百计抓好对现有人才的调查、了解和储备工作。一是对林业局现急需的人才进行调查统计，设立专门人才库，如文秘人才、财会人才、医务人才、林业资源管理人才等。二是对在岗科级干部、股级干部中的各类人才进行分类登记，对其中优秀人才进行详细调查，存入专门人才库。三是对科级干部和科级后备干部进行全面调查和了解，分类放入党务、行政各方面后备干部专项人才库中。这些措施，为党委选人、用人提供了有利的依据，方便了人才的选择和使用。

经过多年的努力，桃山林业局的人才工作为各类人才发挥作用创造了较好的环境。但与市场经济发展的要求相比，与上级要求相比，仍存在不足。一是由于财力以及其他因素制约，有的人才待遇落实不够好，一定程度上影响了人才队伍的积极性。二是高层次人才短缺，塔底大，塔尖小，人才队伍结构不尽合理，不能完全适应“科教兴局”“人才强局”战略的要求。三是管理机制仍不够灵活，缺乏正常的优胜劣汰机制，人才的宏观管理也不够有力，一定程度上人才浪费与人才匮乏并存。为解决上述问题，桃山林业局已制定规划和措施。

1.“伯乐工程”。人才工作一直是各级党政组织高度重视的一项工作，各级党政组织下发相应的文件和制度，对推进人才工作的开展也起到了重要作用。但是“伯乐工程”的实施过程中仍需进一步科学化、具体化。现在已进入电子信息时代，档案信息化管理无疑将促进人才信息化管理进一步提档升级，应该充分利用现代科技，加大人才信息搜集和人才选用的力度为林区事业的发展服务。比如桃山林业局试行的人才库建设工作，就为党委在选人用人方面提供了很多可供参考的内容。使人才的选用工作更为直接、便捷，把握的更为准确。人才难得，人尽其才，就会使更多的优秀人才在社会主义新林区建设中一展才华。

2. 人才选拔。当前林业经济要发展，关键是选好用好能人。要选德才兼备、能干一番事业，富一方百姓的能人。如江苏华西村的领路人、黑龙江兴十四村的领路人就是很好的榜样，搞人才库建设，做人才开发战略的研究工作，应该把重点放在这上面。要重点发现能人，研究能人，关心能人，鼓励能人，给优秀人才一片潇洒驰骋的广阔天地和施展平台。

3. 公平竞争。桃山林业局在调查中发现，由于现行用人体制的一些弊端，不但在科级干部的用人方面有些问题需要改进，而且在一般工作人员的选用上，也存在缺乏平等竞争的问题。由于企业长期未能实行普遍的公开竞争上岗制度，使一些没有遇到“伯乐”的“千里马”老死于“槽枥”之间，造成人才的浪费。

4. 人才政策。现在由于林业企业在职职工工资收入过低，如桃山林业局平均工资仅在300元左右，如果是双职工的家庭，也仅能是维持温饱而已。林业局的教师每学期都波动很大，仅2005年年末，桃山林业局中小学就有4名骨干教师调离到外地任教。机关、医院、公检法等单位也不时有一技之长的年轻人才离职到外地闯天下。现实地讲，必须不断加快发展经济，并逐渐提高在职人员的工资收入，这才是首先稳住人才、发挥人才作用的长远大计。其次对一些政府和企业急需的人才应不惜投入，招聘、吸引人才，促进林区经济快速发展，形成良性循环。

四、老干部工作

桃山林业局新中国成立前参加革命工作的老干部86人。为加强对离退休干部的管理，党委、林业局于1983年成立老干部活动室，隶属党委组织部领导，配备了副科级主任1名，工作人员3名，配备科级主任1名，工作人员1名，专门负责老干部工作。

在党组织活动方面，局机关党总支建立老干部党支部，召集老干部中的党员按时参加党组织活动，确保每位老干部党员都编入党组织，每月定期召开党的民主生活会，组织老干部学习、报告工作。

党委、林业局召开大型会议和开展大型活动都请老干部参加；党委、林业局每作重大决策前都征求老干部的意见和建议，使他们人虽离岗思想境界不离岗。

为使老干部愉快的安度晚年，党委、林业局在老干部生活上优先给予照顾，定期为离退休老干部进行身体检查，并在职工医院设立了老干部专用病房，对老干部患病无人照料的组织上派出专人护理，离休干部医药费纳入单位统筹，由职工医院统一管理。党委、林业局定期组织走访慰问老干部，通过走访慰问了解老干部的具体情况，帮助解决实际困难和问题。

2003年林业局在资金紧张的情况下，先后为老干部活动室更换彩电一台、电脑一台，活动室门前铺设彩砖地面70平方米，接通自来水、电话，增添活动设备等健身器材。党委、林业局每年组织两次老干部大型活动，安排老干部参观、旅游，每次林业局党政领导都亲自参加并与老干部沟通、交流思想，拉进了距离，引导老同志加深对局情况的理解，发挥老同志在推进资源转型、林权制度改革两大试点中的积极作用。

2005 年，为丰富老干部活动内容，在春节、重阳节期间，由局团委和医院联合组织青年志愿者为老干部献爱心，春节、“五一”劳动节、国庆节由组织部门牵头，组织老干部参加象棋、扑克、乒乓球比赛等活动，使老干部工作内容多样、形式灵活。

五、“关工委”工作

1986 年，党委、林业局十分重视关心下一代成长工作，局机关和各单位都根据实际情况成立幼儿园或托儿所，注意做好儿童的学龄前教育工作。对在校青少年学生也从多方面加大培养教育力度。随着社会的进步和经济发展，局党政领导班子成员曾多次开会研究，从思想上、组织上重视和加强对关心下一代成长工作的领导，每逢“六一”儿童节，都由领导牵头，深入各中小学校，看望师生，捐赠图书，送去慰问金，了解情况，注意研究解决一些具体问题。

2000—2005 年，党委专门成立关心下一代成长工作委员会（简称“关工委”），协调配合工会、共青团、妇联、教委以及全局各中小学校，切实做好关心下一代成长工作。“关工委”在做好日常工作的基础上，积极配合团委和各中小学校，认真做好少先队工作。自 1986 年以来，全局共有少先队员 5865 名，校内辅导员 16 名，校外辅导员 7 名。通过开展少先队工作，培养学生诚实、勇敢、活泼、团结的优秀品德，团结教育少年儿童，听党话，爱祖国，爱人民，爱劳动，爱科学，爱护公共财物，努力学习，锻炼身体，立志为建设中国特色社会主义现代化国家贡献力量，努力成长为社会主义现代化建设的合格人才，做共产主义事业的接班人，服务少年儿童健康成长，维护少年儿童的正当权益。

“关工委”和少工委一道提出每个时期少先队工作的任务，制定工作计划，负责组织发展工作，指导各小学校开展多种形式的少先队活动，加强对少先队辅导员配备、校训、表彰工作的指导，促进少先队理论研究工作的指导与发展。2005 年，全局少先队员已发展到 4372 名。涌现出优秀少先队员 268 名，优秀辅导员 39 名（校内 36 名、校外 3 名）。

第四节　宣传工作

一、机构沿革

1986 年，党委宣传部设部长 1 人，副部长 2 人，理论学习室主任 1 人，精神文明建设办公室主任 1 人，统战部长 1 人，记者站站长 1 人，负责理论学习、社会宣传、通讯报道、统战、精神文明建设等项工作。1986 年成立精神文明建设办公室初期，由部长兼任精神文明办主任，其主要任务是负责抓好全局精神文明建设，按照党委和林业局制定的精神文明建设方案和目标，对全局进行统筹检查，督促落实。

1995 年，经党委 9 届 110 次全委（扩大）会议研究决定：撤销中共桃山林业局委员会统战部，统战部所属人员及职能并入中共桃山林业局委员会宣传部。

2005 年，党委设宣传部长 1 人，副部长 2 人。

二、理论宣传

1986 年，桃山林业局党委宣传部紧紧围绕党委、林业局的中心工作，努力宣传马克思列宁主义、毛泽东思想、邓小平理论、“三个代表”重要思想，用党的路线方针、政策和先进思想武装职工群众的头脑，激励全局干部职工群众为实现社会主义新林区建设的伟大目标而奋斗。

1989 年，为顺利实行局长负责制，党委宣传部积极配合各部门宣传“三个条例”，即国有企业厂长工作条例、职工代表大会工作条例、企业民主管理条例。宣传新形势下依法治企、维护职工合法权益、维护局长、厂长（场长）的法人代表地位，为搞好企业经营管理创造有利条件。

1993 年，宣传工作紧密围绕落实中共桃山林业局第九次党代会精神，动员全局人民积极行动起来，团结一致，坚定不移地同党中央保持一致，自觉维护大局稳定，巩固和发展安定团结的政治局面，富有成效地抓好企业整顿，搞好企业综合改革试验，打赢企业管理翻身仗，加强党的组织、思想和作风建设，为治危兴林、振兴桃山，早日实现党委、林业局提出的“14108”经济发展战略（即坚持以林为本、综合开发、多种经营、稳中求进、协调发展的 1 个战略方针，全面实施以治危兴林方案、科持兴局方案、综合改革试验方案、大打企业管理翻身仗方案为主要内容的 4 个方案，以提高工农业总产值、增加职工收入、扩大营造林面积、大力发展多种经营等为内容的 10 项目标，以及为实现上述目标制定的 8 项战略措施）而努力奋斗。宣传报道的重点：一是围绕着全局各级党组织在加强党同人民群众的联系，进一步密切党群、干群关系方面取得的成绩和新鲜经验搞好宣传报道；二是宣传稳定高于一切，巩固安定团结局面，集中精力搞好林区现代化建设方面涌现出的先进人物和事迹；三是宣传各级党组织努力实施第九次党代会确定的企业发展战略，千方百计保证经济持续稳定协调发展；四是宣传基层组织继续搞好企业治理整顿，提高企业企业管理水平；五是宣传各单位搞好企业综合改革试验，加快治危兴林步伐；六是加大坚持以教育为本，积极推进科技进步的宣传力度；七是宣传报道加强党的建设，充分发挥党组织的战斗堡垒作用和党员的先锋模范作用，增强党组织的凝聚力方面的先进人物和事迹；八是报道各级党组织加强和改善党对群团工作的领导工作中的好经验、好做法；九是宣传报道党委和基层党组织坚定不移地搞好党风廉政建设，履行纪检监察机关监督、保证职能、从严治党方面的先进人物和事迹。随着宣传教育工作的不断深入，宣传工作者充分利用广播、电视、板报、墙报、专栏、标语等宣传形式和宣传媒介，活化宣传内容，收到较好的宣传教育效果。

1995 年，在做好日常宣传报道工作的基础上，桃山林业局重点开展了切实保护好林木资源、坚决刹住少数人违反规定私卖木材等不正之风，特别是对典型违纪案件作了公开报道，以儆效尤，震慑违纪，教育广大干部职工群众。为保证森林资源和人民群众生命财产安全，结合每年的春季防火戒严期、秋季防火戒严期以及夏季防汛工作，宣传报道工作都适时开辟专栏，配合相关部门和基层单位，突出重点，加大宣传报道力度，收到了良好效果。为促进林区各项经济建设事业的繁荣发展，宣传工作始终坚持“唱好主旋律、打好主动仗”，紧密围绕经济建设各个时期的中心工作，特别是发展替代产业、兴办森林旅游、振兴农业和多种经营等，不失时机地开展宣传报道工作。同时，对各级组织重视教育、兴办教育、科技强局、科技兴局、依法治局、维护新林区社会治安稳定等方面适时报道，鼓舞林区干部职工群众，振奋精神，开拓进取。

1996 年 7 月，桃山林业局遭遇特大洪涝灾害，企业和职工群众蒙受巨大损失。各级党组织带领干部职工群众奋起抗洪救灾，付出艰苦努力，取得了一定成效。宣传部门紧紧围绕全局抗洪救灾中涌现出的模范人物和先进事迹开展报道，在党委的统一领导下，从党办、纪委、工会等多个科室抽出人员，组织编写了多集反映抗洪救灾情况和英模事迹的小册子，发至各科室和各基层单位，赞颂和讴歌在抗洪救灾中涌现出的许许多多模范人物及动人事迹，对全局人民起到很好的鼓舞激励作用。特别是对桃山林业局参加全市抗洪救灾英模表彰会并受到表彰的模范人物，组织人员进行跟踪报道，受到好评。从 1996 年 7 月至 1997 年 6 月，先后组织撰写反映抗洪救灾方面的宣传报道稿件 120 余篇，播发电视新闻 80 余条，桃山林业局各单位办板报、专栏累计 183 期，增强宣传效果。

1999 年，在抓好日常宣传工作的同时，侧重宣传改善经济发展环境，积极宣传上级关于改善经济发展环境的会议、文件精神，并结合桃山林业局实际情况，宣传营造有利经济发展环境的好经验、好做法，对影响经济发展环境的不利因素，通过宣传教育进行化解，同时也通报了少数影响经济发展环境的、受到组织处理的人和事，教育广大干部职工群众，认清形势，为经济发展创造有利条件。

在宣传报道全局党员干部落实党中央提出的开展以“讲学习、讲政治、讲正气”为主要内容的“三讲”教育活动时，党委宣传部先后多次下发文件，对“三讲”教育活动进行认真安排部署，并且认真收集整理各基层单位党组织开展“三讲”教育活动的成功经验和做法，运用新闻媒体搞好宣传，采取典型引路、结合实际、边整边改等有效做法，推动“三讲”教育活动日益深入。通过开展“三讲”教育活动，全局党员干部增强了学习党的方针、政策、路线的自觉性，从思想上、政治上自觉同党中央保持高度一致，坚持从严治党，加强党风廉政建设。特别是领导干部坚持做到“三管两带”（即管好自己、管好配偶和子女、管好身边工作人员、带好班子、带好队伍），对林业局党政领导以及基层领导班子成员在党风廉政建设方面取得的进步，宣传部组织记者站、广播电视科进行积极的宣传报道，并且利用新闻媒体加大宣传力度，扩大宣传教育活动的覆盖面。

2000年，桃山林业局经济建设进入新的发展时期。宣传工作按照党委、林业局“学习双丰经验、办好桃山事情、努力构建企业特色经济发展格局”的要求，宣传报道各单位结合实际学习双丰经验的好做法，为发展全局经济谋新篇、探新路。特别是贯彻全市三级干部会议期间，宣传部和电视科等部门组织多方面的新闻稿件进行了报道，有的是谈体会、谋发展，也有的是学经验、改进本单位工作，更有在学习双丰经验的基础上，大胆创新，开拓前进。例如，神树林场积极开辟山野菜生产、销售市场，建立起内联原料基地、外销国内大中城市及韩国等国家的山野菜加工厂，学习双丰经验收到良好实效。

宣传工作紧密结合桃山林业局经济发展战略，从多方面、多视角、多媒体宣传党委、林业局提出的“5155”工程（即抓住5个龙头，建立15个基地，带动5项产业）：一是抓住以平贝为龙头，建立平贝、人参种植，五味子和刺五加改培及刺玫果保健茶生产基地，带动药材种植加工业；二是抓住以袋栽木耳为龙头，建立木耳、香菇生产基地，带动食用菌栽植业；三是抓住以大鹅养殖为龙头，建立养鹅、鸡、猪、鹿、牛、羊、林蛙等基地，带动养殖业；四是抓住以山野菜、山野果加工为龙头，建立山特产品采集基地，带动山特产品加工业；五是抓住以地热开发为龙头，完善滑雪、狩猎基地，带动旅游业。党委宣传部组织林业局各单位宣传“5155”工程，专门制作了宣传图板，张挂在醒目之处，广播电视节目中加大宣传此项工程的内容含量，带动兴企富民的相关产业快速发展。

桃山林业局在全局范围内开展学习贯彻“三个代表”重要思想（即党组织和党员要代表中国先进生产力的发展要求、代表中国先进文化的前进方向、代表中国最广大人民的根本利益）学习教育活动。宣传工作从学习教育活动的动员、每一阶段的综合检查到整个学教活动的总结评比等，都进行跟踪报道，确保“三个代表”重要思想学习教育活动取得可喜成果。整个学教活动期间，宣传部门先后组织人员撰写大量的新闻稿件和学习体会文章，其中个人学习体会张贴在宣传板上，同时，宣传报道了优秀共产党员、“全国五一劳动奖章”获得者孙占元等一批先进党员带领职工艰苦创业、治危兴林、奋力拼搏、建设社会主义新林区的模范事迹，起到很好的宣传鼓舞作用。

在实践“三个代表”重要思想活动中，按照市委统一部署，桃山林业局全局党员积极开展争做“三个带头人”活动，宣传工作报道各单位涌现出的解放思想、更新观念、与时俱进、拼搏进取、爱岗敬业、转岗致富的先进典型，推进企业深化改革，加快产业结构调整，加速实施“5155”工程。同时，认真落实2002年年初市委宣传部发出在全市开展选树“兴安百面旗”的通知精神，党委宣传部发出选树“桃山十面旗”的通知，各部门、各单位将推荐出的先进典型人物及事迹报送党委宣传部，经宣传部报请中共桃山林业局党委批准，树立胡志华、卢克、于秀春、廉守信、李洪云、姜林锁、王武、董洪义、田秋力、王崇泗等10名先进人物为“桃山十面旗”。2002年7月20日，党委作出《关于命名表彰“桃山十面旗”的决定》，记者站及时将这一消息上报伊春日报社、伊春电视台等新闻单位进行宣传。2002年8月10日，党委专门召开了“桃山十面旗”表彰大会，党委书记田孔臣在会上作重要讲话，宣传部组织记者站、广播电视网络分公司等新闻单位全力搞好宣传报道，电视媒体播发田孔臣讲话和全国优秀教师胡志华、全市“十佳法官”廉守信、养牛大户于秀春、养蛙能手董洪义、平贝种植能手王武、水稻种植能手王崇泗等先进人物的事迹。为迎接党的十六大的胜利召开，年初以来，桃山林业局各级党组织和党员努力学习，争创佳绩，“七一”期间，组织各种形式的纪念活动，庆祝建党 81 周年。9 月 28 日宣传部组织有关单位举行“迎接十六大、歌颂新桃山”大型广场文艺演出，营造浓厚的喜迎中共十六大舆论氛围。

2003 年，桃山林业局掀起学习、贯彻落实党的十六大精神热潮，党委宣传部将学习、宣传、落实党的十六大精神作为工作重点，下发文件，认真安排部署。1 月 24 日，在党委、林业局工作会议上，党委书记姜维涛作了题为《以党的十六大精神为统领，努力开创各项工作新局面》的重要讲话，宣传部安排广播电视网络分公司有关人员搞好宣传报道，还组织局机关和各单位充分运用标语、板报、墙报、专栏等多种宣传媒介和宣传形式，抓好党的十六大会议、文件精神的宣传、学习和贯彻落实。为保证林区人民身体健康，还配合卫生、防疫、计划生育部门搞好防治“非典”的宣传教育工作。宣传部门组织人员积极配合伊春市“创建小康之家”先进事迹报告团到桃山林业局演讲。同时，配合团委成功举办“庆十一、新世纪、新桃山、新形象”讲演活动。党委宣传部门还积极做好迎接桃山林业局第十次党代会，党代会召开期间以及会后贯彻落实党代会精神的系列宣传报道工作。

宣传部门在职工群众中认真开展贯彻落实党的十六大和桃山林业局第十次党代会精神的宣传工作，同时，宣传报道了桃山林业局第 12 届 1 次职工代表大会暨 14 次会员代表大会提出全面建设林区小康社会的远大目标（即：“十化”，城镇布局整齐化，居民住宅楼房化，庭院环境花园化，城内处处园林化，城区主道硬面化，林城风格特色化，种养基地规模化，立局项目产业化，社会成员文明化，努力奔向小康化）。配合黑龙江电视台在全省新闻联播节目中报道了桃山林业局造林签合同、保证成活率的事迹。在桃山林业局范围内宣传报道了市科普工作会议上桃山林业局被命名的 4 个科学种植、养殖示范单位、9 名科技示范户的成功经验，在职工群众中起到良好的带头作用。

2005 年，宣传战线的理论武装工作以加强局、场两级领导班子理论学习为重点，在武装头脑、指导实践、推动工作方面下功夫。深入实施“三个工程”（理论研究工程、理论学习工程、理论普及工程）。首先在领导干部中实施“理论研究工程”，以保持共产党员先进性教育活动为契机，党委中心组紧密围绕改革发展中的理论和实践问题，围绕树立和落实科学发展观，加强党的执政能力建设，定期组织了专题学习研讨，坚持以科学理论武装人，以深入研究重要理论和实践问题为重点，组织处级干部每月集中学习一次，并且实施每月报告会制度，不断提高领导干部运用“三个代表”重要思想武装头脑，指导实践，推动工作的能力。特别是先进性教育活动启动之后，积极组织举办培训班，先后举办第一批和第二批先进性教育理论学习班，党委领导为培训班亲自选题，亲自背课，亲自授课，营造浓厚的学习氛围。在党员干部中实施“理论学习工程”，采取理论培训、专家辅导等形式，以干部职工群众普遍关心的热点问题为重点，运用科学理论解惑释疑，不断增强理论学习的针对性和实效性。引导广大党员干部用理论武装头脑，做到真信、真学、真用。在广大职工群众中实施理论普及工程，深入开展送理论下基层活动，采取座谈会、报告会等形式，组建理论宣讲团，积极培训理论骨干，抓好广大群众的理论学习，扩大理论学习的覆盖面，提高学习效率。

思想政治工作以弘扬民族精神和时代精神为重点，注重在统一思想、振奋精神、凝聚力量方面下功夫。一是继续开展形势教育。党委宣传部多次组织宣讲团，深入基层进行巡回宣讲。结合林权制度改革，组织“发展民有林，致富奔小康”宣讲团；结合经济转型，组织“快转型兴场，聚合力富民”宣讲团；结合先进性教育，组织“创业在桃山，党员当先锋”典型事迹宣讲团。宣讲团每到一地，都向职工群众道实情，亮实底，讲政策，谈发展，进而统一思想，振奋精神，凝聚力量。二是深入开展以“弘扬民族精神，建设小康社会为主题的思想教育活动，大力选树和宣传不同行业、不同层面的 21 名典型，并且组织了“创业在桃山，党员当先锋”先进事迹报告会。三是以解放思想，更新观念为突破口，集中组织开展由社会各界参与的“增强发展意识、树立良好精神状态”大讨论活动。讨论中深入剖析影响桃山林业局经济社会发展的思想障碍、行为陋习和体制弊端，提倡树立“五种精神”，即树立敢为人先的精神，树立负重拼搏的精神，树立吃苦耐劳的精神，树立求真务实的精神，树立科学统筹的精神。

新闻宣传工作以桃山林业局改革发展提供精神动力为重点，注重在围绕中心、服务大局、营造氛围方面下功夫。新闻宣传工作紧紧围绕党委、林业局的中心工作，唱响主旋律，打好主动仗，努力为改革发展稳定提供精神动力。主要打响三个战役：一是非曲直打响先进性教育活动的宣传战役，开辟了实践“三个代表”重要思想，永葆先进性电视专栏，举办了保持共产党员先进性图片展，先进性教育心得体会交流，先进性教育学习笔记展评，保持共产党员先进性知识竞赛。二是打响林业产权制度改革的宣传战役，组织宣讲团，深入基层进行宣讲，刻录了光盘，在各基层单位进行巡回播放。开展了“发展民有林，致富奔小康”宣传日活动。三是打响培育立局产业、坚持可持续发展的宣传战役，充分利用电视、广播、报纸等宣传工具，开展宣传，营造有利的舆论氛围，为经济发展摇旗呐喊，鸣锣开道，全年在伊春电视台、广播电台、《伊春日报》《林城晚报》发稿 150 余篇。对外宣传工作坚持正面宣传为主，围绕立局优势特色产业规模和层次等方面取得的成就，充分利用每年的“哈洽会”和伊春“小兴安岭森林节”的有利契机，大力宣传桃山，推介桃山，展示桃山，树桃山品牌，力争让桃山走向全国，走向世界。

第五节　精神文明建设

1986—2005 年，桃山林业局精神文明建设工作稳步发展，突出表现在思想建设、法治建设、道德风尚建设、文化建设、环境建设、公益事业建设等多方面取得了很大成果，职工群众的精神面貌以及局容场貌焕然一新。精神文明建设以创建文明单位、文明环境为重点，注重在深化教育、活化载体、美化环境方面下功夫。一是突出抓了未成年人思想道德建设工作。在中小学生中深入开展“学习讲勤奋、家庭讲孝敬、社会讲公德”为内容的“三讲”竞赛活动，努力构建学校、家庭、社会“三位一体”的教育网络，做到全员育人、全程育人、全方位育人。各中小学校不断加大未成年人思想教育工作力度，不断改进工作方法，不断创新活动载体。通过开展“争做六星好少年”主题活动，科学确定德育内容，真正形成了德育为首、五育并进的工作格局。二是围绕贯彻落实《公民道德建设实施纲要》，深入开展了“讲、改、树、塑”活动，坚持把“十不”“五要”“五做到”贯彻始终。并广泛开展了在家庭做个好成员、在单位做个好职工、在社会做个好成员“三好”道德实践活动，不断提高职工群众的文明素质，树立桃山人的崭新形象。三是认真开展了文明单位、文明环境创建活动。结合实际，继续开展了“六创六评”活动，即创文明林场，评选文明林场；创文明行业，评选文明窗口；创文明景区，评选文明景点；创“小康之家”，评选文明小康户；创文明机关，评选文明职工；开展警民共建共育，评选文明干警活动。同时加强了文明城镇管理，进一步营造了净化、绿化、美化的生活环境，逐步达到“十化”目标的要求。各林场重点加强了场容场貌建设，围绕生态局、生态林场建设，在路旁、场所周围、家属区房前屋后栽植绿化树木，以党员义务劳动形式整修家属区道路、挖通排水沟，实现了“三齐”，即道路齐、板障子齐、排水沟齐。全局重点整治家属区环境卫生，结合先进性教育活动，组织参加先进性教育的党员，深入到家属区开展环境卫生治理活动，得到了广大职工群众的好评。

第六节　统战工作

1986—2005年，桃山林业局党委重视统一战线工作，各基层党组织积极开展工作，使党的统一战线路线、方针、政策进一步得到落实，始终贯彻长期共存、互相监督、肝胆相照、荣辱与共的方针，进一步加强了同民主党派的合作共事，支持民主党派和无党派人士更好地履行参政议政、民主监督职能，选拔和推荐优秀的党外干部担任领导职务。做到了团结各方面的爱国力量，调动各爱国团体可以调动的积极因素，共同为改革开放、振兴社会主义新林区贡献力量。

桃山林业局全局有归侨33人，侨眷66人，山上单位基督教徒104人（其中男25人，女79人，这些教徒中工人9人，无业人员95人）。归侨和侨眷在全局各项建设事业中发挥了积极作用，党委、林业局和各基层单位的领导也经常关心他们的生产、生活情况，帮助他们解决生活上的一些困难，使他们感受到党的温暖，促进了林区社会的和谐稳定。

在促进民族宗教关系和谐方面，桃山林业局牢牢把握各民族宗教共同团结奋斗、治危兴林、共同繁荣发展的主题，保障少数民族的合法权益，巩固和发展平等团结互助和谐的社会主义民族宗教关系。认真落实全国、省、市统战工作会议精神，充分发挥好归侨、侨眷、少数民族和宗教团体、民主人士在兴林、富民、强企实践中的作用。桃山林业局各级党组织切实做好民族宗教的统一管理工作，全面落实党的民族宗教政策，对于合法的民族宗教活动予以保护，对少数破坏社会秩序、损害人民群众身心健康、妨碍国家教育制度的宗教活动，予以坚决打击，真正在全社会形成崇尚科学、破除迷信、弘扬正气的浓厚氛围和发展平等、团结、互助的社会主义民族关系。同时注意做好非公有制经济代表人士的工作，推动非公有制经济的发展。充分调动党内外知识分子的积极性、创造性，发挥人才优势，集中智慧力量，围绕桃山林业局“十一五”规划的实施，深化林权制度改革、建设新林区、发展非公有制经济等方面，谋长远之道，谏有用之言，献务实之策。积极开展“致富思源，富而思进”教育活动，鼓励非公有制经济人士投身光彩事业，为加快林区经济发展多做贡献。加强与社会各界的联系和沟通，做好协调关系、化解矛盾工作，创造稳定的社会环境，坚持以人为本的思想，了解、反映统一战线成员的思想动态，坚持求同存异、平等相待的原则，做好稳人心、暖人心、聚人心的工作，努力把各方面的关系协调好、维护好，支持海外侨胞、归侨侨眷关心和参加祖国社会主义现代化建设的伟大事业。

第七节　纪检监察工作

一、领导任职及工作机构

1986年11月9日—10日，召开中国共产党桃山林业局第八次代表大会。会上选举产生八届纪律检查委员会，在八届一次纪委一次全会上，牟有贵当选纪委书记，刘学进当选纪委副书记。

1986—1990年7月，纪委工作部门有党风廉政建设教育科、案件检查科、案件审理科、纪委办公室、来信来访接待室。

1990年8月14日—15日，召开中国共产党桃山林业局第九次代表大会。选举产生九届纪律检查委员会，在九届纪委一次全会上，牟有贵当选纪委书记。王铁春当选纪委副书记。

1990年9月—1993年2月，纪委工作部门有党风廉政建设教育科、案件检查科、案件审理科、纪委办公室、来信来访接待室。1993年3月—2005年12月，纪委与行政监察科合署办公，称为纪检监察机关。设有纪委案件检查科、纪委信访科、纪委案件审理科、纪委办公室、党风廉政建设教育科。

1998 年 2 月，经伊春市委批准，吕惠岩任桃山林业局党委委员、纪委书记。

2001 年 2 月，经伊春市委批准，马立山任桃山林业局党委委员、纪委书记。

2003 年 12 月 23 日—24 日，召开中国共产党桃山林业局第十次代表大会。选举产生十届纪律检查委员会。在十届纪委一次全会上，马立山当选纪委书记、卢克、刘维德当选纪委副书记。

2004 年 12 月，经中共伊春市委同意，邢宝林任桃山林业局纪委副书记。

二、纪律检查、行政监察工作

桃山林业局建立初期，党的纪律检查委员会全体人员按照上级纪委和党委要求，认真开展党的纪律检查工作，履行纪检机关工作职责，开展党风廉政建设教育活动，对违犯党的纪律的党员认真批评教育，情节严重的进行组织处理，维护党的纪律的严肃性，发挥了保证、监督职能。1993 年 3 月，按照党中央的统一部署，纪律检查委员会与林业局行政监察科合署办公。自此，纪检监察机关担负起了对全局党员和行政干部的教育、管理、监督等项职能。在新的历史条件下，纪委、监察科全体人员坚持以中央、省、市纪委的会议、文件精神为指针，同心同德，努力抓好全局党风政风建设，主动为党委抓好党风廉政建设工作当好参谋和助手，为巩固和发展全局安定团结的政治局面做出积极贡献。

1986—1993 年 2 月，纪委全体人员坚持深入开展党风廉政建设教育活动以及“刹风整纪，从严治企业”，共立案 84 起，处分党员 84 人。

1993 年 3 月—1999 年 12 月，纪检监察机关全体成员抓好党纪政纪教育工作，整顿党风政风，维护党纪政纪的严肃性，对基层单位党组织和党员、干部执行党的路线、方针、政策、决议情况进行监督检查，认真调查处理少数党员、干部的违纪问题。共立案 72 起，处分 83 人。

2000—2005 年，纪检监察工作围绕“三个代表”重要思想学教活动开展“两风”建设（即加强党风廉政建设工作、加强政风建设工作），围绕党员先进性教育活动，开展警示教育，推动了党员干部廉洁自律工作的深入开展。共立案 86 起，处分党员干部 97 人。

第八节　保密工作

一、保密工作机构

桃山林业局的保密工作主要由党委主管保密工作的常务副书记、林业局主管保密工作的常务副局长负责。党委系列的保密工作由党委办公室具体管理，党委办主任、副主任具体抓，设有机要秘书室；行政系列的保密工作由局办公室管理，局办公室主任、副主任具体抓，局办公室也设有机要秘书室。主要负责对收文、发文、文件传阅、回收、保管、存档、印章使用等项工作的管理。

党委、林业局成立保密委员会工作机构，人员组成由党委会议、林业局局长办公会议确定，以文件形式下发全局。各基层单位党组织、行政组织都成立相应的机构，报党委、林业局保密办备案。党委、林业局要求局机关和基层单位两级保密工作机构的全体人员，认真履行工作职责，抓好各个环节的保密工作，确保万无一失。保证党和国家机密安全。

二、保密工作开展情况

1986—2002 年，党委、林业局和各单位重视保密工作，完善保密组织，党委、林业局负责保密工作的领导，每季度组织召开一次保密工作会议，认真听取汇报。及时组织人员对党委办、行政办、档案科、公安局、外事旅游等部门以及全局基层单位的保密工作情况进行检查，通报工作进展情况，及时纠正存在的问题。

党委办公室、局办公室领导带领保密办工作人员，定期深入各基层单位，检查保密工作，会同基层保密工作人员研究讨论保密事项，解决工作中存在的实际困难。帮助基层单位配齐专、兼职保密干部，将保密工作责任落实到人，强化保密教育，严格执行保密规定和纪律。每逢节假日，局保密委员会派人对机要和涉密人员、部位进行重点检查，保证党和国家机密的绝对安全。

2003 年，党委、林业局进一步加强了对保密工作的领导，落实保密措施：一是加强保密业务技术培训。组织要害部门、部位涉密人员学习保密业务和知识，开展保密形势教育和保密业务技能培训。二是进一步规范涉密文件管理。及时印发了《涉密文件传阅、流转、使用、保存登记簿》《涉密文件复制登记簿》，规范涉密文件流转、使用、复制、保存、销毁等环节的保密工作，实行涉密载体的动态化管理。三是下发了《关于计算机保密与安全管理暂行规定》，要求各单位在规定时间内认真开展自检自查，切实堵塞漏洞，防止泄密。四是健全制度，严格检查。制定下发了《桃山林业局保密委员会关于保密要害部门、部位保密管理实施办法》、建立和健全了《重要涉密会议和重大涉密活动保密工作制度》《机要员岗位责任制》《机要文件传阅制度》《机要文件借阅制度》《党委办复印机操作员工作职责》《信息保密工作制度》《打字员岗位责任制度》等一系列制度。

2005 年，组织人员对网络和涉密载体进行监督检查，对全局涉密计算机、互联网计算机严格检查和管理，对涉密机房按照“三铁一器”（铁门、铁窗栅、铁保险柜和 CK 报警器）的要求，逐项落实，做到硬件设施达标。在此基础上，积极探索实行新的保密管理体制，创新保密机制，努力开创保密工作新局面。

第九节　信访工作

一、机构沿革

1986 年信访办从行政办分出，设立信访办公室。信访列党群系列，党委副书记主管信访工作；同时由于落实 20 世纪 60 年代精简下放人员政策的需要，在信访办下设落实政策办，约抽调 70 人进行工作普查。根据党委林业局政治体制改革的需要，信访办和局长办合署办公，机构合并，职能不合。1989 年信访办单独设置，设正、副主任各一名，按《信访条例》有独立的办案权和问题裁决权，体制为党政双管。机构名称为中共桃山林业局委员会、黑龙江省桃山林业局信访办公室。

1990 年，为了加强信访工作，信访人员编制为 7 人。同时确定党委常务副书记和林业局常务副局长为信访领导小组常设组长。信访工作职能得到加强，人员编制设正、副主任各 1 名，接待科长 1 名，外调员 2 名，接待员 1 名，工勤人员 1 名。

1992 年隶属党委、林业局双重领导，为独立科室，党委常务副书记和林业局常务副局长主管信访工作。

1995 年为党委、行政系列双管，独立的科室，信访办负责接待、立案、查办各类信访案件，并有督办权、查办权、请示汇报权和对下交办权。

2000 年机构为单设的独立机构，人员编制为 4 人。

2005 年信访机构实行党委、林业局双重领导，实行联席会议办公机制，同时设立桃山林业局社会矛盾调处中心，信访办主任为调处中心主任，司法局长为调处中心副主任。信访机构在原来基础上，实行调访一体化，实行联合接待、分流办理，当年 5 月 1 日实行国务院颁发的新《信访条例》。

二、信访接待

1986年信访接待实行“三重”接待方式，局长办、信访办接待科、党委办秘书科，案件处理实行领导小组例会研究办法。信访接待按照当时《黑龙江省信访工作条例》信访有独立的案件查办权、交办权、处理建议权和督查权。由于信访工作落实政策力度大，被省森工总局列为先进单位，被中共中央办公厅信访局国务院办公厅信访局列为林农系统的工作联系点。

1989年信访接待实行信访集中接待，接待科设副科级接待员。同时设案件分流中心。对公、检、法案件分流委办。信访接待实行党政领导信访接待月制度，林业局党政一把手每月至少接待群众来访一次。安排接待室、候访室、阅览室、档案室和主任室，接待条件得到了改善，领导力量得到了充实和加强。

1992年信访接待实行定期接待与经常性接待相结合的办法，信访办为主要接待单位。信访部门单独接待、受理、查办，对职能科室实行交办、督办和查办，有独立的查办和处理案件权利。接待受理人民群众来访、来信，并负责回复人民来信和调查处理人民来访问题。

1995年，信访办负责单独接待，单独受理，不受其他部门的约束。

1998年，信访办主要接待了圣浪林场和南河林场采伐承包户多人群体上访，讨要承包费。接待退休职工和下岗职工多人来访，要求落实工资待遇问题。接待退休职工和下岗职工竞聘之后的遗留问题。信访接待与市级相衔接，实行重要案件交办例查制，限制时间结案。信访接待实行了每月15日、25日局长信访接待日面对面倾听群众意见和建议，以缓解群众的思想情绪。

2005年信访接待坚持局长接待日制度，同时市对林业局实行信访目标管理考核制，对落后单位实行诫勉谈话和竞聘制。信访接待实行党政领导信访接待日制度，确定每月15日、25日为局党政领导信访接待日。信访接待按新《信访条例》的规定，案件办理期限为30天，规定案件为“分级负责，归口办理”限期结案。同时规定了案件为三级审结制，一级为答复，二级为复核，三级为审核。

三、信访案件处理

从1986年10月份落实黑政发〔1986〕3号文件，对六十年代精简下放的职工，1957年年底参加工作，1958年后参加工作的，给予定期定量生活补助，城镇20元，农村15元。1987年继续贯彻中共中央发〔1986〕6号文件，继续清理“文化大革命”中和新中国成立以来的一系列冤假错案，以及现行工作中存在的问题。1988年仍有少数的“文化大革命”前和“文化大革命”中的错案没有落实完。

1989年处理历史遗留的上访问题基本结束，省、市、局三级工作组对以往工作进行了全面验收并检查合格，并被列为先进单位。桃山林业局在兴隆林业局会议上受到表彰。无群体上访，处理信访案件和落实政策成为信访历史最低点，无群体事件发生。

1991年无群体事件发生，也没有重大政策出台，因而信访工作很平静。连续两年获得林业局系统先进单位和省森工总局先进单位。处理信访问题也很及时，连续多年被市考核为优秀单位。

1994年对60年代精简下放人员进行了重新普查和登记。1995年按政策及时处理上访案件，无历史遗留和现实遗留的积案。1996年由于山下地区受水灾，受灾户要求补偿财产损失及抚恤金。1997年大批退休职工为拖欠工资和待遇问题群体上访。

2000年国家决定对企业拖欠退休职工的工资予以补发。尽管如此，大规模进省上访和进京上访问题仍然呈上升的趋势。2001年一部分退休职工为反腐败和监督企业法人多采滥伐问题进京上访，一度成为林业局信访工作的热点。2002年6月林业局电话所被中国电信黑龙江省分公司收购，电话所解体，电话所员工为解体后的待遇和安置问题进市、进省、进京集体上访。同时退休职工为国家规定的各项补贴发放问题上访。2003 年林业大集体职工为争得和全民所有制职工待遇问题进行批量上访，同时一部分老知青也为此问题上访不断，对低收入群体信访要求实行生活最低保障。

2005 年国家对企业大集体职工诉求的问题，初步有了说法，待政策出台。死亡职工遗属、退休职工为提高生活费待遇和医疗统筹保险问题不断上访。

四、处理信访案件和未结案

1986 年对 1777 名符合黑政发〔1986〕3 号文件的人员进行了内查外调，并相继落实了政策。1987 年加大了对“文化大革命”前后及 1962—1965 年精简遗留问题进行清理，对大、中专毕业生已经错放的予以收回复职。1988 年处理各类案件约 440 件次。1989 年上访量下降，解决历史遗留问题基本结束。1990 年处理信访案件仅为 6 件次。1991 年处理上访案件数为 0，无历史积案。1992 年已连续三年无信访积案和越级上访案件。1993 年信访案件已全部结清，无积案，无上访案件。1994 年及时处理了新发生的信访案件，没有信访积案发生。1995 年处理信访案件 80 件，无遗留信访案件。1996 年所有信访案件全部结案。1997 年全年结案率占案件总数的 80%，未结案率占案件总数的 20%。1998 年全年结案率占案件总数的 70%，未结案率占案件总数的 30%。1999 年由于企业可采森林资源枯竭，工厂关、停、并、转，企业发不出工资和各项待遇，至 2000 年没有正规的信访案件，只是现实问题和改革中出现的问题，对这些问题没有具体政策，只能是应付、对付，以争取时间来赢得工作的主动。2001 年没有大的政策出台，主要以控制进京、进省上访量为工作重点。2002 年主要是解决电话所解体后的遗留问题。2003 年主要是宣传政策，引导信访者走正确的信访程序。2004 年为群体性上访最为集中一年，老知青问题具体政策没有出台。2005 年尽最大努力维持稳定。

第十节　社会治安　综合治理

1986—2005 年，局领导多次召开会议研究部署创建平安桃山工作，主要领导亲自听取基层单位平安建设工作进展情况汇报，发现问题及时指导并予以解决。各林场和各单位，搞好基础建设和阶段性总结，认真抓好落实，加大抓基层、打基础、保稳定工作力度，2000 年以来，林业局成立了社会矛盾调处中心，落实了社会治安综合治理领导小组成员包点工作责任制，专门召开平安建设、综合治理工作会议，印制了 1000 余册平安建设工作基础材料，发至基层各单位按要求填写，加强了综合治理工作规范化管理。在“打黑除恶”专项斗争中，多次开会研究，制定了“打黑除恶”专项斗争实施方案，成立领导小组，以公安干警为主体，大力开展“打黑除恶”专项斗争宣传活动，投入警力和各方面人员 130 余人，先后开展“打黑除恶”宣传一条街活动、领导发表电视讲话，出动车辆 20 多台次，清查重点人口和外来人口累计 207 人，深入大小商贸集市突击检查 6 次，落实重点部位、火险和交通事故易发地段监控责任制 16 处，有效地稳定了全局的治安形势。在开展加强未成年人教育管理的“丙戌行动”中，及时制定工作方案，成立组织机构，深入基层搞好调查，对 2003 年以来的刑事解教人员加强监控管理，落实各中小学校加强未成年人教育管理工作的各项责任和措施，保证了全局未成年人合法权益受到保护。由于加强了社会治安防控体系建设，刑事案件、治安案件逐年下降，无进京、进省、进市上访人员，社会秩序井然。

一、责任机制

为进一步完善创安工作责任制，林业局主要领导与市综治办签订责任状，43 个基层单位和林业局综治办签订了责任状，局社会治安综合治理平安建设领导小组和各个基层单位的平安建设领导小组成员都落实责任制，使得社会治安综合治理平安建设工作得到层层的落实，将平安建设工作任务分解到相关的部门，明确目标和时限，跟踪问效，及时兑现奖惩，创安工作抓得实，为经济建设保驾护航。

二、创建工作网络

首先是林业局和各个基层单位都成立社会治安综合治理平安建设领导小组。山上各单位组织由退休老干部、老党员参加的义务巡逻队26个，昼夜巡逻在家属区，有效遏制丢四轮车件、丢粮食、丢牲畜的事件发生，使林场的治安始终保持平安稳定的局面；山下的社区属铁力管辖，桃山林业局综治办联合桃山派出所，充分发挥治保会的组织协调作用，由各委的退休老干部、离休老干部、老党员和下岗职工组成不低于10人的治安巡逻队18个，昼夜巡逻在社区的每一条街道，使下夜班的职工和上晚自习的学生人身安全得到保障，使居住在社区的百姓得以安居乐业。各派出所的巡逻队也加强昼夜巡逻，维护社区的治安秩序，保障人民群众的人身和财产安全。其次建立了以“110”为指挥中枢的快速反应体系。各单位都建立程控电话、治安岗和以“110”为主的报警联络网络，发现情况及时报告，及时沟通，及时解决，形成警民联动，行动快捷的互通、互防、互控的工作格局。第三建立以特殊群体为重点对象的管理教育体系。各单位建立重点人口档案和帮教、管理组织，实行动态管理，有效地预防和减少人口犯罪，全局人口犯罪率始终控制在0.6‰以下。第四建立以整治治安环境为重点的“创安”体系。以辖区派出所、法庭、法律援助中心为主力军，以各林场的治安巡逻队、治安员等群防群治组织为辅助力量，深入开展了以整治农村治安环境为主要内容的平安创建活动，形成人人参与，上下齐动的创建格局。通过创建平安活动，桃山林业局的治安状况有显著的变化。

三、宣传教育

为使创建“平安桃山”活动不断深入人心，提高广大干部群众的法律意识、治安意识和安全意识，加大平安创建的宣传教育力度。针对犯罪低龄化、青少年犯罪增多的问题，在中小学开设法治教育课，由各学校的法制副校长轮流到各校讲课，大力宣传《中华人民共和国预防未成年人犯罪法》《中华人民共和国未成年人保护法》等法律法规，使学生受到法律教育，增强法治观念，青少年学生的犯罪现象得到控制。加强对机关干部和行政执法人员的法律培训。各部门、各单位都建立机关干部定期学法制度，把每周五定为法律知识学习日。同时，还进行“五五”普法讲座，有计划、有步骤、有重点、分阶段地对各部门、各单位的领导干部和职工群众进行法律知识培训，有效地提高国家机关工作人员依法办事、依法行政的能力。在深入开展法治宣传活动中举办法治讲座，分期分批培训法律学习骨干，开展“振兴桃山经济，依法发家致富”广场宣传活动，设法律服务台，解答法律咨询3600余人次，散发传单3000余张，免费赠书和其他法治宣传资料300余册。

四、打击犯罪

贯彻“严打”方针，打击各类刑事犯罪，增强人民群众的安全感。在打击刑事犯罪中，把杀人、爆炸、绑架、抢劫等严重的暴力犯罪及黑恶势力犯罪作为打击重点，重拳出击，同时也重点打击影响未成年人身心健康传播有害信息的网络犯罪、“黄、赌、毒”犯罪，教唆、引诱、胁迫流浪儿童的犯罪，有效地震慑犯罪分子。政法各部门之间形成协调配合、相互制约、各负其责、步调一致的整体作战合力和应付突发性犯罪的快速反应机制，有力地打击了犯罪。坚持科学的打击机制，集中打击与经常性打击相结合，在注重经常性打击的同时，针对突出的治安问题组织专项行动，使“严打”斗争取得实效。积极化解上访事件，认真对待群体性上访和个体上访事件，对老知青因养老统筹保险上访问题、拖欠工资、失业保险、低保等上访人员做思想工作，耐心讲解相关政策，经过调解处理促其息访。

五、整顿教育环境

对校园及周边治安秩序整治。对中小学的危房、危厕、危墙已经全部进行了维修或重建，林业局共投入资金30余万元，消灭学校中的安全隐患。中小学校全都配备了法治副校长，每名法制副校长每学期对所在学校进行了两次法治讲座，使学生了解法律，会利用法律来保护自己。各中小学都设立了警务室，并且最少配备一名专职保安员，确保学校的治安。学校门口的街道共设立减速带8条和机动车缓行标志牌6块，并且在放学期间有专门的交警维持交通秩序，确保师生的人身安全。综治办和公安局联手对网吧进行排查，取缔黑网吧，实行实名登记，凡是上网的都持有身份证，网吧都安装净网先锋程序，净化网络世界。加强对送子车的管理，综治办联合教委和交警大队对学校的送子车进行排查，发现无牌驾驶予以取缔，对合格的车辆，发放统一标志并登记备案，派交警对送子车进行专人承包，取缔超员、酒后驾驶，保证学生的人身安全。加强对2003年以来的刑释解教人员的教育和掌控，公安局和司法局派专人和他们结队帮教，并且帮助他们都找到相应的工作，解决他们生活中的实际困难，杜绝其再次违法犯罪。成立流浪乞讨人员救助站，并设立专门的机构和专职人员。林业局局筹措资金10.8万元，为贫困生提供助学金、为贫困家庭办理最低生活保障金。由于加大教育管理力度，全局的人口犯罪率控制在0.6‰，未成年犯罪率0.18‰，流动人口犯罪率0.02‰，两放人员没有重新犯罪的现象。开展以“平安社区”“平安校园”“平安商场”“平安大道”为内容的丰富多彩的创建活动，形成人人为“平安桃山”创建增光彩，平安创建人人有责的良好局面，全局42个基层单位中有市级平安基层单位30个，达标比例为70%。

1997—2003年桃山林业局社会治安综合治理达标情况统计表

表13-1-5

单位	年度	命名或表彰文件名称	发文时间及文件编号
桃山林业局	1997	市社会治安综合治理考评为基本达标单位	1998年3月3日伊社综〔1998〕6号文件
桃山林业局	2000	市社会治安综合治理检查考评为达标单位	2001年2月9日伊社综〔2001〕3号文件
桃山林业局	2002	市社会治安综合治理检查考评为达标单位	2003年3月10日伊社综〔2003〕1号文件
桃山林业局	2003	市社会治安综合治理检查考评为达标单位	2004年3月2日伊社综〔2004〕1号文件
圣浪林场	1997	全市社会治安综合治理先进集体	1998年3月3日伊社综〔1998〕7号文件
圣浪林场	1998	市级安全文明单位	1999年3月4日伊社综〔1999〕9号文件
柳河林场	1999	全市社会治安综合治理先进集体	1999年3月4日伊社综〔1999〕10号文件
南河林场	1997	市级安全文明小区	1998年3月3日伊社综〔1998〕8号文件
南河林场	2002	市级安全文明单位	2003年3月10日伊社综〔2003〕3号文件
跃进林场	1998	市级安全文明小区	1998年3月3日伊社综〔1998〕8号文件
贮木场	1999	市级安全文明小区	1998年3月3日伊社综〔1998〕8号文件
第一中学	2002	市级安全文明单位	2003年3月10日伊社综〔2003〕3号文件
公安局	1998	全市公安队伍集中教育整顿工作先进集体	1999年1月11日伊政法〔1999〕2号
人民法院	1999	全市政法机关为经济建设服务先进集体	2000年1月19日伊政法〔2000〕2号
人民法院	1997	市政法委授予目标管理工作先进单位	1998年3月3日伊政法〔1998〕8号
职工医院	2000	全市社会治安综合治理先进集体	2001年2月9日伊社综〔2001〕7号文件

续表 13-1-5

单位	年度	命名或表彰文件名称	发文时间及文件编号
检察院	2002	市政法委授予学东莱、人民满意的政法单位	2003 年 3 月 10 日伊政法〔2003〕2 号
司法局	2002	市政法委表彰为全市创建优良经济发展法制环境工作先进集体	2003 年 3 月 10 日伊政法〔2003〕3 号
白河林场	2003	市社会治安综合治理先进集体	2004 年 3 月 2 日伊社综〔2004〕2 号文件
城建环保处	2003	市综合治理委员会命名为市级安全单位	2004 年 3 月 2 日伊社综〔2004〕3 号文件
神树林场	2001	市社会治安综合治理先进集体	2002 年 1 月 19 日伊政法伊综发〔2000〕2 号

六、反非法信教工作

开展反邪教警示教育活动。在开展反邪教警示教育活动中，坚持以“三个代表”重要思想为指导，突出“崇尚科学、关爱家庭、珍惜生命、反对邪教”的主题，坚持贯彻“党委牵头、多方参与、集中时间、培训骨干、落实到户、家喻户晓”的原则，对林场基层干部、职工群众和青少年进行反邪教警示教育，制定反邪教警示教育活动实施方案，从各基层单位抽调宣讲骨干 43 人，以宣讲提纲为教材，进行培训。各单位都将宣传挂图在醒目处张贴、悬挂，宣讲骨干采取了分组宣讲和重点宣讲等形式进行入户宣讲，利用光碟、有线电视进行反复播放，提高职工群众及青少年的受教育率和反邪教基本知识的认识率，共入户宣讲 2467 户，面对面宣讲 6302 人，在 7 所中小学校宣讲 7 次，受教育面达 100%；每名党员都落实责任区分工，实行包保责任制；在宣传揭批工作中，开展了宣传“一条街”活动，展出挂图 11 张、宣传板 38 块、标语 676 幅、墙报 21 块，召开各种类型的座谈会 15 次，签名 1260 人。加大重大节日和敏感期的防范监控力度。在防范处理邪教组织的工作中，始终把注重防范放在第一位，特别是重大节日和敏感期内加大防范力度，从公安局、法院、检察院等单位抽调精干力量，对车站、旅店、网吧及其他娱乐场所进行全面检查，并在 5 公里、二校、九中队、马家屯等检查站设卡，对来往车辆和人员进行盘查，特别是对外来人员进行了重点审查，看其是否携带非法信教及其他邪教宣传品，一经发现，立即扣压。加强对有线电视网络的管理，与电视网络公司和安装有线电视网络的单位签订责任状，在主要路段和重点部位派专人进行看护。根据有线电视网络安全保卫区域的划分，加强对有线电视网络的管理，防止邪教组织搞插播进行反动宣传活动。

第二章　行政工作

第一节　行政机构

1984 年 3 月 31 日，根据市委科级机构改革会议精神，按照市编委要求，党委决定：(1) 机关科级机构经改革后仍保持不变的有 21 个部门有党委办公室、组织部、宣传部、政法委、纪检委、分区工会、局团委、局办公室、营林处、计划统计科、财务科、科技科、劳动工资科、森林资源管理科、机电科、卫生科、物资管理科、林产工业科、教育科、农业科、人民武装部。(2) 改变名称的有 6 个部门：人事监察科（原人事科）、生产技术科（原生产科）、安全监察科（原保安科）、林政科（含防火工作）、计划生育委员会（原计划生育办）、生产销售科（原木材科）。(3) 新建立的部门有 3 个：基建科、审计科、科学技术协会。(4) 撤销的部门 2 个：总工程师办公室、总会计师办公室。(5) 改革后予以合并保留科级建制，重新归属的有 6 个部门：档案科隶属于党委办公室，信访办、人防办隶属于局办公室，综合调度室并入生产技术科，防疫站隶属于卫生科，森工产品经销公司隶属于生产经销科。(6) 长期临时机构 3 个：局志办公室隶属于党委办公室，贯彻办公室隶属于纪检委，企业整顿办公室隶属于局办公室。(7) 机关部门附属机构，局广播电视差转站列事业编制，宣传报道业务由宣传部负责监管，老干部活动室列事业编制，由组织部监管，职工俱乐部列事业编制，由局工会监管，青少年宫列事业编制，由局团委管理，检尺队、电话所列事业编制，由局劳动工资科管理，招待所、托儿所、理发所、小车队、机关勤杂列事业编制，由局办公室管理，标准计量所列事业编制，由基建科管理，教研室列事业编制，由教育科管理，兽医站列事业编制，由营林处管理。

经市委特批，桃山林业局不成立职工培训中心，仍保留教育中心和职工教育办公室，职工教育办公室由林业局管理。

根据工作任务性质，将接待科列为基层事业单位。劳动服务公司与多种经营联合公司合署办公，一套机构，两个牌子，列事业单位。知识青年管理工作归属劳动服务公司。

1984 年 12 月 25 日，为进一步落实《中共中央关于经济体制改革的决定》精神，在省、市委工作组的指导下，结合桃山林业局实际，党委、林业局决定：成立四办：总经济师办公室、总工程师办公室、总会计师办公室、局长办公室。成立五科：干部科、劳动安全科、机电科、审计科、资源林政管理科。成立四处：营林处、木材采运处、林产工业经销处、多种经营处。成立三个中心：科技信息中心、教育中心、卫生中心。成立五个公司：工程公司、环境保护公司、物资供应公司、商贸公司、外贸公司。

1988—1994 年期间，局行政组织机构有：局长、副局长（局长助理）资源监督专员、总工程师、总经济师、总会计师。(1) 行政科室有：局行政办公室（局长办公室）、计划统计科（基本建设科、工商物价科）、财务科、审计科、人事劳动科（劳动人事处）、安全办、行政监察科、技术监督科（计量所）、科技科、企业管理处（试验区办、体改办）、质量检查科、信访办、贯彻办。（2）生产经营管理方面有：营林处、生产科（生产经营管理处、木材采运处、检尺队）、机电科、资源科、林政防火科、木材科、林产工业科。（3）多种经营方面：农业科、集体经济管理处、多种经营局。（4）文化体育、文教卫生方面：体育运动办、卫生中心、卫生科、卫生防疫站、计划生育办、文教科、教育中心、教委。（5）人防武装方面：人防办、武装部、普法办、法制办。

2000年以来，林业局行政机构有：行政办公室（含档案科、局志办、法制办）、信访办、计统科、财务科、审计科（含清资办）、人事劳动科（含社会保障局、就业局）、资源林政科、森林防火指挥中心（含防汛指挥中心）、营林生产科（含安全、森林病防、检尺队）、多种经营科、经贸科（含商务科）、土地科、企业管理科（含质量技术监督）、畜牧科、卫生科（含计划生育办、防疫站）、教育科、科技科、旅游科、森林资源专员办公室。

1984年以来，桃山林业局的行政科室经历了多次变动。

1984年，林业局行政机构设置主要有局长室、副局长室、总工程师办公室、总会计师办公室。科室部门有顾问视察室、办公室、生产技术科、营林处、计统科、财务科、劳动工资科、人事监察科、科技科、安全监察科、森林资源管理科、机电科、卫生科、教育科、物资供应科、林政科、计划生育委员会、产品销售科、林产工业科、基建科、审计科、武装部、农业科、企管办、局志办。

1985—1989年10月，林业局行政机构设置主要有：

“四办”即局长办公室（原局办公室）、总经济师办公室（原计划科）、总工程师办公室、总会计师办公室（原财务科）。

“五科”即干部科（原人事科）、林政资源科（原林政科、资源科）、劳动安全科（原劳动科、安全监察科）、审计科、机电科。

“四处”即营林处（森林经营管理处）、木材采运处（原生产技术科）、林产工业经销处（原产品销售科）、多种经营管理处（原农业科、多种经营公司）。

“三个中心”即科技信息中心（原科技科）、教育中心（教育中心、职工教育办）、卫生中心（卫生科、防疫站、计划生育办）。

“一部”武装部（武装部、人防办）。

1987年2月，林业局决定将多种经营管理处改为集体经济管理处。

1989年11月，撤销卫生中心，设立卫生科、防疫站、计划生育办公室；设立信访办公室、档案科、工商物价科、试验区办公室、资源管理科、林政科（与防火办合署办公）、基本建设科，将原隶属于森林经营管理处的森调队改为局属基层单位。

1990年4月，设立林产工业科、技术监督科为局行政科室；设立史志办为局行政科室，隶属党委、林业局领导；设立木材科为局行政科室，与经销公司合署办公；科技中心改为科技科，与科协合署办公；广播事业科改称广播电视科，为局行政科室，业务指导由党委宣传部负责，原广播事业科记者站划归党委宣传部领导。

1991年10月，林业局决定将集体经济管理处改为多种经营局。

1994年5月，党委决定：撤销史志办，其人员及职能化归行政办公室；基建科、工商物价科、经济开发办公室统归局计统科；矿产开发科、黄金办隶属多种经营局。

1996年3月，按照市委、市政府对桃山林业局实行委托经营的要求，根据局实际情况，受委托人杨志勇提名：党委9届116次全体委员会讨论同意，局长聘任周长河、陈贵、梁亚军、白金、孙连军、刘学进、黎岩修为林业局副局长，张凤才为总工程师、李思池为总经济师，受聘的林业局副局长陈贵兼任总会计师，王克俭为总审计师。

1996年5月，林业局决定设立水政科，与资源科合署办公。

1996 年 6 月，林业局决定撤销劳动安全科，成立劳动工资科、安全监察科。

1997 年 8 月，党委（扩大）会议决定：撤销林副产品经销公司，其原工作职能、人员、固定资产、债权债务划归贮木场；成立木材经销稽查队，科级建制，隶属林业局领导。

2000 年 11 月，党委 9 届 205 次会议讨论决定撤销多种经营局、木材经销稽查队；人武部、司法局、综治办合并到政法委；卫生科、防疫站合并到计划生育办；企管处、机电科、技术监督科、产权办、试验区办合并，设立企业管理科；人事科、劳动科、安全监察科合并，设立人事劳动科；木材科、林产工业总公司合并，设立经济贸易科；营林处、生产科合并，设立营林生产科；设立多种经营科；设立土地管理科。

2000 年 11 月，党委 9 届 205 次全体委员会议讨论决定，撤销桃山林业局广播电视科。

2004 年 8 月，司法局与政法委分离，为独立的基层单位。

第二节　行政领导

1986—2005 年，桃山林业局局长、副局长、局长助理、总工程师、总经济师、总会计师任职情况：

局　长：腾忠良　1984.8—1986.11
卢守安　1986.11—1989.10
刘寿柏　1989.10—1993.12
徐广治　1993.12—1995.9
杨志勇　1995.9—1998.1
周长河　1998.1—2000.1
李国强　2000.1—2002.9
田孔臣　2002.9—

副局长：郭士俊　1985.3—1990.12
周长河　1985.3—1998.2
韩锡文　1985.3—1988.1
孙　福　1986.8—1988.1
王　炜　1986.4—1988.1
滕忠良　1988.1—1992.8
陈　贵　1988.1—2001.2
张凤财　1989.12—1996.3
王士江　1990.12—1996.3
孙善义　1991.3—1991.10
张　杰　1991.10—1996.3
梁亚军　1991.10—1995.5
孙连君　1996.3—2006.4
刘学进　1996.3—2003.10
黎岩修　1996.3—
姜铁军　1998.7—
白　金　1996.3—1999.12
宋明田　1999.6—2003.10

周卉利　1999.12—2005.12
李显庭　2001.2—
高世清　2003.10—
王国臣　2005.4—
局长助理：詹万君　1996.5—
总工程师：班显尧　1985.3—1988.1
郭士俊（兼）1988.1—1990.11
白　金　1990.11—1996.3
张凤财　1996.3—
总经济师：韩锡文　1988.1—1994.3
李思池　1994.3—1999.12
田晓华　1999.12—
总会计师：李导彬　1984.3—1989.12
陈　贵　1996.3—1998.1
总审计师：王克俭　1995.3—2001.2
资源专员：张洪双　1992.12—

第三节　局长负责制

桃山林业局是伊春市、伊春林业管理局所属正处级企业单位，林业局在伊春市委、市政府和伊春林业管理局以及桃山林业局党委领导下，负责全局经济建设、森林培育保护、基础设施建设、企业管理、经济体制改革、社会治安综合治理、保障民生等各项工作。林业局局长负责全局的行政工作和经济建设，林业局设常务副局长和主管行政各方面工作的副局长，林业局下设若干科室、部门，在局长领导下，形成上下联动的行政指挥系统，保障林业局各项工作顺利开展。

1986—2005 年，桃山林业局实行党委领导下的局长负责制。依据国务院颁布的《国有企业实行厂长负责制工作条例》的要求，结合实际，在广泛征求职工代表意见的基础上，制定了《桃山林业局局长负责制工作暂行条例》，实行党委领导下的局长负责制。林业局局长作为企业的法人代表，按照有关规定履行对企业的管理职能。

局长负责制的主要内容

一、局长权限

（一）局长有企业经营管理决策权和生产指挥权。

（二）局长同企业管理委员会的多数成员在经营管理的重大问题上意见不一致时，局长有权做出决定。

（三）林业局副局长和副处级经济技术负责人，以及副科级以上行政干部的人选方案或选聘办法，由局长负责提出，并征求局党委的意见，副科级以上干部由局长任命，局级行政副职按干部管理权限上报主管部门备案。局长用人时必须有坚持德才兼备，任人唯贤的原则。人选方案在倾听各方面意见，经过充分酝酿后提出。

（四）局长有权按国家规定对职工进行奖惩。

林业局在全面完成生产计划和经济技术指标后，局长对确有特殊贡献的职工可按照国家规定予以晋级。

（五）局长对违纪职工，有权予以行政处分，直至辞退。辞退职工应征求局工会意见。

（六）局长对副局级干部的奖惩、调资、晋级和对会计、统计、审计、质量检验部门主要负责人的奖惩、调资、晋级应按干部管理权限审批。

（七）局长有权拒绝本局或外部任何组织和个人抽调、借用本局人员，无偿占用本局资金和物资及对本局摊派劳务费用。

（八）局长对职工代表大会在其职权范围内决定的事项如有不同意见，可提请复议。复议后仍有不同意见，局长应当按决定执行，同时报告上级主管机关。

（九）局长有国家规定的生产指挥和经营管理工作方面的权限。

（十）局长按照本条例规定行使职权时，受国家法律保护，任何组织和个人不得威胁、压制、阻挠和打击报复。

二、局长生产指挥系统

（一）局长根据现代化管理的需要，合理设置办公机构、生产经营职能部门和基层单位，形成有力的生产指挥和生产管理工作系统。

（二）局长对生产指挥和经营管理实行统一领导，全面负责。副局长和“三总师”是局长的助手，受局长委托分管行政事务、生产技术、经营管理、经济核算等方面的工作，直接领导有关部门，对各基层单位的生产经营活动实行直接指挥，对局长负责。

（三）林业局各职能部门在其职权范围内，对各基层单位的生产经营活动实行业务指导，并对局长和分管领导负责。

（四）各基层单位的生产、行政和经营管理工作，在局长的统一领导下，由本单位的主任（场长、所长、校长、院长、经理）负责。

（五）在各级行政领导成员中，副职是正职的助手，在正职领导下进行工作，对正职负责。

（六）林业局的各职能部门和各级职能人员，都要按行政和业务上的隶属关系，自上而下地明确划分职责权限，各尽其职，各负其责。

（七）局长要定期召开局务会议和局长办公会议，讨论研究企业重大问题，提出决策方案，检查各项决策执行情况，研究解决生产经营和行政管理工作中存在的问题，明确近期任务和重点。

（八）局长因故不能行使职权时，可指定一名处级行政负责人代行局长职权。

三、局长决策形式

局长对企业生产经营和行政管理工作的决策必须经过管理委员会同意。管理委员会由局长、副局长、总工程师、总会计师、总经济师、副总工程师、党委书记、工会主席、团委书记和职工选出的职工代表组成。职工代表（包括工会主席）的人数一般应为管理委员会成员的1/3。局长任管理委员会主任。

需经管理委员会讨论的重大问题有：（1）企业的经营方针、长远和年度计划、重大技术改造和技术引进计划，职工培训计划、工资调整计划、财务决算和自有资金的分配和使用方案。（2）企业党政群团脱产人员的编制和管理机构的设置与调整。（3）重要规章制度的建立、修改和废除。

局长在决策中在充分发扬民主，虚必听取管理委员会成员和各方面的意见和建议，集思广益。博采众议，正确行使决策权，防止形式主义的现象发生。

第四节 综合政务

1986 年，桃山林业局在经济体制改革中实行局长负责制，将行政办公室改为局长办公室。1989 年 11 月局长办公室改为行政办公室，负责全局的政务、事务工作。

1997 年 4 月林业局法制办、档案科、局志办与行政办公室合署办公。

200 5 年，林业局接待科与行政办公室合署办公。桃山林业局行政办公室定编 11 人，其中主任 1 人，副主任 1 人，接待科科长 1 人，法制办副主任 1 人，秘书 1 人，文书 1 人，信息员 2 人，档案员（局志）1 人，管理员 2 人。

桃山林业局行政办公室，紧紧围绕林业局不同时期的中心工作，处理好林业局的政务、事务工作。在明确分工的基础上，由政务副主任主管文秘工作，制发文件，指定专人起草，认真实行送审制度，将局长办公会议、局务会议等形成的相关决定或决议用文字材料详细表述，从执笔人、审核人到会签、订稿以及领导审批等，做到文件核稿严格把关。文件制发时按照上级关于文秘工作的规定办理，严格拟发格式，对文件的层次、内容、语词及标点、打印、核对、盖章层层把关，保证发文质量。对文件收发严查细管，做到收发文件簿册相符，文件传阅手续健全，文秘工作制度和岗位责任制逐步完善。文件存放实行专人专柜，分类保存，及时立卷，按年度存档。同时加强印信管理，实行领导审批、使用登记、文书承办的制度，确保文秘工作管理水平不断提高。

行政办公室设管理员 1 人、保管员 1 人、保洁员 2 人，负责机关总务工作。其中包括办公用品采购、保管、发放，材料记账、邮件分发以及办公室维修、庭院绿化、美化、亮化、防火、防盗等项工作。

桃山林业局从 1982 年起成立了机关车队，由林业局行政办公室负责管理，配车队队长 1 人，修理工 1 人，司机 20 人，小车 22 台（其中轿车 18 台，面包车 4 台），用于生产指挥和领导公务用车。

第五节 档案 地方志

一、机构沿革

1960 年，桃山林业局建立档案室，隶属党委办公室，定编 2 人。

1983 年建立档案科，1986 年新建档案室 300 平方米，定编 3 人。

1994 年 10 月与行政办合署办公，行政办主任兼任档案科科长，设专职档案员 1 人。

1997 年，设档案室主任 1 人，专职档案员 1 人。

2003—2005 年档案科定编 4 人，行政办主任兼任档案科科长，设档案室主任专职档案员 1 人，兼职档案员 2 人。

二、档案管理

1986 年至 2004 年期间，随着企业管理的日益加强，桃山林业局的档案管理工作从最初的条件比较简陋到条件比较完善，管理制度也从最初的不够健全到比较严格和规范。2005 年年末林业局投资 20 多万元，对档案科库房和办公室进行了全面维修，建立了林权制度改革档案专用库房，使桃山林业局的档案管理工作焕发出勃勃生机。同时档案科加强了库房的管理力度，制定了档案管理、借阅、利用、鉴定、销毁等 24 项 146 条细则，完善了档案管理制度，并对库房现存档案进行了保养与维护，使之达到七防标准要求，没有档案损毁和遗失，保障档案的安全。

三、档案开放利用

1986—2004年年底存档案目录75册，计算机检索机读目录的录入工作于2005年10月开始启动，至2005年年底，已将12个年度的档案目录录入微机，其他年度陆续进行，便于查询；档案的利用率也逐年增加，年平均查阅档案达400多人次，查卷1 800余卷，为编史修志提供利用档案率达95%以上，充分发挥了档案资料在经济建设中的作用。

四、档案科研教育

桃山林业局档案科积极参加伊春市档案局组织的各项学术活动，2003年提交学术论文《档案有害生物防治》、2004年提交《档案管理数字化建设》等论文，与此同时，还为伊春市伊档通讯提供有价值的档案管理信息，并积极参加省、市组织的档案管理人员的业务培训，提高了档案管理人员业务水平和业务素质。

五、桃山林业局志工作

1960年建局以来，桃山林业局高度重视修志工作，第一轮修志从1960至1985年，林业局成立修志办公室，设主任1人，副主任1人，工作人员3人，有步骤地开展修志工作。在实践中，坚持修纂地方志和森工专业志相结合，坚持以修纂地方志为主，带动森工专业志修纂工作。经过多年的努力，终于在1989年10月，出版了第一部《桃山林业局志（1960—1985）》。1992年6月6日，在黑龙江省森林工业系统志书评选中，《桃山林业局志（1960—1985）》荣获“优秀志书一等奖”。成为全省森工系统的精品佳志。

1986—2005年，桃山林业局地方志和森工专业志的编修工作进入了新的历史发展阶段。全局各单位专兼职修志人员在党委、林业局的领导下，在省志办、森工总局史志办、伊春市地方志办公室的亲切关怀和指导下，积极开展《桃山林业局志》的编修工作，坚持领导带头，深入实际，调查研究，广泛收集；坚持以马克思列宁主义、毛泽东思想为指导，实事求是，客观公正；坚持科学发展观，尊重历史，秉笔直书，力求真实客观地反映桃山林业局的发展历程，书写桃山人民创造历史的伟大业绩，为桃山林业局文化事业的发展以及编修林业局志、开展科研活动提供有益的借鉴。桃山林业局第二轮修志工作还得各方面专兼职修志人员倾心协助，保证编纂工作日臻完善。

第三章　工　会

第一节　机　构

1986—2005年，桃山林业局工会委员会为桃山林业局机关常设机构。设工会主席1人（工会主席为副处级、林业局党委委员），副主席2人，妇女联合会主任1人。林业局工会下设办公室、生产部、生活部、女工部、体育运动办公室。工会所属工作机构负责人分别为科级或副科级干部。

1986—2005年局工会主席、副主席任职情况：

局工会主席：清桂云　1984.09—1986.10

孔祥军　1986.11—1990.05

孙善义　1990.08—1991.03

杨德学　1991.03—1997.06

杨长贵　1998.02—2003.09

郭云明　2003.10—

副　主　席：赵永庆　1984.12—1986.09

清桂云　1986.11—1998.03

啜洪彬　1986.09—1998.01

李成林　1988.03—1991.05

孙善义　1990.05—1990.11

唐惠贤　1991.05—1996.11

孙绍梅　1996.11—2000.11

王广文　1997.06—2000.10

李存亮　2000.11—2004.03

王宪春　2002.11—2003.10

宁喜清　2002.04—

女工部长：周　萍　1992.08—2001.03

马　丹　2002.09—2003.08

体育运动办主任：张立祥　2003.07—

第二节　职工代表大会

桃山林业局工会每年3月组织召开全局职工代表大会。职工代表大会主要有五项日程，即讨论评议上年度集体合同的执行情况，讨论评议上年度场务公开制度的实施情况，收集群众建议提案并听取林业局局长对提案的解答，听取林业局行政领导的工作述职并进行评议，讨论通过林业局局长行政工作报告。在工作实践中，职工代表大会切实履行了局务公开、场务公开的监督职能、并收到较好的效果。

一、第七届二次职工代表大会

第七届职工代表大会于1986年1月28日召开，会议历时一天，参加会议的代表141人。

会议听取审议并通过了滕忠良代表桃山林业局所作的行政工作报告。

会议讨论通过了《桃山林业局七届二次职工代表大会关于工资改革方案的决定》《桃山林业局七届二次职工代表大会关于职工福利设施规划报告》的决议。

二、第七届三次职工代表大会

第七届三次职工代表大会于1986年11月25日召开，会议历时一天，参加会议代表166人。

会议听取审议并通过了《关于设立桃山林业局管理委员会的决定》，并选举产生了管理委员会组成人员。

会议听取审议通过了《桃山林业局职工代表大会条例实施细则》《桃山林业局局长工作条例实施细则》。

三、第七届四次职工代表大会

第七届四次职工代表大会于1988年1月14—16日召开，会议历时两天半，参加会议的代表166名。

会议期间，与会代表听取并审议了林业局局长卢守安作的题为《以十三大精神为指针，把桃山林业局两个文明建设推上新台阶》的行政工作报告、关于企业机构改革的报告、关于桃山林业局行政机构设置意见、桃山林业局干部制度改革办法、桃山林业局聘任（用）干部实施办法。

会议讨论通过：(1）局长行政工作报告；(2）局长工作条例实施细则的决议；(3）职代会条例实施细则的决议；(4）桃山林业局干部制度改革办法；(5）桃山林业局聘任（用）干部实施办法。

会上，选举产生了林业局副局长、三总师（总经济师、总会计师、总工程师），旅行支社经理、集体经济管理处经理。

四、第八届一次职工代表大会

第八届一次职工代表大会于1988年8月12日召开，会议历时一天，参加会议的代表260名。

会议听取并通过了林业局局长卢守安代表桃山林业局作的行政工作报告。

五、第八届二次职工代表大会

第八届二次职工代表大会于1989年3月3日召开，会议历时一天，参加会议的代表245人。

会议听取了林业局局长卢守安作的题为《坚持治理整顿改革确保全面经济持续稳定发展》的行

政工作报告。

会议讨论通过了局长卢守安作的行政工作报告。

这次会议的主要任务：（1）贯彻省市会议精神，全面总结桃山局1988年工作安排；（2）审议1989年的各项工作任务；（3）民主评议局级领导干部。党委领导在会上讲话。

六、第九届一次职工代表大会

第九届一次职工代表大会于1990年11月27日召开，会议历时一天，参加会议的代表278名。

会议听取并通过了局长刘寿柏作的题为《群策群力渡难关，千方百计促进我局经济稳步发展》的工作报告。

会议讨论通过：（1）关于《桃山林业局职工代表大会条例》的决议；（2）《桃山林业局治危兴林方案》的决议；（3）《桃山林业局关于大打企业管理翻身仗行政方案》的决议；（4）《桃山林业局科技兴局方案》的决议；（5）《桃山林业局关于农业发展三年规划》的决议。

七、第九届二次职工代表大会

第九届二次职工代表大会于1991年6月5日召开，会议历时半天，参加会议的代表278名。

会议传达伊春市卫生工作会议精神；公布《桃山林业局公费医疗经费管理改革方案（讨论稿）》；关于对《桃山局公费医疗经费管理改革方案》的情况报告；桃山林业局局长刘寿柏到会讲话。

会议通过了《桃山林业局公费医疗经费管理改革方案》的决议。

八、第九届三次职工代表大会

第九届三次职工代表大会于1992年1月22—23日召开。会议历时一天半，参加会议的代表278名。

会议听取了林业局局长刘寿柏所作的行政工作报告；讨论落实1992年各项计划；评议行政领导干部；党委领导出席会议并讲话。

会议讨论通过了行政工作报告的决议。

九、第九届四次职工代表大会

第九届四次职工代表大会于1992年9月16日召开，会议历时半天，参加会议的代表278名。

会议宣读企业升级、奖励晋级方案；局长刘寿柏作总结讲话。

会议讨论通过《桃山林业局企业升级、奖励晋级方案》的决议。

十、第九届五次职工代表大会

第九届五次职工代表大会于1993年3月16日召开，会议历时半天，参加会议的代表278名。

会上，林业局局长刘寿柏作行政工作报告，与会代表审议并通过了局长作的行政工作报告，会议还讨论通过了其他事项。

十一、第十届一次职工代表大会

第十届一次职工代表大会于1995年3月1日召开，会议历时一天，参加会议的代表266名。

与会代表听取、审议并通过了桃山林业局局长徐广治作的题为《以翻两番奔小康的目标奋力推进全局经济的快速发展》的工作报告。会议通过了五项决议：（1）关于《桃山林业局十届一次职工代表大会关于行政工作报告》的决议；（2）关于《桃山林业局公费医疗经费管理方案》的决议；（3）关于《桃山林业局十届一次职工、第十二次会员代表大会筹备情况》的报告；（4）关于《桃山林业局进行速生丰产林基地熟化经营方式改革实施方案》的决议；（5）关于《桃山林业局职工代表大会条例实施细则》的决议。

十二、第十届二次职工代表大会

第十届二次职工代表大会于1997年3月4日召开，会议历时一天，参加会议的代表259名。

会议听取了林业局局长杨志勇代表林业局所作的题为《认清面临形势、采取刚性措施、为企业早日走出困境而努力奋斗》的工作报告。会议通过了杨志勇代表林业局所作的工作报告。

十三、第十届三次职工代表大会

第十届三次职工代表大会于1998年3月2日召开，会议历时一天，参加会议的代表246名。

会议听取并通过：（1）关于《桃山林业局九八年减员分流工作实施方案》的决议；（2）关于《桃山林业局转机改制实施方案》的决议；（3）评议局党政领导干部；（4）党政领导讲话。

十四、第十一届一次职工代表大会

第十一届一次职工代表大会于1999年3月10日召开，会议历时两天。参加会议的代表220人。

会议听取并通过了局长周长河代表桃山林业局所作的题为《抢抓机遇、顽强拼搏、共同为企业的振兴而努力奋斗》的工作报告。

会议通过六项决议：（1）关于《桃山林业局产权制度改革近期工作方案》的决议；（2）关于修改《桃山林业局工会工作暂行条例》的实施的说明；（3）关于修改《桃山林业局职工代表大会条例实施细则》的说明；（4）关于《桃山林业局工会委员会实行常任制的若干规定》；（5）关于《桃山林业局职工代表大会条例实施细则》的决议；（6）关于《桃山林业局暂行条例》的决议。

党委书记张宝森作《迎接挑战、负起责任、为促进企业改革和经济发展作出新贡献》的重要讲话。

十五、第十一届二次职工代表大会

第十一届二次职工代表大会于2000年3月10日召开，会议历时一天，参加会议的代表220名。

会议听取并讨论通过了局长周长河同志代表林业局所作的行政工作报告。

会议讨论通过：（1）关于《1999年集体合同执行情况》的报告；（2）关于《1999年厂务公开制度实施情况》的报告；（3）听取《党政领导述职》报告；（4）《局长题案解答》报告；（5）通过《行政工作报告》的决议；（6）党委书记张宝森作了题为《切实发挥职代会职能作用为实现我局富民强企目标而积极努力》的讲话。

十六、第十一届三次职工代表大会

第十一届三次职工代表大会于2001年3月16日召开，会议历时一天，参加会议的代表207名。

会议听取、审议并通过了林业局长李国强作的行政工作报告。

会议讨论通过：（1）关于《2000年集体合同执行情况》的报告；（2）关于《2000年厂务公开制度实施情况》的报告；（3）《局长提案解答》报告；（4）听取《行政领导述职》报告；（5）《民主评议局行政领导》；（6）通过《行政工作报告》的决议；（7）党委书记田孔臣作了题为《集全局之智、举全局之力、为企业经济的振兴而努力奋斗》的讲话。

十七、第十一届四次职工代表大会

第十一届四次职工代表大会于2002年3月11日召开，会议历时一天，参加会议的代表209人。

会议听取并讨论了局长李国强代表林业局所作的行政工作报告。会议讨论通过:（1）关于《2001年集体合同执行情况》的报告（2）关于《2001年厂务公开制度实施情况》的报告;（3）听取《行政领导述职》报告;（4）通过《行政工作报告》的决议。

党委书记田孔臣在会上作总结讲话。

十八、第十一届五次职工代表大会

第十一届五次职工代表大会于2003年3月28日召开，会议历时一天，参加会议的代表212名。

会议听取并讨论通过了局长田孔臣代表林业局所作的行政工作报告。

会议讨论通过:（1）关于《2002年集体合同执行情况》的报告;（2）关于《2002年厂务公开制度实施情况》的报告;（3）听取《行政领导述职》报告;（4）通过《行政工作报告》的决议。

党委书记姜维涛作总结讲话。

十九、第十二届一次职工代表大会

第十二届一次职工代表大会暨十四次会员代表大会于2004年3月4日至6日在桃山林业局宾馆西楼会议室召开，参加会议的代表219名。

会议听取并讨论通过了局长田孔臣所作的题为《把握先机、乘势而上、意气风发全面建设林区小康社会》的行政工作报告，提出全局“十化”发展方向和奋斗目标:“城镇布局整齐化、居民住宅楼房化、庭院环境花园化、城内处处园林化、城区主道硬面化、林城风格特色化、种养基地规模化、立局项目产业化、社会成员文明化、努力奔向小康化。”会议讨论通过:（1）关于《2003年集体合同执行情况》的报告;（2）关于《2003年厂务公开制度实施情况》的报告;（3）关于《桃山林业局2003年企业招待费使用情况》的报告;（4）关于《桃山林业局2004年计划编制情况》的说明;（5）听取《行政领导述职》报告;（6）通过《行政工作报告》的决议。

党委书记姜维涛作《重要的问题在于抓好落实》的讲话。

二十、第十二届二次职工代表大会

桃山林业局第十二届二次职工代表大会于2005年3月29日，在宾馆召开，参加会议的代表226名。

会议听取并讨论通过了局长田孔臣所作的行政工作报告，与会代表听取《关于2004年计划执行情况和2005计划安排情况的报告》《2004年集体合同执行情况的报告》《2004年局务公开实施情况的报告》，党委书记姜维涛作总结讲话。

第三节　会员代表大会

一、第十次会员代表大会

第十次会员代表大会于1988年8月12日至8月13日召开。会议历时一天半，参加会议的代表260名。

这次会员代表大会选举产生了桃山林业局分区工会第十届委员会，与会代表听取工会主席孔祥军代表第九届委员会作的题为《强化表达维护职能，在加快和深化改革中发挥工会组织作用》的工作报告，讨论通过《工会干部管理办法》《工会工作条例》。

党委书记刘寿柏在会上作总结讲话。

二、第十一次会员代表大会

第十一次会员代表大会于1990年11月28日召开，会议历时一天，参加会议的代表278名。

这次会员代表大会选举产生了桃山林业局分区工会第十一届委员会，与会代表听取孙善义代表第十届委员会作的题为《贯彻通知精神，开展建家活动，在维护稳定，治危兴林中发挥重要作用》的工作报告，讨论并通过《工会工作条例》《关于桃山林业局分区工会会员代表大会代表实行常任制的若干规定》。

党委书记徐广治作总结讲话。

三、第十二次会员代表大会

第十二次会员代表大会于1995年3月2日召开，会议历时一天。参加会议的代表266名。

与会代表听取工会主席杨德学作的题为《发挥主力军作用，为实现翻两番奔小康目标建功立业》的工作报告，讨论通过《桃山林业局工会工作暂行条例》《关于工会经费收、支和使用情况的审查报告》《关于桃山林业局工会会员代表实行常任制的若干规定》。

党委书记孔祥军作总结讲话。

第四节　妇女工作

1986年，桃山林业局分区工会先后设妇女委员会、女工委员、女工部，紧紧围绕党委、林业局的中心工作，组织妇女参加劳动和社会活动，在全局各条战线上发挥“半边天”的作用。桃山林业局妇女工作在市妇联和党委、林业局的正确领导下，深入学习贯彻党的历次代表大会和全国妇联代表大会和省、市妇女代表大会、党委、林业局工作会议精神，以经济建设为中心，以构建和谐桃山为主题，服从服务于党委、林业局工作大局，积极开展“三八红旗手”、三八红旗集体、五好家庭、好婆婆、好媳妇等竞赛活动，注意做好妇女切身利益保护工作，切实维护妇女儿童合法权益，促进男女平等，富有创造性地开展了一系列工作，为全局的经济和社会各项事业发展作出了积极的努力。在各项生产、工作中充分发挥了妇女的生力军作用。到2005年，全局各单位的妇女和家属，积极参加木材生产、木材加工生产、综合利用生产、农业生产、多种经营生产，并且在教育、卫生、城建环保、交通通讯、商业外贸、公安政法等多条战线、多个工作岗位上，争当先锋闯将，为全局的经济建设和各项事业的发展做出了应有的贡献，涌现出了许许多多的先进人物和动人事迹，许多同志被评为“三八红旗手”，并被授予林区艰苦创业“带头人”“巾帼英雄”等荣誉称号，曾经受到省、市妇联组织的表扬和党委、林业局的表彰奖励，她们的英雄业绩随着事业的发展载入桃山林业局发展的光荣史册。

一、教育活动

在思想发动、学习教育阶段，组织党员认真开展了“读一本书、走访一个困难户、办一件实事、树一个典型、写一份调查报告”的“五个一”主题实践活动。在党性分析、民主评议阶段，以发征求意见簿和召开座谈会的形式，广泛征求了16条意见。在抓好整改、巩固提高阶段，认真按照工作要求，结合找出的突出问题，制定了整改措施，建立了长效机制。

二、“三八”“六一”活动

“三八”期间召开了妇女表彰奖励会议，传达了省妇女大会及全市妇女工作会议精神，总结了全局的妇女工作，安排部署了妇女工作，表彰了2个妇女工作先进集体，12个先进个人，并且组织学习了《中华人民共和国婚姻法》《黑龙江省预防和制止家庭暴力的决议》，预防艾滋病知识等。每年3月7日，举行庆“三八”国际劳动妇女节“巾帼风采”大型文艺会演，并且表彰了六户“五好文明家庭”和10位“双学双比”女能手。6月组织了11名优秀妇女干部和经济女能人到神树家庭林场参观学习，增长了她们的见识，开阔了视野。“六一”期间，局工会和妇联领导走访慰问了贫困女孩，开展了爱心献春蕾活动，各学校都组织了健康有益的少儿活动。

三、宣传工作

（1）开展了男女平等基本中策宣传。提高了各级干部男女平等的意识。（2）开展了法律法规宣传。我们充利用“三八”“六一”两个节日，采取多种形式，开展了《中华人民共和国宪法》《中华人民共和国妇女权益保障法》《中华人民共和国未成年人保护法》《中华人民共和国婚姻法》等法律法规的宣传教育。还印发了1000多份宣传册，深入到机关和各基层单位开展广泛的宣传活动。（3）开展了“反家庭暴力”宣传。建立了反家庭暴力报警点，电话：2486235。并且动员和组织了各级妇女干部参与“反家暴”宣传发动工作，发放了《致孕妇的一封信》宣传资料200多份。（4）开展了婚前医学检查宣传工作。4月至6月，组织各单位参加了“好医生杯”婚前医学检查知识竞赛活动，6月3日，联合局卫生、计生、广播等单位在繁华地段摆摊设点，开展了婚前医学知识检查宣传活动，向群众发动了1000多份宣传资料，解答群众咨询200余起。（5）开展了禁毒宣传。6月23日，在街道繁华地段摆摊设点，向群众发放了1000多份“不让毒品进我家”倡议书。

四、“三大主体”活动

（一）深化“双学双比”活动。（1）依托各级服务公司举办各类实用技术培训。配合各有关部门举办五味子栽培、杂交水稻制种、食用菌栽培技术、无籽西瓜等等技术培训班5期，培训妇女204人次。通过培训，有序地组织了35名基层妇女劳动力转移。（2）培养女科技示范户。全局新增5名女科技示范户，起到了良好的典型带动作用。（3）创建基层妇女儿童事业发展基地。全局先后创办了“妇女儿童发展基地”2个，如：神树于秀连家庭林场基地、李海棠花卉基地。“三八”节期间，全局共表彰了3位“双学双比”女能手。

（二）“巾帼建功”活动。引导城镇妇女岗位建功，岗位立业，积极参与“巾帼文明岗”争创活动。桃山局瑞士瑞吉卡服装厂的段秀芬经理（兼董事）是一个体商户，她经营的服装业已分别销往俄罗斯，是全局的纳税大户，并安置下岗女工70余人。在巾帼建功活动中，她被评为“巾帼创业明星”。

（三）“五好文明家庭”活动。（1）开展了学习贯彻《公民道德建设实施纲要》活动，大力加强对广大家庭成员进行社会公德、职业道德、家庭美德教育，倡导“爱国守法、明礼诚信、团结友善、勤俭自强、敬业奉献”的基本道德规范。（2）在基层开展了“美德在农家”活动，围绕“家家学”“家家议”“家家做”“家家乐”“家家评”五个环节，倡导健康、文明、科学的现代生活方式，并且认真总结了几年来活动的开展情况。（3）深入开展了家庭教育活动。充分利用家长学校、妇女之家、婚育学校等阵地，向广大家庭成员传授家庭教育、卫生保健、新《中华人民共和国婚姻法》等知识，先后表彰了6户“五好文明家庭”，在全局倡导了文明、健康的家庭文明新风。

五、维护妇女儿童合法权益工作

认真做好信访接待处理工作，热情为妇女群众服务。先后接待信访案件4起，办结率100%。维护女童受教育的权利，扩大“春蕾计划”救助面。通过广泛发动机关单位和个人参与“春蕾计划”的形式，为贫困女童、贫困女大学生寻找爱心资助人。

六、基层组织建设

全局42个基层单位，依法选举了基层妇女干部委员42名，确保妇女参加管理，充实了基层组织力量。积极向组织部门推荐优秀妇女干部。先后选送6名妇女干部参加组织部门后备干部学习班，推荐两名妇女干部提拔任用。

全局妇女在践行“三个代表”重要思想，保持共产党员先进性、全心全意为妇女服务方面开展了富有意义的活动，使妇女工作跃上了一个新台阶。

党委、林业局重视妇女工作，对在生产和其他各项事业中作出贡献的先进女职工、青年给予表扬奖励。

1986年3月6日，局工会在青少年宫召开纪念“三八”妇女节大会，表彰奖励143名“三八红旗手”、22个“三八红旗集体”、79个“五好家庭”。

1990年3月7日，局工会在青少年宫召开第一次女职工代表大会，会上选举产生第一届女职工委员会，表彰奖励了1989年度“三八红旗集体”41个，“三八红旗手”150名，优秀女工干部10名，“五好家庭”100户和20名科技致富女能手。

1991年3月7日，纪念“三八”妇女节大会“巾帼之春”演讲会在桃山庄宾馆召开，会上为45个“三八红旗集体”、140户“五好家庭”、40户“廉洁勤俭之家”、10个先进女职工委员会、145名“三八红旗手”、20名科技致富能手、15名优秀女职工干部颁发了奖励证书和奖品。

1992年3日7日，党委、林业局在青少年宫举行纪念“三八”国际劳动妇女节暨表彰大会，会上表彰奖励10个先进女职工委员会、16名优秀女干部、10名行业女状元、20名科技致富女能手、170名“三八红旗手”、45个“三八红旗集体”、150户“五好家庭”。

1994年3月5日，党委、林业局召开庆祝“三八”妇女节大会，会上表彰奖励了10个“三八红旗集体”、127名“三八红旗手”。

第五节　扶贫解困

1986年，桃山林业局分区工会切实做好职工群众生活扶贫救济工作，坚持把扶贫救济列为重要议事日程，林业局和各单位每年都拿出部分资金，对生活困难的职工及时给予困难补助，为贫困职工解决实际困难，同时为困难职工发展多种经营生产担保申请无息贷款，帮助贫困职工走上致富之路。

1996年，桃山林业局加大扶贫解困工作力度，取得了可喜成绩。

第一轮扶贫解困工作，从1996年11月至1999年年末，共帮助特困职工156户，三年脱贫率98.9%。

第二轮扶贫解困工作，从2000年1月至2002年年末，共帮助特困户693户，其中：特困户125户，贫困户568户，结对帮扶率100%，三年脱贫率达96%。

第三轮扶贫解困工作，从2003年起，共帮助特贫困户292户，其中，特困职工172户，贫困户120户，结对帮扶率和脱贫率均为100%。2005年12月底以后，扶贫解困工作仍在继续进行中。

在第一轮扶贫解困工作中，认真贯彻市委办伊办发〔1996〕27号文件和市政府办伊政办发〔1996〕56号文件精神，桃山林业局制定下发了《全局扶贫解困献爱心工作方案》，加强宣传工作，营造有利的扶贫解困工作舆论氛围，积极开展“献上一份爱心、送上一份温暖”活动，党委书记、局长带头捐款各200元，局机关干部为百名困难职工捐款3 250元，全局各单位都先后开展了爱心捐赠活动。各单位为下岗职工再就业、脱贫致富创造条件，石长林场为22户贫困户和7户特困户筹集资金4.7万元，发展生产项目，1998年就提前完成第一轮扶贫解困工作任务。贮木场党政工团组织积极扶持困难职工王兴芝，鼓励她带领子女自谋生路，并且坚持每逢节日必到家中慰问，送去组织的关怀和温暖，帮助她解决生活困难，她的子女也都通过开书摊、送水等多项经营活动增加收入，改善生活，一家人自食其力，摆脱了贫困。全局第一轮扶贫解困中，坚持每年从行政拨付资金50万元，动员处级干部每人每年捐款100元，科级50元，党员干部30元，全部用于扶贫解困工作。1996年全局遭遇特大洪涝灾害，共收到各方面捐款5.3万元，1998年全局人民为长江、松花江水灾捐款11.2万元，第一轮全局扶贫解困资金累计达到96.7万元，筹集资金额超过了预定的扶贫资金计划。由于抓好扶贫解困工作，促进了全局经济健康发展，1998年全局职工家庭经济产值达1亿元，成为林业局的“半壁江山”，为水灾后恢复重建创造了良好的开端。

第二轮扶贫解困全局特困职工693人，启动率100%，三年中帮扶资金（包括物资）累计达到205.6万元，脱贫致富的贫困户、特困职工达到665人，脱贫率96%。主要采取的措施是：完善机制，共同分担扶贫责任，主要是用会议落实扶贫责任，用组织领导强化扶贫责任。领导带头主动实施帮扶，共为77名贫困子女上大学借款、捐款达12万元。各级领导干部主动帮扶困难职工发展种植业、养殖业，上新项目，路管处主任周广山帮助困难职工发展养鹿事业，受到好评。同时还抓住亮点，总结经验，推动扶贫解困工作的开展，对柳河林场、南河林场扶贫解困经验进行总结和推广，涌现出了以董洪义、于秀春、王武、王崇泗等种养殖业能手为典型的致富带头人，他们的经验鼓舞和推动了全局扶贫解困工作的开展。

在第三轮扶贫解困工作中，全局上下共同努力，不断创新思路，活化形式，完善机制，加大扶持力度，使本轮帮扶的120名贫困户全部脱贫；172户特困户已有171户脱贫，特困户脱贫率达到99%。在扶贫解困工作中，坚持做到以下几点：（1）建立强有力的组织机构，实行“一把手”负责制，组成了由党委书记、局长任组长，各科室主要负责人为成员的扶贫工作领导小组，深入实际，解决具体问题。（2）基层单位动员党、政、工、青、妇组织力量，集中精力抓扶贫，形成了有力的工作机制。（3）每年召开一次扶贫解困工作会议，总结先进典型，表彰有功帮扶人和脱贫致富的被帮扶人，并且把扶贫解困纳入评选先进的重要内容，实行一票否决制度，作为考核干部政绩的主要依据。（4）每半年由党委书记、局长主持召开一次扶贫解困工作汇报会议，年均帮助解决实际困难346件，领导年均深入帮扶户6次以上，帮助上项目130余个，提供信息185条，帮助解决贷款72万元。科级干部人均年内深入帮扶户4次以上，帮助解决项目、技术、信息、贷款和再就业等实际困难263件。除了积极扩大生产门路之外，白河林场等单位还组织联系赴俄劳务输出，每人每年冬季收入均在7000元以上。第三轮扶贫解困工作中，桃山林业局还采取了三项有力措施：（1）提供土地，无偿使用4年。全局建立三处扶贫基地：第一处是在十公里为82户提供82亩土地，插杨柳89400株，投入购段和租地费用92933元；第二处是在五公里为114户提供土地114亩，种植落叶松和插扬柳条，分别插3472000株和624000株，投入购苗和租用土地款216992元；第三处是在桃东苗圃地为15户提供7亩土地种平贝，帮助贷款5万元，同时投资8000余元为种植户耙地、改土和进行土壤消毒。（2）签订协议。林业局在2003年初与种植树苗的贫困户签订了苗木包销和回收协议书，杨树条第一年帮助销售，第二年对成苗每株以最低价0.40元回收，落叶松上山苗每株最低价0.10元回收，林业局共投入回收苗木款184080.80元，其中落叶松56251.20元，杨树苗127829.60元。（3）帮助管理和技术指导。自 2003 年起，每年 3 月份请专家、技术人员为贫特困职工传授树苗、平贝栽培、管理、除草、杀虫、施肥等技术，两年共培训 400 人次，林业局安排一名科级干部和两名技术人员专门负责管理、技术指导、初期苗木生长灌水、看护等事项。苗木基地为贫特困户带来了较好的经济效益，有 23 户月人均收入在原有脱贫项目收入和基地苗木收入超 180 元以上。

扶贫解困工程是一项民生工程，德政工程，是全心全意为人民服务的直接体现，帮助困难职工摆脱贫困，是各级党组织的责任，也是构建和谐社会的需要。桃山林业局党政领导和基层单位领导付真情，献爱心，把扶贫工作抓紧抓实。主要工作特点有三方面：（1）从思想上帮扶。把上级精神及时传达给职工群众，与他们促膝谈心，使职工们认识到，苦熬不如苦干，只有靠自己的双手才能拼出一片属于自己的天地。如鸡岭林场职工王保江，患有脑出血后遗症，家有 3 口人，夫妻 2 人一度对生活失去信心。经过局领导和场领导的耐心工作，启发和引导，他们摆脱了怨天尤人的思想情绪，林场主动借给他 2000 元，帮助他贷款 8000 元，搞起了农机具修理部，王保江夫妻 2 人种平贝、养兔，2004 年实现纯收入 7000 元。（2）从脱贫项目上帮扶。各单位坚持因地制宜，量力而行，全局共提供帮扶项目 312 个，项目准确率达 95% 以上。局长田孔臣经常到帮扶对象城建处特困职工冯国佳家中，了解他有机械修理的一技之长，为他选定了机械修理加工的脱贫项目，为其贷款 7000 元，田孔臣个人捐款 1000 元，在城建处支持下办起了机械加工综合修理部，月收入近千元，当年实现脱贫。（3）从技术上帮扶。林业局扶解办和各单位为贫困户提供科技、信息和技术，为贫困户提供技术服务，全局各级帮扶组织和帮扶人，深入田间、地头、饲养基地和生产现场进行指导。如针对白河林场职工李万怀平贝出现的问题，帮扶组织多次研究，及时解决，平贝生产迅速回升，2004 年李万怀仅平贝一项就收入 7000 余元，实现了当年脱贫。特别是第三轮扶贫中，林业局千方百计筹集资金，设立了扶困专项资金，为扶贫提供了物资保证。三年共投放扶贫资金、物资 202 万元，其中资金 156 万元，物资折合资金 46 万元，林业局、基层单位和帮扶人 2003 年度累计帮助 56 户特困户贷款 36.7 万元，2005 年在扶贫立业行动中为贫特困户担保贷款 10.99 万元，累计为特困户提供木材 278 立方米，三年累计资助贫困大学生 162 人，解决拖欠工资 32.2 万元，资助 1.84 万元，使贫困子女圆了大学梦。九年义务教育为贫困户子女免除杂费的有 865 人，减免金额 18.3 万元。（4）树立典型，推动扶贫解困工作向前发展。每年 3 月份，林业局召开“一帮一”现场动员经验会，表彰奖励单位典型、帮扶人典型、被帮扶人典型，用榜样和典型的力量说服、感召贫困职工，使他们坚定了脱贫的信心，扬起了致富的风帆。经过多年的努力，桃山林业局的扶贫解困工作取得了可喜进展，受到了上级的表扬，涌现出了许多先进集体和先进个人，为深入开展扶贫解困工作积累了经验，创造了有利条件，扶贫解困工作也为企业的长远发展积蓄力量，探索出新的发展途径，为富民兴企、构建和谐社会做出了有益的贡献。

第四章　共青团

第一节　机　构

共青团桃山林业局委员会于1960年3月9日成立，下设5个总支，7个支部，团员106名。

1990年，全局基层团委2个，总支、支部68个，团员总数2 273人，根据全局各项生产和事业发展情况，林业局对基层单位进行了机构整合，人员调并，减员增效，共青团组织也适应实际需要，作了相应的调整和充实，更好地发挥团员、青少年在全局经济建设、政治生活、社会事业等方面的先锋模范作用。

1995年，全局基层团委1个，总支、支部56个，团员发展到3 693人。专兼职团干部41人，平均年龄在24周岁，大专文化人员占团干部总数的1/3。

2005年，全局基层团委1个，总支、支部54个，团员总数5 864人。专兼职团干部31人，素质好，业务精。

第二节　团代会

1986年4月9日，共青团桃山林业局第八次代表大会，在局职工俱乐部举行，局党政领导同志及有关部门负责同志出席了开幕式，会议正式代表261名，局党委书记卢守安、副书记唐永才到会作了重要讲话，团市委副书记王淑珍代表团市委、分区工会主席清桂云代表分区工会向大会表示祝贺，省地质二队团委也到会祝贺，大会审议并通过了吕惠岩代表共青团桃山林业局第七届委员会所作的工作报告。大会选举产生了共青团桃山林业局第八届委员会。

共青团桃山林业局第九次团员代表大会于1988年6月10日至11日召开，会议的正式代表276名，这次代表大会的主要任务是贯彻党的十三大和团的十二大精神，在改革开放中加强共青团工作，更好地发挥团员青年的生力军作用，为兴林致富而努力奋斗。会议还选举产生了共青团桃山林业局第九届委员会。会上党委书记刘寿柏作了《以四化为己任、与改革共命运》的讲话。团委书记孙跃夫代表八届委员会作了《在建设繁荣富庶的新桃山事业中脚踏实地地艰苦奋斗》的工作报告，分区工会主席孔祥军到会致辞。会议通过了孙跃夫代表第八届委员会所作的工作报告。并选举产生了共青团桃山林业局第九届委员会。这届委员会由7人组成，孙跃夫任团委书记，王君华任团委副书记。

共青团桃山林业局第十次团员代表大会于1990年7月23日至24日召开，会议历时两天，参加会议的正式代表200名。这次代表大会的主要任务是：进一步动员广大团员青年积极投身局的两个文明建设，为治危兴林、振兴桃山起到了巨大的推动作用，会议选举产生了共青团桃山林业局第十届委员会。会上团委书记孙跃夫代表第九届委员会作了题为《振奋精神、艰苦奋斗、为稳定和振兴桃山贡献青春和力量》的工作报告，党委领导到会讲了话。分区工会副主席李成林到会致辞，会议讨论通过了孙跃夫代表第九届委员会所作的工作报告，并选举产生了共青团桃山林业局第十届委员会，这届委员会由五人组成，孙跃夫任团委书记，王君华任团委副书记。

共青团桃山局第十一次团员代表大会于 1994 年 12 月在局宾馆西楼召开，会议历时一天半时间，参加会议的正式代表 261 人，占团员总数的 10%。这次大会的主要任务：团结带领广大团员青年在缓危解困，二次创业的伟大实践中发挥主力军作用，以积极饱满的热情开创共青团工作的新局面。会议选举产生了共青团第十一届委员会，王君华代表第十届委员会作了工作报告，党委副书记张如生到会讲话，工会主席杨长贵致辞，伊春团市委领导到会祝贺。这届委员会由 6 人组成。王君华任团委书记，孙大伟任团委副书记。

共青团桃山林业局第十二次团员代表大会于 2003 年 4 月 28 日在宾馆西楼召开，会议历时 2 天时间，29 日闭幕。会议正式代表 160 人，党委、林业局领导出席了开幕式，大会的主题是：高举邓小平理论的伟大旗帜，团结带领全局青年为实现二次创业，富民强企宏伟目标而努力奋斗，会议选举产生了共青团第十二届委员会。党委副书记肖亚英做重要讲话。团委书记程伟代表十一届委员会做工作报告。工会主席杨长贵到会致辞。共青团桃山林业局十一届委员会由 5 人组成。程伟任团委书记。

第三节　少先队工作

1986 年，全局少先队员 5 865 名，校内辅导员 16 名，校外辅导员 7 名。

少工委是根据中国共产党对少年儿童教育工作的要求，提出每个时期少先队工作的任务，制定工作计划，负责组织发展工作，倡导并指导开展各种形式的少先队活动，加强对少先队辅导员配备、校训、表彰工作的指导，促进少先队理论研究工作的指导与发展等，全局少工委办公室是全局少工委日常活动机构。办公室设宣传，组织培训，校外教育等职能部门。

2005 年，全局少先队员 4 372 名，涌现出优秀少先队员 268 名，优秀辅导员 39 名，其中校内 36 名，校外 3 名。

桃山林业局少先队工作在局团委和各中、小学校党、团组织的领导下，认真落实中共中央、国务院《关于进一步加强和改进未成年人思想道德建设的若干意见》，坚持以科学的理念为指导，以服务青少年儿童健康成长为主线，以加强和改进青少年思想道德建设为重点，积极实施体验教育，充分发挥少先队组织的优势和特点，创新机制，丰富载体，突出特色，注重实效，推动少先队工作扎实开展。

1. 局团委与关心下一代工作委员会、教育科、文明办等紧密配合，开展以弘扬抗联英雄精神、建设美好桃山为主题的教育活动，组织青少年学生到林业老英雄马永顺纪念馆参观学习，每逢清明节，组织青少年学生为全局九处抗联英雄纪念碑扫墓，在抗联烈士纪念碑前庄严宣誓，为实现中华民族振兴、建设伟大祖国学习、奋斗、拼搏、进取。同时，各学校利用每周一的升旗仪式，奏响国歌，开展爱国主义教育，鼓励青少年热爱党、热爱人民、热爱伟大的社会主义祖国，增强民族自豪感和历史责任感。

2. 切实加强少年团队建设，增强少先队组织在少年儿童中的凝聚力和吸引力。全局各少先队组织结合入队工作，发扬民主，做好少先队干部的民主选举工作。第一小学开展五好班级评比活动，促进少年儿童从小养成民主意识，增强了新生对红领巾的认识。

3. 积极开展扶贫助学活动。局团委联合各有关部门号召各学校学生发扬勤俭节约、奉献爱心、助人为乐的精神，把零用钱集中起来捐献给困难学生。1986—2005年，全局4000余名青少年学生捐资累计金额达15000多元，使困难学生得到帮助，受到帮助的学生及家长对此深表感谢。

4. 组织青少年学生积极开展社会活动。每逢春季森林防火戒严期间，各学校组织青少年学生高举森林防火宣传彩旗和标语，走遍大街小巷，宣传森林防火知识，让国家关于森林防火的各项规定和制度深入人心。为保护呼兰河水源，学生们经常到防洪堤坝上搞宣传、拣垃圾，组织起来带上工具，参加治理环境活动，带动群众积极行动起来，保护母亲河，为让桃山的天更蓝、水更清、山更美做出新贡献。

5. 学习雷峰精神，敬老爱幼，助人为乐。每年的重阳节，局团委组织各学校学生到老年公寓开展慰问活动，有时还现场为老人们演出自编自导的小节目，受到老人们的好评。局团委和各中、小学校联合起来，组织志愿服务小分队，开展“三定四包”（定时间、定地点、定人员、包买粮、包劈柴、包担水、包卫生）服务活动，青少年志愿者服务队还到军烈属、五保户、老模范、老干部家做好事。每逢元旦、春节来临，局团委、文明办还组织青少年志愿者服务队深入敬老院，为老人们表演新春祝福节目，送去慰问品，使孤寡老人深切感受到党的温暖。

6. 积极做好共青团后备力量的培养和发展工作。根据不同时期形势发展的需要，局团委和各学校党、团组织加强对在校中、小学生的教育、培养工作，对符合入团条件的青少年学生，积极发展他们加入共青团组织，搞好培养教育，为共青团组织增添新鲜血液，增强共青团组织的生机活力。

第十四篇

政法　军事

第一章　政法委及综治

第一节　机构沿革

1986 年以来，党委、林业局根据各个时期机构变动的具体情况，对政法、武装、综合治理等项工作统筹安排，协调抓好。这期间，党委政法委员会、局社会治安综合治理委员会、桃山林业局人民武装部、党委防范和处理邪教问题领导小组办公室、党委维护社会稳定办公室、人民防空办公室有分有合。

2001 年 11 月 28 日，党委 9 届 205 次全委会议讨论决定，人民武装部、司法局、社会治安综合治理办公室合并到政法委。

2002 年 7 月 9 日，党委 9 届 227 次全委会议讨论决定，成立稳定办公室，列入党委系列，与政法委合署办公。

2003—2005 年，桃山林业局政法委员会书记由党委副书记兼任，政法委设常务副书记 1 人（副处级），设副书记 3 人。政法委办公机构有政法委办公室、社会治安综合治理办公室、稳定办公室、人民武装部、司法局与政法委合署办公。设政法委副书记、武装部部长 1 人，设政法委副书记、司法局局长 1 人（兼任政法委办公室主任），设政法委副书记、社会治安综合治理办公室主任 1 人（兼任稳定办公室主任）。

1986—2005 年，桃山林业局政法委书记、副书记任职情况

政法委书记：

周兴礼　1984 年 3 月—1988 年 3 月
孔祥军　1991 年 5 月—1998 年 2 月（党委副书记兼任）
杨德学　1999 年 1 月—2000 年 11 月（党委副书记兼任）
肖亚英　2001 年 12 月—2005 年 12 月（党委副书记兼任）（女）

政法委常务副书记：

张凤财　1995 年 5 月—1996 年 3 月（林业局副局长兼任）
唐晓国　2000 年 8 月—2002 年 3 月（副处级）
吴　波　2003 年 3 月—2005 年 12 月（副处级）

政法委副书记：

王亚山　1991 年 5 月—1993 年 7 月（兼任社会治安综合治理办公室主任）
曹胜光　1993 年 8 月—1996 年 2 月（兼任社会治安综合治理办公室主任）
越永庆　1996 年 3 月—1997 年 6 月（兼任社会治安综合治理办公室主任）
张洪斌　1997 年 7 月—2001 年 3 月（兼任社会治安综合治理办公室主任）

王新成　2001 年 3 月—2004 年 7 月（兼任社会治安综合治理办公室、稳定办公室主任）
张建华　2002 年 7 月—2004 年 8 月（兼任政法委办公室主任、司法局局长）
辛洪文　2002 年 7 月—2005 年 12 月（兼任人民武装部部长）
刘维德　2004 年 8 月—2005 年 12 月（兼任政法委办公室主任、社会治安综合治理办公室主任、稳定办公室主任）

第二节　主要工作

1986 年以来，桃山林业局政法委紧紧围绕党委、林业局的中心工作，结合全局政法战线实际情况，组织桃山林业地区公安局、桃山林区人民检察院、桃山林区基层人民法院、桃山林业局司法局、桃山林业地区国家安全局等政法机关干警，认真贯彻执行《中华人民共和国宪法》《中华人民共和国森林法》以及《中华人民共和国刑法》《中华人民共和国治安管理条例》《中华人民共和国治安管理法》等一系列法律、法规，结合林业生产经营和人民生活在际情况，积极开展普法宣传教育，依法检查和维护林区社会治安和公共秩序，坚决制止和严肃处理各类违反法律的犯罪行为，伸张正义，维护法律尊严，依法保护国家、企业和人民群众的生命财产安全，为巩固和发展林区安定团结的大好形势，维护全局政治稳定和经济社会协调发展以及人民生活的长治久安作出了积极的贡献。

1986 年，桃山林业局开始实施“三个条例”（国有企业厂长负责制工作条例、国有企业实行职工代表大会制度工作条例、国有企业民主管理工作条例）。为保证“三个条例”的顺利实施，政法机关和司法行政及法律服务部门把开展普法教育、增强干部群众的法律意识作为工作重点，组织人员深入各单位加大普法工作力度，为全局深化改革提供法律服务，稳定民心，先后组织法律宣传 6 次，举办各种类型的法律知识培训班 13 期，参加培训 361 人，刊出法律宣传板报 17 期，登载法律知识、警示教育材料 230 多份，在全局营造有利的深化改革、谋求发展的法律氛围。

1987 年，桃山林业局政法委认真落实省、市政法工作会议精神，有组织、有步骤地开展政法队伍建设工作，制定实施方案，落实具体措施，开展思想教育和廉洁奉公教育，坚持从严治警，查处各种违纪违法行为，完善各项规章制度，纠正少数干警徇私枉法、刁难勒卡、索贿受贿、办人情案、乱收费、乱罚款等违纪问题。在此基础上，加大执法干警教育培训力度，推动政法队伍建设迈上新台阶。

1990 年，全局政法机关开展依法治理工作，依据“做什么工作必须学习什么法律”的原则，开展学习教育活动。政法委制定实施方案，将经济合同法、会计法、行政诉讼法、审计法、婚姻法、义务教育法、治安管理条例、计划生育条例等作为行业性法规，加大学习宣传教育力度，把企业管理纳入法制轨道，同时，对企业原有的规章制度进行了修改和完善。

1995 年，政法委组织全局政法干警开展严厉打击刑事犯罪和集中整治社会治安工作。重点打击了企业内部盗窃盗伐林木、偷拉私运、哄抢木材、非法捕杀野生动物等违法行为。查处刑事案件 8 起，治安案件 150 起，林政案件 23 起，处罚 153 人。取缔赌博、卖淫、嫖娼以及传播贩卖淫秽物品等社会丑恶现象，强化了禁毒工作。

1999 年，为落实省、市政法工作会议精神，在全局政法队伍中集中开展学习政治理论、学习法律业务知识以及基素质考核、业务考评为主要内容的“双学双考”活动，政法委制定了《桃山林业局政法队伍双学双考方案》，全局参加学习考核的政法干警达 97%，通过考核，全体干警作风好转，形象改善，群众满意率达到 83%，在职的干警基本适应工作需要，少数不胜任本职工作的，进行了调整和调离。

2000年，桃山林业局政法委落实省、市政法工作会议、文件精神，组织政法机关在全局开展“严打”整治斗争，制定方案，成立了领导小组，下设综合组、打击组、整治组、防控组、宣传组、督察组、保障组，播发“严打”专题广播36次，专题节目28期，发放宣传单420张，张贴布告120份，展出板报、画廊50块，破获刑事案件11起，治安案件130起，经济案件4起，有效地震慑犯罪，维护了桃山林业局安定团结的政治局面，保证全局经济社会健康稳定发展。

2001—2002年，桃山林业局政法委组织政法各部门积极开展综合考评工作，先后召开政法委员会、政法各部门领导班子成员工作会议和全局政法机关综合考核评比工作会议，研究制定《桃山林业局政法各部门综合考核评比活动实施方案》《桃山林业局政法各部门综合考核评比活动实施细则》，并且将班子建设、干警队伍建设、执法检查、综合治理和平安建设、其他工作等各项目标分解印制成计分表，细化落实到每个人，用政法机关综合考核评比活动统领政法各部门的日常目标管理、目标考核工作。在实际操作中，政法各部门都依据自己的具体情况，采取符合实际的方法认真搞好综合考评工作，收到了很好的效果。一是加强班子建设。按照方案对政法各部门班子成员的理论学习、思想建设、组织建设、作风建设等提出的要求，每季召开一次班子建设工作情况汇报会，积极开展社会主义法治理念教育、科学发展观教育和队伍形象教育活动，政法委、公安局、检察院、法院和司法局的班子成员带头参加理论学习，带头查摆自己的缺点和不足，带头整改和制定今后工作的努力方向。二是加强队伍建设。开展比武练兵和学习先进活动，对照先、优、模的事迹，有针对性地查摆整改过去工作中存在的各种问题，规范执法行为，激励全体干警不畏艰险，奋发向上，涌现出了以公安局汽运派出所所长陈建民、交警队副队长张波、检察院刘淑华、法院廉守信、赵雪伟等为代表的先进人物，带领干警们依法治企、为民执法、义务奉献，受到好评。三是开展执法检查工作，制定执法检查工作实施方案，下发执法检查工作要点，对日常执法检查活动认真做好记录。执法检查中，既注重查阅卷宗资料，又注重解决具体问题，对于有的民警违反规定给有关单位和个人造成损失等问题，进行认真调查处理。四是做好信息和通讯报道工作。坚持做到每逢政法机关有重大事项或重要活动，都及时报道，先后为局广播电视网络公司提供各类信息20余条，为市综合治理办公室提供了《观念更新天地宽》《“三个教育”查摆整改工作凸显成效》《辖区有限担道义、服务无限铸警魂》等多篇通讯报道和信息材料，有的报道还由市广播电视台采用播出，增强宣传效果。

2003—2005年，桃山林业局政法委坚持抓好政法干警法律知识宣传教育，提高政法队伍建设水平。在全面加强社会主义法治理念教育、科学发展观和形象教育的基础上，组织全体干警学习《公安机关人民警察内务条令》《中华人民共和国行政许可法》《中华人民共和国人民警察法》《中华人民共和国行政处罚法》《中华人民共和国治安管理处罚条例》《刑事案件和治安案件办案程序》等项法律知识，办起了教育活动园地。为了加强队伍建设，内强素质，外树形象，公安局的全体干警每天早晨5点至6点30分，组织集训和练兵比武活动，认真操练，人民群众对干警们的敬业、拼搏精神深表钦佩。政法委总结推广公安局的做法，要求政法各部门联系实际，因地制宜地学习和借鉴公安局的成功经验，推动综合考评工作的深入。为了检验学习效果，按照全市政法会议提出的教育培训计划，分别组织全局政法干警开展两次专项整改活动知识考核，累计参加379人次，考核平均成绩99分。先后组织了6次政法机关干警座谈会，结合党员先进性教育组织干警深入群众中去，征求各方面人员对改进政法机关工作的意见和要求，并且运用广播电视、墙报、板报、专栏等多种形式，宣传公正执法活动的内容，公示专项整改活动进展情况，扩大群众对专项整改活动的知情度和参与面，动员干部群众帮助搞好政法机关专项整改，把全局政法队伍建设提高到新水平。

第三节 信访维稳

1986—2001年，桃山林业局政法委的信访维稳工作主要由社会治安综合治理办公室（简称：综治办）负责，维稳办公室与综治办合署办公。信访维稳工作由政法委书记或政法委常务副书记主抓。维稳办设主任1人，副主任2人，工作人员3人，负责全局维护稳定工作。

2002年7月，根据工作需要，党委决定成立桃山林业局维护稳定办公室，由政法委书记主抓维稳工作，维稳办设主任1人，工作人员2人，与综治办、信访局共同负责全局信访维稳工作。

2003—2005年，由桃山林业局政法委维稳办公室、综治办联合林业局信访局、公安局治安巡警队共同成立桃山林业局社会矛盾调处中心，负责全局信访维稳工作，建立了党委统筹协调、部门各负其责、多方配合抓维稳的工作机制，为维稳工作的开展提供有力保证。

1986—2005年，桃山林业局的维稳工作在党委、林业局的坚强领导下，经过局、场、段、队维稳工作人员的积极努力，层层落实责任制度，加强深入细致的思想教育工作，切实为困难群众解决实际问题，增强党同人民群众的血肉联系，收到了良好的维稳工作效果。

1. 千方百计做好桃山林业局部分职工赴大兴安岭采伐过火木人员工资问题的说服教育工作。1986年，黑龙江省大兴安岭林管局图强林业局发生特大森林火灾，过火林地面积达100多万公顷。火灾过后，按照上级要求，桃山林业局成立了赴大兴安岭图强林业局采伐过火木材生产指挥部，先后从桃山林业局工程公司、山上各林场和山下部分生产单位抽调采伐工、归楞工、运材工、修路工等，分三批250余人，赴大兴安岭图强林业局修路、采伐过火木。当时，图强林业局方面已经按规定将工人们修路、采伐的工资费用支付给桃山林业局过火木生产指挥部，由于桃山林业局采伐过火木生产指挥部的领导伙同财会人员违反规定，肆意贪污工人工资报酬金额达72万余元。由此造成工人们生活极度困难，甚至过年过节回家都没有车票钱。1989—1990年，贪污工人们工资的桃山林业局过火木生产指挥部领导东窗事发，被上级检察机关查处，贪污的钱款收归国库。这起特大贪污案件造成的后果极为严重，涉及250余名工人的薪酬和家庭生活问题，也给桃山林业局的维稳工作带来极大的困难。面对着连续几年的春节前后困难职工来访难题，局党政领导班子成员牢固地树立花钱买稳定的思想，组织多方面人员和力量230余人，深入困难职工家中，全力做好维护稳定工作，维稳办和社会矛盾调处中心人员坚持24小时执班，随时报告工作情况。各单位实行领导包保到位，困难职工家访到位，帮助补贴到位，让困难职工过好年节，让来访的人员理解党组织的关心、关怀和帮助，全心全意做好息访工作，维护全局政治安定和社会稳定。

2. 竭尽全力做好抗洪救灾工作。1996年7月29日至30日，桃山林业局施业区急降暴雨，引起山洪暴发，全局沿呼兰河流域的鸡岭林场、圣浪林场、神树林场、石长林场、桃山镇内及南片各林场普遍遭受洪涝灾害，造成经济损失21556万元，企业财产损失8000多万元，被淹民房7909户，其中房屋倒塌459户，受灾2.8万余人，冲毁运材公路68公里，损坏道路210公里，被淹农田3.15万亩，绝产1.8万亩，洪水中遇难7人，失踪3人。2003年8月21日，暴雨造成林企公路过水130公里，损坏桥57座，涵洞72座，受灾农田5193公顷，住房进水817户，水毁230户，经济损失2497万元。面对严重的自然灾害，桃山林业局党政领导班子带领全局人民克服重重困难，战胜洪涝灾害，重建家园。维稳办和社会矛盾调处中心的领导及工作人员坚持深入困难群众家中了解实情，制定帮困措施和办法，多方筹集资金3160万元和价值540万元的物资，帮助群众渡过难关。

1998—2005年，桃山林业局千方百计抓好信访维稳工作，先后妥善解决了由于企业木材生产停伐、经济不景气造成的职工工资积压问题、老知青及集体工人生活困难上访问题、富余劳力安置问题、林地补偿费收缴工作中的纠偏问题、棚户区改造中群众上访等一系列上访、缠访等疑难问题。经过多年的努力，使上述来访难题逐步得到解决或正在解决之中，全局形成了上下联动、常抓不懈的信访维稳工作机制，做到一方有难，八方支援，分工协作，共同努力、创建平安桃山。党委、林业局的维稳工作得到了群众的支持和认可，有力地维护全局安定团结的政治局面，促进济建设的深入发展，为建设美好桃山提供了精神动力和智力支持。

第二章 公 安

第一节 机构设置

桃山林业地区公安局为副处级建制，局长高发巨为副处级。1986年年初，公安局内设机构7科：政工科、政保科、经保科、预审科、治安科、森保科、消防科。6所：桃山派出所、桃南派出所、桃东派出所、上呼兰派出所、汽运派出所、看守所。4队：治安民警队、交警队、消防队、刑警队。1室：办公室。1站：收容审查站。全局共有警力205人，其中基层所队165人，科室40人。

1989年7月，公安局机关增设法制科。设科长1人（副科级）。

1989年11月，增设桃圣派出所。定员6人，所长1人（副科级）。

1990年6月，增设指挥室。定员5人，主任1人（副科级），民警4人。

1996年12月，增设经侦大队。定员3人，队长1人（副科级），内勤1人，民警1人。

1997年1月，撤销收容审查站。

1997年6月25日，公安局政工科改称政治处。定员4人，主任1人，民警3人。公安局办公室改称秘书科。定员9人，科长1人（副科级），民警8人。撤销原公安局治安科、民警队，成立治安巡警大队。定员8人，大队长1人（正科级），教导员1人，民警6人。撤销原公安局交警队，成立交警大队。定员15人，设大队长1人（正科级），教导员1人（副科级），股长1人，民警12人。撤销经保科（政、经保合并）。经保科业务工作由政保科负责。定员4人，科长1人（副科级），民警3人。

撤销森保科，成立森林案件侦查大队。定员8人，队长1人，副教导员1人，副队长2人（股级），民警4人。

撤销公安局刑警队，成立刑事案件侦查大队。定员14人，设队长1人，民警13人，1998年10月增设教导员1人，增设副队长2人（股级）。

撤销公安局原消防科（消防科与消防队合并）。成立消防监督大队。定员9人，设大队长1人（正科级），教导员1人，民警7人，2004年7月增设副队长1人（副科级）。

1998年3月，公安局户政管理业务工作从治安巡警大队划出，增设桃山林业地区公安局户政科。定员2人，设科长1人（副科级），民警1人，2003年1月，增设副科长1人（股级）。

1999年8月，撤销桃山林业地区公安局看守所，刑事拘留业务移交铁力林业公安局，只保留行政拘留所。

2002年7月，公安局政保科改称国保大队。定员4人，设队长1人（副科级），副队长1人（股级），民警2人。

2004年7月1日，刑事技术侦查工作正式从刑事侦查大队划出，增设桃山林业地区公安局刑事技术大队。定员3人，设大队长1人（副科级），民警2人。

2005年8月5日，根据上级要求和工作需要，经党委10届20次全会讨论决定：成立中国共产党桃山林业地区公安局委员会，隶属于中国共产党桃山林业局委员会领导。撤销桃山林业地区公安局党组、中国共产党桃山林业地区公安局总支部委员会。并以中共桃山林业局委员会〔2005〕3号文件下发全局各基层单位。

全局共设有8队：刑侦大队、经侦大队、交警大队、消防大队、治安巡警大队、森侦大队、国保大队、技术大队。7所：桃山派出所、汽运派出所、桃南派出所、上呼兰派出所、桃东派出所、桃圣派出所、行政拘留所。3室：指挥室、纪检室、办公室。2科：法制科、户政科、1处：政治处。21个单位。

全局共21个科、室、所、队、处。其中：正科级干部12人，副科级干部22人，股级干部23人，共有警力205人。

第二节　队伍建设

1986—2005年，桃山林业地区公安局党政领导班子带领全局干警认真贯彻落实“巩固共产党的执政地位、维护国家长治久安、保障人民群众安居乐业”的三大政治任务，全面落实科学发展观，认真履行打击、防范、管理、服务职责，坚持政治建警，从严治警，依法治警的方针。坚持以经济建设为中心，为林业经济建设保驾护航。在进入21世纪后，为了使公安队伍尽快适应新形势下公安工作的需要，公安局党委注重加强公安队伍正规化建设，全面提升全局干警的政治素质和业务素质，努力开创公安工作新局面。公安局党委组织全体干警开展社会主义法治理念教育，坚持依法办事，坚持公平正义，坚持执法为民，努力塑造新时期公安干警的良好形象。公安局党委提出了“抓三基、强科技、创平安、争一流”和“打造平安桃山、争创一流业绩、弘扬五种精神、强化队伍管理”的奋进口号，带领全局干警先后开展了“大讨论、大练兵、大接访”和“抓基层、打基础、苦练基本功”“整顿机关组织纪律”“八荣八耻、社会主义法治理念教育”等活动。通过开展一系列的队伍建设活动，全局干警的思想政治素质和业务素质得到提高，组织纪律工作作风得到了加强，世界观、人生观、价值观得到了改造，严格、文明、公正执法的自觉性得到了提高。

2004年、2005年，公安局团总支被共青团桃山林业局委员会授予“五四”红旗团组织称号。

2005年5月，公安局团总支被共青团黑龙江省委员会授予增强共青团意识主题教育先进单位。

20年来，公安局有165人次被党委授予优秀共产党员、先进党务工作者荣誉称号，有35人次荣立三等功，有85人次获得警种行业先进工作者，有35人次获得省公安厅、市公安局嘉奖。2005年，消防大队大队长孙丙臣获得全国优秀人民警察殊荣。

第三节　公安业务工作

一、刑事侦查

1986年年初，公安局刑侦科15人，科长1人，指导员1人，副科长2人，侦查员11人。1999年6月25日，刑侦科改为刑侦大队。在20年来的刑事侦查工作中，积极发挥职能作用，本着为林区经济建设保驾护航的指导思想，重点突出了打黑除恶、追捕逃犯、侦破命案，打击各种刑事犯罪破坏活动，破获了一大批刑事案件，1986—2005年，全局共发生刑事案件342起，破案329起。破案率达到了 93.2%，通过及时侦破各种刑事案件，打击了刑事犯罪的嚣张气焰，维护了桃山林区社会治安秩序。

1987 年 5 月 5 日，南河林场知青李某，因与本场职工谢某某发生口角，便产生与谢某同归于尽的念头。当晚 18 时，在自家找出 1986 年秋季本场修公路时私自拿回家中的 6 管炸药、5 个雷管和一根导火线，安装好后去了谢家。在距谢家 40 米处，李某点燃导火线闯入谢家，被正在谢家的王某发现，谢某当即将爆炸物抢下跑出屋外抛出时，在空中爆炸，谢某被炸成轻伤。经法医鉴定为外伤性中耳炎，爆炸性耳聋。案发后，李某被公安机关及时抓获。

1989 年 6 月，上呼兰林场工人霍某以为林场领导不给其安排好工作，因此产生报复心理，在林场修公路会战之机，偷回炸药 4 管、雷管 2 个，导火线 2 根（60 厘米），藏匿在自家烧柴堆内。1990 年 1 月 27 日凌晨 3 时，霍某用所偷盗的爆炸物品自制成两个爆炸装置，乘清晨无人之机，骑自行车将爆炸物放在上呼兰林场副主任张某家院门下，用香烟点燃后逃离现场，将张某家院门炸坏。当天 20 时 20 分，霍某又骑自行车将另一爆炸物放到副主任冯某家仓房门上，用打火机点燃后逃离现场，将冯某家的仓房门炸坏，公安机关经过缜密侦察，很快将犯罪嫌疑人霍某抓获。法院以霍某犯爆炸罪，判处有期徒刑 5 年。

1991 年 9 月 30 日 19 时，奋斗林场姜某去岳母李某某家接其妻子刘某花回家，与刘某花发生口角，李某某阻挠其女儿回家，并与女婿姜某发生争吵，姜某拿出随身携带的短刀刺向李某某，将李的上衣左前襟和左右袖划破。这时，刘某花、刘某好上前抱住姜某，李某某乘势拿起铁棍向姜某头部连击两下，姜某当即头部流血不止，姜某挣扎着倒在了炕上，刘某花、刘某好仍然死死按着姜某，此时，李某某用擀面杖、大斧等凶器连续对姜某施暴，致使姜某当场死亡。李某某、刘某花、刘某好被公安机关抓获归案，1992 年 8 月 13 日，法院以故意杀人罪判处李某某有期徒 13 年，以故意杀人罪判处刘某花有期徒刑 5 年，以故意杀人罪判处刘某好有期徒刑 4 年。

1994 年 12 月 23 日，森调队职工李某在桃东林场财务室给妻子取工资时进行踩点。晚 11 时，到桃东林场打洞进入财务室，撬开保险柜，将财务室的工资款 106000.00 元全部盗走，公安机关经技术手段侦查，确定了李某为犯罪嫌疑人，仅用 72 小时就将李某抓获，并在其家中起获全部赃款。

2001 年 12 月 31 日晚 22 时，在上呼兰林场居住的公路管理处下岗工人徐某某，因觉得桃南法庭处理其女儿离婚一案不合理，产生报复桃南法庭的想法。于 2002 年 1 月 1 日凌晨 3 时许，从上呼兰其耕地的住处骑自行车到 16 公里的桃南法庭，从法庭的北侧院门进入法庭院内，将爆炸物放在法庭调解室的窗台上，点燃导火索后离开现场。按原路返回，当走出 300 米远时，爆炸物爆炸了。徐某某逃到上呼兰至新兴运材路 500 米处，把自行车放在路边草堆旁，发现有人追赶，便到 20 米远的杖子旁欲行自杀，把剩下的一个雷管和一段导火索接好后压在身下，点燃后没有爆炸，徐某某又用随身携带的小刀锯向自己的腹部连扎数下，被及时赶到的公安民警当场抓获，法院以徐某某犯爆炸罪，判处其有期徒刑 3 年。

2003 年 5 月 11 日上午 10 时许，跃进林场退休工人李某某，男，乘在跃进林场 37 公里检查站值班之机，用两袋“好日子”牌方便面将正在检查站门口挖野菜的两名 6 岁和 10 岁的幼女，骗到检查站屋里，先后将两名幼女强奸。案发后，李某某被公安机关抓获，法院以强奸罪，判处李某某有期徒刑 8 年。

2005 年 2 月 27 日晨，桃山十公里居民杨某某与其妻子单某某吵架后，单某某收拾东西要回娘家，并称不跟杨某某过了。中午 11 时许，杨某某回家后，发现妻子已收拾东西回娘家了，并拿走了结婚时的陪嫁和家里的钱，便产生了要放火烧其岳父单某家的房子进行报复的念头。当晚 19 时许，杨某某从自家骑自行车携带火柴、柴油、香等作案工具到桃山 10 公里其岳父单某家，在观察后，看到没有人出来，便窜到房后，将所带的柴油倒在塑料布上，把 2 根香折成 4 段放在塑料布上，把火柴放在香后边，然后把香点燃后，逃离现场。24 时，点燃香火火柴，引燃倒有柴油的塑料布，致单某家的房子全部烧毁。案发后，公安机关经过缜密侦查，很快确定了犯罪嫌疑人，并及时将杨某某抓获。经审讯，杨某某对自己报复放火犯罪行为供认不讳，法院以杨某某犯放火罪，判处有期徒刑 7 年。

1986—2005 年桃山林业公安局刑事案件统计表

表 14-2-1

单位：起

年份	发案	破案	年份	发案	破案
1986	14	14	1996	21	21
1987	12	12	1997	7	7
1988	7	7	1998	21	21
1989	18	18	1999	22	22
1990	15	15	2000	11	11
1991	16	16	2001	21	21
1992	17	17	2002	29	29
1993	10	10	2003	19	13
1994	23	23	2004	30	27
1995	8	8	2005	21	17
合计：				342	329

二、治安管理工作

1986 年，公安局治安科定员 5 人，科长 1 人，指导员 1 人，内勤 1 人，治安民警 2 人。

1997 年 6 月 25 日，治安科改称治安巡警大队，设队长 1 人，教导员 1 人，民警 6 人。其主要任务是负责全局治安管理、特种行业管理、危险品、爆炸品、枪支弹药管理及治安巡逻检查等工作。

为了全面加强社会主义法治建设，维护国家长治久安，发展和巩固安定团结的政治局面，治安巡警大队领导班子成员，针对新形势、新时期、新情况下治安形势的变化，认真研究探索加强治安管理的经验和管理模式，大胆创新改革，在加强对公共复杂场所、特种行业、易燃易爆品、枪支弹药等管理的同时，重点对辖区的农贸市场、商场、少年宫、客运站以及 80 个商店、22 个饭店、5 个旅店进行集中清理整顿，对 400 名从业人员进行集中培训和法治教育，制定《维护公共场所公约》，落实了从业人员安全岗位责任制，调整充实了治安保卫力量，建立了 35 个治保会、28 个调解委员会，对 3 家旅店、2 家废品收购业、2 家印刷刻字业、3 家修理店等从业人员重新登记建卡，举办了 15 期培训班。通过举办培训班和广泛的宣传教育活动，有效地提高了全体从业人员依法经营和遵纪守法的自觉性和积极性，多年来，全局在特业管理上没有出现任何问题。

2000 年，对桃山局 43 个基层单位签订了三级治安管理防范合同，达到了分级管理，层层把关。同时调整充实了 25 个保卫组织，发展了 56 个治安协管员，严把犯罪分子吃、住、行、销四关，使犯罪分子无立足之地，促进社会治安秩序好转。

2005 年，加强对易燃易爆物品的管理。取消 10 公里炸药库，按照上级公安机关的要求，确因生产需要用炸药的单位必须向公安局治安巡警大队提出申请，由战线局长、队长批准后，去伊春市局购买，原则上用多少、买多少，坚决杜绝库存积压现象，按规定严格建立了领取、发放、使用、保管制度，严格控制炸药散存在个人手中，从根本上杜绝隐患问题的发生。同时，治安巡警大队对各单位的生产爆破手进行了专业培训，经过学习、培训考试合格后发给合格证方可实施爆破作业。从而有效地预防了爆破作业事故的发生，20 年中，全局未发生爆破伤亡事故。

加强了枪支弹药管理使用工作。治安巡警大队对公检法三机关使用的手枪严格按照公安部《中华人民共和国枪支管理法》进行配发，并严格进行登记造册，制定枪支管理使用责任状，对旅游部门和狩猎使用的枪支，建立了审批使用制度，签订责任状，出现问题，严格追究有关领导和责任人的责任。

加强了辖区治安巡逻力度，确保平安桃山建设取得成效。《中华人民共和国治安管理处罚法》颁布实施以来，为了进一步加强桃山林区社会治安面的控制，严格打击各种犯罪活动，治安巡警大队坚持每天 24 小时有 4 名民警对辖区进行全方位的巡逻检查，通过巡逻检查，及时发现可疑人，及时抓获各种现行犯罪破坏活动，提高了路面见警率。20 年来，共抓获现行犯罪嫌疑人 150 人次，发现重点可疑人 85 人次，为群众提供救助活动 210 场次，做好人好事 350 件次，为全面构建社会主义和谐社会，创建平安桃山做出了积极的贡献，受到了党委、林业局和人民群众的赞扬。

1986—2005 年桃山林业公安局处理治安案件一览表

表 14-2-2 单位：起

项目/数字/年度	合计	案件情况						
		赌博	流氓	斗殴	伤害	盗窃	扰乱治安	其他
1986	126	25	2	10	5	26	45	13
1987	145	22	—	25	3	45	35	15
1988	102	20	—	35	—	28	19	—
1989	114	18	2	28	—	34	32	—
1990	120	15	—	18	—	35	50	2
1991	102	28	1	32	—	12	25	4
1992	98	30	—	30	—	20	18	—
1993	110	15	2	35	5	25	24	4
1994	90	25	—	28	6	20	10	1
1995	150	30	—	45	5	40	30	—
1996	104	25	—	28	—	35	14	2
1997	35	10	1	4	—	20	—	—
1998	120	15	—	12	8	45	35	5
1999	145	20	—	20	3	57	45	—
2000	130	25	—	25	5	30	45	—
2001	120	20	—	45	15	15	25	—
2002	97	—	—	7	—	10	80	—
2003	62	—	—	2	—	30	30	—
2004	51	—	—	1	—	—	50	—
2005	339	15	—	2	—	43	157	122
合计	2360	358	8	432	55	570	769	168

三、经济侦查

桃山林业地区公安局经侦大队于1997年6月成立，编制3名，大队长1名，内勤1名，侦查员1名；1997年11月战学俊任经侦大队会计；1998年1月郑殿忠任教导员；1998年8月杨绪华任副教导员；1998年11月于凤海任大队长；1999年6月马遇野任经侦大队会计；2001年5月邱柱德任教导员；2002年5月邱柱德任大队长，杨绪华任教导员。

经侦大队成立后，主要侦办桃山地区的涉税案件、职务侵占、合同诈骗等刑法规定的77种经侦管辖的案件。经侦大队认真发挥打击、服务、参谋的作用。自1997年6月成立经侦大队，共受理刑事案件56起，其中，立案15起，破案12起，挽回经济损失80余万元。经侦大队在打击和服务的同时，还承担着参谋的重要职能。建队共承办林业局交办的案件、事件、经济疑难问题等97件（起）。做到了件件有着落，起起有结果。经侦大队还为林业局提供合理化建议11条，这些建议得到了林业局主要领导和有关部门的认可。由于上述做法得当，为林业局挽回直接和间接经济损失316万元。经侦大队禁毒工作，至2005年共受理种植毒品原植物罂粟16起，立为治安案件12起，铲除罂粟1 800株。

经侦大队成立以来，先后被局市嘉奖1人，荣立三等1人，加入党组织2人，经侦大队被评为1997年度青年文明号先进单位。

1997—2005年桃山林业公安局经济案件统计表

表14-2-3 单位：起

年份	发案	破案	百分比率
1997	4	3	75%
1998	1	1	100%
1999	3	3	100%
2000	4	2	50%
2001	2	2	100%
2002	3	2	66.6%
2003	1	1	100%
2004	2	2	100%
2005	3	2	66.6%
合计	23	118	84.2%

四、消防工作

1997年6月25日，公安局消防监督科改称消防监督大队，与消防队合并，定员9人。设大队长1人，教导员1人，副队长1人，民警6人，消防队员35人。

坚持“预防为主、防消结合”的工作方针，认真贯彻落实消防法律、法规和国家有关政策，以科学发展观为统领，以有效遏制重特大火灾事故、保持全局火灾形势持续稳定为目标，以落实省、市“十一五”消防发展规划为主线，全面加强消防安全工作，为全局经济社会又好又快发展和构建“和谐桃山”提供良好的消防保障。消防监督工作在省、市政府及桃山林业局党委的领导下，在上级消防部门指导下，在各级领导、有关部门的大力协助下，积极发动广大人民群众做好消防安全的积极性和主动性，与时俱进，努力奋斗，杜绝特大火灾，控制重大火灾，力争使各项消防安全工作再上一个新的台阶，为全面建设新林区，创造良好的消防安全环境。

进一步构筑消防安全体系，深入贯彻公安部、监察部和《黑龙江省消防安全责任制规定》，坚持自上而下层层签订消防安全责任状，认真落实行业主管、行政监督部门、社会单位参与的“横向到边、纵向到底、纵横互保”的责任制度，强化消防安全职责的落实，督促建立健全自防消防组织，严格落实各项防火措施，加大公安部61号令《机关、团体、企业、事业单位消防安全管理规定》的贯彻力度。

继续加大火灾隐患整治力度，始终保持整治火灾隐患的高压态势。以人员密集场所、易燃易爆场所、木材加工行业、六小单位和易燃密集区为重点，不间断地开展消防安全专项整治，有计、有措施、分行业、分重点、分阶段地开展火灾隐患排查整治专项治理，做到“发现一批，整改一批，挂牌一批，封停一批，处理一批”，达到“减少存量，不增新量”的整治工作目标，完善重大火灾隐患举报，公示挂牌督办整改责任制等制度，建立起防止火灾隐患滋生和排查整改的有效机制。

创新消防宣传形式，提高消防宣传教育质量和普及率，把广播、电视、教育、文化、宣传等部门的积极性调动起来，形成“政府主导，部门协作，媒体联动，教育渗透，全民参与”消防宣传平台，采取灵活多样的宣传形式，强化全民的消防安全意识，教会公民必要的知识。加强消防宣传“四进”工作，郑重做好消防“5·6”“5·23”反思日和“119”宣传日及重点时期的消防宣传工作，广泛开展消防法律法规、消防安全常识，正反两方面典型事例的宣传教育活动。

把春、冬防和重大节日、重大活动的防范工作作为消防工作的重中之重来抓，尤其对春、冬防工作，要制定专项工作方案，适时召开会议，切实加强对春、冬防工作的组织领导，加强大风天火灾预防工作，做好灭火救援的各项准备工作。

深入开展“五查”活动，按照“八个必罚”“六个一律”要求，加大消防监督执法力度。

坚持“立足实战、训战结合”的原则，加强执勤战备和苦练基本功，努力实现战训业务工作，基础扎实，从实战出发，全员开展岗位练兵活动，进一步提高指战员的各种装备操作水平和灭火、抢险救援的实战能力，制订完善、切合实际的灭火救援预案，做好灭大火、打硬仗的准备工作。

五、火灾情况

1995年4月28日，机修厂综合木材加工厂发生火灾，损失15 000元。

1998年5月6日10时55分，装饰薄木公司食堂发生火灾，损失82 264元。

1998年11月26日17时1分，商贸副食品商店发生火灾，损失45 000元。

2004年11月9日，桃山十公里梅花鹿繁育基地草料库棚发生火灾，损失11 000元。

六、拘留所工作

桃山看守所1960年建所，于1992年4月翻建，占地总面积780平方米，建筑总面积336平方米。1999年8月由看守所变更为拘留所，刑事拘留工作移交给铁力林业地区公安局。二十年来，在市局监管支队和局党委的高度重视和支持下，通过全体民警共同努力，较好完成了监管工作各项任务。曾被伊春市公安局评为预审战线先进单位。

（一）队伍建设

坚持以人为本的思想，贯彻从严治警方针，按照教育为先、管理从严、注重激励的原则，认真落实民主集中制、民主生活会制度，严格民警教育培训、管理监督和考核奖惩，加强民警的思想道德、文化素质、纪律作风建设，打造一支思想过硬、作风扎实、纪律严明、业务精通的民警队伍。（1）落实民主集中制。坚持集体领导，重大问题、事项由所委会集体讨论决定，做到决策科学化、民主化、法治化。（2）落实民主生活会制度。每季度召开民主生活会，深入开展批评与自我批评，并组织开展“假如我是所长”的献计献策活动，鼓励民警建言献策，创新工作举措。（3）严把管理监督关。制订和完善了所长工作职责、指导员工作职责、副所长工作职责、内勤工作职责、管教员工作职责、民警值班制度、教育制度、通信会见制度、安全检查制度、收押制度、被拘留人员出所制度、被拘留人员财物保管制度、被拘留人员守则等13项规章制度，对民警的学习、工作、执法、守纪进行严格规范，用制度约束民警，用法纪管理民警，促使民警严格依法办事，按章行事。

（二）执法工作

不断加强和改进教育管理、执法服务等工作，提高执法质量和服务水平，树立了公安机关执法“窗口”的形象。（1）不断加强法纪教育学习，增强民警的法纪观念和服务意识。（2）严格执行国家政策和法律法规，健全完善各项规章制度，严格遵守工作纪律，确保全体民警依法办事，按章办事。杜绝违法执法、执法不严、执法不公，管理简单粗暴、不文明等现象。（3）充分保障在押人员的各项权益，坚决杜绝以罚代管、打骂体罚，侵犯在押人员合法权益等问题。（4）实行警务公开，主动接受社会各界和人民群众的监督，认真听取各方意见、建议，不断改进工作。（5）完善落实值班、值勤、所长接待等制度，落实各级指示要求，不断加强执法服务工作。

（三）监所工作

为夯实拘留所的工作根基，用等级化推动监所管理水平的提升。（1）抓队伍管理教育，树立民警执法为民的思想基础。在队伍内部深入开展社会主义荣辱观教育活动，帮助监管民警进一步树立正确的人生观、价值观。利用身边的先进典型，加强正面教育，发挥以点带面的作用，引导民警爱岗敬业，无私奉献精神。（2）在硬件建设上，公安局党委筹集近万元资金，购买了监控设备，对围墙进行粉刷和房盖进行了维修。（3）深化勤务模式改革。值班巡视和监控二岗合一为主要内容的勤务模式，对被监管人员实行面对面的管理。（4）按“三懂五会”的标准开展大练兵。形成每周一次练兵，每月一次检查巩固，从而建立日常练兵的规范制度，通过练兵使拘留所民警能熟知掌握本职工作应知应会的法律法规、业务知识、业务技能和相关工作方法。1986—2005年，全局共收审人犯1 163人次，行政拘留人数3021人次，刑事拘留438人。

第四节　交通管理

1985年6月成立交警队，定员6人，设副队长1人，民警5人，1997年6月25日，交警队改称交警大队，定员15人，设大队长1人（正科级），教导员1人（副科级），股长1人，民警12人。

交警大队认真贯彻落实交通管理的方针和相关文件精神，认真贯彻执行《道路交通管理规则》，深入开展了各个历史时期的道路交通管理工作，加大了整治道路交通事故的力度，从根本上减少和预防了各种交通事故的发生，为桃山林区经济建设和创建“平安桃山”做出了贡献，为桃山广大人民群众创造了一个良好的交通环境。（1）建立了领导包片、包线，民警包点、包段的包干责任制，把辖区的交通管理责任落实到人头，做到一级抓一级，一级为一级负责，形成了齐抓共管的管理模式。（2）建立健全了各项规章制度，做到有章可循。根据桃山林区道路交通路面的不断改造和升级情况的变化，各种机动车辆逐年递增，而且车速随着路面的升级日趋加快，且桃山的街道、公路都是混合交通，各种交通事故有增无减。针对这种新情况的变化，交警大队先后建立了《处置重特大交通事故应急预案》《公路运输应急保障预案》《恶劣天气道路交通管理工作预案》。通过建立以上工作预案，有效地保障了应对各种突发事故的处置和管理工作。一旦发生重特大交通事故，能够做到迅速出警，不误战机。（3）加大了对辖区路面的巡逻检查活动，及时发现隐患和问题，及时纠正。交警大队坚持每天24小时有4名警力在辖区各主要交通路口、危险地段、事故多发地域进行昼夜巡逻检查。通过巡逻检查，发现超载、超速、超员、乱停乱放车辆4 800台次，处罚违法人员2 500人次，从而有效地遏制了各种事故的发生。（4）加强了专项整治活动。多年来，先后开展了380场次道路交通秩序的专项整顿，对危路、危桥和存在事故隐患的路段进行整治150场次，在2002年度实施的“畅通工程”“创建平安大道”活动中，查处各种违规违法车辆680台次，2004年开展交通安全宣传“五进”活动中，先后开展宣传活动35场次，受教育人数达5 000余人。（5）开展了便民利民活动。在具体工作中，交警大队建立了五项便民利民措施，把交通管理工作公开向广大人民群众承诺，各项收费项目向群众公示，通过公开、公示活动，增强了交通管理的透明度，密切了警民关系。为了加强对各中小学上下学期间交通秩序的管理，在各学校门前增设了交通执勤岗，维护了上下学期间的交通秩序，保障了广大中小学生的人身安全。在此基础上，加大了对客运站场的交通安全大检查，坚持每周开展2次晨检，做到及时发现问题和隐患，及时纠正。杜绝了乱停乱放等问题的发生。

多年来，交警大队为人民群众办好事、办实事200余件次，救助人民群众65人次，收到人民群众表扬信45封，收到锦旗35面。

1999年、2001年、2003年、2005年被桃山林业局党委授予先进党支部。

2002年、2005年被公安局评为优秀科所队。

1986—2005年桃山林业公安局重特大交通事故统计表

表14-2-4

年度	事故起数（起）	伤亡人数（人）	损失金额（元）
1986	3	2	5000
1987	2	1	3000
1988	4	3	4000
1989	2	4	2000
1990	5	3	4000
1991	2	1	1000
1992	2	2	8000
1993	4	1	3000
1994	3	2	2000
1995	2	1	3000
1996	3	3	6000
1997	1	1	3000
1998	1	1	2000
1999	2	2	2000
2000	2	2	700
2001	—	—	—
2002	3	3	100
2003	2	2	500
2004	5	6	1000
2005	2	2	3000
合计	50	42	53300

第三章　检　察

桃山林区人民检察院为黑龙江省人民检察院派出机构，由伊春市人民检察院代管。代表国家行使法律监督和检察权。国家宪法规定人民检察院是国家的法律监督机关，负有严厉打击刑事犯罪和经济犯罪的职能，对公安机关办理的各种刑事案件进行审查，作出批准逮捕或不批准逮捕的决定，并对公安机关侦查终结的刑事案件，移送审查起诉和出庭支持公诉。同时受理公民的控告、申诉，举报国家机关工作人员利用职权实施的贪污贿赂犯罪、渎职侵权犯罪案件进行侦查，维护社会稳定，保卫国家财产和人民群众财产不受侵犯，保护森林资源，保证改革和经济建设的顺利进行，充分发挥检察机关法律监督职能作用。

第一节　机　构

桃山林区人民检察院是副处级建制。经黑龙江省人大常委会批准，于 1981 年成立，1983 年 6 月 1 开始受理案件。

1986 年内设机构为刑事检察一科（批捕科）、刑事检察二科（起诉科）、经济检察科、法纪检察科、林业检察科、办公室，即：五科，一办。

1989 年 3 月，增设民事行政检察科，职权是依照法律规定对人民检察院的民事审判活动和行政诉讼实行法律监督。对受理的民事、行政申诉进行审查，符合法定抗诉案件的依法提请抗诉。

1995 年 7 月，根据上级政法机关的指导精神，撤销林业检察科，森林案件由公安机关立案侦查。

1995 年 8 月，经济检察科改称为反贪污贿赂检察科。

1997 年 10 月，根据上级政法机关的要求，进行机构改革，决定设立反贪污贿赂工作局、法纪检察局，其职权不变。

1999 年 8 月，因撤销桃山林业公安局看守所，刑事拘留业务移交给铁力林业公安局。只保留行政拘留所，驻桃山林业公安局看守所检察员撤回。

1999 年 10 月，决定设立控告申诉检察科，其职权是受理属本院管辖的案件，公民的控告、举报、自首，人民检察院受理的控告，举报材料由控申部门（举报中心）统一管理，逐件登记，并审查提出处理意见，报检察长审批。受理公民的刑事申诉、刑事赔偿案件。对举报线索进行初查或移交本院自侦部门查处。

2002 年 7 月，根据上级政法部门的指导精神，撤销反贪污贿赂工作局、法纪检察局，决定设立职务犯罪检察局、职务犯罪预防科、政工科。批捕科改称侦查监督科，起诉科改称公诉科。其职权不变。

按照上级有关文件要求，结合实际工作需要，经2002年7月9日党委九届227次党委会议讨论决定，检察院设立职务犯罪检察局、侦查监督科、公诉科、民事行政检察科、控告申诉检察科、职务犯罪预防科、政工科、办公室。同时撤销反贪污贿赂工作局、法纪检察局、起诉科、批捕科、监督检察科、举报控申科。

第二节 检察工作

一、批捕工作

桃山林区人民检察院按照省、市政法工作会议精神，贯彻依法从重从快的方针，认真审查提请逮捕的刑事案件，严把批捕质量。批捕准确率达到100%。1986年至1995年年末共受理公安机关提请逮捕和检察院自侦部门提请批捕的各类刑事案件206件356人。经审查批准逮捕172件267人，不批准逮捕17件48人。

1996年至2005年年末受理公安机关提请逮捕和检察院自侦部门提请逮捕的各类刑事案件163件285人。经审查批准逮捕137件237人，不批准逮捕24件45人。

1986—2005年桃山林区人民检察院侦查监督科办理案件统计表

表14-3-1

年份	受理公安机关及自侦提请逮捕	批准逮捕	不批捕
1986	10件16人	7件9人	1件4人
1987	14件23人	14件21人	2人
1988	20件25人	17件18人	1件4人
1989	26件58人	25件46人	1件11人
1990	25件40人	23件36人	1件1人
1991	26件49人	21件38人	2件2人
1992	14件28人	10件17人	1件5人
1993	22件30人	16件20人	1件1人
1994	24件37人	25件31人	1件6人
1995	25件50人	14件31人	8件12人
1996	24件37人	19件31人	2件3人
1997	11件29人	8件18人	3件11人
1998	20件33人	16件27人	4件6人
1999	16件23人	13件18人	3件5人
2000	14件16人	9件10人	5件6人
2001	14件23人	12件21人	2件2人
2002	20件32人	19件30人	1件2人
2003	11件16人	11件15人	1件1人
2004	20件41人	18件35人	2件6人
2005	13件35人	12件32人	1件3人

二、起诉

桃山林区人民检察院公诉科按照检察工作职能，认真履行审查起诉工作职责，依法对公安机关办理的刑事案件提请起诉和检察院自侦部门提请起诉的案件进行审查，作出提起公诉，出庭支持公诉和不起诉的决定。1986 年至 1995 年年末，受理公安机关侦查终结的各类刑事案件和检察院自侦部门办结的贪污，挪用公款，渎职侵权等犯罪案件 166 件 271 人，经依法审查提起公诉 135 件 188 人，存疑不起诉 3 件 3 人，免予起诉 16 件 28 人，报市院审批 6 件 6 人。退补侦查 1 件 1 人。

1996 年至 2005 年 12 月，受理公安机关侦查终结提请起诉的各类刑事案件和检察院自侦部门提请起诉的案件 251 件 348 人，经审查提起公诉 212 件 298 人，不起诉 11 件 12 人，免予起诉 7 件 8 人，报市院审批 1 件 2 人。退补侦查 1 件 1 人。

三、反贪污贿赂

反贪污贿赂工作在院党组和党委的正确领导下及上级人民检察院的指导下，认真贯彻落实中央有关反腐败的指示精神，坚持把惩治贪污贿赂等经济犯罪作为检察工作重中之重，纳入重要工作日程，严格执法，依法办案，从严治检，服务大局，使反贪污贿赂工作取得较大的成绩。

1986—1995 年年末，共受理各类经济犯罪案件 143 件 176 人，其中立案侦查 40 件 57 人，侦查终结移送起诉 32 件 48 人，法院均作有罪判决。转有关部门处理 72 件 78 人。收缴赃款 594 662.98 元，为国家挽回经济损失 1302000.00 元。

1996 年至 2005 年 12 月共受理各类经济案件线索 55 件 59 人，立案侦查 43 件 88 人，撤销案件 1 件 1 人，侦查终结移送起诉 38 件 39 人，法院均作有罪判决。转纪委及有关部门处理 8 件 8 人。通过办案收缴赃款 1053766.00 元，挽回经济损失 240 余万元。

1986—2005 年桃山林区人民检察院公诉科办理案件统计表

表 14-3-2

年份	受理公安移送及自侦审查起诉	提起公诉	免予起诉	不起诉	退补侦查
1986	6 件 9 人	6 件 9 人	—	—	—
1987	15 件 20 人	12 件 13 人	1 件 1 人	—	—
1988	18 件 19 人	12 件 12 人	1 件 2 人	1 件 1 人	报市院 4 件 4 人
1989	23 件 36 人	22 件 34 人	—	1 件 1 人	—
1990	22 件 33 人	13 件 20 人	7 件 11 人	—	退补 1 件 1 人
1991	18 件 46 人	15 件 18 人	2 件 6 人	—	—
1992	11 件 28 人	10 件 12 人	—	—	报市院 1 件 1 人
1993	14 件 20 人	10 件 13 人	1 件 2 人	—	报市院 1 件 1 人
1994	25 件 33 人	21 件 28 人	2 件 3 人	—	—
1995	14 件 27 人	14 件 29 人	2 件 2 人	1 件 1 人	—
小计：	166 件 271 人	135 件 188 人	16 件 28 人	3 件 3 人	报市院 6 件 6 人 退补 1 件 1 人
1996	32 件 49 人	21 件 31 人	7 件 8 人	—	—
1997	11 件 18 人	10 件 23 人	—	1 件 1 人	—
1998	24 件 33 人	22 件 31 人	—	1 件 1 人	—
1999	21 件 24 人	19 件 22 人	—	—	—

续表 14-3-2

年份	受理公安移送及自侦审查起诉	提起公诉	免予起诉	不起诉	退补侦查
2000	17 件 19 人	15 件 17 人	—	—	—
2001	26 件 41 人	17 件 28 人	—	—	—
2002	27 件 33 人	27 件 31 人	—	—	—
2003	21 件 26 人	17 件 22 人	—	4 件 4 人	—
2004	26 件 41 人	22 件 36 人	—	3 件 4 人	—
2005	46 件 64 人	42 件 57 人	—	2 件 2 人	报市院 1 件 2 人 退补 1 件 1 人
小计：	251 件 348 人	212 件 298 人	7 件 8 人	11 件 12 人	报市院 1 件 2 人 退补 1 件 1 人

1986—2005 年桃山林区人民检察院反贪污贿赂局办理案件统计表

表 14-3-3

年份	受理	立案侦查	侦结起诉	转有关部门处理	返赃情况（挽回损失）
1986	14 件 19 人	10 件 11 人	8 件 10 人	—	2 万元
1987	10 件 13 人	2 件 3 人	2 件 3 人	8 件 8 人	3 万元
1988	8 件 9 人	2 件 3 人	—	2 件 3 人	3 万元
1989	10 件 16 人	2 件 7 人	2 件 7 人	8 件 9 人	4 万元（8 万元）
1990	21 件 26 人	6 件 9 人	6 件 9 人	15 件 17 人	10 万元
1991	15 件 16 人	3 件 4 人	2 件 3 人	13 件 13 人	5.1 万元 （14.2 万元）
1992	25 件 25 人	6 件 6 人	5 件 5 人	撤案 3 件 3 人	11 万元
1993	16 件 17 人	1 件 2 人	1 件 2 人	15 件 15 人	20 万元（40 万元）
1994	14 件 14 人	4 件 4 人	4 件 4 人	8 件 8 人	17 万元
1995	10 件 21 人	4 件 8 人	2 件 5 人	5 件 8 人	123662.98 元 （40 万元）
小计	143 件 176 人	40 件 57 人	32 件 48 人	71 件 78 人	594 662.98 元 （130.2 万元）
1996	7 件 8 人	2 件 2 人	1 件 1 人	4 件 4 人	3 万元（15 万元）
1997	10 件 12 人	7 件 8 人	6 件 6 人		10 万元（30 万元）
1998	12 件 13 人	8 件 9 人	8 件 9 人	4 件 4 人	35 万元（60 万元）
1999	4 件 4 人	4 件 4 人	3 件 3 人	—	21 万元（30 万元）
2000	—	4 件 4 人	3 件 3 人	—	8 万元（30 万元）
2001	—	5 件 5 人	5 件 5 人	—	10 万元（35 万元）
2002	—	5 件 5 人	5 件 5 人	—	43660.00 元
2003	—	5 件 5 人	4 件 4 人	撤案 1 件 1 人	13 万元（40 万元）
2004	—	1 件 1 人	1 件 1 人	—	10106.00 元
2005	—	2 件 2 人	2 件 2 人	—	—
合计	33 件 37 人	43 件 45 人	38 件 39 人	8 件 8 人	1053776.00 元 （240 万元）

四、法纪检察

桃山林区人民检察院按照高检院提出的把法纪检察作为检察工作的重点，纳入工作日程，突出“严格执法，狠抓办案，强化法律监督，维护公平正义”的工作指导方针，充分发挥法纪检察部门在惩治渎职犯罪及侵犯公民人身权利，民主权利中的重要作用。1986 年至 1995 年，共受理各类法纪案件线索 50 件 54 人，其中经检察机关立案侦查 7 件 8 人，侦查终结 7 件 8 人，移送起诉 7 件 8 人，均作有罪判决。转纪委等部门 43 件 46 人。

1996—2005 年，受理法纪案件线索 19 件 21 人，其中经初查立案 8 件 10 人，侦查终结移送起诉 8 件 10 人，法院均作有罪判决。转纪委等行政部门处理 11 件 11 人。通过办案，维护了公民的合法权益，树立了检察机关的良好形象，充分发挥渎职侵权部门的职能作用。

五、民事行政检察

1989 年，由于检察工作的需要，增设民事行政检察科，职权是依照法律规定对人民法院的民事审判活动和行政诉讼实行法律监督。对受理的民事行政申诉材料进行审查，符合法律抗诉条件的依法提请抗诉，以维护当事人的合法权益。

2005 年共受理民事案件线索 15 件 17 人，经审查符合抗诉条件的 12 件 12 人，依法提请市院抗诉，伊春市人民检察院民事行政检察科采纳 12 件 12 人。保障公民的诉讼权利，充分发挥民事行政检察工作的职能作用。

六、控告申诉检察

桃山林区人民检察院的控告申诉检察工作，认真做好人民群众的来信来访接待工作，深入扎实地开展创建文明接待室活动，完善举报管理机制，积极开展举报宣传周活动，严格执法，狠抓办案，充分发挥控申部门法律监督和内部双重制约作用，依法保障公民行使检举，控告申诉的权利，认真实行检察长接待周制度和首办责任制，把维护人民群众的根本利益作为检察工作的出发点和落脚点，充分发挥控告、申诉检察部门的职能作用。1986—2005 年年末共受理群众来信来访案件 227 件，其中申诉案件 6 件 6 人，控申举报中心初查 28 件 28 人，移送立案 11 件 11 人，转有关行政部门处理 102 件。通过办案收缴赃款 8 万余元，为国家挽回经济损失 10 多万元。2002 年 10 月被黑龙江省人民检察院授予文明接待室，省级规范化接待室荣誉称号。

1986—2005 年桃山林区人民检察院法纪检察办理案件统计表

表 14-3-4

年份	受案		立案		侦查终结		转有关行政部门处理	
	件	人	件	人	件	人	件	人
1986	3	3	—	—	—	—	3	3
1987	8	11	—	—	—	—	8	11
1988	9	9	1	1	1	1	8	8
1989	10	10	—	—	—	—	10	10
1990	6	6	1	1	1	1	5	5

续表 14-3-4

年份	受案		立案		侦查终结		转有关行政部门处理	
	件	人	件	人	件	人	件	人
1991	5	6	2	3	2	3	3	3
1992	3	3	1	1	1	1	2	2
1993	2	2	—	—	—	—	2	2
1994	2	2	—	—	—	—	2	2
1995	2	2	2	2	2	2	—	—
小计:	50	54	7	8	7	8	43	46
1996	1	2	1	2	1	2	—	—
1997	5	6	1	2	1	2	4	4
1998	—	—	—	—	—	—	—	—
1999	5	5	—	—	—	—	5	5
2000	3	3	1	1	1	1	2	2
2001	1	1	1	1	1	1	—	—
2002	1	1	1	1	1	1	—	—
2003	2	2	2	2	2	2	—	—
2004	1	1	—	—	—	—	—	—
2005	—	—	1	1	1	1	—	—
小计:	19	21	8	10	8	10	11	11

1999—2005 年桃山林区人民检察院民事行政案件一览表

表 14-3-5

年度	受理		审查提请抗诉		上级民行部门采纳抗诉	来访人息诉	转有关部门处理
	件	人	件	人			
1999	7	7	2	2	1	—	—
2000	3	3	1	1	1 件 1 人	—	—
2001	8		3	3	3 件 3 人	—	—
2003	3	3	2	2		1	—
2004	1	1	1	1	1 件 1 人	—	—
2005	1	1	1	1	1 件 1 人	—	—

1986—2005 年桃山林区人民检察院控告申诉案件统计表

表 14-3-6

年度	受理来信	受理来访件	申诉（件人）		控申初查		移送立案		转有关部门
			件	人	件	人			
1986	10	6	—	—	—	—	—	—	16
1987	4	8	—	—	—	—	—	—	12
1988	4	–	—	—	3	3	—	—	—
1989	6	5	—	—	—	—	—	—	11
1990	—	—	1	1	—	—	—	—	—
1991	7	—	—	—	1	1	—	—	6
1992	—	1	1	1	—	—	—	—	—
1993	—	—	—	—	—	—	—	—	—
1994	10	—	—	—	1	1	—	—	9
1995	14	18	1	1	—	—	—	–	—
小计	55	38	3	3	5	5	—	—	54 件
1996	—	14	—	—	—	—	—	—	—
1997	16	—			3	3			自侦 8 件 8 人
1998	13	18	—	—	—	—	—	—	—
1999	18	—	—	—	6	6	2	2	转反贪 5 件 民行 7 件
2000	12	—	—	—	4	4	2	2	8
2001	10	—	2	2	3	3	1	1	6
2002	—	—	—	—	—	—	—	—	—
2003	8	—			4	4	4	4	转 4 件
2004	6	—	1	1	1	1	1	1	4
2005	8	11			2	2	1	1	6
小计	91	43	3	3	23	23	11	11	48 件

七、监所检察

桃山林区人民检察院认真履行法律监督职责，做好监所检察工作。1986 年配备了专职驻公安局看守所检察员，结合监所检察的特点，建立工作制度，检察监督到位，维护在押人犯的合法权益，协助公安机关做好监管场所安全防范措施，1986 年 1 月至 2005 年 12 月检查看守所 80 余次，发现问题 28 件，及时整改。对违纪的监所看守人员进行查处，有效地提高了监所的管理水平。羁押的治安拘留、收审、批捕、起诉、刑事拘留、判决等人犯，没有出现串供、逃跑、自杀等事故的发生，为诉讼工作的顺利进行创造了条件。

八、职务犯罪预防

2002年7月成立职务犯罪预防科，配备了人员，建立健全了职务犯罪预防信息网络。2002年在全局范围内进行了一次大型法治宣传活动，设立宣传站二处，出动警车2辆，干警10人，宣传挂图，散发宣传单500份。接待法律咨询18次，受教育面达到95%。利用各种会议的机会，举办2期法律培训班。对林业局所属的基层单位主要领导进行集中培训。有效地提高干部职工的法制观念。为职务犯罪预防工作奠定了基础。

2005年举办了一期法制培训班，收到了较好的法律效果和社会效果。

第三节　管理工作

一、办公室工作

（一）认真贯彻落实全市检察工作会议精神和反贪、渎职侵权等部门工作会议精神，及时上报会议贯彻情况，规范各种行文，及时收发文件，及时上报各项综合材料。

（二）统计报表及时准确，印章、文件司法文书保管严密，无泄密事件和文件丢失现象发生。

（三）事务工作不断完善，做好办公后勤保障工作，做到有计划购置物品，节约开支，保证办案费用。

（四）严格管理和使用枪支，建立健全枪支管理使用制度，办案用枪，必须经检察长批准。

（五）办案实行科技管理，不断提高科技强检的思想意识。1986年至2005年，未发生文件丢失、泄密及涉枪事件。

二、政工科工作

作为基层院的政工科，担负着政治思想工作，调查研究工作，党风廉政建设，政治理论业务学习，教育培训等工作职责。2002年成立以来，主要抓好以下几项工作：

（一）组织干警政治理论学习，深入学习“三个代表”重要思想理论，和党的十五大、十六大、十七大会议精神，明确全面建设小康社会的宏伟目标。

（二）加强党风廉政建设，按照签订的党风廉政建设工作目标责任状，认真组织落实，制定工作方案，建立党政廉政建设档案，在“两风”建设期间召开民主生活会。开展党内批评与自我批评。

（三）认真开展执法执纪大检查活动，加强党风党纪教育工作。

（四）积极开展调查研究工作和检察宣传工作，共撰写调研文章80篇，被省级刊物采用15篇，市级刊物采用10篇。

（五）进一步提高检察人员整体素质和战斗力，查摆检察干警在执法思想、执法观念、执法行为、执法作风四个方面存在的问题，认真加以整改，提高检察机关的声威。

（六）按照省院提出创建学习型检察院活动，提倡工作学习化、学习工作化的作风，使广大干警树立政治责任感，心系检察工作，提高了干警的政治素质和业务素质。

三、队伍建设

1986—2005年，桃山林区人民检察院按照省、市院和局党委的要求，积极开展队伍建设的各项活动。（1）学东莱创建人民满意政法基层单位和政法干警活动。（2）坚持学习政治理论，制定学习重点，学习规划，认真开展了学习邓小平理论和“三个代表”重要思想，学习了江泽民的“七一”讲话和中共第十五届六中全会精神。按照省市院和局党委的要求，进行集中学习，分段学习，健全学习制度。（3）领导带头争先创优，以身作则，严格执法，秉公办案。办案中排除各方面干扰和阻力，团结一致，具有较强的凝聚力和战斗力。（4）干警政治、业务素质不断提高，加强了政治思想工作，检察队伍建设不断加强。注重抓干警的教育培训，有十名干警参加法律大专班、本科班学习，获得了毕业证书，七名干警参加省、市检察院举办的业务培训。使全院干警的素质、文化层次结构普遍得到提高，不断适应新形势下检察工作的需要。2005 年，桃山林区人民检察院坚持以经济建设为中心，严格执法，依法办案的工作方针，认真履行法律监督职能，正确行使检察权。继续深入抓好查办贪污贿赂，渎职侵权等职务犯罪大案要案，严厉打击各种严重刑事犯罪活动，积极开展各项检察工作，正确履行法律赋予检察机关的职责，提高执法水平，强化法律监督，维护公平正义，努力建设高素质的检察队伍。在队伍建设中涌现出一大批先进科室，优秀政法干警，优秀共产党员，另有两名干警荣立个人三等功。

第四章　法　院

桃山林区基层人民法院位于黑龙江省伊春市西部，铁力市行政区内，桃山林业局振兴路南侧．辖区面积 171.274 万公顷，东邻朗乡林业局，西靠铁力市，北和铁力林业局搭界，南与通河林业局相毗邻。桃山林区基层法院所管辖林场、营林所、工厂、农业、文教和其他经济组织 58 个基层单位，全局总人口 43775 人，包括：汉、满、朝鲜、蒙古、回五个民族。

桃山林区基层人民法院从 1983 年 3 月成立至 2005 年年末，虽然从机构、人员、政治生活等方面多次发生变化，但在桃山林业地区内，桃山林区基层人民法院代表国家行使审判权，充分发挥审判职能，通过审判案件，惩处刑事犯罪分子，解决民事纠纷，调节经济关系，维护社会主义法制和社会秩序的稳定，保护社会主义国有财产和公民的合法财产，保护公民的人身权利，保障林区经济建设顺利进行。

第一节　机　构

1986 年 1 月，桃山林区基层人民法院经伊春市中级人民法院批准，按照人民法院组织法规定，设有刑事审判庭、民事审判庭，经济审判庭、办公室四个内部机构。法院共有人员 22 人。定员编制为 20 人，班子成员三人：其中院长 1 人、副院长 1 人、办公室主任 1 人。中层领导干部 3 人，审判员 3 名，助审员 4 人，法警 3 人，书记员 4 人，工人 2 人。1987 年 9 月 18 日，经伊春市中级人民法院批准，桃山林区基层人民法院在桃山林业局南十六公里处设置桃南法庭，辖区八个林场、两个农场，人口 25000 人。桃南法庭人员编制 4 人，副庭长 1 人，审判员 1 人，法警 1 人，书记员 1 人。

1988 年 6 月，经伊春市中级人民法院批准，桃山林区基层人民法院增设行政审判庭、告申庭、执行庭三个内设机构。法院共有 28 人，定员编制为 26 人，其中院长 1 人、副院长 2 人、政治协理员 1 人。庭长 3 人，副庭长 4 人，办公室副主任 1 人，审判员 3 人，助审员 3 人，书记员 5 人，法警 4 人，工人 2 人。

1997 年 1 月，根据黑龙江省高级人民法院和伊春市中级人民法院关于法院内设机构改革会议精神，桃山林区基层人民法院开始进行内设机构改革，在原设有刑事审判庭、民事审判庭、行政审判庭、桃南法庭、执行庭、告申庭、办公室、经济审判庭基础上，将执行庭变为执行局，经济审判庭合并为民事审判庭，同时实行立审分开、审执分开、审立分开、审监分开，将告申庭分设为告诉立案庭、审判监督庭、书记员室（隶属告诉立案庭管理），法院各项审判工作开始实行流程管理。法院共有人员 29 人，定员编制为 27 人，班子成员 4 人：其中院长 1 人、副院长 2 人、政治协理员 1 人。庭长（含执行局长）4人，副庭长3人，办公室副主任1人，法警4人、审判员2人，助审员4人，书记员5人，后勤工作人员2人。

2001年7月14日，桃山林区基层法院按照伊春市委和伊春市中级人民法院关于加强法院领导班子建设的通知精神，大胆实行干部人事制度改革，班子成员由当地党委进行考核，法院中层领导干部实行竞争上岗，干警实行双向选择。在原设机构不变的情况下，定员编制为28人，全院共有人数31人，其中院长1人、副院长2人、政治协理员1人、执行局长1人。庭长3人，副庭长4人，审判员1人，助审员3人，法警4人，书记员5人，研究员3人，调研员1人，工人2人。

2002年1月至2002年12月，桃山林区基层法院内设机构有刑事审判庭、民事审判庭、执行局、审判监督庭、行政审判庭、告诉立案庭、桃南法庭、书记员室、办公室。法院共有人员33人，定员编制为28人，其中班子成员4人：其中院长1人、副院长2人（其中一人兼执行局长）、政治协理员1人。庭长3人，副庭长5人，法警4人，助审员3人，书记员5人，调研员1人，后勤工作人员8人。

2005年，桃山林区基层人民法院内设机构有刑事审判庭、民事审判庭、行政审判庭、执行局、审判监督庭、告诉立案庭、桃南法庭、办公室。法院共有35人，定员编制为34人，其中班子成员4人：院长1人、副院长2人、政治协理员1人。庭长3人，副庭长5人，办公室主任1人，副主任1人，法警5人，审判员4人，书记员5人，调研员3人，工勤人员4人。全院干警共有大学学历24人，大专学历6人。

第二节　法院基础建设

1986年1月，桃山林区基层人民法院办公用房（平房）200平方米，距桃山火车站1公里，总共10个房间，其中审判庭面积50平方米，办公室只有一台老式手工铅字打字机，2020S吉普车一辆。1987年9月18日设置的桃南法庭面积200平方米，产权自有，设有审判庭2个及立案庭、审判员室、调解室，并配有三轮摩托车一辆。

1995年1月，经过林业局改扩建后，桃山林区基层法院办公用房面积达到800平方米，其中审判庭为80平方米，档案室30平方米。桃南法庭也进行了改造，办案用车由原来的三轮摩托更换为2020S吉普车。法院配有雅安办案用车一辆，增加电脑一台，照相机一部、录放机一台、松下牌电视机一台。

1997年1月，桃山林区基层人民法院办公用房易换搬进桃山林业局政法综合大楼，办公楼面积1000平方米，其中审判庭100平方米，档案室30平方米，办案用车更换为桑塔纳轿车，每个庭办公面积20平方米。

2001年，桃山林区基层法院在原有基础上，又购置电脑四台（桃南法庭一台）、传真机一台，原办案用车更换为中华轿车，同时又为桃南法庭购置中巴客车一辆。

2005年1月，桃山林区基层法院又购置电脑五台，摄影机一部，法院的物质装备在逐年改善。

第三节　审判与执行

桃山林区基层人民法院坚持罪刑法定原则，严把案件质量关、证据关和适用法律关。既增强严打、稳定、防范并举，又依法保障了人权。自1986年1月至2005年12月，共受理刑事案件352件，结案352件，结案率均达100%，为林区经济发展创造了良好的法治环境。

桃山林区基层法院精心开展民商事审判工作，维护经济安全、社会和谐。1986年1月至2005年12月，共受理民商事案件3091件，结案率达100%。在民商事案件审判工作中，坚持“能调则调、当判则判、调判结合，案结事了”的原则，充分发挥了调解在建立和谐社会上的功能，促进了社会和谐。

桃山林区基层人民法院慎重开展行政审判工作，努力促进依法行政。在林权制度改革中，针对林区行政执法部门的行政执法职能、资格不规范的实际，在充分调研的基础上，依法予以规范和引导。1986年1月至2005年12月，法院共受理行政案件8件。认真贯彻《中华人民共和国行政诉讼法》以及其他行政法规，依法监督行政机关依法行政，保护当事人的合法权益。

桃山林区基层人民法院不断深化执行工作，切实维护当事人实际利益。1986年1月至2005年12月，共受理各类执行案件267件，执结率达100%。在执行案件中，克服地方保护主义，积极开展执行工作，有效保护了当事人的合法权益。

第五章　司法行政

第一节　机　构

桃山林业局司法局始建于 1985 年 10 月，当时名称是司法科，业务归属伊春市司法局，行政领导及人员配置归属林业局。设科长 1 人，法律顾问处主任 1 人。古成文任桃山林业局司法科科长，胡臣负责法律公证工作。12 月末，经司法部批准，司法科增设公证处和律师事务所，人员由 2 人增加到 9 人，有科长、副科长各 1 人，公证员 1 人、助理公证员 2 人、律师 3 人、司法助理 1 人。

1987 年年初撤销桃山林区司法科，成立桃山林业局法律顾问办公室，古成文任主任。

1988 年年初恢复建置成立桃山林区司法局、桃山林区公证处、桃山林区律师事务所，王国禄任公证处副主任，古成文兼律师事务所主任及法律顾问处办公室主任。

1992 年桃山林业局党委任命王永杰为公证处副主任，张志文任普法办主任。1998 年 2 月 26 日党委决定政法委、综治办、司法局合署办公，李洪涛担任司法局局长、综治办副主任，负责司法行政全面工作。

1998 年桃山林区律师事务所取消。1999 年年末桃山林业局党委任命都书春为公证处副主任。2002 年 7 月 11 日党委决定由张建华担任政法委副书记，兼任司法局局长，并与政法委合署办公。

2005 年，司法局独立，张建华任司法局局长。

第二节　司法工作

司法局自成立以来，负责贯彻执行党的路线、方针、政策，认真落实市委、市政府和上级司法行政机关安排部署的各项工作任务；制定桃山林业局司法行政工作长期规划、年度计划并组织实施。负责桃山林业局的法制宣传教育和普及法律知识、依法治理工作；负责刑事解教人员的接茬帮教和安置工作，协助劳改、劳教部门追捕辖区的“两劳”逃犯；领导公证处、法律服务所工作，并指导桃山林业局人民调解工作，综合管理基层法律服务所和社会法律服务机构；负责桃山林业局法律援助工作，积极为弱势群体提供法律服务。扎实有效地完成市委、市政府和上级司法行政部门交办的其他工作。多年来，司法行政工作为桃山林区经济发展、社会稳定做了大量的工作，为桃山林业局职工群众合法利益不受侵犯，提供了法律服务，并向社会进行了服务承诺：接待热情、文明服务；优质高效，为群众办实事；廉洁奉公、勤政为民；主动接受群众监督；重信守诺、违诺必究。

第三节　公证工作

公证处是国家设立的公证机关，属司法机关体系，受国家司法行政机关的领导。其作用和任务是：指导和监督当事人建立符合法律的权利义务关系，教育群众遵纪守法。对国家、企业和公民之间各种法律行为及有法律意义的文书和无争执的事实予以证明，确认它的真实性和合法性，从而保护公共财产、公民身份和财产的权利义务及合法利益。桃山林区公证处开展的主要公证业务有：办理收养子女、财产继承、遗嘱、房屋买卖、委托、赠予、分析公私财产、赡养、亲属关系及经济合同等方面的公证工作，公证处自 1999 年成立以来，为林业企业办理林地承包、土地承包、木材竞价销售、资产拍卖、楼房建筑，修建公路、桥梁各项建设安装维修等项公证事宜，为全局的职工买断、混岗安置进行了公证。

截至 2005 年年末，总计办理公证 10000 余件，其中经济类公证 4000 余件，民事类公证 6000 余件。

第六章　人民武装

第一节　机构设置

1986—2005 年，桃山林业局始终坚持党管武装的原则，党委、林业局认真抓好人民武装工作。桃山林业局人民武装部设部长 1 人，武装干事 1 人，全局各基层单位都有兼职武装干部，在党委、林业局领导下，负责全局民兵组织建设和民兵训练、武装战备、人民防空，配合人民解放军完成在桃山林业局各个年度的新兵征集任务、开展拥军拥属、拥政爱民等项工作。

1986—2005 年桃山林业局人民武装部领导任职情况：李英杰 1983 年 4 月—1988 年 7 月任武装部副部长；1988 年 8 月—1991 年 7 月任武装部部长。于万臣 1991 年 8 月—1997 年 5 月任武装部部长。辛洪文 1997 年 5 月—2000 年 1 月任武装部副部长；辛洪文 2000 年 2 月—2005 年 12 月任武装部部长。

第二节　征兵工作

武装部是征兵工作的具体组织者、实施者，对征兵工作负全责。征兵工作的重点是按时限、按要求完成征兵任务，关键是落实各项规定措施，核心是确保新兵质量，以对部队高度负责的精神，采取强有力的措施，确保兵员质量。落实保证新兵质量的各项措施规定，严格审查把关，切实把思想好、文化高、身体健康的优秀青年送到部队去。同时武装部协助有关部门开展国防教育，做好退伍军人的安置和烈军属的优抚工作，负责本区域的预备役士兵、军官的登记统计工作。武装部负责本区域的基干民兵组织建设、政治教育、军事训练、武器装备管理等工作任务，战争时期带领民兵参军参战，支援前线，协同预备役部队落实参训人员，做好兵员管理，动员集结等工作；承担抢险救灾、扑救森林火灾等急难险重任务。1986—2005 年 20 年间，桃山林业局武装部按上级要求，认真做好征兵工作，向部队选送优质兵源，为国防建设做出了积极贡献。同时，加强民兵预备役部队建设，搞好基干民兵营、连的集训，在生产和救援中发挥生力军作用。

搞好复员转业军人的培训和安置，做好拥军优属、拥政爱民工作。1986—2005 年退伍人员 515 人，安置 365 人。从 1994 年开始发放优抚金，至 2005 年已发放优抚金 30 多万元。同时每年“八一”看望老军人十多人。

第三节 民 兵

1986—2005年，桃山林业局的民兵工作在党委、林业局的领导下，认真贯彻执行中央、省、市关于民兵工作的会议、文件精神，坚持正确性的指导思想和工作方针，牢固树立为国家安全和人民生命财产安全搞好战备的思想意识，建立健全安全防务工作体系，坚持平战结合，兵民结合，全局各单位的民兵组织和全体民兵指战员坚定树立“召之即来，来之能战，战之能胜”的爱国主义思想，为党、为祖国、为人民“下定决心、不怕牺牲、排除万难去争取胜利”。桃山林业地区公安局、桃山林区人民检察院、桃山林区基层人民法院、桃山林业局司法局的干部和民警坚持军事化训练和管理，为全局民兵做出了榜样，桃山林业局组建了以公安消防大队为骨干的应急救援大队，在担负各项急、难、险、重任务中发挥了关键作用，受到全局人民的一致好评。

桃山林业局的民兵训练工作由人民武装部统一组织，每年春季森林防火戒严期来临之前，武装部都组织全局基干民兵开展集中训练活动。民兵是森林防火的主力军，在完成元旦、春节期间各项值班值宿任务后，全局民兵紧急动员，从每年的3月15日开始，投入到春季、秋季森林防火工作中去。每年8月1日前后，积极开展民兵训练活动，进行实弹打靶比赛，民兵队列检阅比赛，对于日常民兵活动开展好的班、排、连队和各项比赛中成绩突出的民兵组织和个人给予表彰奖励。

在抗洪救灾中，全局民兵肩负重要的责任和使命，1996年7—10月，面对突如其来的特大洪涝灾害，全局民兵不畏艰险，冲锋在前，为保护国家、企业和人民生命财产安全付出了艰辛的努力。水灾过后，民兵们主动担负起恢复生产、重建家园的重任，各单位民兵先后有500余人赴呼兰河堤坝昼夜奋战，加高加固第三中学南侧河堤长320米，修复冲毁的河坝长180米，加固体育馆附近河堤长170米，加固桃山庄宾馆南侧和自来水泵房段堤坝、护坡长260米，清理家属区排水沟渠长2000多米，铺设疏水涵管30余节，修复家属区道路13条，长5000多米。桃山林业局宣传抗洪救灾英模的书籍《中流砥柱》，记载了民兵们抗洪抢险的动人事迹。

全局民兵在森林防火期内，坚持执班执宿，24小时不离岗，一旦防火警报拉响，大家都百倍警惕地投入灭火战斗，用生命和鲜血守护着森林资源的安全。1981—1991年，伊春市政府授予桃山林业局民兵营十年无火灾先进集体，1996年春季，桃山林业局出动60余名基干民兵，千里迢迢赶赴黑龙江省通北沾河林业局投入灭火战斗；2003年春季，桃山林业局基干民兵远征扑火队60余人，紧急赶往伊春市乌伊岭林业局阿廷河林场增援扑救森林大火，受到伊春市政府表扬，时任桃山林业局民兵远征扑火队队长李文福由于工作表现突出，多次受到省、市森防部门表扬，并且获得了全国防火工作纪念奖章。

在林业的各项生产、生活中，民兵们以高度的使命感和责任感，勇于吃苦，无私奉献，担当起主人翁责任，他们响应党委、林业局的号召，在各项生产和工作中打头阵、当先锋，为发展林区的生产建设事业、振兴经济、建设美好家园做出了巨大的贡献，他们中的许多优秀代表和工作骨干先后加入了党、团组织，有的成长为企业的领导干部。每年征兵季节，民兵们积极配合部队搞好征兵工作，每年的欢送新兵入伍大会，民兵们都列队有序参加，为即将奔赴国防前线的新兵们送上美好祝愿和殷切嘱托，鼓励新兵到部队为党、为祖国、为人民为国防事业再立新功。每年清明节前后，民兵们都有组织地到抗联烈士纪念碑前祭扫宣誓，接受革命英雄主义和爱国主义教育；每年8月1日建军节前后，各单位民兵组织都开展拥军优属、拥政爱民活动，为复员退伍的老军人、老干部送上节日的祝福，为增强军民团结、警民团结作出了积极的贡献。

第四节 人防工作

1986—2005 年，桃山林业局人防办在市人防办和党委的正确领导下，积极贯彻“长期准备，平战结合”的方针，按照《伊春市人防系统两个文明建设目标管理方案》的要求，以争先进、创一流为目标，创造性地开展新形势下人防工作。以“政治坚定、业务精湛、作风过硬、廉政高效”为标准，全面打造“准军事化”文明机关。人防办公室始终把强化学习、提高整体素质作为首要任务，紧密联系思想和工作实际学习政治理论知识，不断提高学习的实效性，严格管理，加强制度建设。通过建章立制，按照准军事化要求，进一步规范工作人员的日常行为，做到爱岗敬业、勇于奉献、忠于职守。同时健全保密制度，文件材料、图表严格保密，专人专柜进行管理。人防工程符合防火标准，按照市办的要求，进行建档、登记、备案。局专门抽调两名工人对防空山洞进行管理看护，未发生泄密现象及责任事故。按照专业队伍训练大纲的要求，始终坚持高标准、严要求，并采取集中与分散相结合的原则，强化专业队伍训练，在参加铁力市武装部通讯比赛中对专业队进行组训，确保专业队伍训练任务的完成。加大宣传力度。利用《中华人民共和国人民防空法》宣传月、宣传周，重点对新形势下人民防空建设的指导思想、工作目标、任务进行广泛宣传，在林业局振兴大街开展宣传一条街活动，同时在中学开设人防知识教育课，每学期 4 课时，增强人们和平时期备战观念和人防意识。落实保密工作领导责任制。健全和完善保密机构，深入开展保密宣传教育，认真执行保密法规，制定和完善保密规章制度，落实涉密部门、部位以及涉密活动和项目的保密措施，确保人防工作扎实推进。基干民兵同时也是人防工作的骨干力量，发挥好基干民兵在人防工作中的引领作用，加强人民防空建设。

第七章　国家安全

第一节　机　构

1984 年在桃山林业地区公安局内设国家安全科，1985 年 1 月，根据伊春市编委〔1984〕218 号文件和黑龙江省国家安全厅〔1984〕90 号文件精神，组建桃山林业地区国家安全工作组，对外称桃山林业局第一办公室，属科级建制，由党委、林业局直接领导。桃山林业局国家安全工作组由 6 人组成，设组长 1 人（副处级），副组长 1 人，对外联络 1 人，秘书 1 人。1985 年 9 月 5 日，根据伊春市编委〔1985〕32 号文件精神，国家安全工作组改称黑龙江省桃山林业地区国家安全局。仍属科级建制，定编 9 人，其中局长 1 人（副处级），副局长 1 人，侦察员 2 人，对外联络 1 人，翻译 1 人，秘书 1 人，文书 1 人（兼打字员），司机 1 人，后增设办公室、侦察科。2000 年 7 月，桃山林业地区国家安全局撤销，由桃山林业地区公安局国家安全保卫大队履行桃山林业地区国家安全局的工作职能。

第二节　工作职能

桃山林业局是重点旅游开发区有国家第一个对外开放的天然野生动物狩猎场，为了更好地发展对外关系，保卫林区生产建设和国家安全，从桃山林业局对外旅游开放的实际出发，与重点涉外单位密切联系，加强合作，积极发挥国家安全机关的职能作用，充分依靠国家安全工作组和广大职工群众反间防谍，做好安全保密工作。1986—2005 年，桃山林业局安全稳妥地接送了来自美国、法国、加拿大、新加坡、俄罗斯、英国、挪威、日本、菲律宾、斯里兰卡、马达加斯加、新西兰、德国、奥地利、瑞典、孟加拉、芬兰、韩国、朝鲜、越南等国际友人以及中国港、澳、台地区同胞数万人次。

第十五篇

人口与计划生育

第一章　人　口

第一节　人口构成

1960年桃山林业局建立时，全局总人口为12807人，到1986年，根据计划生育部门统计提供的数据，全局林业户籍人口为44113人，包括汉族、满族、朝鲜族、蒙古族、回族5个民族。纵观全局人口数量的变化情况，从1986—2005年，全局人口的变化呈现出逐年下降的发展趋势，但也有个别年份人口略有增长，出现这种变化趋势的主要原因：一是实行计划生育，人口得到了有效控制。二是随着林区资源枯竭、企业经济逐年衰退，致使外流人口逐年增多，截至2005年年末，桃山林区总人口（含户籍在桃山镇的林业人口在内）48926人。其中，全局林业户籍人口为35717人（这个数字是指在桃山林业局居住的人口数，不包括外出打工人员），有育龄妇女8432人，已婚育龄妇女7901人，全局独生子领证人数5372人，年出生人口49人，死亡68人，人口自然增长率为-0.53‰，从2002—2005年，连续四年人口自然增长率出现负增长。1986—2005年的20年，全局林业户籍人口减少了7396人，下降了16.9%。

第二节　人口分布

一、人口分布情况

2005年年末，桃山林区总人口为48926人，其中桃山林业局35717人，桃山镇街道、社区及农村人口13209人。桃山林区人口的户籍管辖分为桃山镇户籍和林业户籍两种。林业户籍人口11039人，人口主要分布在奋斗林场、南河林场、上呼兰林场、新兴林场、跃进林场、白河林场、公路管理处、柳河林场、桃东林场、春光林场等10个单位，其中，奋斗林场1286人，南河林场1412人，上呼兰林场1352人，新兴林场1236人，跃进林场1035人，白河林场1123人，公路管理处851人，柳河林场1279人，桃东林场761人，春光林场704人，其余户籍在桃山镇的林业人口共计24678人，主要分布在桃山山下地区和石长林场、神树林场、圣浪林场、鸡岭林场等四个林场。

二、人口管理情况

人口管理依据人口分布情况，实行动态管理和静态管理相结合，为维护全局稳定服务。

常住人口管理。1986年，桃山林业局对管辖区常住人口管理分三种类型：一类人口为女性，14岁以上和45岁以上及党政机关干部；二类人口为14岁以上和45岁以下男性及有问题的女性；三类人口为重点人口（主要指公安部门确定的重点人口）。对一类人只作一般性了解；对二类人口进行调查了解，确定重点工作对象，从中发现可疑人，该列管的列管，该打击的打击；突出三类人口管理，要求户籍民警熟悉率必须达到100%。

1990年，桃山林业局投入资金，建立人口管理数据库，并且与全市、全省、全国公安户籍管理联网，建立人口微机化管理，将常住人口录入微机，对全局人口实行现代化、规范化、科学化管理。

2000年，按照《黑龙江省流动人口管理规定》《伊春市流动人口管理和清理实施细则》的规定，对全局流动人口进行清理整顿，对流动人口中符合暂住条件的进行登记造册，由公安部门发给证件，对不符合条件的进行清理。据统计，共清理出流动人口63户，156人。

2002年，桃山林业地区公安局对流动人口进行清理整顿，建立档案，各单位与包工队签订《治安防范合同》，社区和居民委员会配备专、兼职治安员，加强对流动人口的管理。

2003—2005年，全局各单位开展检查流动人口和出租房屋专项整治活动，对桃山林区内的流动人口进行调查摸底，凡不符合条件的外来人员登记造册，责任领导和责任人与流支人员签订治安责任书。

第二章　计划生育　人口控制

第一节　组织机构

1985—1986 年 5 月，计划生育办与卫生防疫站合署办公，统称为卫生中心。卫生中心设主任 2 名，副主任 3 名，工作人员 5 人。1986 年 6 月卫生中心撤销，分别成立了计划生育办公室、卫生科、防疫站。计划生育办公室设主任 1 人，工作人员 1 人。1991 年，原计划生育办主任调离后设副主任 1 名，工作人员 3 人。1996 年 3 月，计划生育办设主任 1 名，副主任 1 名，工作人员 2 名。2000 年 12 月卫生科（含卫生防疫站）合并到计划生育办公室，统称卫生防疫计划生育办公室，其工作任务主要负责全局的计划生育、卫生及防疫工作，设主任 1 名，副主任 1 名，工作人员 4 名。2003 年 8 月，原主任调离后设副主任 1 名，工作人员 4 人。2005 年，计划生育、卫生科、防疫站合署办公，设主任 1 人，副主任 2 人，工作人员 3 人。

第二节　计划生育　人口控制

一、落实上级计划生育规定情况

1986 年，依据《黑龙江省计划生育法规》《黑龙江省龙江省流动人口计划生育暂行规定》《黑龙江省关于进一步做好计划生育工作的决定》，桃山林业局成立了以局长为主任、主管副局长为副主任、各有关部门领导为成员的计划生育生育委员会，各单位都成立计划生育领导小组。全局计划生育管理工作由孕后工作管理型，向孕前工作管理型转变，并且实行分类管理的方法。大力宣传一类单位，督促检查二类单位，工作重点放在三类单位。

1987 年，计划生育工作实行目标管理，年初，林业局与各单位签订计划生育工作责任状，并且通过联检、随机抽查和年终检查等方法，检查计划生育责任状兑现情况。各单位普遍引起高度重视，全力抓好计划生育工作。

1989 年，全局计划生育工作重点是加强对流动人口、个体劳动者和待业青年的管理，全局各单位与辖区流动人口、个体劳动者和待业青年签订计划生育责任状，完善了 12 项管理制度，组织职工利用班前班后会加强学习，各单位干部群众认真遵行。

1990 年，按照《黑龙江省计划生育若干规定和补充规定》要求，对全局已经领取“独生子女光荣证”的家庭进行复查。

1995 年，林业局制定了计划生育工作职责分工及考评办法，全局形成了以宣传部、广电中心、文体科、教委为主的宣传教育体系，制定了互通信息、定期召开会议等项制度，对计划生育执行情况进行公示，计划生育办与广播电科共同录制《计划生育专辑》，表扬在计划生育工作中做出成绩的先进集体和个人，对少数计划生育工作抓得不利的单位和个人给予批评教育。

2000 年 5 月，全局举办计划生育宣传一条街活动，利用板报、条幅、演出、咨询、义诊等多种形式，宣传计划生育公开信，举办计划生育基本知识大赛，全局干部职工在“国策杯”竞赛中受到教育，婚育新风得到弘扬。

2005 年，全局各单位以关爱女孩为重点，开展宣传教育活动，干部群众组成宣传小分队，各学校开展“青春课堂”“我与国策同辉”等主题班会活动，计划生育工作深入人心。

二、加强技术指导和业务培训

在实行计划生育工作中，党委、林业局组织医务人员加强计划生育工作的业务培训和指导，在经济困难的情况下，为全局育龄妇女购买必要的计划生育用品，由各单位医务人员免费发放，为育龄妇女免费进行体检，全局建立计划生育服务站 13 个，职工医院有计划生育门诊，为职工群众提供婚、孕、产、教、育一条龙服务。加强药具管理，提高药具信息化管理水平。对于育龄妇女计划生育期间上环、孕检、避孕等服务周到，措施得力，为全局计划生育工作提供可靠的技术服务，确保群众利益和育龄妇女以及新生儿的健康安全。

为了实现计划生育工作制度化、科学化、程序化管理，林业局计划生育办公室、卫生科、防疫站每年都举办医务人员计划生育工作学习班，加强业务培训，1986—2005 年，举办计划生育员学习班 20 期，参加学习的计划生育工作业务骨干累计达到 360 余人。

三、全局人口“三率”的基本情况

1986—2005 年，全局人民认真执行计划生育的基本国策，人口出生率、人口死亡率、人口自然增长率都控制在国家规定的范围内，全局人口自然增长率呈逐年下降的趋势。随着计划生育事业的不断发展，进入 80 年代，桃山林业局计划生育工作管理水平得到了全面提高。1986—2005 年，全局共出生人口 6877 人，死亡 2 502 人。2000 年以后，全局的总人口呈逐年下降的趋势。2002—2005 年连续四年人口自然增长率出现负增长。主要原因一是实行计划生育，人口得到控制。二是企业经济不景气，外流人口逐年增多。

1986—2005 年桃山林业局人口出生率、死亡率、自然增长率一览表

表 15-2-1　　单位：人

年度	总人口	男	女	出生数	死亡数	已婚数	未婚数	出生率	死亡率	自然增长率
1986	44 113	251	204	455	144	6 318	2 930	10.39‰	3.29‰	7.10‰
1987	41 678	321	246	567	156	6 869	2 965	13.27‰	3.65‰	9.62‰
1988	41 012	311	277	588	108	7 750	3 440	14.22‰	2.61‰	11.61‰
1989	41 808	316	301	617	118	8 063	3 418	14.90‰	2.85‰	12.05‰
1990	42 812	349	295	644	120	8 460	3 332	15.22‰	2.84‰	12.38‰
1991	42 827	274	249	532	149	8 787	3 138	12.42‰	3.48‰	8.94‰
1992	43 336	264	239	520	129	8 847	2 827	12.1‰	3.00‰	9.08‰
1993	43 237	236	242	485	122	8 891	2 770	11.2‰	2.81‰	8.38‰

续表 15-2-1

年度	总人口	男	女	出生数	死亡数	已婚数	未婚数	出生率	死亡率	自然增长率
1994	42 174	236	204	440	129	8 729	2 565	10.3‰	3.02‰	7.28‰
1995	41 053	171	151	322	137	8 721	2 402	7.74‰	3.29‰	4.48‰
1996	40 016	148	135	283	152	8 491	2 773	6.98‰	3.70‰	3.28‰
1997	39 286	125	109	234	141	8 439	2 226	5.90‰	3.56‰	2.34‰
1998	38 427	130	141	271	131	8 394	2 003	6.97‰	3.37‰	3.60‰
1999	38 624	123	98	221	116	8 490	1 958	5.74‰	3.00‰	2.72‰
2000	38 617	104	86	190	121	8 468	1 898	4.92‰	3.10‰	1.79‰
2001	37 397	86	65	151	106	8 227	1 863	4.91‰	3.13‰	1.78‰
2002	37 188	54	44	98	88	8 177	1 795	2.63‰	2.36‰	−0.29‰
2003	36 904	46	37	83	106	8 175	1 706	4.46‰	3.76‰	−0.70‰
2004	36 536	51	49	100	107	8 101	1 512	2.72‰	2.90‰	−0.19‰
2005	35117	38	38	76	122	8 044	1 376	2.08‰	3.34‰	−1.26‰

第十六篇

教育 科技 文化 体育 卫生

第一章　教　育

桃山林业局教育事业从20世纪80年代教育设施的寥寥无几，教育体系的不完善，教育管理的不规范，逐步达到了教育设施的基本完备，管理逐步规范，教育体系基本完整，教育成果也越来越显著。

1985年，将工程处学校（厂办校）、机修厂学校（厂办校），改建为局直属第三小学、第四小学。第一子弟校、第二子弟校也更名为桃山林业局第一小学、第二小学。山上的十三所职工子弟校也更名林场小学。从而实现了教育体制的初步完善。

1986年，全局中小学校已达到二十所，教师进修校、职业高级中学在此间也同时建立，成人教育也步入了正轨。1986年，全局已有中小学生11876人，中小学教职工968人。

在学校规范化建设上，桃山林业局得到了伊春市政府的认可。1986年，一小、二小被市政府认定为合格小学，三小、四小、上呼兰小学、跃进小学被认定为基本合格小学。1987年，在林业局集中精力办教育、努力改善办学条件的方针指导下，全局小学全部进入规范化行列，是全市唯一全部进入规范化行列的单位。同年，第一小学被省政府认定为标准小学。1988年第二小学被省政府认定为标准小学。第一中学也被市政府认定基本合格中学，教师进修校被伊春市定为备案进修校。1989年以来，第一小学、第三中学、第二小学、第四小学、第一中学先后被认定为“双全学校”。2000年，桃山林业局被省政府列为检查验收的“双基”单位。

桃山林业教育事业不断发展，为林区建设培养了一大批优秀人才。全局副科级以上干部有45%是桃山局培养的学生。全局教师队伍中90%的骨干教师是桃山林业局培养出来的教师。1986年，第一小学的高芷华、第三中学的曹勉修、第一中学的胡志华先后被评为全国优秀班主任、全国优秀少先大队辅导员、全国优秀教师。

桃山林业局先后三次被评为黑龙江省林业系统先进单位，四次被评为伊春教育系统先进单位。

1998年以后，由于林区资源枯竭，经济出现了严重的危困，桃山林业局对教育的投资明显减少，办学条件也相应地差了许多，但是林业局仍然在资金极度紧张的情况下尽其可能地坚持办教育。由于教师队伍的不稳定，师资外流，给教育质量带来了影响，一度出现了办学困境，时至2003年后，才再度有了转机。

第一节　管理体制

1986年，桃山林业局教育管理体制逐步走向完善、健全、正规。3月份林业局撤销了教育科，成立了桃山林业局教育委员会，负责全局的普通教育和成人教育管理工作，撤销了林业局工农教育办公室，改称教育中心职工教育科。教育中心设主任一人，孙元兰（副处级）任教育中心主任，马文、陈文福、柳清秀先后任副主任。下设办公室、普教科、职教科、招生办公室、人秘科。

全局共有中小学 19 所，局直属中小学校 5 所、教师进修校 1 所，林场学校 13 所。局直属校分别设专职党支部书记 1 人，正副校长各 1 人。一中、三中、一小、教师进修校设专职工会主席。林场学校除石长林场学校外，都有初中班。

1987 年，制定《桃山林业局中学管理条例》，得到省内外领导、专家的好评，学校管理有章可循，全局中小学管理水平有新提升。

1989 年 3 月，林业局教育中心改制为桃山林业局宣传教育中心，把党委宣传部职能划归宣传教育中心（党员教育部分除外），增设了精神文明办公室、桃山林业局记者站，群众工作部由两名教育中心副主任具体负责日常工作，有工作人员 8 人。

1989 年，林业局宣传教育中心改建为桃山林业局教育委员会，把宣传教育部分重新拟归林业局党委宣传部，原教育中心的职能不变。教育委员会设主任一人，由孙元兰担任，副主任一人。在此后期间里，肖亚英、寻允华、孙天一、马文、李丽华先后任教育委员会副主任（正科级）。1996 年，马文、周志琪先后任教委主任（正科级）。

1999 年 3 月以后，成立了桃山林业局教育督导室，与教育委员会合署办公，设主任一人（正科级），先后由刘永会、王克礼、于志华、王景义、李秀兰任督导室主任，负责全局教育工作的督导检查。

第二节　基础教育

一、教育制度

1986 年，全局中小学为六三学制，每年按比例招收初中一年新生，未被录取到初中一年级的小学毕业生留校重读。

1992 年，在林业局第一小学试点“拼音识字、提前读写”，学制为五年制，后随着全局学制改革，统一为小学五年制，初中四年制，高中三年制，即：“五四三”学制。

1995 年后，小学毕业生全部升入初中就读（语文、数学、自然三科均不及格者除外），小学新生一年级招收七周岁以上儿童入学。初中毕业生按比例升入高中一年、职业高中一年级就读，未被录取可在原学校就读。

到 2000 年高中撤销，恢复到“六三”学制。

二、课程设置

（一）学前课程设置

学前教育（各校学前班、幼儿学校）课程设置：语言、计算、写字、音乐、体育、绘画、游戏等科目。

（二）小学课程设置

小学课程设置：语文、数学、自然、音乐、美术、体育（一、二年级不设自然课），1990 年，二年级以上增设劳动教育课。1995 年，三年级以上增设思想品德课。1998 年，山下小学增设微机课，试行英语课。2000 年后，小学三年级以上增设科技课、社会课、活动课，并正式设微机课、英语课。

（三）初高中课程设置

初高中课程设置：语文、数学、英语、物理、化学、政治、音乐、体育、美术、地理（初一）、历史（初一）、植物（初一）、动物（初二）、生物（初三）、世界地理（初二），世界历史（初二），初二分开教学，初三以上增设语文阅读课。

（四）职业高中课程设置

职业高中课程设置，按林业局劳动技术所需及学生就业所需，除常规公共科目外，设置有关课程。桃山林业局办职业高中的几年间课程设置有语文、数学、政治（以上三科为公共科目）、营林技术、服装裁剪、木工、音乐乐器专业、绘画、机械、三板、电工等专业课。

三、教育质量

1986年，林业局高度重视教育科研工作，广泛深入地开展教研活动，并有效地促进了教育教学质量的提高。

1987年，林业局首届中小学教学大比武在全局中小学中展开，并连续开展了三年。这项活动的开展全方位锤炼了中小学教师的教学能力，提高了教师的综合素质，为中小学教师在教育教学领域大显身手打造了平台。同年,《桃山林业局中小学管理条例》出台，规范了教学行为，为教学质量的提高奠定了一定基础。

1999年，全局教师备课写教案的改革，在全局全面推行“板块式”教案，充实了教学手段和内容，为师生互动，充分发挥学生的主观能动性提供了良好的空间。

在全局普遍开展了全方位的教育科研活动，各学校相继确定了本学校的科研项目，被省级确定的教育科研项目三项、市级二十项，每个项目都设有项目负责人、实施人、实施方案，通过不断地探索实践，所有项目均取得好成果，1999年荣获省市级项目科研先进单位，并有三个项目获省市级奖，有27人获教育科研先进个人称号。

截至2005年，全局中小学校各种形式的教研活动，有效地提高了教学质量。全局小学教学质量1987年起连续四年居全市首位，27人次在市级学科中获奖，120人次在国家刊物上发表作品并获奖。初中升高中升学率多年来一直在全市前五名行列。

1986—2005桃山林业局中小学教学质量、升学率统计表

表16-1-1　　单位：%

中小学/年度	中学			小学		
	优秀率	及格率	升学率	优秀率	及格率	升学率
1986	30	82	90	80	90	100
1987	28	80	85	81	93	100
1988	25	76	80	79.5	92.5	100
1989	23	67	79	73.2	91	100
1990	25	68	82	74	91.8	100
1991	28	74	90	70	95	100
1992	31	75	91	77	93	100
1993	40	80	90	79	94	100
1994	32	78	86	75	92	100
1995	26	75	81	74	90	100
1996	14	60.1	74	80	90.9	100
1997	13	60	75	80.5	91.8	100

续表 16-1-1

年度 \ 中小学	中学			小学		
	优秀率	及格率	升学率	优秀率	及格率	升学率
1998	32	61.5	69.5	82	92.4	100
1999	20	62.5	76	84	91.5	100
2000	19	60	73	82	93	100
2001	30.2	80.4	86	80	93.8	100
2002	21	75	80	78	94.4	100
2003	13.6	63	79	76	93	100
2004	14.2	73.5	75	74	95	100
2005	18	64	74	75	92	100

1986—2005 年桃山林业局小学四率情况统计表

表 16-1-2　　单位：%

年度	入学率	巩固率	毕业率	合格率
1986	100	100	100	92
1987	100	100	100	92.7
1988	100	100	100	93
1989	100	100	100	95
1990	100	100	100	94.5
1991	100	100	100	93.7
1992	100	100	99	95
1993	100	100	98	94.5
1994	100	100	99	93
1995	100	100	100	92.8
1996	100	100	100	95.6
1997	100	100	98	98.1
1998	100	100	100	93.4
1999	100	100	100	96
2000	100	100	99	96.5
2001	100	100	98	96.9
2002	100	100	98	94
2003	100	100	99	95.5
2004	100	100	98	96
2005	100	100	99	95.8

1986—2005 年桃山林业局中学基本情况统计表

表 16-1-3

内容 年度	校舍面积（平方米）	在校生（人）	班数（个）	招生数（人）	毕业生数（人）	初中（人）	高中（人）	专科（人）	本科（人）
1986	14 514	4 674	95	1 257	1 081	65	117	76	10
1987	14 514	4 252	93	944	1 356	8	149	82	19
1988	14 514	4 369	98	1 543	1 379	3	151	100	20
1989	18 292	4 311	89	1 419	1 169	1	142	88	33
1990	18 292	4 156	93	1 401	1 135	2	147	105	27
1991	18 292	4 113	92	1 313	1 272	4	133	133	43
1992	18 692	3 795	86	1 172	1 299	1	119	138	43
1993	18 692	3 252	81	1 029	1 017	3	109	145	52
1994	18 692	2 939	80	914	1 101	27	56	142	55
1995	18 692	2 388	52	855	975	11	40	133	43
1996	18 692	1 981	52	636	649	15	37	131	48
1997	18 710	1 864	46	672	569	—	12	89	39
1998	18 710	1 987	46	627	543	—	12	89	39
1999	18 710	1 854	46	678	527	—	14	89	39
2000	15 025	2 040	48	693	321	—	22	102	22
2001	15 025	1 923	43	520	437	—	20	102	24
2002	15 025	2 030	43	578	47	—	20	102	24
2003	15 025	2 140	44	597	313	—	19	101	24
2004	15 025	2 044	44	543	424	—	10	99	28
2005	15 049	1 407	33	—	403	—	10	99	37

1986—2005 年桃山林业局中小学学生情况统计表

表 16-1-4　　单位：人

年度	小学					初中					高中				职中			
1986	16	6885	178	1054	1017	2	3974	81	862	1065	700	14	219	192	317	7	162	128
1987	17	7304	178	740	822	3	3726	81	1060	784	526	12	296	160	320	8	157	160
1988	17	6932	183	1344	103	3	3862	86	1174	1356	507	12	205	187	386	9	114	180
1989	17	5858	178	1221	725	3	3666	81	1016	1221	490	12	119	180	332	9	122	150
1990	17	6506	184	1239	866	3	3782	77	989	1239	529	12	180	80	354	7	169	140
1991	17	5410	170	1098	818	3	3605	80	1120	1098	508	12	152	215	380	10	199	200
1992	17	5277	168	979	896	3	3250	75	1110	979	545	11	189	193	499	15	31	220
1993	17	5095	165	829	959	3	2674	69	860	829	578	12	157	200	335	11	220	45
1994	17	5033	157	783	721	3	2388	68	968	734	551	12	133	180	156	5	155	22
1995	17	4759	154	753	866	2	1920	40	843	693	468	12	132	162	53	3	100	18
1996	17	4907	157	482	950	2	1535	40	484	463	446	12	165	173	67	3	35	49
1997	17	5030	160	534	864	2	1407	35	454	475	457	11	115	197	58	1	49	58
1998	16	4876	152	567	738	2	1309	46	433	512	428	11	110	190	18	1	18	18
1999	16	4120	147	557	751	2	1381	47	298	581	—	—	—	—	24	1	24	24

续表 16-1-4

年度	小学					初中					高中				职中			
2000	16	3710	126	831	620	2	2040	48	321	693	—	—	—	—	19	1	19	19
2001	17	3310	120	789	641	2	1970	47	367	624	—	—	—	—	22	1	20	22
2002	15	3251	113	655	512	2	2030	43	417	578	—	—	—	—	18	1	17	18
2003	16	3015	110	642	527	2	2140	44	313	597	—	—	—	—	51	1	48	5
2004	16	2737	110	558	519	2	2044	44	424	543	—	—	—	—	71	2	70	20
2005	16	3094	120	46	442	2	1407	33	403	450	—	—	—	—	27	1	27	27

说明：2000 年 9 月，伊春市教育局决定撤销普通高中，并入铁力林业局马永顺中学

第三节　职业技术教育

1984 年，桃山林业局职业高级中学正式建立，与第二中学合署。1995 年撤销二中后，与第一中学合署。当时职业高中的课程设置主要是为林业局的生产需要，除公共科目语文、数学、政治外设了四个专业班。三板（纤维板、刨花板、胶合板）、机械修理、电工、营林等专业，在校生 240 人。专业教师是从外单位聘用过来的专职或兼职。

1987 年，增设了木工专业，学校教学班 8 个，在校生 320 人。

职业技术教育的发展，有效地缓解了林业局技术人才短缺的问题。虽然每年按毕业总数的 3% 就业，但其他毕业生到社会上也达到了学有所用。

1990 年，林业局与黑龙江省教育委员会签约，争取优惠政策，在职业中学招收两个中师班，桃山林业局招生 78 人，学制四年，解决了桃山林业局一大批青年学生的就业问题。

1992 年，是职业高中班额最多、所设专业最多、在校生最多的一年。当年招生 220 人，增设了服装裁剪、音乐乐器、舞蹈、美术专业，在校生 499 人，15 个教学班。

1993 年，职业高中有 11 个班级，毕业生 229 人，是建校以来毕业生最多的一年，当年招生 22 人，在校生数量由 1992 年的 499 人减少到 335 人。学生出校后，在林业局各单位就业 7 人。

1994 年，职业高中招生 22 人，毕业 155 人，在校生由上年的 335 人减少到 156 人。

从 1995 年开始，职业高中在校学生逐年减少。后来，职业高中与第一中学合并，两个学校，一套班子。到 2005 年，职业高中仅有一个班，在校生 27 人。

1984—2005 年桃山林业局职业高中情况一览表

表 16-1-5　　单位：个、人

年份	在校生	班数	毕业	招生	就业	专业
1986	317	7	162	128	5	三板、电工、机械、营林
1987	320	8	157	160	5	—
1988	386	9	114	180	4	增设体育班
1989	332	9	122	150	4	—
1990	354	7	169	140	5	—
1991	380	10	199	200	6	—

续表 16-1-5

年份	在校生	班数	毕业	招生	就业	专业
1992	499	15	31	220	2	增设服装、音乐乐器、舞蹈、美术
1993	335	11	229	22	7	—
1994	156	5	155	22	5	—
1995	53	3	100	18	3	—
1996	67	3	35	49	2	—
1997	58	1	49	58	—	—
1998	18	1	18	18	—	—
1999	24	1	24	24	—	—
2000	19	1	19	19	—	—
2001	22	1	20	22	—	—
2002	18	1	17	18	—	—
2003	51	1	48	51	—	—
2004	71	2	74	20	—	—
2005	27	1	27	27	—	—

第四节　成人教育

桃山林业局的成人教育工作由桃山林业局进修校与教委职工教育科负责，进修校负责具体实施。桃山林业局教师进修校 1985 年 1 月被省教育厅批准为第三批备案进修校。备案后在原来“三部一办”的基础上又增设了职工教育部、广播电视大学管理部和电化教学部，各部配有专业科目研究员。

1986 年，教师进修校相继办了中小学教师业务培训班、研讨班、函授班 27 个，培训 1000 多人次。组织电大函授、脱产、半脱产班学习物理、化学、语文、政治、英语等科目共培训各类人员 301 人次。电大函授班 5 个，包括高中数学、高中物理、高中语文、高中政治和高中英语班。

在青工双补获得市检查验收的基础上，广泛开展职工全员培训工作。到 1987 年年底职工全员培训率已达到 65%，全局三级工以下的职工应知应会率已达到 100%，百分之二十五的三级以下职工达到中级水平，百分之十五的中级以下职工达到高级技术水平。

对干部的短期轮回培训，主要在林业局党校进行，三校合一后（教师进修校、职工学校、党干校）教师进修校具体实施干部的轮训工作，干部短期轮回培训是根据林区特点按工作需要和不同的生产季节，采取脱产、离职学习的办法，举办少则 7 天，多则一个月至半年的培训班。参加培训班的学员都是来自生产一线和基层干部，学习的主要内容包括营林生产技术、木材检验、财会管理、医疗卫生、企业管理、多种经营等专业技术理论。通过定期干部短期轮回培训，很大程度地提高了广大干部的业务素质，使企业中绝大多数管理人员初步掌握了专业技术、企业管理和现代化经营的基本理论，提高广大干部现代化管理的理念，对林业局的生产管理起到了一定的推动作用。

1988 年，职工岗位培训（含干部短期轮回培训）累计办班 223 个，培训人数 6000 余人。

2000 年，全局通过省政府“两基”验收。

1986—1988 年桃山林业局职工培训情况统计表

表 16-1-6　　单位：个、人

班名	1986		1987		1988	
	班数	人数	班数	人数	班数	人数
高中班	2	67	1	32	1	35
中级技班	2	90	2	97	3	112
初中文化补习班	28	321	20	295	10	288
政治班	14	570	10	460	10	577
业务班	27	689	22	675	15	490
教育班	4	136	4	142	4	109
其他班（含干部轮训）	5	146	5	130	3	109

第五节　教师队伍

一、师资结构

1986 年，桃山林业局教师队伍的更新力度比较小。全局一次招聘外地 4 名大学本科学历教师。

1998 年，基本处于教师队伍的老化阶段，而且教师的流动性也很大，全局的教育管理和教育教学工作受到一定影响。

为改革优化教师队伍，林业局教育主管部门做了大量的工作。（1）尽量挽留“文化大革命”期间上山下乡到桃山林业局的大学生。（2）采取高薪高待遇招聘。（3）和省教育委员会协调指派大学生到桃山林业局工作，在生活待遇上给予优惠。（4）鼓励支持在职教师自学成才。

2005 年，在职教师自学进修后，中小学教师学历实现达标，小学教师具有中师以上学历，初中教师具有大学专科以上学历，高中教师具有大学本科学历。

2005 年桃山林业局教师队伍学历、职称情况表

表 16-1-7　　单位：人

教师总数	学历情况				职称情况		
	本科	专科	高中	初中	初级	中级	高级
444	44	299	97	4 人	112	268	64

2005 年全局教师教龄、年龄情况表

表 16-1-8　　单位：人

教师总数	教龄情况				年龄情况	
	20 年以上	10～20 年	5～10 年	5 年以下	30 周岁以上	30 周岁以下
444	210	211	11	12	426	18

二、教师培训

1986 年开始，桃山林业局的教师培训工作，主要做了五个方面的工作。(1) 请进来，请高等院校的教师到局进行函授辅导。先后聘请黑龙江大学、哈尔滨师范大学的教授三十多人次到桃山局讲课，参加培训学习的教师 1200 人次。定期请伊春教育学院的教师到桃山局辅导。(2) 走出去观摩学习，先后派团参加“全国中小学作文讲习班”“全国小学教师教法研讨班”“全省中青年教师课堂教学大奖赛”等活动。到哈师大附小、牡丹江东安小学、北京芳草地小学、哈尔滨市第三中学等学校参观学习。(3) 鼓励教师自学，林业局尽量给予方便，很多教师通过自学取得文凭，1986 年以来，全局共 126 人获得国家承认的学历证书。(4) 委托办班和委托定向入学，桃山林业局有多人通过进入委托定向学校学习，毕业后回本局工作，入学期间学费由林业局承担。林业局先后两次在教师进修校办中师函授班，在职业中学办中师班，共给林业局提供合格教师 100 人。(5) 由进修校和教委组织的岗位培训和中小学教师的各类教研活动。

2005 年，进行新课程培训，培训人数 120 人。

1986—2005 年桃山林业局教师培训情况统计表

表 16-1-9 单位：人

年份	内容	人数	年份	内容	人数
1986	函授学习　学历提高培训	106	1996	函授学习　学历提高培训	110
1987	函授学习　学历提高培训	121	1997	函授学习　学历提高培训	120
1988	函授学习　学历提高培训	132	1998	函授学习　学历提高培训	105
1989	函授学习　学历提高培训	130	1999	函授学习　学历提高培训	120
1990	函授学习　学历提高培训	121	2000	函授学习　学历提高培训	102
1991	函授学习　学历提高培训	130	2001	计算机培训	391
1992	函授学习　学历提高培训	125	2002	计算机培训	392
1993	函授学习　学历提高培训	120	2003	通识培训	450
1994	函授学习　学历提高培训	140	2004	新教材教法培训	132
1995	函授学习　学历提高培训	150	2005	新课程培训	120

三、教师待遇

1986 年，林业局一次性投入 25 万元新建“教师房”35 户，除为 4 户外调到桃山林业局工作的大学生提供住房外，其余 30 户全部分给教师。

1987 年始，在国家规定的班主任补贴的基础上，林业局在勤工俭学及学杂费的收缴中拿出一部分作为教师的工资补贴。

2000 年，林业局在财力紧张的情况下给中小学教师每月增发 30～50 元，后来市财政也给 80～100 元补助。

至 2005 年，每年的教师节，林业局都决定给全局中小学教师一次补助，由各校在勤工俭学及学杂费收缴中解决，林场学校由林场负责，标准不统一，各单位量力而行。

第六节 办学条件

一、教育经费

1986年，党委、林业局加大了教育工作投入，连续三年按国务院要求实行每年按7%～8%的比例递增，教育经费得到了充足利用。

1998年后，资源危困，林业局对教育经费有了调整和压缩。

二、校舍建设

1986年，林业局投入280万元，新建第三中学。

1987年，林业局投入240万元，新建第一中学教学楼。

1988年，林业局投入300万元，新建第一小学教学楼。

1989年，林业局投入200万元，新建幼儿学校。

1990年，林业局翻新四小学办公室，新建教学辅助用房1 300平方米。

由于危房改造及辅助用房林业局投入大量的资金，二小学、三小学的锅炉房，林业局投资近10万元。2002年第二次危房改造，林业局又投入80万元。

三、教学设备

1986年，各学校的教学设备设施基本完善只需要更新和补充。1998年后由于经济形势的滑坡，林业局已没有能力增添和更新教学设备。教育设施出现了“老、旧、坏、损”现象，随着科技信息的不断发展，迫使教育设施急需更新和完善。

1999年以来，林场学校自筹资金上了微机教学，购进的微机（包括大部分二手机）180台，林业局为直属中小学购置计算机先后百台。

2005年，林业局投入30万元，为直属学校增添远程教育设备。

第七节 教学研究

1986年，桃山林业局教学研究工作，系统地分成了三步走。第一步，规范教学常规及教学辅助手段。林业局教育中心规范了全局中小学教学行为，制定《中小学管理条例》，使教学研究有章可循。教师更加明确课堂教学常规，课堂教学流程规范化，为深入开展教学研究搭建了良好的平台。第二步，深入研究不拘一格。1990年的中小学教师教学大比武，把全局的教研活动推向了高潮。教学无法，教无定法，贵在得法，成了广大教师的共识。1997年提出教育科研的概念，体现了教学研究的科学发展观。第三中学、第四小学各有一项科研课题被列为省级科研项目，2000年验收合格。此间各校提出的科研立项一百多项，其中省级3项，市级25项，局级60多项，校级30项。科研项目多种多样，不拘一格，使教学研究向纵深发展。第三步大胆创新，体现教学研究的科学发展观。为了进一步探讨课堂教学师生互动，解决让优秀生吃好、中等生吃饱、差等生吃了的教学领域老大难，教委研制出台“板块式”备课方案，使教师在备课过程中，既预想了自己的行为，也设计了学生行为，师生互动得到了充分体现。几年以后，在国家权威的备课范本便出现了与“板块式”教案一模一样的备课方式。“板块式”备课方式，为“把课讲活，把书讲活，让学生各有所得”，起到关键性的作用。

另外，在教研中不惧难，敢创新路，中小学作文教学历年来是比较难的教研课题，但桃山林业局组织专门人力大胆开展研究，两次开展中小学学生作文教学讲习法，收到了良好的效果。

1986—2005 年全局教育战线开展活动一览表

表 16-1-10

年份	活动内容及参加人
1986	伊春市小学教材教法研讨会在桃山召开，桃山局三人出课，一人获得全市第一名
1987	全局首届中小学教师教学大比武，全局教师参加
1988	全局首届中小学教师教学大比武，全局教师参加
1989	第三届中小学教师教学大比武，全局教师参加
1990	全局中小学教师教学能手选拔赛，全局教师参加
1991	第二届中小学教师教学能手选拔赛，全局教师参加
1992	全局中小学作文教学讲习班（首届），小学学科教学观摩
1993	全局中小学生作文竞赛（首届），全局小学教师大比武
1994	第一届全局中小学生作文竞赛，中学单科教学观摩
1995	全局“十佳教师”评选，教导主任（山上校长）述职考评
1996	教师基本功大赛，自制教具展示，“说一作一评”课大奖赛
1997	中小学教师基本功大赛
1998	教育科研立项
1999	实施教育科研立项
2000	教育科研立项检查验收
2001	全局中小学作文教学讲习班（第二届）
2002	全局优秀教案巡回展，普及“板块式”教案

第八节　中小学简介

一、桃山林业局第一小学

第一小学校位于振兴大街南侧、桃山庄宾馆东侧，校园占地面积的 2 万多平方米，是一所省级规范化合格小学。1986 年实行校长负责制。按照省、市教育学院要求，推进“注音识字、提前读写”实验班教学研究，在一年招收一个实验班，学制五年。1987 年，“注提”共有实验班 8 个，其中，一年级 2 个班，二年级 4 个班，四年级 1 个班，五年级 1 个班。1989 年，林业局出资 100 万元，在校园北侧新建 3000 平方米教学楼。1992 年，学校根据教学改革需要，成立教研室，指导教育教学科研推广工作。1992 年停止招收一年级新生，1994 年教研室撤并。1997 年，随着企业分流富余人员，学校减员 31 人。1998 年学校进行资源整合，将原来的林业局三小学合并到一校，教师职工数量增加。1999 年，由原来的“六三”制改为“五四”制。1995 年，林业局幼儿校并入一校，并在一校成立了校办幼儿园。2001 年，学校自筹资金 14 万元购买 45 台电脑，建起了微机室。2004 年，自筹资金建起了幼儿体育室内活动室。林业局还为学生更换了桌椅，为教师更换了办公桌椅。改善了学生学习条件和教师办公条件。2005 年，幼儿园从一校分出，成立桃山林业局幼儿学校。2005 年，第一小学建起了有藏书 2 万余册的图书资料室、微机室、少先队活动室、远程教育教室、多功能教室、乒乓球活动室、幼儿室内体育活动室等，校园内还建有水泥篮球场地，排球、羽毛球和足球场地。2005年，学校在职职工89人，下岗职工74人，一次性安置职工41人，退休职工99人。现有教学班22个，在校学生995人，幼儿班3个，学前班2个，幼儿园在园学生150人。

1986—2005年，第一小学先后被评为省“改善小学办学条件”先进单位、“双全”学校、“标准化”小学。还被评为市“精神文明”先进单位、教育系统先进单位、合格小学、规范化小学、标准化小学、“九五”教育科研先进单位。少先大队被国家少工委授予“全国红旗大队”等光荣称号。

二、桃山林业局第二小学

桃山林业局第二小学1972年3月1日正式成立，学校有15个班，有500余名学生，生源多时增加到800余名，增设7个年级。学校建筑面积2200平方米。

1986—2005年，第二小学校占地面积23 312.72平方米，校舍面积6 576.68平方米。其中，学生宿舍面积876.74平方米、学生食堂面积467.52平方米、教室面积2 772.41平方米、实验室面积61.74平方米、图书室面积61.74平方米、微机室面积61.74平方米、多功能室面积194平方米、音乐室面积68.3平方米、体育室面积96平方米、舞蹈室面积96平方米、综合活动室面积61.74平方米、行政用房面积576.63平方米，固定资产总值304万元 。第二小学教师队伍有专任教师127人，共有18个教学班，在校生648人。有特长班、舞蹈班、英语口语训练班、体育活动小组、书写绘画班、朗读班等，丰富了孩子们的业余生活。建立三位一体的教育网络，成立了家长学校，设立了家长校外辅导站，建立了关心下一代领导小组，担负教育任务。

三、桃山林业局第三小学

1985年年初，为了加强全局学校管理工作，林业局经研究决定：将原来的工程处小学校（厂办校）划归林业局教委领导，改为桃山林业局第三小学校。

桃山林业局第三小学自1985年建立以来，全校教职员工按照国家关于全日制小学校的管理规定，做好学校的各项工作。1985—1990年期间，学校有校舍面积1420平方米，班级13个，年度在校生453人，年度招生84人，年度毕业生63人，教职员工55人，专职任课教师28人。1991—1997年12月，由于桃山林业局木材资源锐减，企业经济下滑，人口及学生就学情况发生变化，导致第三小学生源越来越少。1998年2月，经党委9届149次全委扩大会议研究决定：撤销桃山林业局第三小学党支部。第三小学划归第一小学管理。

四、桃山林业局第四小学

第四小学的前身为桃山林业局机修厂子弟学校。于1981年10月由原址（现电厂）迁到现校址，并更名为桃山林业局第四小学。经五年的扩建，1986年时已具备现在规模，占地面积30 600平方米，砖木结构的校舍建筑面积2 560平方米。1988年前后，学校教职工104人，在校学生数近900人，达到高峰。同年秋，改掉土炉子，安装上洁净的暖气。1989年推进了校园文化建设，建成了绿化带，绿化面积约3 000平方米。修建了铁栅栏约300米，并增添了体育设施，基本完善了“四室”建设。2005年春，接收了撤并的春光学校老师4人和部分学生。学校生源多数来自周边（五公里、七公里、爱民村等）农村和学校附近的林业局下岗职工家庭，其中留守生约占到30%。2001年开设微机课，购置20台微机。1999年，教育部推行九年义务教育阶段实行“五四”学制的要求，全局各小学进行了学制的要求，全局各中小学进行了学制改革。由原来的“六三”学制，改成为“五四”学制。

2005年9月，为落实教育部推行新一轮课程改革，实行《新课程标准》，全局中小学又实行了学制变革，恢复了“六三”学制。

1986 年学校实行校长负责制，校长负责抓学校全面工作。

1988 年根据企业体制改革的要求，书记负责学校全面工作。

1992 年，学校根据课程改革和教学的需要，在校成立的教研室，指导教育教学和科研课题的研究及推广工作。1994 年教研室撤并。

2001 年学校根据新课程教学改革的需要，加快新课程改革，再次成立教研室。

1990 年被伊春市政府授予合格小学，被评为林业局先进学校。1990 年、1991 年被评为伊春市改善办学条件先进学校。1992 被评为伊春市先进学校、局标准化先进党支部。1992 年、1993 年被评为林业局“双文明”单位，1997 年被评为市级“双全”学校。1998 年被评为市级先进单位。2000 年、2003 年两次被伊春市政府授予“教育系统先进集体”。2001 年被伊春市评为教育科学研究先进单位。

五、桃山林业局第五小学

桃山林业局第五小学校位于桃南 16 公里，始建于 1963 年 8 月。曾先后隶属桃园农场、五七干校、线路队和公路管理处。1997 年变为林业局直属小学，命名为桃山林业局第五小学。

1986—2005 年，学校有教职工 32 人。其中在岗职工 20 人，下岗 8 人，退休职工 4 人。专任教师 16 人，其中男教师 2 人，女教师 14 人；中专学历 6 人；高级职称 1 人，中级职称 3 人，初级职称 11 人。2005 年，教师平均年龄 34 岁。全校共有 6 个教学班，学生总数 68 人；一个学前班，学前儿童 12 人。学校设有自然实验室、微机室、综合教室（含大队活动室、音乐室、劳技室、会议室）。学校藏书 3 100 册。校园总面积 2.95 万平方米，操场面积 9 800 平方米，校舍总面积 1 140 平方米，学校曾多次被评为伊春市和林业局先进学校，2004 年进入市级合格小学行列。

1997 年，第五小学成立，教师 15 人，1998 年至 1999 年多达 24 人。2001 年学校教职员工 25 人，多数教师在校期间除完成正常的教学任务外，都参加过业务学习和培训，学历和教学水平都有所提高。学校内部每学期都组织两次的政治、业务考试或考核，督促教师提高业务水平。在林业局的关怀下，学校基础工作日益完善，学生学习条件越来越好。2002 年伊春市教育局资助第五小学 150 套桌椅。第五小学十分注重学生素质的教育和培养，开展丰富多彩的少先队活动，小学六年级的部分优秀学生还加入了中国共产主义青年团，在全局组织的小学会考中，各年级都取得了优异成绩。

2003 年，第五小学校获伊春市青年文明号荣誉称号。

2004 年，第五小学晋升为市级合格小学。

六、桃山林业局第一中学

桃山林业局第一中学，初中建制，第一中学学制为三年，2001 年根据国家有关教育规划改为四年学制。

1986 年，一中初三学年组被评为局先进集体。班主任曹勉修被评为省劳动模范、市劳动模范、教育系统先进工作者。

1987 年，一中被评为“桃山局文明先进集体”。

1988 年，一中被评为伊春市教育先进集体、全省改善办学条件先进单位、桃山局“双文明”先进集体。教师曹勉修被评为市教育系统先进工作者。

1989 年，一中被评为全省改善办学条件先进单位。

1990 年，一中评为“双文明”先进集体，桃山林业局先进学校。

1992 年，一中被评为省森工总局教育系统先进单位。

2002 年 7 月，一中经伊春市普及九年义务教育验收为合格学校。

2003 年 9 月，一中经过黑龙江省教育系统“十一五”科研课题验收合格。

1985—2005 年桃山林业局第一中学学生、教学班、教职工总数统计表

表 16-1-11

年度	教职工总数（人）	教学班（个）	在校学生（人）
1985—1986	149	32	1 760
1986—1987	168	36	1 955
1987—1988	126	28	1 521
1988—1989	126	30	1 608
1989—1990	145	32	1 991
1990—1991	150	32	1 813
1991—1992	148	32	1 769
1992—1993	150	27	1 585
1993—1994	149	24	1 237
1994—1995	149	20	922
1995—1996	174	22	1 065
1996—1997	81	22	903
1997—1998	81	18	785
1998—1999	81	22	950
1999—2000	82	22	1 006
2001—2002	89	20	950
2002—2003	89	19	1 006
2003—2004	88	19	1 052
2004—2005	79	20	1 101

七、第三中学

桃山林业局第三中学（建于 1986 年 11 月 15 日），学制：三年（含初中三年、高中三年），隶属桃山林业局，主管部门为桃山林业局教育中心（2001 年桃山林业局教育中心改名桃山林业局教委），1986 年至 2001 年学校职工总人数 138 人，教学班 24 个，在校学生 1 800 人。

2001—2005年桃山林业局第三中学学生、教学班、教职工统计表

表 16-1-12

年度	学校职工总数（人）	教学班（个）	在校学生（人）
2001—2002	76	17	926
2002—2003	76	16	750
2003—2004	76	17	812
2004—2005.03	76	16	677
2005.03—2005.12	72	11	403

八、桃山林业局圣浪学校

桃山林业局圣浪学校位于小兴安岭马鞍山的东南麓，呼兰河支流之畔。圣浪林场东侧百米处。

圣浪学校的前身是1953年原铁力县一区（原神树镇）在圣浪村建立的小学。

1969年经桃山林业局决定成立桃山林业局圣浪子弟学校。

1969年，圣浪学校归林业局和圣浪林场双层领导。

2003年3月，圣浪学校与林场脱钩，成为林业局的直属学校。

2005年，圣浪学校校舍面积1000平方米，班级15个，在校生716人，教职员工31人，专任教师25人。

1986—2005年，圣浪学校坚持以教学为中心，立足于课堂主阵地，强化集体备课，努力实践新课改，探索适合学生学习的教学方法，发挥教务处的职能作用，在课堂教学中，体现学生的主体地位，打破学生被动学习、看管式、填鸭式的教学局面，利用课题牵动，新课改尝试，发挥学生的潜在优势，提高教学质量。同时，注重抓好学前教育。20年来，圣浪小学招收学龄前儿童共1 128多名，年均招生50余名。幼儿教师由幼师毕业生担任教师。以早期智力开发和进行启蒙教育为主，教学采取30分钟一节的课时制，每天6节课。主要课程有唱歌、美术、体育、游戏、语言、计算、常识、英语、健康、微机。教育儿童熟悉学校生活，懂得遵守校规、尊师爱校、讲文明礼貌。学校重视第二课堂，把课堂教学向第二课堂延伸，培养特长生。组织了足球队、篮球队、乒乓球队、写作班、书法班、美术班、音乐班。由有特长的教师担任辅导工作，使学生在德、智、体、美综合素质方面得到提高。举行各种大型活动，运动会、教师节、文艺演出、庆"六一"、团体操比赛、拔河比赛、跳绳比赛、踢毽子比赛，篮球比赛、文艺表演、歌咏比赛等活动，丰富校园生活，陶冶学生的情操，增强学生的集体观念。深受学生的欢迎与社会的好评。

九、桃山私立高中

桃山私立高级中学始建于2002年7月10日，创办人于志华。林业局全力支持高中的建设，为学校创造有利条件，提供校舍，无偿使用闲置的各种教育教学设施，鼓励公办学校的教师到中学兼课任教，在2002年7月10日创办者于志华投资近40万元创办起桃山私立高中。学校经过3年的运作，经伊春市教育局对学校进行认真评估认为，桃山私立高中已具备一定条件，2005年7月30日为学校颁发了"中华人民共和国民办学校办学许可证"，并在伊春市民政局履行了民办非企业单位登记手续。

经过于志华的积极倡导，并在桃山林业局党委、林业局的大力支持下，桃山私立高中正式成立。校址设在桃山林业局第三中学教学楼西侧。面向社会招聘 10 名有高中教育教学经验的教师任教，首届招收高一新生 90 名。至 2005 年，学校有教职工 29 人，其中教师 25 人，工勤人员 3 人，管理人员 1 人；有 3 个学年 5 个教学班，共有 109 名学生；在教师中，专职教师 14 人，兼职教师 21 人；教师中有本科学历的 20 人，专科学历的 3 人，教师的学历达标率为 92%。中学高级教师 9 人，中学一级教师 11 人，中学二级教师 3 人，教师的平均年龄 37.8 周岁，教师的年龄结构趋于年轻化，老、中、青教师搭配合理。学校各班级均配有教学用的大型背投电视和电脑各 1 台，利用清华大学洪恩网校的软件系统进行教学。有微机室一个，并兼有语音室、电子图书室、网络教学室、考试系统室等功能。学校使用 PVP 系统控制铃声、广播体操、眼保健操等；物理、化学、生物和通用技术实验室各一个，可为学生提供教材规定的全部实验设备与药品；学校已经顺利进入高中新课改的正常运转。

2004 年 1 月，成立中共桃山林业局私立高中党支部，桃山林业局党委任命于志华为党支部书记。

2005 年 6 月，首届毕业生参加高考，共有 75 人参加考试，有 66 人进入专科以上录取分数段，其中有 6 名学生进入本科段。其中毛远东考入中国人民大学。本年度升学率达 99%。

第二章　科学技术

第一节　机构与队伍

一、机构

1986年年初，桃山林业局科学技术协会、桃山林业局科技科以及科技开发工作由党委、林业局统一领导，日常工作业务均在桃山林业局科技办公楼，科技协会属于群团组织，科技科属于林业局行政管理部门。1986年11月，党委、林业局成立科技信息中心，科技信息中心与科技协会合署办公，配主任1人，副主任2人，工作人员13人。其工作范围是：贯彻执行国家、省、市的各项科技方针、政策、法规；编制桃山林业局科技计划和长远发展规划；组织推荐申报科技项目，监督实施林业局和上级业务部门下达的各项科技计划任务，搞好科技成果的总结、鉴定、验收，管理科技档案；负责桃山林业局新产品的开发、新技术的引进推广、技术改造和产品的更新换代；开展科技培训、科技教育、科学普及、组织各学会开展学术交流活动；协助党委林业局及有关部门落实好知识分子政策，充分发挥科协联系党和知识分子的桥梁纽带作用；负责科技情报信息的搜集、整理、传递和输送，为领导决策和基层组织及职工群众提供服务；负责桃山林业局科技人员职称评定、考核工作；负责标准化和计量工作。

1987年3月，科协从科技信息中心分离出成为单独的部门，科技信息中心将科协的职能移交给科技协会。

1989年，桃山林业局成立技术监督科，科技信息中心把标准化和计量工作移交给技术监督科；同时，科技人员职称评定与考核工作移交给人事科。1990年1月，科技信息中心改为桃山林业局科技科，科协又与科技科合署办公，配科长1人（兼科协常务副主席，主席由党委副书记兼任），副科长1人（兼科协秘书长），工作人员7人。

1996年10月机构改革，科技科缩编为3人，配科长1人，工作人员2人。1998年3月机构改革，科技科减为科长1人，工作人员1人。

2005年科技科配科长1人，工作人员3人。

1986—2005年，科技协会领导任职情况：

科技协会主席：

王立元 1986年11月—1988年1月

刘东贤 1988年1月—1990年4月

孔祥军 1990年6月—1994年8月　兼

张如生 1994年8月—1997年6月　兼

李成林 1997年6月—2002年12月　兼

肖亚英 2002年12月—　兼（女）

科技协会副主席：
李海棠 1984 年 12 月—1994 年 9 月 （女）
黄浦 1986 年 11 月—1990 年 4 月 （女）
王立元 1988 年 1 月—1990 年 9 月
王初东 1990 年 9 月—2000 年 11 月
韩效川 1995 年 8 月—1996 年 7 月
张喜英 2000 年 11 月— （女）
李显庭 2002 年 1 月— 兼
科技协会秘书长：
王初东 1990 年 9 月—2000 年 11 月 兼

二、科技队伍

1986 年，桃山林业局共有知识分子 687 人，其中自然类科技人员 205 人，经济管理类科技人员 36 人，卫生医务类科技人员 148 人，文教类 298 人。

1989 年 12 月至 2005 年 12 月，科技人员的考核，评审晋升工作移交给人事科。移交前共有知识分子 852 人，其中自然类科技人员 246 人，经济管理科技人员 81 人，卫生医务类科技人员 197 人，文教类 328 人。

第二节 科技工作

一、科技管理

党委林业局把科技工作摆在首位，党政一把手亲自抓第一生产力，经常研究、部署和检查全局科技工作，健全完善科技管理规章制度和科技工作目标管理责任制。

1990 年 3 月成立了桃山林业局科技兴局领导小组，同年 11 月制定了《桃山林业局科技兴局方案》和《实施细则》。1991 年 4 月，各基层单位配备了专（兼）职科技副职和科管员，在桃山林业局形成了三级科技管理网络。同时，设立科技专项资金用于科技项目和科技人员奖励。林业局 2 年召开一次科技奖励会，对在科技工作中做出突出贡献的单位和个人予以物质奖励和精神鼓励，在科技研发、引进、推广工作中有较大贡献的人员不但重奖而且重用，还从项目的利润中提取一定比例奖给个人，允许企事业单位急需的科技人员在退休后继续聘用，山下科技人员到山上工作，给予向上浮动两级工资奖励。

二、科技项目组织实施

1986—2005 年桃山林业局共组织实施科技项目 76 项。其中，省级 6 项，市级 14 项，局级 56 项。

1986—2005 年桃山林业局省级科技项目实施情况统计表

表 16-2-1

项目名称	类别	实施单位	项目负责人	经济效益	起止年限	完成情况
木材染色	研制	桃山林业局	李海棠		1993.1—1995.12	完成
刺五加丰产林栽培技术示范	技术推广	桃山林业局	孙连君	150 万元 / 年	2000.1—2003.12	完成

续表 16-2-1

项目名称	类别	实施单位	项目负责人	经济效益	起止年限	完成情况
五味茶及保健饮品研制	研制	桃山林业局	孙连君		2000.1—2003.12	完成
黑木耳袋用料栽培技术应用	星火	桃山林业局	李显庭	200 万元 / 年	2001.1—2001.12	完成
五味子人工栽培 GAP 示范研究	研制	桃山林业局	李显庭		2001.1—2003.12	完成
五味子高新技术产业化经营	产业化	桃山林业局	李志连	200 万元 / 年	2002.1—2004.12	完成

1986—2005 年桃山林业局市级科技项目实施情况统计表

表 16-2-2

项目名称	类别	实施单位	项目负责人	经济效益	起止年限	完成情况
奋斗水电站开发	星火	奋斗林场	刘志国	12 万元 / 年	1990.1—1991.12	完成
中草药集体化经营	技术推广	科技科	赵文胜	5 万元 / 年	1991.1—1991.12	完成
温流水养鱼	技术推广	发电厂	宫绍祥	15 万元 / 年	1992.1—1992.12	完成
刺玫果袋泡茶	技术推广	跃进林场	孙连君	30 万元 / 年	1993.1—1993.12	完成
花卉开发	研制	科技科	李海棠	5 万元 / 年	1994.1—1995.12	完成
鲜花压制镶嵌画	研制	科技科	李海棠	5 万元 / 年	1994.1—1995.12	完成
五味子大面积栽培	技术推广	神树林场	吴波		2001.1—2002.12	完成
马鹿、梅花鹿品种改良	技术推广	公路管理处	周广山	275 万元 / 年	2002.1—2002.12	完成
苹果洋葱栽培技术推广应用	技术推广	柳河林场	李志连	16 万元 / 年	2002.1—2002.12	完成
家参山种	研制	白河林场	李灿富		2002.1—2003.12	完成
高产马铃薯加多佳新品推广应用	技术推广	桃山林业局	赵文胜	53 万元 / 年	2003.1—2003.12	完成
五味子育苗与集约化栽培	技术推广	桃山林业局	张喜英		2003.1—2005.12	完成
鹿、梅花鹿杂交及同期发情技术推广应用	技术推广	公路管理处	周广山	135 万元 / 年	2004.5—2004.12	完成
植物工艺画系列化生产	产业化	科技科	张喜英	8 万元 / 年	2005.1—2005.12	完成

1986—2005 年桃山林业局科技项目实施情况统计表

表 16-2-3

项目名称	类别	实施单位	项目负责人	经济效益	起止年限	完成情况
木制马赛克	研制	贮木场	刘国林	26 万元 / 年	1986.1—1986.8	完成
木耳椴冲孔机	研制	贮木场	蒋立祥	2 万元 / 年	1987.1—1987.4	完成
多功能原料林	研究	科技科 桃东场	李海棠		1987.3—1990.10	完成
选煤振动筛	研制	发电厂	孟庆华	5 万元 / 年	1988.1—1988.6	完成
水湿地塔头插柳	研究	桃东林场	宋建军		1988.3—1989.10	完成
微机系统的引进	技术推广	贮木场	李思池	2 万元 / 年	1988.1—1988.12	完成
碳棒设备引进	技术推广	贮木场	刘国林	5 万元 / 年	1988.1—1988.12	完成
三角带设备引进	技术推广	贮木场	孙桂林	3 万元 / 年	1988.1—1988.12	完成
装饰板生产	技术引进	发电厂	左振明	20 万元 / 年	1989.1—1989.12	完成
除尘系统	技术推广	林产公司	田成兴		1989.1—1989.6	完成
西德地板块生产设备	技术引进	林产公司	王广信	45 万元 / 年	1989.2—1989.12	完成
地板块自动进料机	研制	林产公司	唐卓华	12 万元 / 年	1989.4—1989.12	完成
松针油	技术引进	圣浪林场	刘宝明	5 万元 / 年	1989.1—1989.12	完成
干燥室木材含水率测定方法		林产公司	程少波	8 万元 / 年	1989.1—1989.12	完成

1986—2005 年桃山林业局科技项目实施情况统计表

表 16-2-4

项目名称	类别	实施单位	项目负责人	经济效益	起止年限	完成情况
西洋参	研究	圣浪林场	周生虎	3 万元 / 年	1989.4—1990.10	完成
拼接地板块	研制	林产公司	唐卓华	26 万元 / 年	1990.3—1990.6	完成
五味子经济林开发	研究	科技科	李海棠		1990.4—1991.10	完成
小型剪板机的设计	研制	贮木场	王永福	1 万元 / 年	1990.2—1990.10	完成
推广大面积低强度择伐后封山育林天然更新	技术推广	科技科 跃进林场	李海棠 史文富		1991.3—1995.10	完成
吊悬旋耕犁	研制	汽运处	赵玉祥	2 万元 / 年	1991.1—1991.3	完成
二次风机改造	技术改造	发电厂	彭力	2 万元 / 年	1991.4—1991.10	完成
春光山杨林天然更新调查	研究	科技科	李海棠 赵文胜		1991.3—1991.11	完成
木珠生产	技术引进	奋斗林场	刘志国	10 万元 / 年	1991.1—1991.5	完成
金属洗涤剂	技术引进	林产公司	王丽晶	5 万元 / 年	1992.3—1992.10	完成

续表 16-2-4

项目名称	类别	实施单位	项目负责人	经济效益	起止年限	完成情况
桃山地形图设计	研制	城建处	冯贵德		1992.1—1992.5	完成
装饰薄木	技术引进	桃山林业局		30 万元 / 年	1992.3—1992.12	完成
胶合板生产线	技术引进	贮木场	李思池	25 万元 / 年	1992.1—1992.12	完成
拆装拉桌	研制	林产公司	王丽晶	1 万元 / 年	1993.4—1993.8	完成

1986—2005 年局级科技项目实施情况统计表

表 16-2-5

项目名称	类别	实施单位	项目负责人	经济效益	起止年限	完成情况
山泉饮料	技术引进	多种经营局	郭大有	3 万元 / 年	1993.5—1993.10	完成
华丽板	技术引进	林产公司	唐卓华	15 万元 / 年	1994.1—1994.12	完成
复合装饰条	研制	贮木场	李思池	35 万元 / 年	1994.1—1994.10	完成
温水养虾	技术推广	发电厂	宫绍祥	7 万元 / 年	1994.4—1994.9	完成
木线条生产	技术引进	圣浪林场	杨长贵	18 万元 / 年	1995.1—1995.12	完成
复合地板	研制	林产公司	王丽晶	18 万元 / 年	1995.2—1995.12	完成
雪棒条	技术引进	贮木场	孙跃夫	21 万元 / 年	1995.1—1995.10	完成
低铬钢球	技术引进	机修厂	吴贵忠	15 万元 / 年	1995.1—1995.12	完成
指接地板块	研制	林产公司	杨学	20 万元 / 年	1996.3—1996.9	完成
木制系列灯具	研制	二校	徐敬义	16 万元 / 年	1996.1—1996.12	完成
圆棒卫生筷子	技术引进	贮木场	孙跃夫	10 万元 / 年	1996.1—1996.12	完成
稻耳间作	技术引进	桃东林场	王丛泗	3 万元 / 年	1996.4—1996.9	完成
苗圃蛴螬防治	攻关	南河林场	于沛田		1996.3—1996.10	完成
运材车改造	技术改造	汽运处	贾洪文	2 万元 / 年	1996.1—1996.12	完成

三、科技培训

1986—2005 年桃山林业局共举办科技培训班 340 期，授课 1020 小时，培训人员 3200 人次。

四、科普活动

1986—2005 年桃山林业局共举办 18 届科普之冬活动，通过各种形式广泛开展科普活动，在广大干部、群众和青少年中大力普及科学知识，倡导科学方法，传播科学思想，弘扬科学精神，增强职工依靠科技创业致富本领，在全局范围内形成浓厚的崇尚科学的意识和科技创新的氛围，推动社会建设、经济建设、政治建设和文化建设协调发展。共投入活动资金 57.6 万元，普及推广应用技术 252 项，创产值 3369 万元，创效益 1170 万元。举办科普展览 36 次，参观 12677 人次，发放科普资料 278 种，共计 57600 余份。提合理化建议 561 条，被采用 325 条。自 2002 年始，举办送科技上山活动 8 次，请省、市专家去基层单位和种养户家中进行技术指导 280 次，现场技术操作指导 360 余次，解决生产中技术疑难问题 73 个，送科技图书刊物 3600 份，送实用技术光盘 560 张，引进先进实用技术 26 项，创效益 298 万元。

第三章　文　化

桃山林业局文化事业日益发展，群众性文化活动方兴未艾，文学创作日益繁荣，丰富文化活动内容，提高了林区人民群众的文化素养；时代在发展，社会在进步，广播电视已成为改革开放的强大舆论宣传工具，在社会主义物质文明和精神文明建设中发挥着重要作用。

第一节　广播电视

桃山林业局广播站、桃山林业局广播事业科，隶属党委、林业局领导，工作业务方面由党委宣传部负责指导。

桃山广播电视科机构设置有新闻部、技术部，职能是为桃山林业局的政策方针和一线群众的生产生活起到传媒作用，随着时代的变革和科技进步，设电视插转台转播中央台、省台、伊春台共三套节目，插播桃山自办节目《桃山新闻》《校园内外》《为您服务》等节目。

1987 年，桃山林业局按上级领导要求实行机构改革，相关部门合并为党务工作部和宣传教育中心，广播站（电视插转台）从党委宣传部剥离，成立桃山林业局广播电视科，第一任科长柳清秀，继任科长郭云明，任职 9 年。在此期间，广播电视科机构设置有新闻部、专题部、维护部；历任主任有史耀明、程春清、黎代修、金忠祥、王万学。

1995 年时任广播电视科科长郭云明抓住历史机遇，经报林业局批准，争取社会各界支持，建立了桃山有线电视网络，实行自主经营、自负盈亏，真正做到无线台、有线台两位一体。电视节目由原来无线台的三套节目增加到有线电视台的二十几套节目，有线电视用户达 3000 余户，开创了桃山有线电视网络新纪元，为桃山电视事业发展奠定了坚实基础。

2000 年，桃山林业局广播电视科领导和全体采、编、播人员，紧紧围绕党委、林业局的中心工作，从政治、经济、社会、文化等方面担负起宣传党的方针政策、弘扬主旋律，引导社会舆论，服务群众的重任。15 年间，播发《桃山新闻》节目 2 000 余期，播发新闻稿件 8 064 条，播发《校园内外》节目 752 期，播发《为您服务》节目 800 期。

2000 年 5 月至 2005 年 12 月，桃山广播电视科归属伊春市广播电视局管理，全称为伊春广播电视综合信息网络有限公司桃山分公司。

第二节 文娱活动

1986 年 8 月，省森工系统首届中小学生“绿色希望”音乐会在桃山林业局职工俱乐部举行。伊春、松花江、牡丹江、合江、大兴安岭和桃山林业局共 6 个代表团参加。随着桃山林区各项建设事业的蓬勃发展，全局兴起群众性文学创作活动，从学校教职员工到机关干部以及林场干部群众，纷纷利用业余时间挥毫泼墨，撰写诗文。党委宣传部牵头，组织多方面人员先后编纂出版两期《桃山艺苑》，收录小说、散文、诗歌等体裁的文学作品 100 余篇，这些诗文讴歌了桃山林业局实行改革开放以来政治、经济、文化、教育、体育、旅游等各项事业发生的新变化，反映了桃山林业局各项生产、生活中涌现出的优秀人物和先进事迹。随着桃山林业局在国内和国际上的知名度不断提高，上级新闻媒体和报纸杂志也相继对桃山林业局进行报道。

1986 年年初，北京、广东和黑龙江摄影协会记者一行 19 人到桃山拍摄林区风光;《人民日报》（海外版）第 7 版刊登 5 篇文章和 7 幅照片，介绍桃山林区旅游和狩猎；省顾问委员会主任陈雷亲笔为桃山林旅游和狩猎题词“大力发展林区经济和旅游事业，努力办好具有国际水平、有中国特色的桃山狩猎场”；黑龙江电视台播放电视片《桃山狩猎场》。1987 年年底，中央电视台播放专题报道《桃山行》。

1988 年《中国教育报》第四版“放眼未来育人才”专栏刊登介绍桃山林业局教育工作摄影报道照片 5 幅。

1989 年 10 月,《桃山林业局志》付梓;《人民日报》7 版刊登介绍桃山林业局的文章“无限风光在桃山”。桃山林业局分区工会组织专业文艺演出队，先后在职工俱乐部、山上各林场巡回演出，电影放映队也定期到各单位放映多部新片，丰富职工文化生活。每逢春节，组织秧歌队深入到各生产单位巡回慰问演出。党委宣传部和局分区工会等部门联合组织书画、摄影展览，展出的作品深受群众欢迎。

2000 年，党委、林业局加大力度开展职工文化活动，多次举行“爱桃山，爱家乡”文艺会演，并且结合每年庆祝“五一”国际劳动节、庆祝“七一”党的生日、“十一”国庆节等节日，举办“广场音乐会”，举办多期迎新春、迎奥运书画展览。桃山林业局工人作家金宝智撰写的《人生寄语》一书由吉林人民出版社出版，该书共 83 节，24 万字，他的作品率真、纯朴、充满希望，是对生活的热爱和生命的赞颂，是对人生的讴歌。

2005 年，林业局分区工会建成文化长廊，展出桃山人书法、绘画、摄影、剪纸、诗歌、散文等优秀作品 50 余幅，文化长廊每逢元旦、春节、“五一”国际劳动节、“七一”党的生日、“十一”国庆节等节日，根据需要分别展出新的内容，活跃了林区文化生活。2005 年，为纪念建党 84 周年、抗日战争胜利 60 周年，全局广泛开展以“十个一”为主要内容的文化活动，即看一部爱国主义影片，开展一次唱百首爱国主义歌曲活动，举办一次未成年人百题知识竞赛，读一本爱国主义书籍，讲一回英雄人物故事，开展一次“勿忘历史，面向未来”主题班会，请老干部讲一次抗日战争历史，造一片抗日胜利纪念林，组织一次书画展，举办一次“永远跟党走”大型歌咏比赛。为活跃山上林场职工群众的业余文化生活，组织开展“林海放歌”送文化上山活动。在林业局办公楼前广场新闻橱窗主办“纪念抗日战争胜利 60 周年”图片书画展，共展出图片 31 幅，书画 39 幅。国庆节放假期间，将在外地生活、工作的桃山骄子邀请回来，与伊春戏曲剧院联合组织了“相聚桃山”大型文艺晚会，为桃山骄子和职工群众奉献一道精美的文化大餐。同时还抓好文化市场管理工作，坚持一手抓繁荣，一手抓管理的方针，组织专门力量对桃山林业局镇内网吧、音像制品销售点及书店进行一次突击检查，从而净化了文化传播渠道和文化市场。

第三节 诗 文

省领导赞颂桃山风光诗篇

《桃山洞记》

陈 雷

夫桃山洞者，其发现始于清。此地于兴安之下，呼兰之滨。山木欣荣，泉涓始流，俊鸟啸鸣，香花四溢，乃美妙之仙境也。近百年来，有人趋此讨药者甚夥，焚香再拜盛极一时。然道人不知所去，观众时乎再兹。当岁次辛酉国家将建修滑雪场地。基础初清。俟大功告成，游人络绎不绝之势当可想见。由是北国将添新景，社会主义事业沛然昌盛。特将古碑重竖，镌咏新词兴以志焉。

咏《桃山洞记》有感

王光伟

桃山景物堪留连，陈公竖碑传万年。
潜老若知此景好，何必桃园去种田！

桃 山 行

汪 锋

依山傍水绕山庄，幽宜风景笑苏杭。
万里红松非朽樗，千园参芝益寿长；
灶红网新尝美味，水沸钓鱼调新汤。
北国风光任信步，劝君勿挤繁华乡。

游桃山古风敬书

王维之

双桃沐晨雨，露虹起朝光，古林深处隐，兰河源流长，
清池群鱼跃，溪畔百花香。上瞻仙人洞，下榻桃山庄，
丹士何处去，今日供游觞。

桃山林业局优秀诗歌、散文

兴安山水

王 炜

青青的山，
青青的水，
青山秀水，
沐浴着太阳的光辉。

赶走了猛虎，消灭了豺狼，
党派来了森林采伐队。
唤醒了山，
唤醒了水。
白云飘飘，把思路带向那遥远的月岁——
这里走过革命的老前辈；
密林深处活跃着游击队；
河边饮战马，抗日联军凯歌归。
如今我们进山来，踏着先辈的脚印，
栽上了青松，洒下了翡翠。
祖国无限春光，
将由我们这一代画得更美。

念奴娇

登悬羊峰

褚衍民

奇峰傲峙，笑去去，千载过眼春秋。悬石翠景，叹谁知旷世人间锦绣。欲觅羊踪，忽逢鹿迹，不知山深几许。一棵松顶，热血豪杰今游。

俯看兴安林海，视野开阔了，雄心犹在。与时俱进，正慷慨评说经纶手。小小桃山，奈恢宏宇宙，白驹过隙。万里彤云，何妨携手攀渡。

张如生诗六首

赞青松

（2009 年 1 月）

巍然屹立悬崖巅，
树冠高耸刺破天。
钢魂铁魄傲雷霆，
冰山雪原不觉寒。

国庆抒怀

（2009 年 10 月）

国庆圣诞六十年，世界风云多变幻，
举国上下万民欢。中华崛起乾坤转。
沧桑巨变美如画，振翅腾飞雄风劲，
灿烂辉煌艳阳天。东方巨龙谱新篇。

愿祖国万年青

（2009 年 10 月）

古老东方一条龙，翻江倒海天地雄。
三座大山被推倒，人民领袖毛泽东。
小平指出康壮道，改革开放任驰骋。
三个代表主心骨，同舟共济向前冲。
科学技术发展观，意气风发显威风。
北京举办奥运会，载人飞船游太空。
国民经济大提速，国富民强日繁荣。
人民生活大提高，小康生活现雏形。
祖国和谐大团结，国泰民安享太平。
综合国力大增强，国际威望日日升。
风雨同舟六十载，前进路上高速行。
华夏儿女心向党，祝愿祖国万年青。

忆桃山

（2010 年 6 月）

遥想昔日登桃山，
足踏白云上青天。
退休隐居保定府，
光阴荏苒十三年。

兴安林海

（2010 年 6 月）

兴安留明月，
林海野花香。
鲤鱼跳龙门，
我等喜洋洋。

悬羊奇峰观林海

（2010 年 7 月 5 日）

置身跃进石砬山，兴安林海绿浪掀。
一棵青松高万丈，悬羊峰顶插云端。
溪水潺潺唱峡谷，百鸟争鸣人语喧。
绿树红叶交相映，真山真水醉神仙。

呼兰河之源

褚衍民

在春天来了的时候，望着那仍然是白雪皑皑的远山，我忽然想起呼兰河，想起我家乡那个梦幻般清美的小河。想起她的源头，你知道她来自哪里吗？她那最清美的童真的微笑，她那滟滟多姿的靓丽的倩影，她那淙淙流淌不息的琴音，是来自哪里的呢？她发源于小安岭，她来自桃山庄，她是从鸡岭林场的深山中姗姗走来的，含着妩媚的深情走来，伴着袅袅晨风的走来，她带着永远的自然的美走来。十年前，在鸡岭林场工作，最让我难忘的是那里的水。在夏天，在冬天，都是那么迷人，那么富有情韵。夏天她的清波在树丛的绿叶中闪着骄阳的金辉，清澈见底，朗朗地流淌着，流着悠闲的惬意；冬天，在深山里也冻不住她的溪流，透过亮莹莹的冰碴她微笑着，流着，像东北的小姑娘那样爽朗、俏美。冰天雪地的境地，水竟不冻，真是神奇的源头水。那时我想，要是就在深山里盖一个纯净水厂该多好，就在这冬天还四处冒出泉水的地方，这里出产的水将是最纯美的纯净水了。

在鸡岭工作期间，听说呼兰人在 2000 年曾到鸡岭专门来寻过源头，而且立上呼兰河源头的牌子照过相，并在报上发过，同事把留存的报纸拿给我看。寻源，看出了呼兰人对母亲河的热爱。后来，呼兰县一位退休 70 多岁的县委副书记还专门寄给我一封信，表述了他要在有生之年亲自寻源的热望。我对寻源事宜也很感兴趣，这清亮的水，这家乡的河究竟从哪里流出来的呢，真想知道。虽然呼兰河到了鸡岭又分出了许多小河岔，但还是有一条主河道的，再往上究竟有多远呢。我和老营林技术员黄老探讨，他说，距林场十几公里，有一个石壁山，下面有一个石台，从山中的石缝中有大量的泉水涌出，这里大概就是真正的源头了。我对此很是神往，但终因在鸡岭工作时间较短而未能成行。然而，呼兰河那清凌凌的水，那沁人心脾的美意，总是萦绕在我的心里。去年，我去鸡岭，路过那里的呼兰河，水仍然是那么清冽，捧一口喝在嘴里，还是那么甜甜的，太难得了，这里竟一点没被污染。鸡岭旁边有个界山，顾名思义，这座山因地势高且是分水岭，是真正的活水之源。

呼兰河，主源头发自鸡岭，西向流经松嫩平原东部 13 个市县，包括铁力、绥化、兰西、呼兰等地，然后注入松花江，总长 523 公里，总流域面积 35683 平方公里。这是一条出自大森林，在丛林和绿色田野中流过的小河，她滋润着龙江大地，给北国增添了丰饶的绿色与美意。然而今天的呼兰河流域也大多不同程度遭到污染，由于上游有一处金矿和一处造纸厂，对呼兰河形成最直接的危害。下游仅流出几十公里，河水就已不能再直接饮用。由此我们也可以想见，如今中国境内众多的河流，究竟有多少都受污染的威胁呢？有多少河流的水还能直接饮用？据说瑞士的河流可是有百分之七十是能够直接饮用的。

祖国，家乡，母亲河，关注你，关爱你。如果有一天，所有的河流都像今天的呼兰河源头水一样，像鸡岭深山里的水一样，那么清冽，那般甘甜，那样掬来可饮，那将是我们最美丽的梦想之花开放的日子，我们每一个人的脸上，都会因为靓丽风采而露出最欣慰的笑容。

第四章 体 育

第一节 体育发展综述

桃山林业局体育事业从建局以来得到长足发展，取得了可喜的成绩。1986 年，桃山林业局体育事业蓬勃兴起，群众性的体育活动日益活跃，林业局组织各单位职工群众开展田径、篮球、乒乓球等项比赛活动，各中小学每年都举办春季或秋季田径运动会，选拔优秀运动员参加市级、省级、国家级的各项竞赛活动。桃山林业局少年女子篮球队在参加局、市、省的各项比赛活动中先后取得好成绩。

1989 年 8 月，桃山林业局少年女子篮球队代表黑龙江省参加全国少年女子篮球赛荣获比赛第 4 名。

1991 年在全市运动会上获金牌 12 枚，向省、市输送运动员 10 名。

1992 年 11 月，伊春市少年业余体校篮球赛在桃山体育馆举行，桃山林业局女队获第二名。

1996 年在全市运动会上获银牌 8 枚，铜牌 7 名。

2000 年，在喜迎奥运、弘扬奥运精神的鼓舞下，桃山林业局全民健身活动蓬勃开展起来，此后每年春节前都举行迎奥运长跑竞赛活动，中小学校召开迎奥运、树新风田径运动会，林业局组织篮球赛、排球赛、乒乓球赛等多项竞赛活动，活跃了职工群众的文体生活，增强了人民体质，参加全民健身运动由开始的 2000 余人先后增加到 2700 多人，后来猛增到 4000 余人。

截至 2005 年在全市运动会上获金牌 17 枚，银牌 5 枚，铜牌 4 枚，向省、市输送运动员 8 名。

第二节 机 构

1986—2005 年，桃山林业局切实加强对全局体育工作的组织领导，成立桃山林业局体育运动委员会，林业局行政主要领导和工会主席担任委员会主任、副主任，日常工作由局工会具体负责，体育运动委员会下设办公室。林业局行政机构有文体科，有科长 1 人，副科长 2 人，工作人员 4 人，负责林业局日常体育事业的组织领导工作。1986 年，林业局兴建体育馆以来，先后任命球队教练王远贵、裁判员刘柏林担任体育馆馆长。桃山体育馆担负着黑龙江省体委安排的日常体校的训练和生活服务等任务。成为当时省体育训练基地之一。

第三节　体育馆设施

桃山林业局体育馆始建于1986年，占地面积2 400平方米，建筑面积1 369平方米，馆内场地面积560平方米，可容纳观众2 000人。

桃山林业局体育馆建成以后，1987年，伊春市女子篮球队就落户桃山，桃山林业局体育馆也成了省体校训练基地之一。每天都有体校学员上课，或到篮球场练球，体育馆有专门供学生食宿用的食堂、宿舍。桃山林业局体育馆是桃山林业局女子篮球队成长的摇篮，桃山林业局体育界元老王远贵，自从体育馆建成后，就致力于组建和训练中学女子篮球队，取得可喜进展。1980年8月，桃山林业局中学女子篮球队参加全国中学生女子篮球比赛获第三名。1989年桃山林业局女篮专业队参加全国女子篮球赛获第四名的好成绩。

到1990年以后，由于体育学校并校管理，加之有的学生毕业，没有毕业的也转到其他地方就学。1986—2005年，桃山林业局举行了5次全局体育运动会，通过竞赛选拔了一些优秀运动员，参加市级体育运动会比赛。1990年后，桃山林业局体育馆一度闲置，后经修缮，体育馆又重新焕发生机。

20世纪80年代，桃山体育馆曾承办过国家级、省级篮球赛及全国青少年夏令营活动；曾是伊春女子篮球队训练基地，是伊春培育体育人才的摇篮之一，是桃山林业局的标志性建筑。近年来，桃山林业局投入800多万元对体育馆进行升级改造。馆内配置了电子大屏幕、灯光、音响等配套设施。设有乒乓球室、篮球、羽毛球运动场地，是伊春市县、区（局）中唯一一座可承办省级以上赛事、武术散打比赛及运动健身文艺演出功能于一体的综合性场馆。馆内拥有观众席1683人，内设办公室、贵宾室、运动员休息室、灯光控制室、编辑打印室、淋浴室、卫生间等，是集篮球、排球、羽毛球、乒乓球、台球为一体的综合场馆，也是桃山5万职工群众重要的文化、体育健身活动中心。

第五章　卫　生

第一节　医疗机构

一、卫生机构和人员

1986年，林业局成立卫生中心，其主要职能是:（1）负责全局卫生行政工作（医政、药政、妇幼保健、爱国卫生、红十字会等）。（2）林业局所辖的传染病管理及防治、食品卫生、公共场所卫生、环境卫生、学校卫生、劳动卫生、放射卫生、地方病防治、计划免疫等工作。1986年全局各类卫生科技人员213名。

2000年12月，卫生科、卫生防疫站、计划生育办合署办公，履行卫生科、卫生防疫、计划生育工作三项职能。

二、桃山林业局职工医院

桃山林业局职工医院于1960年年初建立，门诊内设内科、外科（内含妇产科）、中医科、处置（注射）室、中药局、西药局、挂号（收款）处等7个科室，建院时设在圣浪林场，1961年10月迁回桃山。建院初期，医院配有2名医师，8名医士，10名护士，另有院长、文书、管理员、会计、出纳员等行政管理人员和医政、药政人员14人。1961年至1963年，相继增设手术室、化验室、妇产科、五官科、换药室。

1968年5月，职工医院成立革命委员会，原来的管理机构设置均被取消。1979年后，职工医院先后增设理疗科、传染科、心电图、B型超声波、儿科等5个科室。

至1983年医疗卫生人员已由63人增到121人，医院已建成桃山林业地区的医疗中心，全院总建筑面积达4600平方米，卫生技术人员146人，管理干部18人，勤杂人员42人，门诊部设有内科、外科、中医科、儿科、五官科、口腔科、传染科、理疗科。另有X光、中药局、西药局、化验室、注射室、心电图、B型超声波等15个临床医疗科室，具备了同级医院的水平。

截至2005年年末，全院设有科室21个。职能科室3个：机关、后勤、住院处；临床科室11个：内科、外科、妇科、儿科、五官科、眼科、口腔科、新针理疗科、皮肤科、中医科，急诊科；医技及其他业务科室7个：医学影像科、化验室、B超室、心电室、脑电室、药械科、手术室供应室。

加强卫生队伍建设，1986年全局已形成了一支拥有213名各类卫生科技人员组成的医疗卫生队伍，其中医院就达150人，卫生所的医护人员67人。

截至2005年年末，职工医院配有副主任医师2人；中级职称46人（主治医师26人、主管护师18人、主管检验师2人）；其他人员7人；中级以下38人（医生13人，护士19人、检验师1人、药剂师4人、药士1人），其他4人；党员45名。

1986—2005年桃山林业局职工医院医护人员学习进修情况表

表16-5-1

年份	进修	自学	脱产学习	短期培训
1986年	—	—	中专2人、专科2人	—
1987年	—	—	专科1人	—
1988年	—	专科1人	—	—
1989年	—	—	专科5人	—
1992年	1人	—	—	—
1993年	1人	—	—	—
1994年	1人	—	专科1人	—
1995年	2人	—	—	—
1996年	1人	—	专科2	—
1997年	1人	—	—	1人
1999年	5人	专科3人	—	—
2000年	2人	专科1人	—	1人
2001年	4人	—	—	—
2002年	7人	—	—	—
2003年	3人	专科3人、本科1人	—	3人
2004年	3人	专科1人	—	—
2005年	2人	专科1人	—	4人
总计	33人	11人	13人	9人

为了适应医疗卫生事业发展的需要，桃山林业局不断加大对职工医院基础设施建设的投入，2002年9月，主楼外墙维修投入资金179305.94元；2003年5月，发热病房维修投入资金23857.05元；2003年8月，主楼室内上下水维修投入资金106164.00元；2004年4月，主楼起脊上瓦投入资金63718.37元；2005年5月，内科病房维修投入资金10000元。截至2005年年末，林业局在资金紧张的情况下累计为职工医院基础设施建设投入资金总计：473046.36元。

第二节　医疗保健

1986—2005年，为提高职工群众的健康水平，在桃山林业地区范围内开展了“兴安健康行”活动。主要是免费为桃山局职工群众进行身体健康检查。桃山林业局卫生防疫部门组织了由13名医务人员参加的义诊医疗小分队，反复多次深入到山上14个基层单位为职工群众进行身体健康检查，为保证免费检查的普及率，林业局还出资印制了8 000张宣传单，医疗小分队每到一个单位都提前一天把宣传单发放到职工群众手中，使他们提前了解和明确健康检查时间、检查地点和检查项目，按时到指定地点接受健康检查，到2005年年底，已为4 400多人进行了健康检查，解决了群众看病难、看病贵、看病不方便的问题。同时，林业局还投资5万元，在职工医院建立了惠民门诊，设立了惠民病房，林业局还按上级要求将50万元救助金及时拨款到位并做到专款专用，为贫困群体看病就医创造了条件。近年来，林业局累计投资36万元，对山上13个卫生所进行了维修改造，重新规划，在全局已基本实现了一场一所、一医一护，卫生所面积均达到60平方米以上，布局达到三室一房的标准，设备和人员都达到上级的要求，经营管理体制也由过去的私人承包改变为公益性管理格局，实行收支两条线管理，并且按照伊春市总体要求和部署，建立和完善各项规章制度，经过体制改革后的山上卫生所，技术水平、服务作风和卫生环境都明显改善。

第三节 卫生防疫

一、计划免疫

1986年桃山林业局的计划免疫工作取得了一定的成绩，圆满完成了上级业务部门交给的各项计划免疫工作，较好地完成了计划免疫各项工作指标，为保证桃山林业地区儿童的身体健康做出了贡献。

至2005年年末，桃山林业局共有0～7岁儿童2 980人，0～14岁儿童7，928人。桃山林业局计划免疫工作顺利开展，计划免疫接种率达到90%以上，同时还特别注意做好各种疫苗的接种工作，全局新生儿“五苗”接种率达到99.5%，还完成了森脑疫苗、出血热疫苗的接种任务，为林区人民群众的身体健康做出了积极贡献。

二、地方病与传染病防治

（一）地方病防治工作

桃山林业地区的地方病主要是碘缺乏病，即地甲病，还有克山病等。1986年，局卫生防疫站和各单位防疫员、卫生员落实包保责任制，组织职工家属实行“五户联防”制度。针对中小学生因碘缺乏病容易引发地甲病的实际情况，加大碘盐的投放食用力度，实现了全部食用加碘盐的计划，杜绝了销售非加碘食用盐的现象。在防治地甲病工作中，桃山林业局卫生防疫站和基层防疫员、卫生员的主要做法有三点：（1）对全局中小学生进行投服碘油丸，20年来共对全局中小学生投服碘油丸达10多万人次；（2）对全局育龄妇女进行投服碘油丸；（3）对林业局所辖区域内销售食盐的销售点进行严格的监督与检测，杜绝了非加碘食盐的销售。使桃山林业地区碘缺乏病患病率从原来的11.1%左右下降到1.2%左右。

2005年，桃山林业地区未发生对儿童身体伤害较大的克汀病（即地甲病）。克山病主要患者是林区职工、家属妇女和久居山场宿舍的生产一线人员，病因多是空气污染、通风不良及受凉受潮所致。对克山病的预防和治疗主要是采取专业人员积极治疗和组织群众积极预防相结合的方法，坚持预防为主，科学治疗的方针，为全局职工群众和中小学生建立健康检查档案，确保地方病防治工作正规化、制度化。

（二）传染病防治工作

桃山林业局积极开展各种传染病预防知识宣传教育活动，有效地控制传染病源，20年中没有发生重大疫情。

桃山林业地区常见的职业病为森林脑炎。主要传播森林脑炎的是昆虫蜱（又名壁虱，俗称“草爬子”），通过叮咬，病毒就在啮齿动物与蜱之间相互传播，当人们进入有本病存在的林区，被带有病毒的蜱叮咬后，就可能感染上森林脑炎而患病。并不是被带有病毒的蜱叮咬后都患病，大部分不呈明显的症状，只有一少部分人出现明显症状，人感染森林脑炎病毒后，经过10—15天的潜伏期，就急骤发病，患者有高热、头痛、恶心、呕吐、昏迷，并且出现脑膜刺激症状和颈肌及上肢瘫痪，表现为颈不能直起，肩下垂，两手不能运动，丧失感觉等，严重者可导致死亡。本病大约经过一个星期的时间后，体温就逐渐下降，症状也随之消退，但患者可遗留下瘫痪，以致形成残废。一旦患病，就要及时住院治疗，而采用中西医结合的方法效果比较理想，所以除西医对症支持疗法外，配合使用森脑1～5号及牛黄散，可使治愈率由解放初期的68%提高到97%以上。

20年中，林业局高度重视森林脑炎的预防和治疗，卫生防疫部门制定了层层负责的“四检一复制度”，加强了综合性预防，有效地控制和减少蜱（壁虱）叮咬的机会，每到春初，按照疾病发病的规律，桃山林业局广泛开展预防工作，具体的办法是按时为生产一线人员注射森林脑炎疫苗，要求入山人员必须穿“五紧”工作服（即袖口紧、裤口紧、领口紧、裤脚紧、袄摆紧），在蜱类栖息地喷洒敌敌畏、敌百虫等杀虫剂进行杀虫，严格控制森林脑炎传播病源，自1986年到2005年年末，桃山林业局已有10万余人次接种过预防森林脑炎疫苗，20年来未发生因患森林脑炎而死亡的病人，森林脑炎预防和治疗工作取得明显效果。

三、“非典”防控

2003年在非典型肺炎流行期间，林业局卫生工作者和广大职工一道，积极投入到抗击非典型肺炎工作中，林业局先后印发了《关于桃山林业局防治非典型肺炎工作指挥部成员和部门工作职责的通知》《桃山林业局防治非典型肺炎应急预案》以及《桃山林业局防治非典型肺炎指挥部督导检查重点内容》等一系列文件、通知。在抗击非典型肺炎过程中，卫生科和防疫站全体工作人员全身心地投入到工作之中，始终站在抗击非典型性肺炎的第一线，出色地完成了任务，卫生防疫站站长宗涛被评为市防治非典型肺炎工作先进个人。

第四节 医疗制度改革

1993年，职工医院党政班子成员勇于改革，加强管理，发挥集体的智慧和聪明才智，凝聚起党政两个班子的合力，推动医院各项工作的开展，在市场竞争中抓改革、抓管理、抓服务质量，确立了以“病人为中心”的服务宗旨，开展“内强素质，外树形象”活动，发表公开信，制定了严禁私收费，严禁私卖药，护理人员不准截留、乱动病人药品，收款员不准私开或涂改票据等“十八条”加强医院管理的规定。这些规定深入患者之心，深得桃山民心。刹住了多年来解决不彻底的“吃请风”、“收受红包风”“私自收费风”。针对医院实际，大胆进行改革，依据林情、局情、民情、医情的实际，提出了职工医院工作总目标，即：树立“一切为了病人，为了一切病人，为了病人的一切”的服务理念，加强把所有病人都当做自己的母亲的文化建设，实行科学质量管理，不断提高服务质量，共同创建“诚信医院”。

工效挂钩形式主要是院、科两级改革，根据各科室的实际情况，实行医院一体多制经营，划小核算单位，分块搞活，全面推行人员聘用制。改革工资分配制度，按照绩效优先、按劳分配和兼顾公平的原则，坚持收入与业绩和贡献挂钩，实行多劳多得、优劳优酬的分配制度，拉开收入差距，充分调动职工的积极性和创造性，工资上不封顶，下不保底，加强医院经营管理，搞好医疗服务。结合实际情况，把科室划分为三种类型。一是定额上缴型：科室有内科、外科、妇科、检验科、放射线科、B超心电室、手术室、眼科、五官科、新针理疗科、外科门诊、CT室、西药局、中医科、药械科等科室。即科室除每月完成核定上缴利润指标外，靠其收入支付工资及各项材料费用，结余部分与医院

1∶9分成，医院得十分之一，科室得十分之九。二是基本自给型：科室有儿科、急诊科。即科室靠收入支付工资、奖金及各项材料费用。三是非曲直服务型：此型适应于供应室、住院处、机关、后勤。即根据医院具体情况给不同比例的补贴及材料费。

第五节　基层卫生所

林场卫生所和山下各单位卫生所，主要负责所辖和本单位的职工家属、青年、儿童的医疗、预防保健、儿童免疫等项工作任务。

1986—2005年桃山林业局基层卫生所情况统计表

表16-5-2　　单位：个、人

时间	山上单位卫生所数	山上单位卫生所人员数	山下单位卫生所数	山下单位卫生所人员数	合计卫生所数	合计卫生所人员数
1986—1996	14	38	14	25	28	63
1997—2000	14	34	8	15	22	49
2001—2005	15	22	3	6	18	28

第十七篇

社会生活

第一章　人民生活

第一节　收入水平

1986年，桃山林区职工的收入主要以工资收入为主，党的十一届三中全会以后，林区分配制度改革有所进展，木材生产一线的职工、青年已经实行计件工资制，多劳多得，少劳少得，一般工资月收入都在300～500元，年人均收入3600～6000元。机关和事业单位的工作人员月工资收入在200～500元，年人均收入2400～6000元。2000年以后，随着市场经济的繁荣和发展，人民收入水平有所提高，桃山林区人均年收入达到1万元。2005年，由于大力发展农业、多种经营，从事农业、多种经营的人数也越来越多，加上国家实施天然林保护工程，全局年人均收入上升到2万元。实行林权制度改革后，山上各林场职工群众依林兴业、依林致富，党员干部帮助困难群众脱贫，为林区群众走上致富之路作出了有益的探索。

第二节　生活消费

随着人民群众收入水平的提高，加上市场经济的繁荣昌盛，林区市场出现了购销两旺的新局面。林区人民生活消费在衣、食方面有新变化。改革开放以来，搞活林区经济，人民群众从着装方面有了极大的改善。临街商铺比比皆是，1986—2000年，桃山林区的经商户由30余家增长到210多家，遍布桃山和各林场、所，2001—2005年，又有瑞吉卡服装厂等多家厂商落户桃山，服装业更加兴旺起来。由于市场供应比较充足，春、夏、秋、冬都有白菜、菠菜、西红柿、茄子、辣椒、豆角、马铃薯、山野菜等，随销随购，非常方便，桃山林区各条街道经营饭店的生意红火起来，1986—2005年间，全局大、小饭店由初期的5家增加到160多家。一般家庭的宴请宾朋、老年人过生日、子女升学、婚丧嫁娶等，常常是聚齐人员，订好饭店，欢聚一堂。

第三节　居住条件

一、原有居住条件

1986—2000年，桃山林业局城镇共有房屋建筑总面积为583897.5平方米。其中：公产房面积70301.86平方米，私产房面积：455235.64平方米，楼房52栋、建筑面积：58360平方米。1988—1990年在桃林街道十八委河心岛新建职工住宅楼7栋、210户，建筑面积为12600平方米。1991年

11 月，实行住房制度改革。全局参加房改户数 5 635 户，建筑面积：244 432.022 平方米，回收资金 20 617 239.06 元。

二、房地产开发

1996—2003 年，桃山林业局采取企业筹资和吸纳社会各方面资金等多条渠道，招商引资，加快城镇房地产开发进度。较早开发兴建楼房的桃山林业局工程处，也称桃山林业局工程建筑公司。先后建起了桃山林业局办公楼、桃山林业局招待所、桃山林业局商业饭店、桃林商店、桃林医院、桃山林业局第一中学教学楼、综合楼、桃山林业局第三中学教学楼、综合教学、青少年宫、桃山庄宾馆等多处楼房。这期间建筑楼房主要是林业局和基层单位办公、教学、接待用房。后来，随着房地产业的加快发展，开发建筑民用住房规模逐渐扩大，临街楼房建设步伐越来越快，开发商充分利用有利地段，将建筑商服楼房和住宅楼房有机结合起来，桃山林区城市化建设力度逐渐加大，林业局充分发挥企业、房地产开发商、个人集资建房等多方面的积极性，推动房地产开发稳步发展。2004 年 4 月，林业局委托桃山宏城房地产开发公司建设经济适用住宅楼两栋，共 187 户，建筑面积 15 877.89 平方米。加上招商引资开发的 78214.09 平方米，共计开发房产面积 94091.98 平方米。由于有了新的房源，2001—2005 年，全局有 1600 多户居民迁入新居，另有 380 户居民由林业局筹资修缮了住房，人民群众居住条件有了改观。

1986—2005 年桃山林业局房产开发统计表

表 17-1-1

街道名称	建筑名称	面积（平方米）	建筑层数	施工日期
振兴大街	旧科技楼	1290	3	1986 年 5 月
振兴大街	高文商服楼	4626	4	2000 年 6 月
振兴大街	陈福集资楼	4240	4	2000 年 5 月
振兴大街	局百货改商服	987.4	2	2001 年 10 月
振兴大街	局食品改商服	1125	2	2001 年 10 月
迎宾路	商场	2600	2	2002 年 6 月
振兴大街	农行商服楼	2482	4	2002 年 7 月
旅游路	客运商服楼	3538	4	2003 年 5 月
振兴大街	中骞一号楼	5984	4	2003 年 6 月
振兴大街	建行商服楼	3870	3	2003 年 5 月
迎宾路	交警队商服	7280	4	2003 年 5 月
站前广场	商城	10640	3	2003 年 7 月
振兴大街	中骞二号楼	6545	5	2004 年 5 月
振兴大街	林业一号楼	10422.43	6	2004 年 5 月
振兴大街	李俊宏商服	3042	3	2004 年 6 月
振兴大街	林业二号楼	5455.46	5	2004 年 7 月
旅游路	中骞商务酒店	4944	5	2004 年 7 月
振兴大街	局办公楼改商服	3461.2	2	2004 年 8 月
站前广场	供销商服	4768	2	2004 年 8 月
健康路	电力商服楼	1624	2	2005 年 6 月
振兴大街	刘宝山商服	1422	3	2005 年 7 月
建筑面积合计		90346.49	—	—

三、供水

2001—2005年，桃山林业局投资建设了自来水公司，占地面积0.9公顷，地面标高为海拔227.50米，新建自来水厂，建成6米直径、13米深的蓄水井；渗渠长200米；配水主干线20350米。桃山林业局山下部分供水普及率为90%。在自来水公司院内新建水处理间、送水泵房、清水池等生产建筑设施。新建自来水公司提供的水源经提升后通过输水管道集中到新建水厂，在厂内经过处理及消毒后进入清水池，再通过新建送水泵房将水送至配水管网。日供水量达到3000吨以上，满足了桃山地区人民群众的生产生活用水。各基层林场也根据现有条件，统一安排生产和居民用水问题，饮水安全得到有效解决。

四、供热

2001—2005年，桃山林业局热力公司供热建筑面积90 529平方米。设供热站5处，其中1号站（中心区）配置2台6吨热水锅炉，配备人员24人，供热面积56 529平方米。2号站（河南区）配置2台4吨热水锅炉，配备人员13人，供热面积21 000平方米。3号站（一中区）配置1台2吨热水锅炉，配备人员9人，供热面积13 000平方米。4号站（宾馆）配置1台热水锅炉，配备人员7人，供热面积8 200平方米。5号站（产供销基地区）配置1台热水锅炉，配备人员7人，供热面积3 500平方米。供热半径1.5公里。供热范围包括局址中心局属企事业单位21个，5号站同时还承担了林业局居民383户，个体、集体业户54户的供热任务，供热总面积94 029平方米。无论是为企事业单位或家属住宅供热，每年供热期均自10月15日起，至翌年4月15日。一个供热周期180天。

第二章　宗教信仰

第一节　佛　教

1986年，桃山林区的佛教信徒主要分布在跃进林场、白河林场、柳河林场，桃山镇的爱民村、五龙山村、兴旺村、庆丰村都有信奉佛教之人，累计有280人。到2000年时，佛教信徒有230人左右。2005年前后，桃山林业地区的佛教信徒有180人。这些佛教信徒经过民政部门允许后，利用农闲时间集中起来活动。他们按时将佛教活动情况向民政部门汇报，民政部门对佛教活动也给予及时的关心和指导。

第二节　伊斯兰教

1986—2005年，桃山林区回族人在林场、农村都有分布，林业局山下单位多一些，因为林业工人有一部分来自关内各省份，人员经历和组成成分比较复杂。农村的回族人主要是解放后随移民到桃山，也有的因工作、婚姻等到桃山居住。

桃山的伊斯兰教活动都有教主主持，他们将宗教书籍印制成册，发给教徒人手一份，开展活动时一起诵读，每逢教徒家中有事，信徒们互相关照。同时，也和局域外信奉伊斯兰教的人员往来。桃山林区信奉伊斯兰教的有110余人。近年来，由于回族青年人外出打工的人多起来，伊斯兰教徒数量降至不足百人，而且以年长者居多。

第三节　基督教

桃山林区的基督教活动场所有火车道北侧基督教堂、爱民村教会，还有人数较少的圣浪教会、神树教会、白河教会等，据统计，2000年春季的时候，基督教人数累计150余人，每逢“圣诞节”“复活节”，信徒们聚集祈祷、念经文，还表演文艺节目。凡是参加宗教活动的信众们均有活动场所，这些人建设聚会活动场所，有时由当地政府主管民族宗教事务的部门或民政部门适当予以安排，也有时是自筹资金，教徒们互相帮助，出资奉献。近年来，由于青年人外出打工，现在桃山林业地区基督教信徒不足100人，而且是年龄较大的占多数。

第三章　民风民俗

第一节　节日习俗

一、纪念日

元旦　新年伊始，单位举行晚会或团拜会，民间合家欢聚，以示庆祝。

“五一”国际劳动节　劳动人民通过报告会、座谈等方式举行庆祝活动。

中国共产党成立纪念日　每年“七一”，桃山林业局党委举行纪念大会，表彰优秀党员和模范党务工作者。同时，文艺工作者表演丰富多彩的文艺节目，庆祝中国共产党的生日。有的基层单位党组织还举行座谈会、茶话会，纪念党的生日。

国庆节　每年 10 月 1 日，桃山林区各级组织和人民群众集会庆祝国庆节，单位召开庆祝大会，文艺工作者表演文艺节目。

二、传统节日

春节　春节在人民群众中的印象，历经上千年已根深蒂固，春节家家都很热闹，红灯高挂，鞭炮齐鸣，喜接财神，长辈给晚辈“压岁钱”，吃年夜饭，吃“圆宝”（饺子），人们互致问候，诉说吉祥平安，盼望风调雨顺，连年喜获丰收。

元宵节　农历每年的正月十五日为元宵节，民间有闹元宵之习俗。元宵节前后，各种元宵畅销一时，可谓生意红火。人们品尝各类元宵，充满对新生活的希望。

清明节　清明节多在每年 4 月 5 日前后，积雪消融，万象更新，人们到野外踏青、祭扫坟墓，为了纪念革命先烈，或开展植树造林活动。

端午节　端午节人们踏青、吃粽子，沿袭着古代楚国人的习俗，大力弘扬屈原的爱国主义思想。

中秋节　每年八月十五，正当花好月圆之时，人们欢度中秋，合家团圆，其乐融融。

第二节　婚丧习俗

一、婚俗

桃山林区的民间婚俗随着时代的变迁也有不小的变化，总而言之，就是继承了喜庆、热闹、吉祥、团圆的传统，摒弃了很多年前过于烦琐的旧式婚礼习惯。现在的人们喜结良缘有的是自主恋爱、有的经媒人介绍恋爱，时机成熟后，经男、女双方同意履行结婚登记手续，在法律上视为结婚。经恋爱双方及家人、亲友商定后，选择良辰吉日，备好酒宴，订好接亲车辆，即可举行婚礼，鸣放鞭炮，宴请宾朋，多数人婚礼都请司仪，有的还请乐队助兴。

二、丧葬

桃山林区的民间丧葬事宜，在建局初期，一般实行土葬，人故去以后，停放两至三天出殡，接着按每七天算一“七”，直至七“七”四十九日，民间都有烧三“七”、五“七”、七“七”与“百日”。死后一年烧祭，称烧“周年”。死者家属也有立碑（牌）之俗。

1986—2005年，桃山林区的民间丧葬事宜也发生了根本性变化，人故去后，均实行火葬，有的还举行追悼会，缅怀已故之人高风亮节、坦荡人生；以此激励后人奋发有为、建功立业，珍重名节，共兴事业。民间丧葬事宜趋于简化、节俭、移风易俗，体现了社会进步。

第三节　林区谚语

一、林区生活谚语

上山背个篓，下山不空手。
留得青山在，不愁没柴烧。
房前屋后多栽树，环境优美开富路。
城镇搞绿化，除尘又美化。
山戴帽，蛇盘道，雨来到。

二、营林谚语

好种出好苗。
穴大土碎匀，苗木易扎根。
岗地栽杨，洼地栽柳。
过河要搭桥，造林先育苗。
植树造林没诀窍，展根深埋栽牢靠。
三培两踩一提苗，保证成活不用瞧。
前人栽树，后人乘凉。
植活一行树，有座小金库。
造活一片林，有个聚宝盆。
栽树忙一天，得利几十年。
林子占地一条线，农田受益一大片。
治虫勤除草，树苗长得好。

三、护林防火谚语

防火如防盗，千万莫忘掉。
野外不弄火，室外不吸烟。
山火初期容易打，耽误时机酿成灾。
一点星星火，烧毁百年林。
春风大，草木干，护林防火必加严。

饭可一日不吃，火不可一时不防。

四、歇后语

黑瞎子掰苞米——掰一个丢一个。
黑瞎子吃大枣——满不在乎（核）。
老虎屁股——摸不得。
山神爷打哈欠——神气十足。

第十八篇

人　物

第一章　人物传

原桃山林业局党委委员、常务副局长孙连君，原桃山林业局森林调查队队长邱存德，原桃山林业局资源林政科副科长鲍新江三名领导干部，在工作中因车祸以身殉职，三人的传略收录时限为1986—2006年2月21日，以示纪念。

孙连君　男，1956年8月出生，中共党员，硕士研究生学历，哲学学士，高级经济师。1975年7月在桃山林业局向阳农场参加工作，先后任文化干事、团支部书记、工段指导员。1982年5月任公路管理处工会主席，任职期间，曾被评为出席伊春市优秀工会干部，该工会被评为全市先进工会组织。1984年6月起，先后任白河经营林场党支部书记、场长。1989年春，率先带领职工在白河林场水湿地、荒山荒地进行开荒，并首开了林区成功种植“合江十九号”水稻的先河，使一度被称为全局最落后的林场成为经济发展、社会稳定的先进林场，并多次被评为市综合治理、计划生育先进单位。1985年8月至1988年8月在省委党校党政干部专科班函授学习。1991年7月黑龙江大学哲学专业毕业，获哲学学士学位。1993年在东北林业大学采运工程专业硕士研究生班毕业。1995年在佳木斯大学经济管理学院经济管理专业毕业。

1991年5月，任跃进林场场长，任职期间，与省中医药大学合作开发了刺玫果保健茶，销往全国各地，并获省级科研二等奖。首创了桃山小木制品精深加工项目，产品出口欧美，带动了全局小木制品加工产业的新发展；依托资源优势，开发了悬羊峰景区，受到省有关领导的高度赞许。1995年被评为全市先进个人，林场被评为市先进单位，同时获得两级工资奖励。1996年3月担任桃山林业局副局长，协助局长分管林产工业。此间，亲自组织整合桃山人造板、地板块加工业，实现了产成品零库存，扭转了林产工业亏损的局面。1997年8月主管木材生产，提出了“大面积、适强度、径级择伐”的木材生产新举措，大大提高了经济效益，使木材生产利润由过去的10元增加到160多元。

2000年12月，孙连君分管企业管理、科技、供热等工作，仅用半年时间，将林业局直属的8家经营企业全部改造成为股份合作制或有限责任公司。改制期间，不但盘活了资产，还避免了国有资产流失，激发了改制企业的经营活力，使企业扭亏增盈。

2003年10月任林业局常务副局长，协助局长抓行政全面工作。主管人事、劳动、社会保障、信访、监察、档案、局志、改制企业管理、国企改革、企业管理、机电、林产工业、区域经济发展、技术监督等工作。他从林区实际出发，大胆推行林权制度改革，亲自组织制定了《桃山林业局发展民有林实现可持续发展方案》和《实施细则》，得到市、总局和国家林业局的首肯。2004年1月，在大兴安岭“中国林业经济管理研究年会”上，发表了《以林权制度改革为突破口，实现林区跨越式发展》论文，并获得一等奖。孙连君政治信仰坚定，思想解放，勇于创新，敢为人先，有丰富的林区工作经验，有较强的市场经济能力，有较强的组织才干和领导才能，有较高的政策理论修养和文化修养，廉洁清正，勤奋敬业，克己奉公，坚持原则，关心群众，团结同志，得到党委、林业局和干部群众的认可。

2006年2月21日清晨，孙连君在赴伊春市参加全市林权制度改革会议途中，因遭遇车祸不幸遇难，卒年50岁。

邱存德 男，1962年4月6日生，祖籍：山东省东平县。1979年12月参加工作，1998年10月加入中国共产党，曾担任桃山林业局营林处科员、营林处副主任，桃山林业局营林生产科副科长、森林调查队队长（正科级）等职务。

邱存德于1970—1979年在山东省东平县读完初中、高中，在校期间，团结同学，刻苦学习，热爱集体，在老师的鼓励和帮助下，加入中国共产主义青年团，成为一名有志青年。1979年12月，到桃山林业局参加工作。1979—1984年，他在局营林处做营林业务工作，努力学习政治理论知识，细心钻研业务，提高思想政治觉悟和业务水平，每天坚持起早贪黑，深入林场生产一线调查研究，统计资料和报表，为林业局发展营林事业献计献策。

1984—1987年，邱存德在黑龙江省林业干部学院在职学习，他为了不影响工作，抓紧时间，刻苦学习，处理好工作上的事情，做到学习、工作两不误，经过努力，顺利地完成了学业，成为当时同学、同事的典范。

1987—1998年，担任桃山林业局营林处种苗技术股股长。在工作中，他认真研究业务，努力学习各种先进的种苗技术，取得了可喜成绩，受到了领导和同事们的赞扬，1998年10月，邱存德光荣地加入了中国共产党。他具有较高的政治修养和政治觉悟，在工作中处处按照党员的标准严格要求自己，发挥了党员的先锋模范作用。由于他工作业绩突出并具有一定的组织和领导能力，1998年11月任营林处副主任。工作中他协助主任、团结全处人员完成了各项任务。2000年11月，营林处与生产科合署办公，成立桃山林业局营林生产科，邱存德担任营林生产科副科长职务。

2002年4月，邱存德任桃山林业局森林调查队队长。2003年，林业局启动了国有林权制度改革工作，他带领全队人员顶风冒雪，风餐露宿，出色地完成了森林调查的各项任务。在改革探索实践中经常深入到各林场，细心指导林场林改工作，认真向干部职工讲解关于林权制度改革的各项规程，对林业局的林权制度改革起到了积极的推动作用。邱存德工作任劳任怨，团结同志，爱岗敬业，受到局领导和同事们的一致好评。

2006年2月21日，邱存德在去伊春参加全市林权制度改革会议途中遭遇车祸，不幸因公殉职，卒年44岁。

鲍新江 男，生于1969年5月，山东省寿光县人。1990年7月毕业于南京林业学院，1990年8月参加工作，1998年10月入党，2000年1月任桃山林业局资源科副科长职务。

1990年8月，鲍新江从学校毕业走上工作岗位，在桃山林业局神树林场做营林技术员。他工作中吃苦耐劳，勤学业务，关心同事，对业务方面的事项坚持认真细致，在检查造林质量中严肃认真，按时完成领导交给的工作任务。

1991年春，鲍新江被调到桃山林业局南河林场担任营林段段长职务，造林期间，他带领全场职工抓紧有利时机，保证质量和进度，完成了各项任务。

1992年6月，鲍新江到桃山林业局森林调查队做技术员工作。他把学到的理论知识与工作实践很好地结合起来，撰写了一些有价值的学术论文，被市级、省级刊物采用。

1995年秋，他到桃山林业局资源林政科工作。到资源林政科以后，鲍新江抓紧时间熟悉业务，潜心研究新形势下做好资源管理工作的新特点、新方法、新路子，在较短的时间内，成为资源管理的行家里手。在全市资源管理行业知识、技能竞赛中，桃山林业局资源林政科名列前茅，鲍新江也因贡献突出受到褒奖。

2000年1月，鲍新江任桃山林业局资源林政管理科副科长。走上领导岗位后，鲍新江工作加倍努力，注意发挥全科人员的积极性，团结一致完成好林业局和科室领导交办的各项任务，受到领导和同事们的一致好评。

2002年冬季，桃山林业局开始了林权制度改革试点工作，鲍新江和同事们一道，研究制定林权制度改革方案，深入林场搞好资源状况详细调查，宣传上级和林业局关于林权制度改革的方针政策，组织相关业务人员管好林权制度改革档案资料，完善专门的档案库房，安排政治素质好、业务能力强的人员担任林权制度改革档案管理工作，保证了林权制度改革档案管理井井有条，规范达标。

2006年2月21日清晨，鲍新江与桃山林业局常务副局长孙连君、森林调查队队长邱存德在前往伊春参加全市林权制度改革工作会议途中遭遇车祸，不幸遇难，卒年37岁。

金宝智 1954年2月5日，出生于江苏省徐州市农村。1959年3月5日，随父到朗乡镇。1964年初夏，随父落户桃山镇丁贵屯。9岁入桃山林业局职工子弟小学读书。“文化大革命”期间辍学，在桃山林业局贮木场当木匠。1980年在桃山林业局工程处当木匠。1986年随工程处赴七台河承建污水处理工程时发现设计图纸有缺陷，经重新论证予以改正，节省资金30余万元。工作之余，到煤矿井下与工人交谈，还到田间地头与农民聊天，对他们的工作、生活、爱情、家庭、理想等有了新的认识，决心写一本书歌颂他们。尤其是儿子因打架斗殴被关进监狱一事深深刺痛了他，一定要写出做人的道理留给儿女。1999年5月，开始撰写《人生寄语》，当遇到“人与树木”一节时，想到与林业老英雄马永顺谈心。当马永顺知道他只有5年文化，而且在写一本人生哲理一书时，就鼓励说：“好，都是咱老百姓眼前的事，能行。”黑龙江省委副书记杨光洪获知一名工人写了一部关于人生方面的书稿后，嘱托秘书写信给予鼓励。同年5月21日，中共中央宣传部出版局就出书事宜与黑龙江省委宣传部新闻出版处联系，请帮助妥善处理。伊春市委宣传部、桃山林业局党委给予关怀与支持，并希望他拿出精品来。

2000年1月，吉林人民出版社首次印刷出版《人生寄语》，发行1050册。同年10月，第二次出版发行1 950册。之后，第三次出版发行3 000册。首次出版发行，正当2000年春节，他带着《人生寄语》到铁力林业局给马永顺拜年，还给中共中央宣传部寄去《人生寄语》。中宣部部长丁关根派人打电话给予肯定。同年2月10日，马永顺辞世。中央电视台记者在采访制作专题片《林海号子声》时，在马永顺家看到《人生寄语》，邀请他到《当代工人》栏目。主持人说：“我来铁力很高兴，认识了一位写书的工人。马老栽树为后人，金宝智写书为育人。这一老一小都是工人，值得大家学习。”黑龙江电视台《话说百姓身边事》栏目邀请他们夫妻，并一再嘱咐把《人生寄语》带去，让电视荧屏把它推荐给读者。2000年春节过后，他把300册《人生寄语》赠给学生，作为“人生修养辅助教材”，并被邀请给学生作“人生观、价值观、世界观”报告。2001年3月5日，赠书给雷锋生前所在部队，并参加纪念活动。家乡领导和亲友在电视上看到他的事迹，邀请他回家乡给学生作报告。徐州报社《都市晨报》派记者专访他。同年10月24日，黑龙江大学伊春分校600多名学生听了他的报告。东北林业大学同学听了他的报告后，一次购书千余册。同年春节，伊春电视台《林海纵横》《森林之子》栏目播放专题节目。同年11月27日，雷锋生前所在连第十九任指导员和雷锋班第十九任班长联名以《读懂人生铸就辉煌》为题，发表《人生寄语》读后感。同年，被伊春市总工会、市教委等5单位授予1990—2001年度伊春市职工读书自学成材标兵。一年多时间，在齐齐哈尔、嫩江、上海、徐州、伊春、沈阳、马三家劳教所，作“人生观、素质教育”报告38场，受教育者2万余人。2002年春节前夕，赠书驻伊春部队时，军分区首长接待时说，这是为实现伊春双拥模范城三连冠送来的精神食粮。

金宝智演过样板戏“红灯记”；曾拜歌唱家郭颂为师学习民族声乐；做过老师、木工、油锯工、桥梁工等。多次救人，因救人曾被误认为“凶犯”；为制止流血案件的发生，右腿骨被打断；为保卫国家财产，多次被盗窃分子打伤住院。为了弘扬人间正气，歌颂真善美，抨击假丑恶，他坚持读书学习，利用工作时间走山场、下农村、入矿井、访部队，观察了解体验生活，创作完成了《人生寄语》。全书共24万字，除白铁滨序《心中有颗不落的太阳》、自序《撑起人生的蓝天》外，正文共83章，论及“人生与生命、与理想、与智慧、与勤奋、与宽容、与善良、与自然、与创造”等诸多关系，成为献给跨世纪的青年朋友和热爱生活的人们的精神食粮。2004年12月5日，金宝智因患癌症，医治无效，溘然辞世，卒年50岁（注：金宝智在生前曾被誉为桃山林业局的工人作家）。

第二章　人物简介

第一节　桃山林业局籍贯省（部）级、地市（厅）级干部简介

王利民　1968 年 8 月参加工作，曾任桃山林业局鸡岭林场小学教师、林场团支部书记、党支部副书记、书记；桃山林业局圣浪林场党总支书记；桃山林业局副局长；1984—1986 年，在黑龙江省委党校党政干部专修班学习。伊春市五营区副区长、区委副书记、区长；伊春林管局副局长；伊春市政府副市长、市长；中共伊春市委副书记、书记；黑龙江省财政厅厅长，黑龙江省副省长、省政协副主席等职务。

第二节　劳动模范

一、全国劳动模范

李景兴　1954 年 3 月出生，中共党员，桃山林业局职工医院院长，主任医师。1969 年 8 月参加工作，1973年考取伊春卫校入读医疗专业。1975年9月毕业后分配到桃山林业局柳河林场卫生所工作，同年，调入桃山林业局职工医院担任内科医生。1977 年 3 月至 8 月带职进修于哈尔滨医科大学伊春心血管疾病学习班。1980 年 3 月至 1981 年 3 月脱职进修于中国人民解放军白求恩国际和平医院内科医疗专业。1987 年 7 月曾到东北心血管疾病基础与临床最新进度学习班进修。1987 年 8 月在桃山林业局职工医院内科晋升为医师。1992 年 8 月在桃山林业局职工医院急诊科门诊部担任主任，晋级为主治医师。1994 年 5 月担任医院业务副院长，1998 年 12 月开始担任院长职务。

李景兴努力钻研内科医疗专业理论，大胆探索医疗体制创新，应用溶栓疗法治疗脑血栓形成，应用血管活性药物治疗顽固性心衰，获得良好的临床疗效。他积极探讨和总结临床理论，撰写的《多巴胺、酚妥拉明治疗肺心病顽固性心衰》等多篇论文在《黑龙江医学》刊物上发表。

在防治非典型肺炎工作中，李景兴自觉站在防治非典型肺炎工作第一线。2003 年 4 月 26 日一位在河北省秦皇岛市打工的发热病人高广德，被桃山镇卫生院遗弃在桃山林业局医院门诊，当时白细胞低于正常，胸片双肺叶模糊不清，被列为“疑似非典”病人。这时李景兴院长挺身而出，不惧风险，勇挑重担，立即采取隔离措施，进行药物治疗。三天三夜吃住在医院，领导指挥在一线。后经观察排除非典型肺炎。李景兴带头恪尽职守，坚守岗位，勤奋敬业，被省委、省政府授予“防治非典型肺炎工作先进个人”光荣称号。李景兴 2000 年被评为黑龙江省森工系统服务明星，并当选为伊春市九届党代会代表，2002 年荣获黑龙江省劳动模范称号，2005 年荣获全国劳动模范称号。

二、“全国五一劳动奖章”获得者

孙占元 是桃山林业局茂源物资燃料有限公司的后勤管理人员。几十年来，他在平凡的岗位上做出了不平凡的业绩，被评为省、市的优秀共产党员，省、市劳动模范，获得全国总工会授予的“五一劳动奖章”。

孙占元1975年到供应科油库做加油工，他严格管理，不徇私情，进油质量不合格一律退回，不符合手续加油的一律拒付。许多亲朋好友甚至过去的老领导向他要油，都被一一拒绝。1996年桃山发生特大洪灾，他舍小家顾大家，始终战斗在抗洪抢险一线。他热爱企业，关心公司的发展，就公司改革、经营管理、廉政建设等提出合理化建议和意见28条，为企业创造经济效益近6万元。

三、全国优秀教师

胡志华 女，1957年11月16日生，1975年参加工作，1999年4月加入中国共产党，是桃山林业局第一中学外语教师，学年组组长，班主任。她从事教育教学工作24年，努力做好教育教学工作，先后被评为桃山林业局优秀教师、十佳教师、伊春市优秀教师，1995年9月，省教委和省人事厅授予她“全省优秀教师”荣誉称号，2001年9月，中华人民共和国教育部授予她“全国优秀教师”荣誉称号。

胡志华任教以来，用真情去温暖学生的每一颗心，对不同境遇和不同性格的学生施以不同的爱。胡志华在教学工作中，认真钻研教学大纲，备课不但能源于教材，而且能够深入和提高。她运用声、像、图文、实物等进行直观教学，确立合理的教学目标，因材施教，进行分层教学，培养了学生的能力、开发了学生的智力。胡志华所带过的班级每届中考成绩都名列前茅。1993年中考优秀率达85%，及格率达100%，平均75分，超过局平均分17分；1996年中考成绩升学英语平均分86.3分，优秀率达95%，超过市统考平均分20.3分；1999年升学考试平均80.4分，优秀率达87%，超过市统考平均分16.5分。2001年中考，她所带的班级取得了好成绩，有三名同学取得了铁力市中考二、三、四名的优异成绩，铁力市前10名她班进入5名，前15名她班进入8名，重点高中择优录取9名。在全国英语能力竞赛中有18名学生获市级不同奖项。

方莲 桃山林业局第三中学数学教师，她二十多年如一日，呕心沥血，教书育人，勤恳朴实的无私奉献精神，独特的人格魅力和良好的个人素质与修养，赢得了广大师生的爱戴和家长的信赖。她以高超的教学艺术、扎实的数学理论功底、丰富的教学经验，积极参加教改，探求新的数学模式方法，取得了一次次的可喜成绩，她的班级数学成绩在同年班级中名列前茅，列全局之首，被评为中国奥林匹克二级教练员，教育教学撰写的论文分别在省级、市级获奖。

多年来她认真看书学习，勇于挑重担，是一个坚强的共产党员，积极参加各项活动。她积累了丰富的教学艺术和管理手段，对学生真情挚爱，既有慈母之心、又有益友之心，在感受严格中得到益友关爱，体现了新型的师生关系，班风正，学风浓，对困难学生关心备至，先后出资4000余元给贫困生购买书、衣服、鞋、交学费等。2000年7月27日出席中国共产党伊春市第九次代表大会。先后被评为桃山林业局“三八红旗手”、优秀教师、十佳教师、伊春市优秀教师、省优秀教师，1993年9月省教委和省人事厅授予她“全省教育系统劳动模范”荣誉称号，1995年9月教育部和人事部授予她“全国优秀教师”荣誉称号并且授予优秀教师奖章。

四、全国第二次基本单位普查工作先进个人

赵洪来 男，2002年任桃山林业局第二次基本单位普查办公室普查指导员，对统计工作兢兢业业，一丝不苟，他在政治上同党中央保持高度一致，爱岗敬业，在全国第二次基本单位普查中，做出

了突出贡献。

第二次基本单位普查是一项重大的国情国力调查，任务非常艰巨。赵洪来以饱满的热情、积极的工作态度、吃苦耐劳的工作精神，投入到第二次单位普查工作中去。在宣传阶段，赵洪来带领普查员认真宣传第二次基本单位普查知识，并积极参加第二次基本单位普查，达到家喻户晓，人人明白。

在填表过程中，他严把质量关，确保源头的数据真实可靠。他采取认真核对、仔细调查等方法，有效地保证普查现场质量和数据的准确性，做到每个环节数出有据，真实可靠。

为了搞好审核阶段的工作，他带领普查人员在入户登记结束后，对各种表格进行严格审核，使所有表格都能得到上级业务部门的认可。由于他前期的工作认真负责，在进行录入时非常顺利，按时保证质量地完成了桃山林业局第二次基本单位普查工作任务。2003 年 1 月，第二次全国基本单位普查领导小组授予赵洪来“全国第二次基本单位普查工作先进个人”荣誉称号。

五、省、部级模范人物

刘秀艳 刘秀艳是桃山林业局第二小学教师，1984 年参加工作，20 多年来积累了丰富的教育教学经验，成为桃山林业局科技拔尖人才和小学学科教学带头人，先后多次被评为市、局级师德标兵、优秀教师、十佳教师、优秀党员、省德育工作先进个人，市、局级学科带头人，市、局级骨干教师。

刘秀艳不但在政治上、思想上对学生言传身教，而且在生活方面悉心关怀和爱护学生，心里时刻装着学生。刘老师的班级里常年配有小药箱、针线包和文具袋。她经常把住宿的孩子领到家里过生日，在端午节为每一位住宿的孩子预备一份鸡蛋和粽子；中秋节又为他们预备月饼和水果。潜移默化地做学生的思想工作，她带的班级从不让一个学生流失。

1994 年她班的毕业成绩 5 个单项名列全局第一，前 10 名她教的学生占 5 名，1996 年她班的升学考试平均分 96.3，优秀率 96%，超过了局统考平均分 20.3 分；1999 年毕业升学统考成绩平均 90.4，优秀率 97%，超过局统考成绩 16.5 分；2004 年，她的毕业生在中学分班考试中，前 10 名学生占 7 人，前 40 名学生占 22 人。几年来，她所带的毕业班毕业合格率均为 100%，为林区的九年义务教育做出了卓越的贡献。

2003 年 9 月，她在《中国现代探索新文库》一书中发表《怎样培养口语交际》，并获国家级一等奖。2002 年 12 月，在林区教育发表《注重想象作文，培养创新能力》《叩开作文兴趣之门》。20 余篇论文获市级一、二等奖。

在教学方面，曾在 1992、1993 年林业局青年教师语文学科教学大赛中获一等奖，1992 年获市优秀教案二等奖，板书设计一等奖。1993、1999、2002 年获数学奥赛指导奖。1994 年获全局小学教师数学教学大赛一等奖。1996 年在全局小学语文口语交际教学大赛中获一等奖。1997 年在全局进行一节主题班会观摩课。1997 年获伊春市小学教师六项技能大赛一等奖。1998 年伊春市百校六项技能一等奖。

六、市级“人民满意的好法官”廉守信

廉守信 1986 年以来，在桃山林区基层法院先后从事民事、立案、行政、审判监督工作，担任审判监督庭庭长。在二十多年的审判工作中，他秉公执法，廉洁勤政，荣获市级“人民满意的好法官”“优秀审判员”等荣誉称号。

廉守信工作中秉公办事，从不收受当事人的贿赂，在干部群众中传为美谈。

在民事调解方面，廉守信坚持原则，深入实际做思想工作，维护安定团结。

廉守信工作中吃苦耐劳，甘于奉献，为全院法警做出了榜样。

在审判工作中，廉守信始终牢记和谐理念，把促进社会和谐作为工作标准，不断增强历史责任感，最大限度化解矛盾纠纷，做到案结事了，促进社会和谐发展。

七、市级劳模——田静

田静 女，1961年12月7日生，1981年8月参加工作，2000年6月加入中国共产党，曾做过副主任医师、桃山林业局职工医院妇产科主任等项工作。她于2002年出席中国共产党黑龙江省第九次代表大会。2005年获市级劳动模范。

田静参加工作后，1991年在佳木斯医学院医疗专业系统学习，更新知识，拓宽专业视野。在医院妇产科临床实践中，她大胆应用所学的新知识，积极进行创新探索，不断总结经验，摸索出常见病、多发病的诊断及治疗新方法。坚持理论与实际相结合，撰写了《会阴侧切缝合不拆线法50例临床体会》《产程中活跃期停滞的原因及处理》《抢救产后羊水栓塞成功一例》《子宫内膜移位与不孕》等多篇论文，分别在国家、省级、部级刊物上发表，受专家、学者的充分肯定。她大胆探索，引进新技术应用于临床实践，开展改良式子宫下段剖宫产术，以皮肤横切口及美容缝合法取代了老式竖切口术式，和同事们团结一心，先后成功地完成了180余例的子宫切除术，患者术后恢复良好，无任何并发症，受到患者的好评。她注重医疗技术，有一颗仁爱之心，无论刮风下雨，酷暑严寒，无论白天黑夜，还是放假休息，不论生人还是熟人，她总是随叫随到，热情服务，精心治疗，用实际行动体现良好的文明行医新风。对于待产孕妇，田静总是微笑着耐心对待，她经常起早贪黑陪伴产妇分娩，从不抱怨。她舍弃家庭和陪伴孩子的时间为患者，为孕妇，正是她坚持患者的利益高于一切原则的生动体现。

第三节　先进模范

2000—2005年国家级劳动模范、先进个人、先进集体

表18-2-1

姓名	年度	荣誉称号
李景兴	2005	全国劳动模范
孙占元	1991—1995 1996—2001	“全国五一劳动奖章”
	1998	黑龙江省劳动模范
赵洪来	2002年获第二次全国基本单位普查国家级先进个人	

2000—2005年省级先进集体

行政办：2000—2003年省档案系统优秀集体

经贸科：2005年第十六届哈洽会最佳成果奖

计划科：2001年被评为统计工作集体

森林防火办公室：2000—2002年黑龙江省人民政府授予森林防火先进单位

职工医院：2002年黑龙江省爱国卫生先进集体

2002年省级文明单位

2000—2005年省、部级劳动模范、先进个人

李景兴：2002年省劳动模范　2003年省防治“非典”先进个人

田　静：2002年省党代表

姜　浩：2003年省劳动厅先进个人

高广英：2003年省级星火科技带头人称号

宋晓刚：2001 年省营林劳动模范
赵洪来：2000 年省全国第三次人口普查先进个人
　　　　2001 年统计先进工作者；第一次全国经济普查省级先进个人
郑云学：2000 年伊春市林业有害生物普查先进个人
黄保明：2005 年省级先进个人
王晓旭：2000 年省全国第三次人口普查先进个人
栾亚民：2004 年省林业系统先进个人
马　丹：2005 年省“优秀团干部”
孙丙臣：2003 年省消防系统优秀指挥员
　　　　2003 年全省执勤岗位练兵先进个人
徐　敏：2002 年省人口调查安全百日会战先进个人
袁　帅：2002 年伊春市男子组移动靶标准速比赛三名
赵　利：2000 年省公安派出所基础工作先进个人
刘　杰：1986 年国家计划生育先进个人
李守廉：1989 年省政法战线先进个人
王兆忠：1993 年林业部先进个人
张洪国：1991 年省团委、教委、人事厅优秀辅导员标兵

2000—2005 年市劳动模范、先进个人

付崇敬：2001—2004 年伊春市优秀档案工作者
王雪东：2001—2004 年伊春市优秀档案工作者
李铁忠：2001—2004 伊春市优秀档案工作者
高广英：2002—2004 年伊春市优秀农业工作者
闫喜军：2000 年伊春市劳动模范
闫喜军：2003 年伊春市先进个人
杨怀德：2005 年伊春市安全生产先进个人
杨怀德：2005 年伊春市“安康杯”竞赛先进个人
宋晓刚：2002 年伊春市育林模范
邢宝林：2003 年伊春市优秀党务工作者
于志荣：2004 年伊春市优秀教师
王　欣：2005 年伊春市优秀教师
王秀荣：2005 年省森工总局财务战线先进个人
王晓旭：2005 年伊春市经济普查个人
马彩玲：2004 年伊春市优秀教师
马彩玲：2004 年伊春市骨干教师
李文福：2004 年伊春市劳动模范
　　　　1981—2000 年伊春市森林防火先进个人
耿喜春：1981—2000 年伊春市森林防火先进个人
田　静：2004 年伊春市劳动模范
孙丙臣：2004 年伊春市劳动模范
郝明林：2004 年伊春市劳动模范

周广山：2004 年伊春市劳动模范

2000—2005 年市劳动模范、先进个人

李银霜：2004 年伊春市劳动模范
宁喜清：2004 年伊春市劳动模范
李灿富：2004 年伊春市劳动模范
刘志国：2004 年伊春市劳动模范
于秀春：2004 年伊春市劳动模范
王　武：2004 年伊春市劳动模范
马　丹：2004 年伊春市优秀团干部　2005 年伊春市新长征突击手
刘锦秀：2005 年伊春市“青年岗位能手”
潘风安：2002—2005 年伊春市防火先进个人
费国学：2003 年防治“非典”肺炎先进个人　2005 年伊春市诚信医务工作者
王丽坤：2002 年伊春市十佳护理工作者
宗　涛：2003 年伊春市防治“非典”先进个人
李　群：2002 年伊春市人民满意政法干警
孙丙臣：2003 年伊春市城镇防火工作先进个人
　　　　2005 年伊春市优秀共产党员
　　　　2005 年伊春市十佳消防警、三等功
杨绪华：2003 年伊春市经侦比武竞赛荣获先进个人
张　波：2002 年伊春市交管先进个人
　　　　2002 年度伊春市优秀人民警察
　　　　2003—2004 年伊春市优秀干警　2005 年伊春市优秀党员
　　　　2000 年市城镇公安消防工作先进个人
　　　　2004 年市城镇防火被评为先进个人
　　　　2005 年伊春市十佳交通警察

2000—2005 年市劳动模范、先进个人

杨真学：2003 年伊春市公安系统三等功　2003 年伊春市优秀干警
徐进军：2003 年伊春市先进工作者
沈立彬：2002 年伊春市公安系统先进个人
　　　　2003 年伊春市公安系统先进个人
祖向阳：伊春市公安局嘉奖一次
陈建民：2003 年伊春市城镇防火安全先进个人
　　　　2002 年伊春市人民满意政法干警
杨绪华：2003 年伊春市公安局记三等功
王永刚：2003 年伊春市公安局记三等功
李景涛：2003 年伊春市公安局记三等功
马明涛：2003 年伊春市公安局政治处嘉奖
朱洪雨：2003 年伊春市公安局记三等功
赵　亮：2003 年伊春市公安局记三等功

马海峰：2003年伊春市公安局记三等功
郭彦会：2003年伊春市公安局记三等功
姜勇涛：2003年伊春市公安局记等功
赫福臣：2003年伊春市公安局记三等功
2002年伊春市公安局嘉奖一次
清如水：2003年伊春市公安局记三等功
孙杰行：2003年伊春市公安局记三等功

2000—2005年市劳动模范、先进个人

宋贵彬：2005年伊春市青年岗位能手荣誉称号
将守发：2000年伊春市公安局嘉奖
么忠良：伊春市第五次人口普查户口先进个人
2002年伊春市公安局记三等功
张冬梅：2003年伊春市整顿工作先进个人
高新成：2003年伊春市公安局记三等功
2001年伊春市优秀人民警察
畅学芹：2001年伊春市第五次人口普查户口整顿先进个人
杨长波：2000年伊春市公安消防先进个人
黄海潮：2000年伊春市公安局记三等功
高发巨：2001—2003年伊春市公安局记三等功
2001年市政法委发展经济优良环境先进个人
李广仁：2000年伊春市治安出警工作先进个人
李洪源：2003年伊春市“严打”整治斗争先进工作者
孙斯庚：2005年伊春市十佳科技创新民警记三等功
清海涛：2005年伊春市公安局嘉奖
左先勇：2002年伊春市交管先进个人
张立岩：2003年伊春市新长征突击手
孙　伟：2003年伊春市公安局记三等功

2000—2004年市先进单位、先进集体

计划科：2001年伊春市先进单位
科技科：2003年伊春市第十五届科普之冬金桥奖
旅游科：2005年伊春市旅游工作先进单位
纪检委：2002年伊春市案件检查工作先进单位
政法委：2001—2002伊春市社会治安综合治理达标单位
2002年伊春市创建优良经济发展法制环境工作先进集体
武装部：2002年铁力市拥军优属先进集体
第四小学校党支部：2000—2003年伊春市先进基层党组织
森林防火办公室：1981—2001年伊春市森林防火先进单位
职工医院：2004年伊春市模范集体
公路管理处：2004年伊春市模范集体

团　委：2004 年伊春市关心下一代工作先进集体
2005 年伊春市“五四”红旗团委标兵
南河林场：2001 年伊春市尊师重教先进集体
柳河林场：2003 年伊春市文明单位标兵
职工医院：2003 年全市防治“非典”工作先进集体
　　　　　2001 年伊春市文明单位
　　　　　2005 年伊春市模范单位
公安局：2003 年伊春市授予消防大队抢险求援先进单位
　　　　2004 年伊春市公安局先进集体

1991 年度桃山林业局双文明先进单位、先进科室、先进集体、模范个人

双文明建设先进单位：
石长林场　圣浪林场　上呼兰林场　神树林场　新兴林场
跃进林场　桃东林场　柳河林场　公路管理处　发电厂
机械修理厂　林产工业公司　物资供应科　城建处
汽车运材管理处　森林调查队　职业中学　旅行支社
第一小学校　第二小学校　党校　法院　检察院
双文明建设先进科室：
党委组织部　党委办公室　党委宣传部　行政办公室
财务科　劳动工资科　人事科　教育中心　企业管理处
计统科　生产科　营林处　广播电视科　团委　木材科
工会女工部　机电科　资源科　技术监督科　审计科
纪检委案件检查科　多种经营局农牧科　森林防火办公室
科技科
双文明建设先进集体：
奋斗经营林场：
营林段　后勤段　生产股　综合利用一厂　卫生所
宋士香工组　综合利用二厂元锯组　机械修理组
水电管理站小组　宫淑芬工组　李永君承包户
焦庆东承包户　刘现恩承包户　子弟学校中学组
南河经营林场：
木材段　综合厂　生产股　苗圃　子弟学校五年组
吊车组　电站工组　66 号车组　162 车组　刘良荣工组
王得苗工组　宁秀芬工组
新兴经营林场：
机械段　原木段　营林段　多种经营段　财务组　生产组
秦兰才工组　多种经营机械组　高中生工组　翟淑芳工组
陈周祥装车组
上呼兰经营林场：
削片厂　苗圃　子弟学校　财务组　子弟学校中学组
苏玉琴工组　赵连华工组　王树兴工组　丁淑琴工组

跃进经营林场：
木材段　营林段　后勤段　子弟学校　卫生所
周军承包组　王平昌工组　李树柏承包组　李清工组
白河经营林场：
子弟学校　生产段　多种经营站　调度室　政工组
财务组　王宪荣工组　乔明伦承包组　宋铁生吊车组
柳河经营林场：
营林段　木材段　子弟学校　材料股　修理组
陈建军工组　徐太荣承包车组　刘清云包车组
多种经营小组　木材段装车小组　子弟学校中学组
春光经营林场：
营林段　猪场　机关财务组　子弟学校小学教研组
李秀英承包组
桃东经营林场：
木材段　农业段　苗圃段　技术股　农业段温室大棚组
董自福工组　王友君工组　陈跃忠工组　后勤锅炉供热组
多种经营人参承包组
鸡岭经营林场：
贮木段　生产段　陈景新工组　陆文秀工组　王作全工组
王笃岭工组　宁永胜工组　后勤段电站工组
圣浪经营林场：
贮贮段　汽运段　营林段　综合加工厂　安技股　生产股
采伐一队　销售股电站　子弟学校初二一班　电站修理组
依占起包车组　周力工组　贮木段检验组　贮木段选材组
周生喜工组　商吉荣工组　李凤久包车组　70 号汽车包车组
汽运段修理组　汽运段东风吊车组　卢子清承包户
邵彩庆承包户　宋兴龙承包户
神树经营林场：
木材段　削片段　苗圃　参场　全质办　生产技术股
电站　子弟学校科任组　阎国玲工组　李德丰工组
赵传贵工组　王新晶承包户　岳桂英工组　王运法包车组
贮木段木材检验组　贮木段 5 号架杆组　王彦春包车组
电站电工组　护林队瞭望塔班组　徐桂芹车床组
石长经营林场：
贮木段　采伐段　营林段　多种经营站　检尺组　大锯组
电站组　王登祥工组　赵维玲工组　子弟学校一年组
李方田承包户
路管处：
子弟学校　养路段　机关　子弟学校小学组　机关材料组
卫生所　6 号备料车组　白河养路道班
枝丫站：

车队　加工厂　加工厂鞋楦床工组　液化段液化气工组
检尺队山上检尺组　车队 13 号包车组　孟凡华装车组
机修厂：
加工段　材料股　检修段发动机二组　检修段搪么组
检修段前桥组　加工段铸造组　客车段发动机工
修造段钳工二组　后勤股守卫工组
发电厂：
电气段　制氧段　锅炉车间　修配车间　财务股　总务股
生产股　杨秀玲工组　热工检修组　李国林运行班
李文工组　王配福工组　供热检修组　修配检修组
肖培富出渣组　锅炉检修组　康文新运行班
司纪三运行班　刘广有上煤班
汽运处：
保养厂　行车段　政工组　技术室　10 号客车包车组
4 号包车组　11 号包车组　15 号包车组　17 号包车组
43 号包车组　保养厂修理组　保养厂综合组
贮木加工厂：
制材段　二段　多种经营段　小材段　纸箱段　生产股
计划生育股　保卫股　财务股　综合二车间　刘国庆工组
郭承汉包车组　武桂云工组　张军权包车组　后勤守卫组
制材段甲班主力锯组　制材段乙班主力锯组　姜传国工组
胶合板热压组甲班　守卫队朱万春班组　供热段四机组
李自廷工组　于军检验小组　李文学检验小组
地板厂常梅班组　刘俊友包锯组　张洪海车工组
林产公司：
地板块厂　干燥间　车队　材料股　刺绣厂　14 号车组
科研所攻关组　木器厂机加工组　地板厂加工组
检尺队山场检验组　加工厂小材工组　基建队施工一组
守卫队一号门工组　干燥间装卸工组　机电厂锅炉工组
张德海工组　郑颖工组
工程处：
筑路段　加工厂　木楦厂　房舍一队　生产股　木器厂
总务股　设计股　唐德友工组　汪井林工组　高尚印工组
张林工组　张久国工组　王永军工组　加工厂制材车间
芦树林包车组　马继厚农业组　张玉华工组　冯国臣工组
木楦厂成品一车间　机关锅炉房工组
供应科：
油库　财务股　仓库保管组　362 包车组　综合厂锅炉组
十公里守卫组　油库守卫组
商业科：
财务股　五金商店　百货店文化组　针纺织商店服装组

食品店糖茶组　五金店家电组　食品加工厂糕点车间
外贸公司：
木制品经销部　山特产品部
职工医院：
西药局　供应室　内科　外科　防痨科　检验科　注射室
财务组
多种经营局：
兽医站　罐头厂涂料生产组　林副产品管理站制材段
林副产品管理站制材段主力锯组
林副产品管理站细木段机械加工组
城建处：
卫生队　全民材料股　给排水维修队　农场多种经营队
周跃敏工组　陆彩云清扫组　白春雨瓦工组　周文工组
自来水站修理组
装饰薄木公司：
生产一课　生产二课　生产一课干燥工组
生产一课旋切工组　生产二课剖木间工组
电话所：
外线段　话务班　外线班
第一中学：
教务处　学生工作处　初一学生组　初三学生组　水暖组
职业中学：
教务处　总务处　专业组　勤杂组
第三中学：
机关　后勤　高三学年组　高二学年组
第一小学：
政教处　教务处　六年组　二年组
第二小学：
教导处　高年组　木器厂
第三小学：
教导处　高年组
第四小学：
教导处　六年组　一年组
进修校：
小教部　中教部
幼儿校　教导处　大班学年组　食堂
党校：
教务处　食堂
公安局：
刑警队　防火科　森保科　政工科　治安科
上呼兰派出所　办公室文秘组　交警队财务组

消防队战斗一班　巡警队一分队　刑警队侦破一组
贮木加工厂保卫股
法院：
桃南法庭　于伯伦合议庭　杨彬合议庭
检察院：
法纪科　起诉科　贪污贿赂检察科
安全局：
办公室
旅行支社：
餐饮部　客房部平房工组
森调队：
内业技术股　第一小队伐开组　第二小队测量小组
局机关：
局办公室铅印室　防火办扑火专业队　生产科检尺队
广播电视科技术部
双文明建设模范个人：
奋斗经营林场：
刘志国　张　维　张玉平　宫淑芬（女）　赵永智　王志礼
焦庆瑞　张元才　孙秀珍（女）　吕永发　马云富　李永君
魏春莲（女）　赵殿清　高桂华（女）　刘现恩　张继存
张存昌　　　艾秀华（女）
南河经营林场：
王　秀　靳春明　魏　杰　秦树瑞　陈秀斌　张德朋
刘万昌　朱贺富　黄冠礼　文凤占　孙延增　沈存国
李树茂　李延宇　樊兆才　张　红（女）　于桂芝（女）
新兴经营林场：
张洪文　栾德义　吴凤臣　张品三　潘春胜　付忠家
张俊田　齐兴志　高中生　乔学志　陈周祥　常丙学
胡善顺　翟淑芳（女青）　阎瑞恒（女家）
上呼兰经营林场：
高殿奎　张国安　孙建国　单永富　李　明　王铁军
郑元岭　王俊山　李阴生　于淑琴（女青）　张玉茄（女家）
跃进经营林场：
孙连军　谷云龙　李树柏　刘锦泰　王永倩　徐春君
杨跃武　郑采运　丁建华　杨秀荣（女）　何守荣（青）
纪宝英（女青）　李　清（女家）　石建国
白河经营林场：
史文富　朱长顺　张洪文　王贵君　刘长晏　李振清
朱国政　朱家彤　高泽恩　冯振军（青）　王春荣（女青）
魏国香（女家）
柳河经营林场：

唐胜仁　鲁卓然　姜兆军　李春台　赵贵芳　徐太荣
王国华　宁殿福　赵彩云　张瑞书（女青）张其香（女家）
张丛营
春光经营林场：
王兴刚　刘金富　席光丰　张晓春　李秀英（女青）
王艳芬（女家）
桃东经营林场：
戴仁臣　刘仲才　梁守东　周文军　王崇泗　王友军
陈跃忠　阎秀华（青）李淑荣（女家）
鸡岭经营林场：
周广龙　董树宝　那国春　胡炳信　孙琪华（女）
郝德新　陈景波（青）谢金岭　王洪芬（女）郭士坤
周广民　王敬福
圣浪经营林场：
杨长贵　王亚彬　朱玉明　于广彦　王凤荣　桑　英
冯训东　袁长新　李凤久　王占文　郑庆玉　王庆华
宋兴龙　谭焕成（青）金伟华　肖兴顺　王成俊　张成武
张占才　董树山　车延成　许树斌　王树民　王丛孝
王永江　周生虎　周生喜（青）唐洪胜　樊庆忠　李海丰
张国利　多堂权　商吉荣（女）朱桂琴（女家）
神树经营林场：
王凯明　张洪斌　曹洪德　高　坤　栾德利　李志和
徐进军　唐　莉（女）阎培胜　曹长亮　王久祥　吴洪君
于洪涛　王明远　李德君　曲秀荣（女）赵传贵（女）
王英臣（青）祁颖超（女青）李振祥（青）李贵柱（青）
魏秋荣（女家）
石长经营林场：
吕会岩　郭福臣　李　祥　杨春生　朱孔玉　张会林
杜长春　王学彬　苏庆龙　许树才　李春学　杨福才
杨克峰　赵兰英（女）
路管处：
李云楼　金为国　张有生　梁洪浦　周文山　吕海涛
韩长安　霍洪生　张宝权　李文书（女青）吕亚杰（女家）
枝丫站：
郝鹏星　樊绍红（女）林均茹　李彩亭　丁树林　刘洪林
别立柱（青）李亚平（女青）
机修厂：
吴贵忠　陈方平　宋荣光　孙　祥　郭广金　罗术立
刘伦昌　何春光　刘思信　刘庆龙　葛勤奉　宋春光
王东民（青）郭金贵（青）
发电厂：

宫绍祥 王 仁 刘子良 陈春权 史同庆 王国清
左先辉 王晓森 于忠学 魏桂霞（女） 宁景芳（女）
侯文良 牟万福 王怀生 季尔勤 王贵彬 王佩福
曹凤君 张树林 张 会 王 兴 何永刚 王文章
王永江
汽运处：
刘成山 周 福 郝树立 于福春 石绍军 肖 才
王宝军 李忠义 李文秀 刘振家 王翠莲（女） 郭 强
贮木加工厂：
李思池 畅振福 李云录 范广林 郑子林 张士金
姜传国 孙刚夫 于广峰 王胜军 徐会晨 曹凤先
穆文义 王少华 杨福祥 王配岩（青） 张彦昌 朱树田
朱万春 程福柱 张亚财 崔继彬 孙桂林 张金库
赵春深 王志平 张忠云 姜士忠 刘 树 王永福
牟友祥 程少杰 匡本传 于凤洋 赵玉升 刘晓龙
周文才 邸国刀 唐德仁 蒋立忠 袁本赤 孙树勋
孙彦富 郭振江 肖礼民 姜世琴（女） 阎淑清（女）
汪云杰（女） 李秀琴（女家）
林产公司：
詹万君 孙 鹏 隋国义 杨 学 隋少波 宋力光
藏德义 程少波 徐凤朝 王志远 刘庆国 孙和林
黄建波 聂贵仁 张建忠 郭士一 杜禹波 董本玉
阎 坤（青）
工程处：
刘天杰 牟保良 张士忠 赵海涛 杜淑英（女） 陈 生
刘长坤 刘永智 郭忠彦 陶元新 冯贵连 常配军
赵会彬 王云龙 刘明富 张保太 郑宪真 李铁柱
张迎春 顾 福 高尚印 刘淑琴（女青） 姜广武（青）
王 光（青）
供应科：
朱有忠 徐俊芳 孙占元 李 安 王兴利 连永波
程秀芬（女） 王丛学 佟桂兰（女青） 石远秋（青）
商业科：
白福珍（女） 安国臣 徐国云（女） 刘 野 刘彩峰
张胜军 边兴奎 杜玉杰（女青）
外贸公司：
武俊杰
职工医院：
孙丽珠（女） 王允招 左先贵 姜淑华（女） 王化斐（女）
赵凤杰（女）
多种经营局：

蒋立祥　徐　文　赫贵灵　高永恒　孙会民　陈世崇（青）
城建处：
李振河　张学志　阎清华　任　涛　孙文志（青）李亚民
吕淑清（女）周　文（青）
装饰薄木公司：
蒋洪兴　宁宝忠　王洪波　王雪林
电话所：
张士军　李清和　苗德琴（女）
第一中学：
徐立庭　赵尚芝（女）罗文荣（女）王津南（女）
胡志华（女）张玉英（英）刘艳霞（女）
职业中学：
苑苑人　冯　侠　陈仁权　张晓东　邢文阁　刘化新
第三中学：
许淑丽（女）盛连荣　李春阳　方　莲（女）任志斌
宋　国　郝兴久
第一小学：
梁淑志（女）王吉录　张洪国　黎影坤（女）李秀英（女）
宋晓春（女）何淑琴（女）魏金花（女）
第二小学：
刘凤琴（女）李秀兰（女）胡雪奇（女）沈　琴（女）
李　坤（女）
第三小学：
王洪亮　李桂兰（女）孙文杰（女）
第四小学：
蒋　丽（女）李淑清（女）王国兰（女）
进修校：
李文庭　王明智（女）
幼儿校：
王丽琴（女）郑春艳（女）
党校：
李铁忠　王春环（女）孙玉兰（女）
公安局：
李洪涛　唐晓华　王君志　张云义　张纯玉　李景涛
黎凤和　于宪章　都书伟　孙杰行
法院：
高中效　廉守信
检察院：
赵延军　岳国庆
安全局：
许松浦

司法局：
冷金波
旅行支社：
黎岩修 宫德春 王凤梧 樊绍林 李淑英（女青）
田 华（女青）
森调队：
王天臣 刘甲义
局机关：
谢荣平 范迪全 唐晓国 王德木 左振明 王宪伦
于成福 刘玉东 刘学进 王景学 于秀婷（女） 王兆忠
贾延达 王京俭 林启荣 郭云明 孙孟华 李海棠（女）
张洪双 李自臣 黄 浦（女） 顾国臣 周连勤 周志奇
王君华（女） 杨广才 徐惠斌 张 平 董树海 李明聪
翁树明 王 化 王照权 刘安平 张立祥 宋秋山
许文东 段文奇 张 显 刘继峰 高汉振 张 荣
李月辉 蒋文英（女） 王秀云（女） 梁开路 王启更
焦文艳（女）

1994—1995 年桃山林业局“双文明”建设先进单位、先进集体、模范个人

先进单位：
跃进林场 柳河林场 奋斗林场 春光林场 圣浪林场 石长林场
机修厂 汽运处 职工医院 检察院 第三中学
先进科室：
组织部 财务科 行政办 纪检委办公室 生产科 教委 人事科
防火办
双文明先进集体：
奋斗林场：
木材生产一段 奋斗子弟学校 魏明装车组 孙继才承包户
南河林场：
木材段 宋桂山承包组 徐守菊工组
新兴林场：
木材生产段 生产股 刘文刚承包组
上呼兰林场：
木材段 吴振举工组 财务组
跃进林场：
潘凤安工组 吊车工组 木材营林生产段
白河林场：
综合加工厂 赵金龙工组 王玉吉承包户
柳河林场：
营林段 木片厂王万军工组 木材生产段徐太荣工组
春光林场：

子弟校　木器加工厂　生产调度室
桃东林场：
生产段　技术室　木材段吕士成承包户
公路管理处：
养路段　奋斗道班
鸡岭林场：
陆文秀家庭承包户　王殿忠承包户　王立辉贮木段
圣浪林场：
汽运段　营林段　李凤久拖拉机组　张继武木材承包户
郝玉代选材工组　营林段郑宝忠工组　检尺队进材检验组
王金波吊车组　子弟校　子弟校初二学年组
神树林场：
木材生产段　贮木段　计划生育股　于永贤工组
小学低年组　徐进军承包户　张乃珍包车组
贮木场选材组　砖厂李德丰工组　苗圃王芳工组
石长林场：
采伐段　孙福贵承包组　联营厂业务组
枝丫站：
液化气商店　财务组　木器厂地板块车间
机修厂：
修造段　机加段钳工组　铸造段造型组　修造段车工组
修造段钳工组
发电厂：
锅炉车间　财务股　一值锅炉运行班　二值锅炉运行班
电器检修班
汽运处：
29 号包车组　行车段　保养厂修理二组　客运站 11 号包车组
贮木场：
综合段　木材段李跃国工组　木材段张井生工组
综合段甲班　检尺段一台甲班
林产公司：
地板厂　木器厂　生产科　单板厂魏松芬工组
车队邹明山包车组　加工厂生产甲班
木材加工实业公司：
加工厂　地板一厂干燥组　胶合板热压组
工程处：
机关总务股　机电段安装组
供应科（原）：
油库　财务组　车队锅炉组
商贸公司：
桃林百货商场　桃林四百

职工医院：
外科　内科　急诊观察室　财务组
多种经营局：
云海月大酒店　综合服务公司
木制品公司：
雪棒条厂　雪棒条厂供热组　雪棒条厂挑选组
林副产品公司：
生产股　木旋段木旋组
城建环保处：
卫生队　房产股　市政组
薄木公司：
生产科　电器修理组　办公部
电话所：
外线段　话务班
第一中学：
职高学年组　初三学年组　教务处　舍务组
第三中学：
初三学年组　教务处　高三学年组
第一小学：
教务处　第四学年组　水暖组
第二小学：
高年组　四年组
第三小学：低年组　总务处
第四小学：总务处　二年组
幼儿园：
大班学年组
公安局：
消防队二班　看守所一班　刑警队　圣浪派出所
法院：
聂林松合议庭
检察院：
起诉科
旅游支社：
客房部　锅炉组
森调队：
内业股
培训中心：
办公室
局机关：
防火办专业扑火队　办公室铅印室
双文明先进个人：

奋斗林场：
郝朋志 吕慧岩 于德君 孙秀珍 邵怀平 张庆平
陈德明 史亚华
南河林场：
谭洪歧 唐胜新 胡忠玉 李树茂 宋桂山 徐守菊
张云喜
新兴林场：
李治田 乔学志 梁国宏 高忠生 高秀云 王凤英
上呼兰林场：
张玉茹 邹本权 王俊山 孙建国 吴振举 姜福云
跃进林场：
周长江 郑采运 李树柏 张树清 刘树友 于春友
戴淑芳 孙连君
白河林场：
李树丰 宋国权 郑学荣 耿 英 金桂玲
柳河林场：
张洪斌 徐太荣 姜兆军 孙秋文 郇喜爱（家属）
陈建云（知青）
春光林场：
樊亚朋 王森林 刘甲波 王兴刚 周桂兰（家属） 王新举
桃东林场：
何艳霞 侍东祥 田秋利 王崇泗 吕士成
孙凤义（知青） 陈月兰（家属）
公路管理处：
王玉国 陈江兰 韩长安 吴艳春 刘春香
鸡岭林场：
那国春 王敬贵 宁 富 王敬福 杜志文（知青）
顾亚芹（家属）
圣浪林场：
王凤荣 车延成 袁长新 王 仁 多塘权 李志连
王 克 郑宝忠 朱凤芹
神树林场：
边广晏 隋新江 王彦华 刘明波 曹洪德 肖兴岭
孙 成（知青） 车永存（知青） 王金霞（家属）
石长林场：
王振玉 栾德义 张会林 苏庆龙 徐厚敏 王学斌
杜长春 李 祥
枝丫站：
李亚亭 孟庆文 刘永学 于志忠 刘洪林 肖礼民
机修厂：
朱双卿 吴贵忠 刘伦昌 刘庆龙 郭广金 刘思信

何春光　罗树民
发电厂：
宫绍祥　孟庆华　魏桂霞　王贵彬　王树山　季尔勤
王沛君　王　兴（知青）　孙元栋（知青）　刘士霞
张成玉
汽运处：
郭岫山　李功森　马德善　周　福　刘振加　朱万义
于景洲　孟晓彦
贮木场：
苏德岩　刘学进　王广友　张彦昌　李正义　张士金
李跃国　张景生　姜传国
林产公司：
陈洪斌　孙合林　蒋志刚　董本玉　赵富英　刘洪林
安丽莉　高云武　李阳林　刘国庆
木材加工实业公司：
袁本赤　王胜军　孙永和　刘晓龙　王志德　杨　学
工程处：
赵海涛　丁志发　常沛军　杜淑英　韩　飞（知青）
供应科（原）：
蒋立祥　孙占元　程秀芬　赵　全（知青）
商贸公司：
王树清　藏　强　贺清和　张　华　刘金利
职工医院：
孙丽珠　李景兴　高芷敏　丛志新　姜淑华　高铁林
多种经营局：
石少千　宋广学　张宝太　管茂梅　李显庭
木制品公司：
王兴龙　刘　树　穆贵君　周晓萍
林副产品公司：
孙长海　文长会　郭成席
城建环保处：
崔洪福　孙恒林　马　军　周　文
薄木公司：
矫丽艳　李路全　刘广成
电话所：
王玉娟　刘长礼
第一中学：
张国范　陈仁权　宋晓艳　单连祥　王树杰　徐思远
第三中学：
穆秀荣　齐少平　安　影　李延远　苏小芝　杨树文
燕玉林　李丽华

第一小学：
王　瑛　朱秀芬　魏金花　阚立荣　韩德信
第二小学：
王淑范　孙秀芝　张玉茹
第三小学：
邢福琴　刘秋菊
第四小学：
伊云占　高　波　于志荣　丁立红
幼儿园：
朱　岩　吴丽丽　杨秀荣
公安局：
高新成　郭福顺　张　建　赵西奇　蒋守发
法院：
韩金山
检察院：
岳国庆　郭殿忠
安全局：
陈世秋
司法局：
青俊花
旅游支社：
王金桃　孙跃进
森调队：
刘甲义　王天臣
培训中心：
陈义敏　董立春
局机关：
朱景林　张　显　李振川　褚衍民　杨振国　郭歧峰
李成群　刘胜林　孙孟华　陈英利　刘继峰　张　凯
王照权　吕永文　庄德彬　解　碧　谢荣平　张　平
李歧祥　李清河　王君华　刘维德　赵永庆　郭玉田
孙少梅　陈兆东　刘惠林　董树海

2004—2005 年桃山林业局先进单位、先进科室、模范集体、劳动模范

先进单位：
柳河经营林场　新兴经营林场　石长经营林场　热力公司
圣浪经营林场　公路管理处　森林防火办公室　职工医院
城建环保处　第一中学　圣浪学校　丰达运输公司
公安局消防大队　公安局交警大队　法院刑事审判庭
检察院政工科
先进科室：

宣传部　团　委　工会生活部　纪检委案件检查科
土地科　计统科　人事劳动科　多种经营科　财务科
模范集体：
奋斗林场快速扑火队　南河林场营林生产段
上呼兰林场营林生产段　跃进林场营林生产段
柳河林场多种经营段　春光林场十二新村牛场
鸡岭林场多种经营段　新兴林场小学
白河林场小学　神树林场小学
石长林场小学　第一小学二年级学年组
第一小学六年级学年组　第二小学六年级学年组
第二小学教导处　第四小学教导处
第五小学教导处　第四小学六年级学年组
第五小学团支部　第一中学政教处
第一中学教导处　第三中学政教处
第三中学初三学年组　圣浪学校初三学年组
圣浪学校小学高年组　职工医院机关
职工医院内科　城建环保处卫生队
司法局公证处
劳动模范：
奋斗场：
王志城　孙兴会　刘国义
南河林场：
石　岩　郑树杰　李玉波　吴艳辉
上呼兰林场：
邹本权　李　涛　王洪一（女）
新兴林场：
潘爱君　张仁华　董亚民
跃进林场：
周长江　于春权　付晓冬（女）
白河林场：
李令林　张树清　蒋永梅（女）
柳河林场：
徐太荣　赵　清　宋永峰
路管处：
刘登林　周忠兴　蒋本俊
桃东林场：
单丽华（女）王丛泗　李淑华（女）
春光林场：
刘连珠　李俊华　赵士和
鸡岭林场：
王敬贵　耿子山　吕品晶

圣浪林场：
姚洪旺　王士军　包爱民　阚立民
神树林场：
曹广岭　田秋利　王明远　王桂莲（女）
石长林场：
李　祥　许海军　王学彬
第一小学：
白艳秋（女）贾淑娟（女）杨秀荣（女）刘亚芹（女）
韩德信
第二小学：
艾红秋（女）任瑞华（女）李桂霞（女）王玉华（女）
第四小学：
范志芹（女）卜宴莉（女）张月华（女）王　欣（女）
第五小学：
李连芳（女）郭凤玲（女）王井素（女）
第一中学：
滕　信　李　晶（女）李玉杰（女）季晓玲（女）
王国荣（女）
第三中学：
王君彦（女）黄雪梅（女）朱　丽（女）鲁仁婷（女）
李春阳
圣浪学校：
孔祥林　徐艳梅（女）于淑春（女）马建军
机关总支：
刘春喜　李士清　张　平　苏义文　张立林　孔令平
王永臣　信洪波（女）
公安局：
高连义　沈立彬　张立岩　李广仁　左先勇
检察院：
黎海修　徐庆喜
法院：
孙恒森　杨　彬
医院：
费国学　任世鹏　张景梅（女）田　静（女）王桂芬（女）
热力公司：
张玉兴　孙延军
自来水公司：
孙　伟　安　磊
森调队：
娄胜德　万维英
城建处：

隋彦学　王云龙　藏宝礼　翁树明
防火办：
许松岭　李文福
贮木场：
高学志　孟庆文
林产公司：
张中军
远洋木业：
王少华
丰达运输公司：
高殿奎
茂源燃料公司：
孟晓光
薄木公司：
夏俊华
生活福利公司留守处：
闫庆莲（女）
机修厂留守处：
黄建云（女）
商贸公司留守处
郭殿义
物资公司留守处：
孙庆臣
宾馆留守处：
孙跃峰

第四节　处级干部

滕忠良	刘寿柏	徐广治	岳志荣	李文学	李永安
孔祥军	吕会岩	杨志勇	寻允华	孙善义	梁亚军
张宝森	周长河	唐永财	穆贵彬	郭士俊	张如生
韩锡文	王　炜	王铁春	王国清	孙元兰	牟有贵
班显尧	孙　福	李导彬	张凤财	王世江	张　杰
清桂云	王克俭	邓文科	张洪双	李国强	张　瑜
田孔臣	姜维涛	刘利敏	肖亚英	杨德学	杨长贵
李成林	马立山	宋明田	田晓华	刘学进	白　金
褚衍民	王君华	郭云明	黎岩修	李思池	詹万君
姜铁军	周卉利	李显庭	高世清	陈兆东	曹玉双
王国臣	殷广慧	刘贵宝	王国清	张文秀	刘忠义
吴　波	贾洪生	王士峰	冯　林	张　力	杨雪哲

张永成 王宝华 高永山 李忠海 高发巨 刘文有
卢守安 周兴礼 姜顺发 孙喜财 陈 贵 唐晓国
李庆祥 李柏林 孙连君

附　录

一、文献摘录

把握先机 乘势而上 意气风发全面建设林区小康社会

——在桃山林业局十二届一次职工代表大会上的行政工作报告（摘录）

田孔臣

2004年3月5日

一、回顾过去，倍加珍惜来之不易的良好态势和转机

第十一届一次职工代表大会以来的五年，是桃山林业局在资源危机和经济危困的谷底徘徊，苦苦思虑和探索冲出困境出路的五年；是在缓危解困，致力调整产业结构，逐步实施主副换位，“四大产业”不断发展壮大的五年；是顺势应时运作，大胆尝试林权制度改革，并取得突破性进展，各项改革不断深化的五年。五年来，特别是2003年以来，我们面对积重难返的矛盾和问题，面对重特大自然灾害和“非典”疫情的袭击考验，面对科技进步和市场竞争加剧的挑战，沉着应对，奋力拼搏，依靠全局各级组织及广大职工群众的共同智慧和力量，战胜了困难，度过了险关，结束了经济徘徊局面，赢得了加快发展、各项事业攀升向上的良好态势，奠定了决胜当今与长远的坚实基础，正在书写桃山发展史上再现辉煌的壮丽篇章。

（一）取得十项成果：

（1）在企业经济从危困低谷奋力向上攀升中，结束了徘徊不前的局面，开创了稳中快进、较快增长的良好态势。突出标志是：多种经营和农业有了重大突破，五年累计产值与收入实现71 868.3万元，粮豆总产实现12 219.7万公斤，这是在遭逢特大洪水灾害、霜冻灾害、干旱和“非典”疫情袭击的不寻常年景情况下取得的。

（2）主副换位的一个突出成效：特种养殖和常规养殖并举，2003年养殖业产值突破2 671.2万元，人均收入2 857.8元，年增长8.1%。

（3）结构调整的一个显著标志：北药开发上规模，目前，已改培五味子3 000公顷，建成一处百公顷人工五味子园，栽植五味子苗80万株。平贝绿色面积突破240万平方米。人参播种面积达80万平方米，家参山种15万平米。种其他中草药75公顷。加工业、养殖业初具规模，正向更大规模发展。

（4）通过自筹资金，积极向上级争取，将1996年遭逢历史罕见特大洪灾水毁的桃山、桃兴两座大桥分别于2000年和2003年重建，实现南北贯通，天堑变通途。

（5）通过开发新产业，上新项目，全方位拓展就业空间，2003年增加就业和再就业1 200人，较上年增长18%以上。全年为5 117人发放了“再就业优惠证”，做到应发尽发。

（6）瞄准国内和国际劳务市场需求动向，实施走出去战略，通过信息、技术和技能服务，引导

鼓励企业2 000余名下岗职工，到俄罗斯从事森林采伐，在国内到哈尔滨、沈阳、北京、天津、青岛、威海等多家名城从事采伐、刺绣、修路、家政诸多劳务事项。拓宽了就业空间，增加了职工群众收入，保持了林区社会持续稳定。

（7）顶压力、迎困难，在资金缺口1 400万元的艰难情况下，桃山至桃园湖11公里旅游公路，于2002年上半年开工，至2003年10月31日基本竣工。

（8）严格森林防火管理，五年间杜绝了重大森林火灾，实现了连续23年无森林火灾。

（9）强化林政管理，强化队伍建设，强化管理措施，标本兼治，治本为主；群防群治，专治为主，把滥砍盗伐、偷拉私运木材现象纳入重点整治、专项打击的主攻方向，使人为毁坏森林资源的突出问题得到遏制。五年中破获林政案件29起，收缴木材401立方米。

（10）坚持抓改革、促发展、保稳定，实现了经济和社会全面进步。文教卫生、科技、体育、计划生育、法治、社会治安综合治理和各方面工作齐头并进，初步形成了林区各项事业全面发展向上的良好态势。特别是企业科技进步成效显著，为企业主副换位兴产业，加快发展增效益提供了强有力的科技支撑。着眼为全局改革和经济的快速发展，提供良好的法治环境，充分发挥司法机关作用，加强社会治安综合治理，创造一个安全、和谐、良好、公平和稳定的法治环境，实现了林区社会的长治久安，为改革发展创造了稳定的社会秩序。

（二）拓展了四个优势：

第一，拓展了绿色食品优势。五年来，借助桃山得天独厚的资源优势、气候优势、区位优势，突出桃山特色，大力发展山野菜、山野果等无公害绿色环保食品的采集、收购、人工改培、加工生产，形成一定规模，已经打入并开始占领国内国际市场，赢得信誉。

第二，拓展了北药开发优势。依托桃山林区特有的野生北药资源优势，通过天然改培、定向改培、人工种植、引进移植等手段，于2002年，在天然五味子大面积人工改培的基础上，尝试开发全光下人工五味子栽培，以五味子开发为龙头，带动北药全面发展，基本形成北药开发的规模化、基地化格局。

第三，拓展了特种养殖和常规养殖业优势。五年间，依托桃山施业区草茂水丰、气候适宜的地利，积极引进吸收最新先进畜牧科技成果，在大力发展以猪、羊、鸡、鸭、鹅为主的常规养殖业的同时，突出加快发展特种养殖业。2003年，争取贷款400万元，建立优良马鹿种鹿繁育基地、优良梅花鹿种鹿繁育基地、奶牛养殖基地。购进了优良种鹿249只、奶牛80头，使种鹿和奶牛养殖品种得到更新，养殖质量明显提高，养殖规模不断扩大。以此为龙头，带动了常规养殖业的发展。至2003年年底，全局鹿存栏1700只、肉牛4500头、奶牛750头、养猪17200头、肉鸡58万只。使这一产业成为全局产业调整、实施可持续发展、实现经济增长的新亮点，为实施畜牧强企富民战略奠定了可靠基础。

第四，拓展了桃山森林生态旅游优势。充分发挥桃山旅游资源丰富、地理位置优越、开发早、知名度高的品牌优势，敞开胸怀，敞开山门，以大视野、大气魄、大手笔，谋划运筹旅游业的大发展，招商引资，开发旅游产业进展顺利。

（三）奠定了五个基础：

一是奠定了承受各种自然灾害、特殊困难压力和风险的思想基础。五年来，全局各级组织、广大职工群众经受了非比寻常的考验和锻炼，思想更加统一，意志更加坚强，合力更加凝聚，携手团结意识更加强盛，成为我们克服任何困难，开创顺利局面的胜利之本和力量源泉。

二是奠定了取信于民的基础。五年中，每年都量力而行，竭尽所能地办为群众所切盼、所关心、所一致要求的实事。2003年，我们对上积极争取，对内强化管理，增收节支，既顾当前，又想长远，集中资金，干正事、干大事、干职工群众顺心如愿的事，竭尽全力地办了六件实事：①供水。增加水量，提高水质，延长供水时间和供水管线，新增供水用户193户，用户全部吃上基本达标的放心水。②供热。实行分区改造，提高了供热效果和经济效益。改造中仅锅炉采购、安装就节约费用100余万元，一个周期供热可减亏110余万元。供热改造的最大受益者，还是我们的职工群众。③教育。全年拿出50余万元用于改善办学设施，坚决降低教育收费，减轻了学生和家长的负担。林业局为35名学子捐资助学3.9万元。哈尔滨一位民营企业家捐资助学2.74万元。④医疗。林业局投入100余万元用于改造医疗设施、购置先进医疗器械设备，使职工医院一跃进入靠前排名。与哈医大二院建立协作关系，方便了患者就医，减少了医疗费用。⑤建广场。利用局办公楼置换新迁之机，投资70万元，修建一处休闲广场，并添置了娱乐健身器械，方便了广大职工群众休闲健身所需。⑥扶贫。全年无偿为227户贫困职工每户提供一亩苗木用地，垫付苗木款。对所有贫困户统由各级组织包扶，由党员干部和他们结成一帮一对子，落实帮扶措施、项目、时间。对第三轮帮扶对象采取造血式帮扶措施，取得明显成效。在把六件实事全部兑现的同时，还竭尽所能地想群众所急、务群众所盼、办群众所需，把有利于群众的好事办得恰到好处。2003年，在党员先锋路及2、3委居民区增设路灯22盏，桃山大桥以南及工厂路增设路灯26盏。对振兴大街东段两侧铺设步行彩砖，并改造路灯10盏。与镇政府合作，共同建成站前广场。投资40万元，对公安局消防队、贮木场办公室、人劳科、热力公司办公室进行了维修改造。林业局专门拿出30万余元为重病户解决了就医问题。还对多年拖欠的老干部药费17万余元、转业退伍军人优待金21万余元，给予一次性解决。除此，偿还前两年欠账450万元。2003年，按照年初在职代会上的承诺，做到全部兑现。全年工资和费用，一项不差，一分不欠，一天不拖发到位，并略有超前。

三是奠定了发展壮大非国有经济的基础。五年来，坚持把发展非国有经济作为企业改革的一个主攻方向，作为振兴经济的一个突出增长点，实施改退并举的方针：能退的、可退的全部退出、退彻底；应改的、需改的坚决由国有改制为非国有；大力扶持发展民有民营企业、股份制和股份合作制企业。至目前，全局民营企业已达24家，成为拉动桃山经济增长，广泛吸纳就业的中坚力量。中骞木业、神树山野菜加工厂等民营企业，生产规模不断扩大，市场竞争力和经济实力不断增强。全局非国有经济比重已达90%以上，吸纳就业近5 000人。

四是奠定了依靠强化管理提高企业素质的基础。管理是企业永恒的主题。五年来，年年都把强化管理作为内强素质的硬功夫去锤炼，特别是2003年，采取刚性措施抓管理。以资源、资产、资金、劳力、人事等突出方面和要害部位为重点，厉行局务公开，一切阳光下作业，坚决不搞暗箱操作。扩大民主监督、新闻舆论监督、社会监督、法治监督的覆盖面，真正做到企业主要经营管理活动，运行在广大职工群众民主管理、民主决策、民主监督的轨道上。

五是奠定了展示桃山冲出困境希望曙光的改革与发展的基础。过去的五年，是我们改革力度之大、发展变化之大空前的五年，特别是林权制度改革方面，我们大胆设想，积极争取，被省、市确定为试点单位，并在试验探索中取得突破性进展，在实践中创新和完善非公有林管理机制和服务体系，酝酿尝试创办非公有林有限责任公司和非公有林经营服务公司，多形式探索林权制度改革的新途径，并在实践中显示出强大生命力和旺盛活力。

二、乘势而上，以大改革、发展决胜未来

2004年全局行政经济工作总的指导思想是：高举邓小平理论和“三个代表”重要思想伟大旗帜，坚持解放思想、实事求是、与时俱进思想路线，以党的十六大、十六届三中全会和中央九号文件精神为指针，以中央经济工作会议、全国林业工作会议、全省森工工作会议、市委九届十二次全委（扩大）会议、局十次党代会精神为遵循，以全面建设林区小康社会和桃山“十化”为发展方向和奋斗目标，以发展为主题，以林权制度改革为牵动，以种植业、养殖业、北药业、旅游业、加工业为主攻方

向，力争做到各项事业有新发展，城镇面貌有新改观，职工生活水平有新提高，方方面面有新变化。

2004年全局行政工作突出的重点是：围绕加快经济发展这个主题，强化“一个牵动”，实现“五个突破”，办好“十件实事”。

（一）加快全局经济发展，预期目标是：

工农业总产值22 216万元，增长12.5%；多种经营和农业产值与收入21 546万元，增长9.2%，高于全市平均增长幅度。

（二）强化“一个牵动”：

强化以林权制度改革为重点的各项改革牵动。重点是三个方面：

首先，进一步解放思想和统一思想。要按照“三个有利于”的要求，进一步解放思想。要把思想和行动统一到更高的认识水准和层面上。要把思想认识提高和统一到林权制度改革的更广领域、更高层次。

第二，进一步把林权制度改革试验引向深入。鼓励扶持职工大造民有林，让更多的职工群众有其山，有其林，靠山兴业，依林致富。引导群众在深化改革中，充分释放劳动力潜能，通过对林子的集约经营，想新的、干大的、产特的、创优的。注重在保险和贷款方面搞好协调服务，并积极探索承包、租赁、委托经营乃至创办非公有林有限责任公司的方式和途径。相应稳妥地尝试职工身份与林权的置换，使企业人变为社会人，上项目、兴产业、改造基础设施上，真正使林子长起来，百姓富起来，企业强起来。制定并实施优惠政策和奖励政策，鼓励更多的人投资干林业，大干林业，干成大林业。

第三，实施各项改革的配套大运作。积极推行股份制，进一步完善企业法人治理结构。加大管理机构改革力度，本着精干、高效的原则，精减人员，理顺职能，提高办事效率。局机关和基层，干部岗位定编可空编，费用包干，节余自用，超支不补。今年，全局在岗管理人员精简40人以上。对基层主管会计实行委派制，统由局财务科管理，并对会计人员分期分批进行岗位交流。在全局实行财务一级核算制。继续深化干部人事制度改革，建立一套职务能升能降、人员能进能出、收入能高能低的选人用人和分配的长效机制。

（三）实现“五个突破”：

第一，种植业突破。重点四个方面：一是与翠花酸菜集团搞协作，建具有一定规模的优质高产大白菜基地。二是与玲田薯业公司搞联合，建立100公顷以上种薯基地和原料薯基地。三是鼓励、引导、扶持种植青贮饲料，建100公顷青贮饲料种植基地。为养殖业发展创造条件，为种植业结构调整起到拉动作用。四是引进优质、高产大豆品种，在发展“两高一优”，促进种植户增产增收上搞突破。通过以上四个方面，拉动、带动种植业结构调优、调高。

第二，养殖业突破。在扩大优良马鹿种鹿繁育基地、优良梅花鹿种鹿繁育基地的同时，今年重点发展奶牛业。在已有750头奶牛的基础上，今年争取贷款1 500万元，新购进口奶牛1 000头。拟建3～5个奶牛养殖小区，并积极与奶业集团协作，建2～3处奶站，搞好销售服务，使养殖户增收。林业局制定相关鼓励扶持政策和保险措施，促其加快发展，增加数量，改良品种，多养优养增收。对养猪、养鸡、养羊等其他养殖业，林业局也积极给予大力扶持。制定优惠政策，招聘吸引畜牧业养殖防疫专业人才，采取送出去集训，就地培训，实践积累的形式，尽快培养一批畜牧业所需的专、兼职人才队伍，解除养殖户的后顾之忧。还要特别投放必要的资金和专门力量，认真严格地做好禽流感的防范工作，严把流入关，防范措施可靠，万无一失，确保全局养殖业稳步、健康、快速大发展。

第三，北药业突破。重点三个方面：一是五味子。要把发展五味子作为立局项目，打造“神五味”品牌，致力建设中国“神五味”之乡。采取有力措施，保护好野生资源，加快发展人工栽培。在巩固已改培天然野生五味子资源3 000公顷的同时，今年重点发展全光下人工栽培。力争做到场场所所、家家户户的房前屋后杖篱边都栽上五味子，林业局要给予一定的资金扶持。发展扩大全光下人工培植，在搞好桃东百公顷五味子园的同时，今年还要在新兴、柳河再建两处20公顷以上全光下人工栽培五味子基地。二是平贝。在巩固已有240万平方米绿色面积基础上，今年鼓励引导职工群众多种平贝。通过五味子和平贝两项的大力发展，对全局北药业发展起到拉动作用。三是增项目、扩规模，促成新兴产业的格局。要引导职工群众，在发展林下经济中重点发展参、药产业。人参项目重点扩面积，上新品种，绿色面积有新增长。

第四，森林生态旅游业突破。充分挖掘和发挥旅游资源优势，招商引资，能租则租，以租为主，搞活旅游资源开发利用，把旅游业炒热炒火，形成产业链的拉动效应。对漂流河段、景点实行竞价租赁。对现有的桃山庄宾馆，积极与有关单位协调、沟通，理顺债权债务关系，能租则租，能股则股，能卖则卖，改变目前设施落后、档次较低、条件较差的现状。引导鼓励职工群众兴办家庭旅馆。精装细雕具有林区特色的旅游纪念品，发展旅游文化，增强职工群众的旅游参与意识，拓宽就业增收渠道，形成兴旅游、强企业、富百姓的火红局面，再现桃山旅游辉煌。

第五，加工业突破。重点五个方面：一是继续扶持现有的木材加工企业，促其扩规模，创名牌，占领国际国内两个市场，扩大就业空间，增加就业岗位。二是启动薯条加工厂，今年必须投产运行，拉动种植业发展，拓展就业空间。三是发展石材加工业，采取鼓励、吸引、扶持政策，引进加工企业和财团投资建厂投产。实行山上小作坊，山下搞加工，把这项产业逐步做大、做强，做出规模。引导鼓励职工群众小规模、大群体搞加工，上水平、提质量，发展扩大形成宏大格局。四是为促进北药业发展，积极与大药厂联合、沟通，向其靠拢，在山下力争建成一处药材加工企业。充分利用药材资源优厚、交通便利的优势，打响“神五味”品牌，扩大知名度，走向世界，占领国际、国内两个市场。五是山野菜加工扩规模，鼓励职工群众适时采集纯绿色的野生山野菜，依山致富。在采集收购高峰期，林业局可以为山野菜加工厂提供收购山野菜所需资金方面的支持，促其增产增效扩规模。

（四）在保工资、保费用前提下，量力而行、竭尽全力办好“十件实事”：

1. 兴教育。对山上、山下所有危校舍一律进行维修改造。为一中、三中、四校更换学生桌椅800套，更换教师的桌椅360套，教学讲台120个。适当增加教师补贴，调动教师积极性，吸引、稳住、留住人才。一个孩子考上大学，可使一个家庭发生质的飞跃，关系到几代人，甚至十几代人。所以，要采取企业拿一点、社会捐一点、亲朋帮一点、家庭筹一点的办法，使正常途径考上大学的每一名企业子女，都如期入校。与此同时，对家庭确有困难的中小学生，实行减、免、帮的实际措施，不让贫困生失学。这是我们的良心，也是我们的责任。否则，家长就有负于孩子，我们就愧对百姓。

2. 强医疗。一是继续改造医疗设施，维修老干部病房、内科病房。二是购置所需相关的医疗设备器械，提升医院等级水平。三是提高医疗护理质量。四是强化医院管理，降低患者及其家属医疗负担，尽快把职工医院建成“患者之家”。

3. 改良供水。一是延伸供水管线，扩大供水管网覆盖面积，增加供水户数。今年，在连接新建二万平方米住宅楼的同时，将1委居民区管线修复，并将供水主管线延伸到13、14委居民区。二是延长供水时间，改造供水设施，增加水源，年内争取达到昼夜供水。三是购置供水消毒设备，提高供水质量，让所有自来水用户都吃上达标的放心水。

4. 改善供热。增扩住宅楼供热面积二万平方米，提高供热质量。力争将供热主管线由半空转移到地下，提高供热质量，降低供热成本，增益受热户。

5. 造血扶贫。采取新措施、新动作，在对去年已确定227户贫困户重点扶贫的同时，今年对山下66户贫困户进行重点帮扶、造血帮扶、开发式帮扶。并对山上单位贫困户因户而宜，全力帮扶，力争使更多的贫特困户早日脱贫致富。

6. 新建住宅楼。从有利于保护林木资源，有利于加快城镇改造速度，有利于改善职工群众居住环境，有利于环境卫生管理，有利于安全防火等出发，林业局今年将加大力度，拆平房、建楼房，开发造型别致、宽敞明亮、地热供暖、价格适宜的二万平方米住宅楼。制定优惠政策，优先、低价售给职工及企业内部人员。

7. 新塑城区形象。按照“山在城中，林在城中，水在城中，景在城中；城在山中，城在林中，城在水边，城在景中”的建设理念和城区“三纵三横”整齐化布局的总体设计，根据每年集中改造一片、成型一片、巩固一片的构思，主要抓好五项工程：①工程街道路加紧施工，于七月末前竣工开通。②将迎宾路向北延伸，与旅游路交会贯通。③将健康路两侧拓宽，并铺设人行步道。④改造7委、13委、14委居民区道路，达到路平、沟畅、灯亮、洁净。⑤振兴大街西段两侧人行步道铺设彩砖。以上工程，都要坚持软硬环境建设并重的方针，把相应的林与景的精塑纳入其中，作为重点内容定向定位设置打造好。加大市政环保方面投入，再购进一台垃圾自卸车，进一步加强镇内环境卫生治理，逐步向文明城镇目标迈进。

8. 鼓励劳务输出和扩大就业。制定鼓励政策，引导更多的职工走出家门，冲出局门，跨出国门，到局外、到国外去赚钱。林业局实行“三不”的政策：凡是一次性带出局外50人以上并安排就业的有功者，科级干部职级不降，工资照发。是副科级的提为正科级；一般干部职别不变，工资照发，按干部管理条例，符合条件的可提为副科级；普通工人工龄不间断，工资照发，局里每年奖励5000元；带出百人以上的奖励1万元。带出国外安排就业的，在此基础上奖励翻一番。林业局还将通过招商引资，开发新产业，多上新项目，鼓励、支持向国内重点开发区域组织劳务输出等途径，2004年增加扩大再就业1 300人以上。

9. 增建休闲健身场所。在完善局门前休闲广场的同时，在河心岛再建一处休闲娱乐场所，安装娱乐健身器械。在新建居民住宅楼庭前院后建休闲娱乐场所，为职工群众休闲健身提供更广阔的空间。要经常组织、引导并开展健康向上的文化、体育活动和全民健身活动，陶冶人们的情操，全面提高社会成员的综合素质，使广大职工群众以欢快、健康、舒畅的心情度过每一天，以此鼓舞士气，振奋精神，增强企业的凝聚力、向心力。

10. 量力而行补欠资。在资金允许的情况下，首先分期分批、陆续偿还企业多年来拖欠职工的工资。开始分步实现广大职工群众为期长达数十年之久的补发拖欠工资的企盼。这是我们林权制度改革最突出，让广大职工群众直接受益，实践“三个代表”重要思想的具体体现。

行政工作报告

田孔臣

2005年3月29日

一、2004年工作回顾

2004年，在中共伊春市委、市政府的正确领导下，全局干部群众迎难而上，顽强拼搏，抓住机遇，开拓创新，林权制度改革取得新进展，经济保持平稳增长，社会事业发展较快，职工群众生活水平得到提高。2004年全局生产总值实现7411万元，比上年增长12.2%，计划实现利润–550万元，实际实现–470.8万元，比计划减亏79.2万元。

2004年，主要抓了以下几方面的工作：

（一）突出抓好林权制度改革。经过前段时间的林权制度改革实践，全局干部群众对林权制度改革有了新认识，坚定了改革的信心，改革的自觉性不断增强。桃山林业局作为林权制度改革的试点，为全国林权制度改革开了先河，不断积累经验，得到了国家林业局和省市有关部门的关注和认可。

2004年，先后有国家、省、市10余个调研组和考察组来桃山林业局调研考察，他们对桃山林业局林权制度改革的做法给予了肯定和赞许。2004年，为加强非公有林管理机制和服务体系建设，组建了非公有林经营服务公司，协调林业局与非公有林主之间的关系，按照林业局《非公有林管理实施细则》，为其无偿提供全过程技术支持和服务。开展多方位、多层次宣传，局内做到了全面覆盖、家喻户晓。到2004年底，全局共流转商品林8755公顷。对1984年以来营造的1702公顷自费林，办理了所有权手续，确定了权属，给部分自费造林者吃了定心丸。2004年底，全局营造非公有林已经达到3万亩。

（二）经济保持平稳增长。一是大力支持职工自营经济和家庭经济发展。在秋、冬两季组织了5期种植业、养殖业培训班，邀请专家教授传授种植、养殖技术。2004年，林业局成立兴林担保公司，注入资金725万元，在金融部门为职工群众贷款3000万元，及时解决了职工群众发展种植业、养殖业急需资金的难题，使贷款户节省贷款利息126万余元。组织职工群众战胜春季晚霜自然灾害，把灾害减少到最低限度。2004年农业播种面积22.4万亩，粮豆总产3.8万吨，创历史新高，农业产值和收入超亿元。二是畜牧业有了较快发展。全局牛、鹿、猪、羊、鸡等养殖存栏总量大幅度上升，家庭养殖规模不断扩大，养殖业收入有了较大提高。养殖基地建设得到巩固，规模有所壮大，管理趋于规范。投资近800万元启动澳洲奶牛养殖项目，购置澳洲优质奶牛900头，建标准化养牛基地四处，奶牛养殖项目有利地牵动了全局畜牧业的发展。三是北药业稳步推进。在鼓励自由发展平贝、人参、串地龙、大粒子等药材的同时，下大力气发展五味子产业，在组织上林业局成立了发展五味子重点推进工作组，制定了发展五味子产业的三年规划和优惠政策。组织基层单位领导干部和职工群众多次到省内外参观学习五味子种植技术，使广大职工群众对发展五味子的重大意义有了认识上的飞跃，激发了发展五味子产业的积极性，坚定了大上、快上五味子产业的信心，为发展五味子产业奠定了坚实的基础。四是招商引资和劳务输出工作取得明显成效。全年招商引资额达4510万元。采取扶持政策积极引导，组织动员下岗职工和富余人员走出家门、跨出国门实现就业。对俄劳务输出新增378人，境外从业人员总数512人，省外从业人员总数1944人。对俄劳务输出职工增加收入达上千万元，缓解了局内就业压力，使一部分家庭逐步走向富裕。五是完善旅游基础工作。从全局旅游业长远目标出发，委托省城市规划设计院，对桃山林业局旅游区总体规划进行了修编，编制了桃山旅游区悬羊峰景区核心区规划，完成了平顶山滑雪场可行性研究和全省旅游电子地图的编制工作，使游客通过龙游网便可查询到桃山景区资料。重新印制旅游宣传册，进行了招商引资系列宣传。六是改制企业、合资企业和民营企业发展势头良好。远洋木业、林产公司、薄木公司、中骞木业、集佳牧业和雪糕柄厂，经济运行稳健，效益持续增长，安置了大量职工就业。

（三）竭尽全力为职工办实事。在保工资、保费用、没有形成新拖欠的前提下，2004年年初，林业局在职代会上承诺的10件事全部实现。在教育方面，投入大额资金，对全局中、小学校的校舍进行了改造和维修，更换了学生桌椅，增添了教师办公桌椅，增加了教师补贴，对贫困学生减免学杂费，资助6万元，使19名贫困大学生圆了大学梦。2004年，林业局对教育的投资是前10年投资总额的2倍。在医疗方面，维修改造了医院住院处的楼房，新购医疗垃圾焚烧设备，改造了焚烧间，增添了X光透视等医疗设备。在供水方面，从解决水源入手，改扩水源管线，枯水期没有发生自来水停水现象。新延伸自来水管道1060米，维修供水主、支线管道600米，增加自来水用户80户。在供热方面，巩固小区供热，提高机房运行质量，将3条供热主管线由架空改为地下潜埋，提高了供热质量。在扶贫方面，兑现了扶贫基地苗木款，对苗木受灾的贫困户实行补贴，对山下单位66户特困户实行救助。在城镇建设方面，开发经济实用住宅两栋，面积15852平方米，制定优惠政策，优先低价出售给企业内部人员。改造二道街道路，修成白色路面，镇内三纵三横公路交通框架已经形成。改造了13委、14委、15委、16委居民区道路，将振兴大街、迎宾路输电线路移入地下，通信线路、有线电视线路由地上潜埋地下的前期工作已经进行。进一步加强城建环保工作，购置了新型垃圾车和排污车各1台，增添垃圾箱10个，安排133名公益岗位人员，做好保洁和绿化工作。文化体育建设方面，在河心岛安装了体育健身器材，新建了乒乓球活动中心，组织开展了多次健康有益的文体活动和比赛，促进职工崇尚文明、全民健身运动的开展。在解决拖欠工资方面，通过商品林流转偿还各类拖欠款共1545.2万元。在此基础上，为山上单位配齐了微型面包车，既方便了工作，降低了费用，又为山上职工群众应急所需提供了便利条件。投资30万元，对上呼兰梨树沟失修多年的36米长大桥进行了大修，对山上5个单位40余公里长的主要农田道路进行了路面升级，极大地方便了职工群众。

（四）从严管理企业经营活动和森林资源。2004年，严厉查处毁林开荒案件，对8名毁林开荒人员依法实行了严处，有效遏制了毁林开荒案件的发生。严厉打击滥砍盗伐、偷拉私运、私收木材等违法犯罪行为，依法严惩破坏森林资源的犯罪行为，依法惩治罪犯15人。改善了防火设施，杜绝了森林火灾、火险，确保森林资源安全。突出强化国有资产管理，凡属国有固定资产产值在万元以上的，原则不出售，以租赁和股份制经营为主，确需出售的实行公开竞价，避免国有资产贬值和流失。突出强化资金管理、费用收缴和跟踪审计工作，严格执行一支笔批钱和大额资金集体讨论制度，杜绝了不合理的费用支出，局机关、公检法三机关实现了微机联网，改善了办公环境，提高了工作效率。

二、2005年的主要工作任务

2005年，全局干部群众要高举邓小平理论的伟大旗帜，努力践行“三个代表”重要思想，以保持共产党员先进性教育为契机，牢牢抓住发展这个第一要务，坚持科学发展观，坚持改革不动摇，着力解决经济发展中的突出问题，在打造立局产业方面下功夫，努力促进经济快速增长，注重以人为本，加强生态建设，着力解决事关群众利益的突出问题，千方百计发展社会事业，为构建和谐社会打牢基础。具体思路是：深化林权制度改革，抓好森林旅游、招商引资、非林脱木产业、北药业、畜牧业、职工脱贫致富六项工作；实现生态环境、产业结构、城镇面貌、经济格局、职工群众精神状态五个新变化；促进林分质量、经济效益、职工群众生活三个提高。为实现上述目标，重点抓好以下四个方面工作：

（一）坚定不移地把林权制度改革向纵深推进。认真贯彻中央9号文件精神，采取有力的政策措施促进林权制度改革，大力发展非公有林。

一是进一步坚定信心。要鼓励发展非公有林，促进森林资源恢复、生长、保护，让职工群众养林护林，发展多种经营，依林致富，以林养人，缓解桃山森林资源危机和经济危困的不利局面，加强生态建设，加快企业发展，加速职工群众脱贫致富奔小康的进程。

二是林权制度改革向更宽领域、更广范围拓展。在自愿的前提下，有偿分给在山上山下居住的职工，每户5公顷，分期付款，不计利息，十年付清，逐步实现家家有其林、户户有其山的目标。同时，鼓励更多的职工和引进战略投资者购买商品林，通过各种渠道，面向省内外、招引大企业、大财团、大商人来桃山购买商品林，鼓励他们带资金、带项目，在桃山投资造林，兴业办厂，安置职工就业，增加职工收入，促进森林资源恢复，推动经济发展。

三是搞好服务。对非公有林买主，林业局积极对上争取，办结产权变更手续，争取非公有林主伐生产和抚育指标，保证非公有林主获得如期效益。加大森林防火和打击偷盗木材行为的力度，切实维护买林者的合法权益。要注意倾听非公有林买主的意见和要求，及时反映他们的意愿，做好跟踪服务。及时研究改革进程中出现的新情况、新问题，依据政策，严格程序，把握标准，规范运作，把这件造福职工群众的好事办实办好。

（二）高度重视生态建设。构建和谐社会的一个重要标志是保持人与自然的和谐。森林资源危机对生态环境构成极大威胁，要从战略高度和对党、对人民、对子孙后代认真负责的高度出发，把生态建设放在首位切实抓好。

一是尽快培育恢复森林资源。一般公益林实行家庭分户或联户经营，承包管护经营期限30年，允许继承管护经营权。抚育及更新造林作业由林业局统一规划，调查设计，抚育产品由企业统一经销，抚育产出收益兼顾企业、林场、个人三方各有所得，坚持个得大头。改造疏林地、灌木林地、低产低价林地，营造速生丰产林。对于林木稀疏、林质差、生长慢、没有培育前途的林地，逐年进行改造，营造速生丰产林，提高林分质量，缩短采伐间隔期，主要选择以大青杨为主的速生树种。加速退耕还林步伐，对于坡度较大、水土流失严重的地块，实行退耕还林。鼓励职工群众在场所周边、道路两侧、田间地头、房前屋后多栽速生树、丰产树。建设好桃东苗圃，改善增添苗圃设施，逐步引入市场机制，搞活管理运营。

二是加大森林资源管护力度。突出严管林的原则，落实目标管理责任制，签订责任状，把管理措施落到实处。严禁在湖泊、水塘周边、河流两岸、道路两侧毁林取土、取沙、毁坏湿地、破坏植被，对发现破坏环境的违法行为要严肃处理。加强森林防火工作，严格执行防火规定，加大防火投入，保证不发生森林火灾。严厉打击滥砍盗伐破坏森林资源的行为，严禁毁林开荒，严禁扩地边、拱地头，蚕食森林资源的犯罪行为。各级领导要认真负责，对于因工作失职造成森林资源破坏的，要追究领导和工作人员责任，有包庇犯罪行为的，要严肃处理。加强对林蛙的保护，整顿林蛙养殖业户，严禁以假乱真，到处乱捕林蛙，严肃查处破坏生态的违法行为。

三是做好水源保护、防污和节约用水工作。桃山林业局地处呼兰河源头，要保护好母亲河，必须从源头抓起，依法治理污染河水的工厂和小型加工点，严禁往河道内倾倒垃圾，提倡节约用水，教育全局范围内的单位、家庭、男女老少形成节约用水的意识和风气，以节约用水为突破口，加快建设节约型社会。

（三）着力解决经济发展中的突出问题。桃山林业局要发展，职工群众要致富，关键的问题是要集中精力、财力、物力解决经济发展的突出问题。

一是加快林场发展。在搞好森林资源培育的前提下，搞活基层，致富百姓。林业局为各林场区划一般公益林200至800公顷，以承包管护一般公益林为载体，以抚育产品收益为补充，改变林场发展难、难发展，职工苦、苦没钱的现状。同时，加强对林场留成资金的管理，林业局以场为单位，分别设帐，集中管理，帮助林场筛选发展项目，资金跟着项目走，培植林场财源，力争用三年时间，实现大部分林场自立。继续推进文明林场建设，实现政治文明、环境优雅、稳定和谐。

二是巩固发展立局产业。加大生态旅游业、石材产业、北药业推进力度。对滑雪场、狩猎、漂流、森林观光项目，要整合资源，打造包装，尽快使桃山森林旅游热起来，旺起来。扩大五味子园规模。合资兴建桃山薯条厂，搞好经营，拓展市场，扩大企业财源。

三是加快经济结构调整和增长方式转变。全局现有22万亩多种经营用地，其中15万亩种植大豆，多年重复种植导致产量、质量下降，效益走低，要加快运用科技手段调整种植结构，转变生产方式，向产量、质量要效益。

四是坚持对重点项目的扶持。要加强对奶牛养殖项目的扶持，积极鼓励职工发展袋栽木耳、养猪、养鹿、养鸡、养林蛙等项生产，要放宽政策，面向社会招标，引进技术、资金和人才，发展特种植业和养殖业。

五是切实加强招商引资工作。营造有利的招商引资氛围，加强安全、公正、文明的法制环境建设，出台招商引资奖励办法，以北京、大连等地为招商引资窗口，大招商，招大商，谋求大发展。

（四）努力为建设和谐社会打好基础。首先要加大对教育的投入，关注贫困学生求学问题，改造山上学校的校舍，增加体育器材，关心教师生活，治理教育乱收费、乱办班问题，加强交通管理，保证学生人身安全。第二要搞好医疗卫生工作，增加新的医疗设备，加强医护人员业务培训，提高医疗水平，遏制药品乱涨价问题，减轻患者经济负担。搞好计划生育工作，人口自然增长率要控制在1.5‰以下。第三要进一步做好供水工作，确保人民群众用水安全。第四要努力做好供热工作，治理私连乱接现象，降低供热成本。第五要继续搞好小城镇建设，加快绿化、美化、净化进程。第六要下功夫解决职工群众关心的问题，做好扶贫解困工作，妥善解决群众来信来访问题，为创建平安桃山做出积极的贡献。

二、农 谚

农谚五则

（一）要想害虫少，除尽田边草　害虫的生长和发育需要一定的温度、湿度以及理想的寄生。晚造水稻收割完毕，害虫失去了庇护，特别是冬季来临、气温下降时，它们为了越冬需要，必须重新寻找寄生主。农田周围的田埂上丛生的杂草正好适应了它们的这一需要，因而成了它们越冬和繁殖的场所。如稻瘿蚊、稻苞虫、二化螟、稻飞虱、稻纵卷叶螟等都在田边杂草和浮草中越冬。翌年春季，当气温回升时，它们又羽化飞回秧田和大田为害。因此，清除田边草、消灭害虫寄生主是促进农业增产的一项重要措施。

清除田边杂草可根据不同季节进行。在初春，就应将萌芽的草除掉；夏至前后，可结合田间中耕等农事操作，将杂草齐地面割掉或锄掉；秋季则应连种子和果实一起割除；冬至前后，用犁翻压。在一年四季中，特别是冬、春两季，可结合积肥活动将铲除的杂草烧毁或同农家肥一起高温沤制成肥。这样，既可清灭虫源寄生，又有利于积肥。清除田边杂草要求做到田埂“三光”，田埂四周的粗茎杂草也要刈毁。

（二）锄头底下三寸水　这句农谚的意思是说：中耕锄地可以起到抗旱作用。那么，中耕除地为什么能抗旱呢？这是因为，在干旱的情况下，中耕地一方面疏松了表层土壤，造成了一个覆盖层。由于地面有了这层松土的覆盖，可以起到阻挡日晒风吹的作用，减少了下层土壤中的水分蒸发。另一方面，中耕除草切断了表土和深土层中的细管，使下面的水分不能直接上升到地面，也能防止土壤中的水分大量蒸发。同时，由于中耕锄地切断了农作物一部分表层的根，促使其他根毛向深处下扎，可以充分地吸收和利用土壤F层的水分，从而增强了农作物的抗旱能力。

此外，在雨多地湿、气温较低的时候，中耕锄地松了表土，加大了土壤孔隙，增加了土壤与空气的接触面，使锄松的表土容易吸热，容易干燥，能够散发多余的水分，从而提高了土温。又有“锄头底下有水又有火”的说法。

（三）养花会使水，朵朵现肥美　水是花株进行光合作用的原料，如没有水，花株就长不起来。水不足，花朵就会萎谢。但是，水也不是多多益善，而是适可而止。如果浇水过多，花株也会伤根脱叶，造成相反的后果。家庭养花要科学用水。

首先要注意水的质量。一般来说，雨水是浇花的上乘用水。如用自来水，就要储存两天以上，待消毒药物沉淀与散发后再用，效果也较好。但是肥皂水及含有油污的水则忌用来浇花。井水因含有各种杂质，一般也不宜用。洗碗水则忌用来浇花。

第二要注意水温。烈日高温之下忌浇冷水，水温与土温差异较大时也不宜浇水，一般以早晚浇花为宜。

第三是掌握“见干便浇、不干不浇、干透浇透”的原则，合理用水。所谓干透就是指盆上表层已经干透，但揭开表土仍可见温气，此时就要浇透水。所谓浇透就是浇到花盆底孔出水。

第四要区别用水。即草本的多浇，木本的少浇；喜温的多浇；叶大质软的多浇，叶小有蜡的少浇；旺盛期多浇、休眠期少浇；苗大盆小的多浇、苗小盆大的少浇；阳台上的多浇、小院中的少浇；热天多浇、冷天少浇；晴天多浇、阴天少浇；孕蕾多浇、开花少浇。当然，这里说的多和少是相对而言的，一般以满足各种花木生长需要为限度。

（四）蛋鸡千日种，再养就会穷　鸡是早熟动物，生长快，成熟早。母鸡一般开产一年后，产蛋量会随着年龄的增长而逐渐减少。根据蛋鸡的生长规律，一般都应在产蛋一至二年后将其淘汰，最多不能超过三年。如果超过三年，产蛋明显减少，这样就自然不合算了。

（五）养鱼不瘟，富得发昏　这句名言概括地说明了养鱼防病的重要性。鱼类生活在水中，患病初期不易察觉，一旦发现，病情已不轻，又难于逐尾检查，隔离也很麻烦，而且治疗也难达到理想的效果。因此，鱼病防治要贯彻预防为主，防重于治的方针，采取无病先防，有病早治的积极方法，避免或减少鱼类因病死亡而造成的损失，保证养鱼高产。

三、考古资料

凌云山明命寺地名考

凌云山，原名钱搭子岭，小兴安岭东南之一息余脉，位于桃山林业局春光林场284林班之内，北纬46°　48′，东经128° 05′ 02″，山体不甚广大（长4公里），山势亦不高峻（海拔341米），但地形地貌奇特，更因在此修有东北闻名，以道家为主，佛道兼容的庙宇——明命寺，而使此山因寺而得名，真所谓“山不在高，有仙则名”。

登凌云而眺望，四周皆为起伏连绵之群山，其西、南诸山林壑尤美，望之蔚然而深秀者为九道山脉和九条山谷，其方位又尽朝于此院之址，一如寺院为轴屏展开来的扇股，而寺院正处于“扇股”的聚焦点上。南北两山间是一片开阔的沼泽地，沼泽地上的野草中，间或生有排排杂树，树荫掩映处便是一条蜿蜒东西的小河。

孙永庆，凌云山开山鼻祖，明命寺创始人，原绥化人，1893年，他42岁时出家于绥化慈云，属龙门派第十七代道师刘教贤弟子，六年后同师弟刘永钟来此隐居，时为1898年。逢有善士刘万良、孙喜等人舍地给孙、刘助其修建茅庵一座以居之。址后，二人躬耕自食，苦志修炼，道心弥坚，遂蒙修庙建宇之念，也许是冥思苦想之至，忽一夜，孙永庆在茅庵坐中忽见东北山坡现遗址处有庙宇辉煌一如海市蜃楼，其奇之。越四年，又于梦中遇一“仙人”，手指当年庙宇出现处而告之，此地乃福地仙乡，应为凌云山。此后孙道士修建庙宇之志愈加坚定，终于在1905年有赵起、赵国发等人舍山地数十垧，又有白文富、关玉林等人诚心相助，于是明命寺筹建工作逐渐展开。第二年，建成太圣宫混元殿三间，此后又有多方佛道士来访，各地善士相助，其中1910年通易经，懂风鉴的李宗山专程到此勘察，以为凌云山地势气脉奇绝，诚为建庙天然福地，遂划定庙址并发起修建之倡。

1912年，经奉系军阀吴俊升之准，明命寺修建工程正式启动，主要由孙永庆化缘筹资，铁力嫩铁公司经理金纯广（人称金总经理）积极捐助并与孙共同操持修建。孙永庆1915年操劳过度，寺院未成身先死，羽化后其弟子感其功德，尊奉为凌云山道祖，并同大善人金纯广一起于太圣宫建祠塑像，长期供奉，以彰其德。孙死后由其弟子刘园清任监院，继续主持修建，除与刘园清外，孙还收何园方、程园刚、杨园青等60余名弟子，与庆城支援建寺的善士孟庆发、吴靖等人组成基本建设队伍。期间还有为数甚众的善信捐助工。木、瓦、石各种工匠齐备，建筑师、画师、塑像师一应俱全，常年施工队伍近百人，砖、瓦、木、石取材加工于当地，其余建材、器物则在冬季从外地运来。此寺虽建在荒山野林，但工程声势浩大，轰动全省，当工程告竣，神像开光时从全国各地赶来的善男信女竟有数百万之众，更有吴俊升献匾额一块，真是名声远震，堪称铁力历史上少有之壮举。回顾在工程进行中的数年中，山高林密，气候寒冷，交通不便，施工和交通条件极为艰苦。相传在道士漱口得放一萝筛，水流其下而殖渣留其上，积数日烘干再食，其艰难困苦一至于此，但这些丝毫没有动摇道士和善信们虔诚的信念，精诚所至，终于以自己的勤劳智慧凝结了规模宏伟、工艺精美的宗教艺术殿堂。

寺院坐北向南，坡度很小，今经实地测量至围墙南北 77.12 米，东西 26.02 米，占地面积约为 2 012.29 平方米，以山门和后殿正中连线为对称轴，方石铺成甬道。全部寺院建筑分为 7 层，一层为山门，山门两侧有配房，内各塑一对体型高大、面目狰狞可怖的护法金刚；二层为钟鼓楼，钟楼上悬挂的大钟生铁铸就，高达 3 米余，上铸铭纹。山寺钟鸣，声震八方，清晨顺风时县城之人或隐约可闻；三层为太阳、太阴二庙；四、五、六层为神殿，各对称建筑着三间青砖瓦房。神殿壁画，形象逼真，栩栩如生。在六层神殿中间有一高如三层楼房的藏经大阁，上供弥勒铜像，下藏影印道藏经书 1 200 多卷，此阁是全寺层次最高、工艺最精美的建筑，雕梁画栋，飞檐斗拱，朱漆红柱，华丽无比，直到“文化大革命”被炸毁时仍鲜艳如初，藏经阁后边的正殿是全寺中最长的建筑，石鼓之上，十余根脸盆粗细的朱红柱支撑着九间 20 多米长的殿宇，青瓦斗拱的屋檐之下，其雕刻之精美，画工之细腻，色彩之鲜艳，令人惊叹。后殿东侧隔院 10 余米还有一处为青砖砌筑，上为细木工雕的八卦楼，白铁加盖。楼下面的“八卦图”，青石为之，凿磨拼接，铁水浇结，浑然一体。

寺中供奉有各种神像：三清一帝——玉清元始天尊，上清灵宝天尊，太清道德天尊与玉皇大帝；三宫——天宫、地宫、水宫；四神——财神、火神、苗神和关帝、娘娘；五王——龙王、虫王、牛王、马王、药王；七真、八仙，还有地府十殿鬼王、城隍、土地和大阁上的弥勒佛。八卦楼下被称为七院的板房内还有科、哲、孔、老、佛、耶、回诸教之主。这些壁画和塑像的作者是呼兰画师葛光洲。

寺院东西各有庙地多亩和房屋数幢，为道士耕种寄食之所。山下沟塘内有两处鱼池，据说是池之水能如潮汐一般每日定时涨落。相传此寺院极盛时有道士近百人，“九一八”事变前道士尚有 60 余人。其后，日寇飞机轰炸山门，道士日渐减少。1933 年，日军进铁力时，只剩 10 余人，道士们虽说脱离尘俗，然爱国之心并未泯灭。他们与我抗联关系密切，常为朴吉松等提供衣粮和食宿之所。为监视寺内的援抗活动，1937 年前后，日寇在“小五台”上建一警防所。同时又把许多道士赶到街里下院，此时寺内只有四五个道士了。寺院西北 20 余里刘纯南屯，尚有庙窝堡一处，耕地百垧，铁车四辆、骡马牛数头（匹），车老板之一崔志生是抗联遗孤，为逃伪追捕避难而后出家于庙上。他们冬季烧炭，夏季种地，自食其力，与世无争。

寺院周围尚有其他建筑九处之多，估计其建筑面积不少于 700 平方米，西南二里有地藏佛寺，佛寺不远有尼姑庵。其西北方还有一大仙堂等等。在此一带按宗教学说形成了一处较完善的宗教建筑群。1915 年孙永庆羽化后，安葬于寺院西北正六边形的坐棺内，坐棺长 1.73 米，高 3 米，为青砖砌筑。前有一石碑扑地，绿苔斑斑，字迹却清晰可辨。在寺院附近，原计划建一魁星阁，不知何故而未就。现存铁力设治局第六任设治员傅曾杰于 1927 年刚刚接任不久游此寺赠予监院刘国清的题诗一首，14 行 196 字，辞章颇美，不乏褒奖之辞。

在县城西北隅（现铁力酒厂西侧）有一“至圣宫”，为明命寺之下院，是在 1906—1915 年间建功立业。内挂铁山包六任协领巴施武题写的匾额。上院、下院统归监院管理。一任监院刘园清，二任杨园山，三任岳明广。

日伪统治时期，其邮政部门将该寺与当时的哈尔滨、长春、沈阳等地的风景名胜罗织在一起，发行了一盒“满洲春光”的明信片，其中该寺 12 幅，此明信片的发行更使铁力这座寺院名扬中外。

凌云山明命寺不但是黑龙江省唯一的道教圣殿，而且也是伊春市抗日斗争史上的重要纪念地。此地离城较远，山地纵横，林密草茂，是伊春抗日军队，特别是朴吉松领导的抗联十二支队经常出没的地方。

然而，令人痛心的是凌云山明命寺并没有因其盛名和在抗日斗争史上的光荣而免遭劫难。第一次是日本飞机追击马占山部队，投弹轰炸，将山门前夹旗杆的长条石炸起飞落于山门之上，而山门却片瓦未损；第二次，是土改时期永大乡（今年丰乡）村民，在“打封建”热潮中，乘坐十余张马爬犁闯进大庙，赶走道士，拉倒神像，把掏出的“内脏”，取出的金银，加上那些珍贵的经卷一并拉到县政府，金银卖钱，经卷散失，铜像被当成练枪的耙子，卸下的大钟被砸碎卖铁，小钟为生产队的大帮哄所用。这次劫难之后寺院虽物毁楼空，但房屋尚在。以后有县、省联社将其当成采伐营子、林业局将其当成养蜂人的住所。

在邓小平“三个有利于”理论的指导下，新一届铁力市政府和桃山林业局的领导们正在谋划一个新的方案：他们根据境内外旅游热点由南向北转移，回归大自然的观光度假旅游日益成为时尚趋势，据此而生的黑龙江省森林旅游业发展规划以及文明殡葬兴起之潮，根据明命寺等宗教建筑位于深山这一得天独厚的地理条件，将明命寺的复建与桃山林业局的森林旅游资源的开发利用，自然生态环境的保护以及文明殡葬一起综合考虑，统筹安排，多渠道、多形式筹措资金，加快开发速度，争取在5～10年的时间里，把凌云山建成一个集寺院、陵园、森林旅游和少数民族文化为一体，建成旅游资源、旅游设施、旅游交通、旅游服务齐全的森林公园，凌云山会成为深山古刹、百里钟鸣，禽鸟争喧，佳木葱葱墓碑栉比，松翠枫红，旅游项目完备，交通便捷的旅游基地。

首志勘误

《桃山林业局志》（1960—1985）勘误表

名称	页数	上数行数	下数行数	误（原文）	更正
第一篇	56	8		1983 年	1982 年
第一篇	56	8		青年农场	青年林场
第三篇	86	4		一切	机动
第六篇	135	1～4		①、②、③、④、	①②③④
	137	2		张惊州	张惊洲
第八篇	195	13、16、22		（序号） 1 2 3	1. 2. 3.
	196		5	（序号）2.	4.
	197		2	（序号）1	1.
	198	（本页数字序号）2341212341212		应更改为 2.3.4.1.2.1.2.3.4.1.2.1.2.	
	236	10		六、	第六、
	239		15	四、	第四、
	240	5		五、	第五、
第九篇	250	数字序号 1、2、3、4、5、6、8、		应更改为 1.2.3.4.5.6.8.	
		7. 养牛：		应更改为 7. 养牛。	
	255	（小标题未加标点）一砖瓦生产		应更改为 一、砖瓦生产	
	256	（小标题未加标点）二砂石采运		应更改为 二、砂石采运	
第十一篇	277	（表格下数第三行）田升局党委书记		应更改为 双丰局党委书记	
	318～320	表格中的 13 处“本局”		均应改为“桃山林业局”	
第十三篇	389	上数 2 行序号 1、第 5 行序号 2、		应改为 1. 2.	
第十五篇	430	上数 2 行“张福林”		前面应空 2 格 □□张福林	
	442 页	上数第四行“圣浪林场”		前面应空 2 格 □□圣浪林场	
第十六篇	499	下数第五行 □□□□林业部长		应向前提 2 格 □□林业部长	
	503	下数第一行 1、		应改为 1.	
	504	数字序号 2、3、4、1、2、3、4、		应改为 2. 3. 4. 1. 2. 3. 4.	
	507	数字序号 1、2、3、4、5、6、		应改为 1. 2. 3. 4. 5. 6.	
	508	数字序号 1、2、3、4、1、2、		应改为 1. 2. 3. 4. 1. 2.	
	509	数字序号 3、4、5、6、7、8、9、10、		应改为 3. 4. 5. 6. 7. 8. 9. 10.	

索　引

主题索引

H

J

L

M

N

Q

R

S

W

Y

Z

机构名称索引

G

J

K

Z

表格索引

编后记

《桃山林业局志（1986—2005）》的编纂工作始于2001年10月，由负责桃山林业局第二轮地方志编纂工作的第一届编纂委员会、第二届编纂委员会、第三届编纂委员会及编纂办公室全体人员进行了多年的编修纂写，期间先后经历了调整、充实和完善组织机构；多次编制志书篇目、反复征集资料、调查研究、撰写初稿；编纂委员会一审、二审、三审；多次送审修改定稿、付梓出版三个阶段。

健全组织，精心编审。第二轮修志工作初期，成立了第二轮修志的第一届编纂委员会，主要由行政办公室（行政办与局志办合署办公）接续第一轮修志以后的资料积累工作。至2001年10月，第二轮修志第一届编纂委员会几经研究确定了《桃山林业局志（1986—2000）》续写篇目。后因续志年限由原来的15年延长至20年（即1986—2005年），因此于2007年8月15日，桃山林业局又成立了第二轮修志第二届编纂委员会，由22人组成；编纂委员会下设编纂办公室，由16人组成。在此基础上，制定了《桃山林业局志（1986—2005）》编纂工作方案，落实了承编分志的单位和科室（部门）责任分工，明确了具体要求，局志办依据新确定的《桃山林业局志篇目（1986—2005）》，明确了各单位、科室（部门）主管领导及主笔人的分志资料征集任务，确保修志工作顺利进行。2010年1月，根据工作需要，桃山林业局成立第二轮修志第三届编纂委员会，经过6个月的努力，完成了志书的一审、二审、三审工作。2010年7月1日，伊春市志办在桃山林业局召开了《桃山林业局志（1986—2005）》评审会，后又进行数次审稿，完成终审任务。

征集筛选，细心编纂。按照林业局的要求，全局专、兼职修志人员充分发挥主观能动性，不辞劳苦，日夜兼程奔波于哈尔滨、伊春、铁力、双丰、朗乡等地，采取走访调查、口头采访、座谈查档、认真考证等多种方式，在局内外广泛开展了《桃山林业局志（1986—2005）》相关资料的征集工作，先后电话联系560余人次，走访调查682人次，共收集整理资料2000余条150多万字。在资料的收集和整理过程中，坚持实事求是的原则，力求通过资料真实地反映桃山林业局的自然地理、社会文明、历史现状、经济发展、改革开放、政治、法治等方面的全貌及其发展的客观规律，注意处理好主题资料与考证资料、背景资料的关系，同时认真筛选考证、提炼加工，并且按门类立卷归档、建卡管理，做到科学化、规范化，为编纂工作创造有利条件。

集中编写，送审定稿。为保证志书编纂质量，按照编纂委员会的要求，边搜集、边整理、边撰写。同时请有修志经验的老同志指路子、提意见、出主意、想办法，遵循编纂宗旨，体现修志特点，保证顺利完成任务。全志载18篇56章196节，计60余万字。通志采用篇章节目体。篇为志书内容的最高层次，篇下设章，章下设节，节下目不分层次，不编序号，均以节目体展开记述。在经过桃山林业局地方志编纂委员会三审通过的基础上，于2010年2月将《桃山林业局志》报送伊春市志办修改审定，从2010年7月起，按照市志办提出的修改意见，先后多次对《桃山林业局志（1986—

2005）》细心修改，送审、出版。

《桃山林业局志》的编纂工作，得到伊春市志办、铁力局志办、南岔区志办、翠峦区志办的积极支持，桃山林业局先后参与修志的有关人员和部分离退休老同志热情关心续志工作，并且提供所需历史资料，在此一并表示衷心感谢。

修志的宗旨是期望《桃山林业局志（1986—2005）》能够成为一部具有客观反映历史事实、详尽提供 20 年的历史资料、具有科学价值的实用文献，成为桃山林业局的乡土教材，为构建和谐社会、建设社会主义新林区服务。但是由于编纂水平有限，书中难免有讹误疏漏之处，恳请读者指教。

出版说明

根据国务院办公厅颁发的《全国地方志事业发展规划纲要（2015—2020年）》规定，到2020年必须全面完成第二轮地方志书规划任务。为确保这一目标顺利实现，针对当前部分民族地区与贫困地区志书出版经费困难的情况，在中国地方志指导小组组长王伟光、常务副组长李培林的亲自倡议和领导下，自2015年8月起中国地方志指导小组办公室启动民族地区与贫困地区志书出版资助工程，对经国务院扶贫开发领导小组办公室认定的国家级贫困县（区、旗、县级市），中西部地区、少数民族边疆地区、经济欠发达地区存在出版经费困难的省市县三级综合志书进行出版资助。

民族地区与贫困地区志书出版资助工程既是地方志系统的政治工程，又是全国地方志事业协调发展的促进工程，对于推进第二轮地方志书规划任务按期完成，实现地方志事业区域发展平衡，促进民族地区与贫困地区基础文化建设，具有重要的政治意义和文化意义。2016年4月，该工程入选国家新闻出版广电总局实施的“十三五”国家重点图书、音像、电子出版物出版规划项目。

本书经民族地区与贫困地区志书出版资助工程领导小组批准，入选民族地区与贫困地区志书出版资助工程。

民族地区与贫困地区志书出版

资助工程领导小组办公室

2015年9月